Kohlhammer

Manfred Görtemaker

Geschichte Europas 1850 – 1918

Verlag W. Kohlhammer

Die Deutsche Bibliothek – CIP-Einheitsaufnahme

Görtemaker, Manfred:
Geschichte Europas 1850 – 1918 / Manfred Görtemaker. –
Stuttgart : Kohlhammer, 2002
ISBN 3-17-014446-4

Umschlag: Data Images GmbH
Umschlagmotiv: Der Berliner Kongreß (Ausschnitt).
Gemälde von A. v. Werner (Foto: Archiv für Kunst und Geschichte, Berlin)
Gesamtherstellung:
W. Kohlhammer Druckerei GmbH + Co. Stuttgart
Printed in Germany

Inhalt

III. Der liberale Westen

IV. Der konservative Osten

V. Modernisierung und Globalisierung

VI. Das Ende des alten Europa

Einleitung

Die Entwicklung Europas in der zweiten Hälfte des 19. Jahrhunderts war von tiefgreifenden politischen, wirtschaftlichen und sozialen Umbrüchen bestimmt, durch die das Gleichgewicht der Mächte, die innere Verfassung der Staaten und die Lebensverhältnisse der Menschen in einem Maße berührt wurden, wie es in einem so kurzen Zeitraum in der Geschichte nur selten der Fall ist. Industrialisierung und technischer Fortschritt, die Konstitutionalisierung der Monarchien und ihre allmähliche Ablösung durch parlamentarische Demokratien sowie das Ringen um nationale Identität und die Herausbildung von Nationalstaaten waren Triebkräfte eines Wandels, der das Gesicht des Kontinents nachhaltig veränderte. Dabei offenbarte sich ein bemerkenswerter Gegensatz zwischen westlicher Aufklärung und östlicher Orthodoxie. Von globaler Reichweite hingegen waren die Phänomene des Kolonialismus und Imperialismus, die von Europa ihren Ausgang nahmen und es gerechtfertigt erscheinen lassen, von einem „Zeitalter Europas" zu sprechen.

Nicht alle diese Faktoren hatten ihren Ursprung erst nach der Jahrhundertmitte. Bei manchen von ihnen reicht die Entstehungsgeschichte weit zurück. Aber das Zusammentreffen so vieler grundlegender Vorgänge und ihre Kulmination im Vorfeld des Ersten Weltkrieges, der das Ende der europäischen Ära einleitete, war eine Besonderheit, die einer Erklärung bedarf. Das vorliegende Buch unternimmt deshalb den Versuch, die wichtigsten Zeitströmungen Europas von 1850 bis 1918 vergleichend zu beschreiben und sie, wo immer möglich, zueinander in Beziehung zu setzen. Dabei soll kein Kaleidoskop additiver Nationalgeschichten entstehen, sondern ein Querschnitt jener Tendenzen aufgezeigt werden, die auf die Entwicklung der Staaten maßgeblichen Einfluß ausübten, ihre innere und äußere Politik bestimmten und die ökonomische und soziale Struktur des Kontinents von Grund auf neu gestalteten.

Natürlich läßt sich, zumal auf dem Höhepunkt des Nationalstaatsgedankens, vergleichende Gesellschaftsgeschichte von der Betrachtung nationaler Politik nicht trennen. Neben der industriellen Expansion und der Entwicklung der Bürgerkultur um die Jahrhundertmitte werden daher auch die politische Reaktion nach den Erschütterungen der Revolution von 1848 und die nationalstaatlichen Bestrebungen in Italien, Deutschland und Südosteuropa in den fünfziger und sechziger Jahren sowie Probleme der europäischen Gleichgewichts- und Bündnispolitik nach 1871 behandelt. Im Mittelpunkt des Bandes stehen allerdings der für die weitere Entwicklung Europas im 19. und 20. Jahrhundert zentrale Gegensatz zwischen dem „liberalen Westen“ und dem „konservativen Osten“ sowie Fragen der Modernisierung und Globalisierung von Wirtschaft und Politik, die praktisch den gesamten Zeitraum von 1850 bis 1918 betreffen. Dazu zählen nicht nur die neue Dynamik des Kapitalismus und die Entstehung der Arbeiterbewegung, sondern auch die koloniale Expansion in Afrika, Asien und im Pazifik sowie die Überforderung der Diplomatie vor dem Hintergrund wachsender Rivalitäten zwischen den europäischen Nationen im Zeichen des Imperialismus.

Kern und Ausgangspunkt der Untersuchung ist die Frage, inwieweit der klassische Nationalstaat europäischer Prägung in seiner Entwicklung seit dem späten 18. Jahrhundert geeignet war, die Probleme seiner Zeit zu lösen. Dabei wird die These vertreten, daß der Nationalismus nach der Überwindung des Absolutismus und der Ersetzung monarchischer Herrschaftsvorstellungen durch parlamentarisch-konstitutionelle Ordnungen zwar identitätsstiftend gewirkt, zugleich aber tiefe Klüfte zwischen den Staaten und Nationen aufgerissen hat, die schon bald nicht mehr zu überbrücken waren. Das europäische Mächtesystem geriet dadurch frühzeitig auf eine Bahn, die mit großer Folgerichtigkeit in den beiden Weltkriegen des 20. Jahrhunderts endete. Die Leidenschaften des heraufkommenden Massenzeitalters und die Industrialisierung des Krieges mit der Bereitstellung immer gefährlicherer und vernichtungsstärkerer Waffen verliehen dieser Entwicklung eine zusätzliche Dimension, die eine Kontrolle zunehmend erschwerte und schließlich unmöglich machte. Alternativen im Sinne einer Politik der Integration oder Versöhnung, wie sie nach 1918 Richard Nikolaus Graf von Coudenhove-Kalergi und nach 1945 unter anderem Jean Monnet vertraten, um eine „Europäische Union“ oder gar die „Vereinigten Staaten von Europa“ zu schaffen, blieben dagegen noch ohne Bedeutung. Die starke Akzentuierung des Nationalstaatsgedankens erscheint deshalb geradezu als ein „Irrweg“ der europäischen Geschichte, dessen Richtung erst nach der doppelten Katastrophe des Ersten und Zweiten Weltkrieges entscheidend korrigiert wurde. Zugleich beginnt in der zweiten Hälfte des 19. Jahrhunderts aber auch die Moderne. Was Aufklärung und ein rationales Wissenschaftsverständnis intellektuell vorbereitet hatten, führte nun zu ökonomischen und sozialen Transformationen, die in ihrer Bedeutung und Unumkehrbarkeit einen scharfen Bruch mit der Vergangenheit markierten und eine neue Epoche des technischen Fortschritts und der Veränderung praktisch aller Lebensbereiche einleiteten.

I.
Europa nach der Revolution

„Seid Ihr verrückt geworden, Berliner? Laßt die Toten ruhen! Geht zu Klausing und trinkt Eure Weiße!" Mit diesen Worten appellierte der *Kladderadatsch*, eine satirische Zeitschrift, die seit 1848 in Berlin erschien, am 18. März 1849 an die Bewohner der preußischen Hauptstadt. Der ironischen Empfehlung folgte die nicht minder sarkastische Aufforderung: „Geht ans Schloß und guckt durch die Gitter nach dem Staatsschatz! ... Studiert im Kladderadatsch die Feldzüge des großen Generals Wrangel und singt dazu das schöne Lied ‚Nun ruhen alle Wälder'." Die Ereignisse, auf die sich diese Ratschläge bezogen, lagen auf den Tag genau ein Jahr zurück: die revolutionären Erhebungen vom März 1848, die überall in Deutschland und Europa große Hoffnungen unter Liberalen, Demokraten und Republikanern geweckt hatten. Doch inzwischen war manches anders geworden. Das Rad der Geschichte schien zurückgedreht – nicht zuletzt in Preußen, wo die Revolution sich durch die Uneinigkeit und Zögerlichkeit ihrer Anhänger im Grunde selbst besiegt hatte. Die Truppen des Generalfeldmarschalls Friedrich Wrangel hatten nur den Rest besorgt. Im Sommer 1848 war Wrangel noch so etwas wie ein deutscher Nationalheld gewesen, als er mit einer Bundesarmee, die seinem Oberbefehl unterstand, die Dänen aus Schleswig vertrieben hatte. Doch im November 1848 hatte er die preußische Nationalversammlung gesprengt, König Friedrich Wilhelm IV. zu neuer Stärke verholfen und damit der Revolution den Todesstoß versetzt. Und wie in Preußen, so stieß die revolutionäre Bewegung bald überall in Europa auf Widerstand. Der „europäische Völkerfrühling", der in den ersten Monaten des Jahres 1848 so hoffnungsvoll begonnen hatte, wich einer Ära der Reaktion.

1. Der Sieg der Reaktion

a) Das Scheitern der demokratischen Erhebungen

Gemeinsam war der Revolution in den verschiedenen europäischen Ländern die Tatsache, daß sie aus komplexen wirtschaftlichen und sozialen Veränderungen resultierte, die seit dem Ende des 18. Jahrhunderts mit der Industrialisierung und der Entwicklung der bürgerlichen Gesellschaft einhergegangen waren. Schon die amerikanische Unabhängigkeitserklärung von

1776 und die Französische Revolution von 1789 hatten gezeigt, welch dramatische Umwälzungen sich daraus ergeben konnten, daß nicht nur die Idee der Stellung des Individuums in Staat und Gesellschaft, sondern auch die ökonomischen und sozialen Bedingungen politischer Herrschaft einem grundlegenden Wandel unterworfen waren. Die Einführung der Republik in den britischen Territorien in Nordamerika und die Durchsetzung der Forderungen des „Dritten Standes" in Frankreich bedeuteten somit den Anfang vom Ende des Absolutismus und die schrittweise Übernahme der Macht durch das Bürgertum sowie die allmähliche Einführung der parlamentarischen Demokratie.

In England hatte sich dieser Prozeß schleichend, über viele Jahrhunderte hinweg, bereits seit dem Mittelalter vollzogen. Die *Magna Charta libertatum* von 1215, die eine Bindung des Königs an das Recht vorschrieb, war hier zum Ausgangspunkt der englischen Parlaments- und Verfassungsentwicklung geworden, bei der die Krone in jahrhundertelangen Auseinandersetzungen zur Abgabe von Mitwirkungsrechten an das Parlament gezwungen wurde. Wichtige Stationen waren die Verabschiedung der *Habeas Corpus Act* durch das Parlament 1679, die willkürliche Verhaftungen untersagte und die persönliche Freiheit schützte, sowie die „Glorious Revolution" von 1688 mit der Verkündung der *Bill of Rights* – des englischen „Staatsgrundgesetzes" – 1689. Zwar erlangte das Parlament bei dieser Entwicklung noch keine völlige Souveränität, eine „Demokratisierung" des Staates wurde zunächst nicht erreicht. Aber der königliche Absolutismus wurde entscheidend eingeschränkt. Der Monarch durfte seine Macht nur mehr im Rahmen der Verfassung ausüben und mußte sie überdies mit dem Parlament teilen. Weder 1789 noch 1848 war deshalb ein Übergreifen der Revolution vom Kontinent auf die Insel nötig. In Großbritannien vollzog sich die Demokratisierung auf dem Wege der Reform: als Kampf um größere Mitwirkungsrechte des Parlaments und die Durchsetzung des allgemeinen, gleichen und geheimen Wahlrechts. Rußland andererseits, wo die ökonomischen und sozialen Bedingungen für einen politischen Wandel nicht gegeben waren, blieb aus gegenteiligen Gründen von der Revolution verschont: Die Herausbildung eines starken Bürgertums, das in Nordamerika und Westeuropa zum Träger pluralistischer Gesellschaften und demokratischer Staatsordnungen wurde, fand hier nicht statt – ein Mangel, der auch langfristig ein wesentliches Defizit bei der Begründung einer demokratischen politischen Kultur darstellte.

Deutschland hingegen, nach dem Wiener Kongreß von 1815 politisch und wirtschaftlich weiterhin zersplittert, im Rahmen des locker strukturierten „Deutschen Bundes" in 39 souveräne Einzelstaaten aufgeteilt und weitgehend monarchisch restauriert, wurde von den revolutionären Erhebungen, die im Januar 1848 in Palermo und Neapel mit Verfassungsforderungen der Liberalen begannen und im Februar 1848 auf Frankreich übergriffen, ebenso erfaßt wie die meisten anderen europäischen Monarchien. Der Widerstand der Fürsten war dabei zunächst gering. In den Mittelstaaten des Deutschen Bundes – also außerhalb der beiden Großmächte Österreich und Preußen – leisteten sie so gut wie keinen Widerstand, sondern zogen es vor, Politiker der liberalen und nationalen Opposition („Märzminister") in die Regierungen zu berufen, um den revolutionären Forderungen die Schärfe zu nehmen und einem Zusammenbruch ihrer monarchischen Herrschaft zu begegnen. Allerdings konnten sie nicht verhindern, daß Führer der Opposition sich am 5. März 1848 in Heidelberg versammelten und dort über die Einberufung eines „Vorparlaments" nach Frankfurt am Main – dem Sitz der Bundesversammlung – berieten, das ein „Deutsches Parlament" vorbereiten sollte. Zugleich spitzte sich die Lage in Preußen und Österreich zu. In Berlin kam es zu schweren Kämpfen zwischen Aufständischen und dem Militär. In Wien wurde Klemens Wenzel Fürst von Metternich, der Schöpfer der europäischen Ordnung von 1815 und seither eine Symbolfigur reaktionärer Politik, gestürzt und zur Flucht ins Ausland gezwungen.

Den meisten Revolutionären in Deutschland ging es 1848/49 um die Verwirklichung von Einheit und Freiheit auf dem Wege der Konstitutionalisierung und Parlamentarisierung nach britischem Vorbild, das heißt um die Einführung einer konstitutionellen Monarchie. Zwar gab es einzelne, wie Gustav von Struve und Friedrich Hecker, denen ein parlamentarisches System im Rahmen einer „föderativen Bundesverfassung nach dem Muster der nordamerikanischen Freistaaten", also eine Republik, vorschwebte. Aber die große Mehrheit der Delegierten, die ab dem 31. März 1848 im Frankfurter Vorparlament und ab 18. Mai in der verfassunggebenden Nationalversammlung in der Frankfurter Paulskirche über die Zukunft Deutschlands berieten, plädierte für die Beibehaltung der Monarchie in einem geeinten Deutschland, allerdings mit dem Zusatz einer freiheitlichen Verfassung. Nach westeuropäischem Vorbild, doch ohne die eruptiven Begleiterscheinungen der französischen Revolutionen seit 1789, wollte man Deutschland zu einem modernen Verfassungsstaat entwickeln und zugleich die Frage der deutschen Einheit lösen.

Dieser Versuch, der vielleicht geeignet gewesen wäre, den Weg zu einer schrittweisen, evolutionären Parlamentarisierung und Demokratisierung Deutschlands zu ebnen, scheiterte indessen an der Wiederherstellung der königlichen Macht in Preußen. Da es der im Mai 1848 durch allgemeines Stimmrecht der Männer gewählten Nationalversammlung in Berlin nicht gelang, sich die Kontrolle über die Armee und Polizei zu sichern, war ihr Erfolg von vornherein ungewiß. Auch nach einem erneuten, plötzlichen Ausbruch von Gewalt am 14. Juni 1848 in der preußischen Hauptstadt erkannten die Mitglieder der Nationalversammlung noch immer nicht den Ernst der Lage. Während die Bevölkerung – besonders das verängstigte Bürgertum – nach Ruhe und Ordnung verlangte, verschwendeten Liberale und Republikaner bei den Beratungen über eine Verfassung in endlosen Debatten wertvolle Zeit, anstatt rasch und entschlossen zu handeln. Damit spielten sie ungewollt den Anhängern der Monarchie in die Hände. Die Truppen, die im März 1848 auf Anordnung König Friedrich Wilhelms IV. ihre Kasernen in Berlin hatten räumen müssen, kehrten im November dorthin zurück, während zugleich die Sitzungen der Nationalversammlung bis zur Verlegung an einen anderen Ort außerhalb der Hauptstadt suspendiert wurden. Zwar gewährte der eigenwillige, psychisch labile und politisch unberechenbare Monarch – zum Unwillen seiner konservativen Berater – Ende 1848 durch königlichen Erlaß eine eigene, 1850 noch einmal revidierte Verfassung, die den Untertanen gewisse Freiheiten und dem Land eine Zweikammer-Legislative bescherte. Doch die Tatsache, daß die Legislative nur einmal im Jahr zusammentreten sollte, sowie ein kompliziertes Dreiklassenwahlrecht, das die Vorherrschaft des Adels und der wohlhabenden Schichten sicherte und in seinen Grundzügen bis 1918 bestehen blieb, trugen mehr dazu bei, eine wirkliche Parlamentarisierung Preußens zu verhindern, als diese zu fördern.

Auch in Österreich, wo sogar der Kaiser selbst mehrfach – im Mai und im August sowie ein drittes Mal im Oktober 1848 – gezwungen war, seine Hauptstadt zu verlassen, um sich vor der Revolution in Sicherheit zu bringen, sollte sich die Armee als entscheidender Faktor bei der Rettung der Monarchie erweisen. Im habsburgischen Vielvölkerstaat, der nur mit einigen Teilen seines Territoriums, vor allem Österreich, Böhmen und Mähren, dem Deutschen Bund angehörte, verbanden sich die Forderungen nach Liberalisierung und verfassungsmäßig garantierten Rechten allerdings mit Autonomiebestrebungen und Separatismusvorstellungen der zahlreichen Nationalitäten, vor allem der Ungarn und Italiener. Hier drohte also nicht nur eine Demokratisierung, sondern die Sprengung des Reiches im Zeichen eines neuen Nationalismus. Da die Armee die März-Ereignisse völlig intakt überstanden hatte, war sie jedoch im Sommer und Herbst 1848, zum Teil mit russischer Waffenhilfe, in der Lage, die Aufstände in den verschiedenen Teilen des Reiches in rascher Folge niederzuwerfen: Prag kapitulierte am 17. Juni, die Lombardei nach Überwältigung der piemontesischen Truppen im Juli, danach auch die Toskana und Venetien. Der dritte Aufstand in Wien, der den Hof und die Regierung am 7. Oktober erneut zur Flucht aus der Stadt zwang, wurde nach einwöchiger Belagerung, zweitägigem Sperrfeuer der Artillerie und einem Angriff der Reiterei und Infanterie am 30. Oktober durch die Truppen unter Feldmarschall Windischgraetz blutig beendet. Dessen Schwager, Felix Fürst zu Schwarzenberg, bildete danach als Ministerpräsident eine reformfeindliche Regierung und drängte auf die Abdankung des unfähigen und überforderten Kaisers Ferdinand zugunsten seines Neffen Franz Joseph. Vor allem die Ungarn mußten damit ihre Hoffnungen auf die Gründung eines eigenen nationalen Staates unter der Stefanskrone einstweilen begraben. Aber auch die anderen Nationalitäten innerhalb des habsburgischen Staatsverbandes erzielten keinerlei Fortschritte bei ihren Bemühungen um Autonomie oder Selbständigkeit. Die Thronbesteigung Franz Josephs, der bis zu seinem Tode 1916 herrschte und zunächst ganz von der Vormundschaft Schwarzenbergs sowie vom Militär und der Bürokratie abhing, markierte damit in Österreich eine ähnliche Zäsur wie die Wiederherstellung der Machtposition König Friedrich Wilhelms IV. in Preußen.

Etwa zur gleichen Zeit wurde auch die Nationalbewegung in Polen von russischen Streitkräften zerschlagen. Die Institutionen, die im Vormärz zur Wahrung einer gesamtpolnischen Identität beigetragen hatten, wurden beseitigt. Polen sah sich nach 1849 einer, wie Wolfgang J. Mommsen es nannte, „repressiven Herrschaft der Teilungsmächte" praktisch schutzlos ausgeliefert. In Italien bedeutete bereits die Rückeroberung Mailands durch österreichische Truppen unter Feldmarschall Radetzky im Juli 1848 den Anfang vom Ende der Revolution. Sardinien-Piemont, das seit dem Frühjahr im Kampf gegen die österreichische Fremdherrschaft die Führung übernommen hatte, wurde zum Waffenstillstand gezwungen; Venedig sowie die Herzogtümer Parma und Modena, die sich zuvor ebenso wie die Toskana, Neapel und der Kirchenstaat der nationalen Einheitsfront angeschlossen hatten, fielen wieder an Österreich. Und die Römische Republik, die sich auf dem Gebiet des Kirchenstaates gebildet und am 8. Februar 1849 die weltliche Herrschaft des Papstes für beendet erklärt hatte, wurde nach einem Appell des Papstes an die Großmächte durch den Einmarsch österreichischer Truppen und eines französischen Expeditionskorps auf militärischem Wege wieder beseitigt.

In Frankreich schließlich, wo die Februarereignisse – nach den vorangegangenen Verfassungsforderungen der Liberalen am 12. Januar 1848 in Palermo und Neapel – das eigentliche Signal für die europäischen Aufstände vom März gesetzt hatten, wirkte sich besonders der innere Konflikt zwischen Radikalen und Gemäßigten auf das Schicksal der Revolution aus. Bereits die allgemeinen und gleichen Wahlen vom 23. April 1848 erbrachten eine deutliche Mehrheit für die Gemäßigten und ließen – ähnlich wie in Preußen – eine verbreitete Furcht der Bevölkerung vor einem sozialen Umsturz erkennen. Die proletarischen bzw. radikalsozialistischen Elemente der Revolution sahen sich dadurch um die Früchte ihres Sieges gebracht, den sie im Februar errungen hatten. Der Konflikt entzündete sich an der Schließung der sogenannten „Nationalwerkstätten", die am 25. Februar eingerichtet worden waren, um das Recht auf Arbeit zu verwirklichen. Da sich die Werkstätten schon bald als unproduktiv und kostspielig erwiesen, ordnete ein Exekutivausschuß der Nationalversammlung am 24. Mai ihre Auflösung an. Die jüngeren Arbeiter sollten für die Armee rekrutiert werden, die anderen eine Arbeit in der Privatindustrie annehmen oder aufs Land zurückkehren, falls sie von dorther stammten. Natürlich ging es den bürgerlichen Kräften in Wirklichkeit vor allem darum, mit den Nationalwerkstätten zugleich mögliche Brutstätten der Revolution zu beseitigen.

Am 23. Juni 1848, dem Stichtag für die Aushebung der Rekruten in den Werkstätten, kam es an der Place de la Bastille erneut zur Errichtung von Barrikaden. Zwar wurden die Unruhen von der unverzüglich mobilisierten Nationalgarde unter Führung des neuen Kriegsministers Cavaignac in mehrtägigen Straßenschlachten blutig niedergeschlagen, so daß für die Herrschaft des Bürgertums keine unmittelbare Gefahr mehr bestand. Aber auch in Frankreich nahm das Bedürfnis nach Ruhe und Ordnung unter der Bevölkerung nun immer weiter zu. Die am 4. November 1848 angenommene Verfassung der Zweiten Republik sah deshalb eine starke Zentralgewalt mit einem vom Volk für vier Jahre direkt gewählten Präsidenten – ohne Möglichkeit der Wiederwahl – vor, dem die gesamte Exekutive unterstellt wurde. Zugleich wurden wichtige liberale und demokratische Ziele, wie die

Durchsetzung des allgemeinen Wahlrechts und der Koalitions- und Pressefreiheit, verwirklicht. Zentrale Forderungen der Arbeiterschaft, wie das am 25. Februar 1848 proklamierte Recht auf Arbeit, blieben jedoch unberücksichtigt. Nicht das Proletariat, sondern das besitzende Bürgertum ging aus dem Revolutionsjahr als Sieger hervor.

Zu den Nutznießern der Juni-Unruhen und der neuen Verfassung gehörte indessen neben dem Bürgertum auch Louis Napoleon Bonaparte, ein Neffe des Kaisers Napoleon, der bereits 1836 und 1840 mit ebenso dilettantischen wie erfolglosen Putschversuchen für Aufsehen gesorgt hatte und im Juni 1848 in die Nationalversammlung gewählt worden war. Aus der Position eines Abgeordneten heraus kandidierte er im Dezember 1848 für das Amt des Staatsoberhauptes und konnte sich dabei mit 5,4 Millionen Stimmen gegenüber 1,4 Millionen für Cavaignac und nur 17 910 für den früheren Außenminister und Dichter Alphonse Lamartine überraschend deutlich durchsetzen. Die Höhe seines Sieges und seine wachsende Popularität bei der Bevölkerung ermutigten Louis Napoleon schließlich, eine Fortsetzung seiner Präsidentschaft über die vierjährige Amtszeit hinaus anzustreben. Da eine Wiederwahl durch die Verfassung ausgeschlossen war und die Nationalversammlung eine Verfassungsänderung in seinem Sinne ablehnte, löste Louis Napoleon im Dezember 1851 das Parlament kurzerhand auf und erließ am 14. Januar 1852 eine neue Verfassung, die sich eng an die napoleonische Konsularverfassung von 1799 anlehnte. Die Minister, der Staatsrat und der Senat waren nun unmittelbar vom Präsidenten abhängig. Dieser Schritt, der faktisch einem Staatsstreich gleichkam, wurde jedoch vom Volk in einem Plebiszit wiederum mit siebeneinhalb Millionen gegen 647 000 Stimmen gebilligt, so daß Louis Napoleon es wagen konnte, sich am 2. Dezember 1852 als Napoleon III. zum Kaiser der Franzosen zu krönen. Die Revolution, die im Februar 1848 das Regime des „Bürgerkönigs" Louis Philippe gestürzt hatte, war Wegbereiter einer Erneuerung des Kaisertums geworden. An die Stelle der Zweiten Republik trat das „Zweite Kaiserreich".

Im Deutschen Bund ließ die Regeneration der monarchischen Gewalt in Österreich und Preußen ebenfalls keine demokratische Entwicklung mehr zu. Die Politik Schwarzenbergs in Österreich, die auf die Konsolidierung des Habsburgerreiches abzielte, beseitigte zudem letzte Hoffnungen auf eine gemeinsame österreichisch-preußische Lösung des Problems der deutschen Einigung. Die von der Paulskirche am 28. März 1849 verabschiedete Verfassung sah deshalb eine „kleindeutsche Lösung" vor, bei der ein deutscher Fürst als erblicher „Kaiser der Deutschen" dem Reichstag aus Staatenhaus und Volkshaus gegenüberstehen sollte. Ein umfangreicher Katalog von Grundrechten zur Sicherung der individuellen Freiheit und die Abschaffung des Adels mit seinen Privilegien sollte gleichzeitig „den Verfassungen der deutschen Einzelstaaten zur Norm dienen" (§ 130). Nicht weniger als 28 deutsche Staaten stimmten diesem Verfassungsentwurf zu, ehe der preußische König Friedrich Wilhelm IV. mit seiner Ablehnung der Kaiserkrone am 28. April 1849 alle Bemühungen zunichte machte, die Revolution in staatliche Integration und eine liberale Verfassungsentwicklung überzuleiten.

Eine „Reichsverfassungskampagne“ und eine zweite Protest- und Aufstandsbewegung in Dresden und Breslau sowie am Niederrhein und in Westfalen, vor allem jedoch in der bayerischen Rheinpfalz und in Baden seit Anfang Mai 1849 blieben erfolglos. An der Niederschlagung des Aufstandes in Dresden, wo der sächsische König zur Flucht gezwungen wurde, waren maßgeblich preußische Truppen beteiligt; mehr als 250 Menschen kamen hier ums Leben. Innerhalb Preußens wurde unter anderem in Düsseldorf, Elberfeld und Solingen gekämpft, allein in Iserlohn waren über hundert Tote zu beklagen. Im Südwesten Deutschlands wurden nicht nur einzelne Orte, sondern ganze Provinzen beziehungsweise Staaten von der Erhebung erfaßt: In der Pfalz proklamierten Volks- und Vaterlandsvereine eine unabhängige Republik und veranlaßten die Bildung einer provisorischen Regierung. In Baden war der Protest gegen den „Hochverrat der Fürsten an Volk und Vaterland“, wie es in der Erklärung der Offenburger Volksversammlung vom 13. Mai 1849 hieß, mit einem erfolgreichen Soldatenaufstand verbunden, so daß die dort nach der Flucht des Großherzogs gebildete provisorische Regierung auch über reguläre Truppen verfügte. Wie im Mai in Sachsen und im Juni in der Rheinpfalz, so waren es auch in Baden letztlich preußische Truppen – diesmal gleich zwei Armeekorps unter dem Oberbefehl des Prinzen Wilhelm –, die im Juli den entscheidenden Schlag gegen die Revolution führten. Die letzten 6 000 Aufständischen kapitulierten am 23. Juli 1849 in der Festung Rastatt. Mit den folgenden standrechtlichen Erschießungen, Verhaftungen und Prozessen war die Revolution in Deutschland endgültig beendet. Die von den österreichischen, preußischen und „erbkaiserlichen“ Delegierten nach der Ablehnung der Kaiserkrone durch Friedrich Wilhelm IV. verlassene Paulskirchen-Versammlung, die als „Rumpfparlament“ am 31. Mai nach Stuttgart verlegt worden war, um ihrer polizeilichen Auflösung in Frankfurt zu entgehen, hatte dort nach einem Ausweisungsschreiben des württembergischen Innenministers Friedrich Römer vom 17. Juni 1849 ihre Arbeit inzwischen ebenfalls eingestellt. Sie war offensichtlich sinnlos geworden.

Die Entwicklung freiheitlicher Ordnungen war damit in großen Teilen Europas gebremst. Die bürgerlichen Kräfte hatten es nicht verstanden, die sozialrevolutionären Massenströmungen und konservativen Herrschaftseliten gegeneinander auszubalancieren, und waren in ihrer instinktiven Abneigung gegen anarchische und gewaltsame Elemente der Revolution in die Arme ordnungsstiftender Institutionen der Monarchie und des Militärs zurückgekehrt. Zwar wurden nicht alle Errungenschaften der Revolution rückgängig gemacht; die Ideen des Parlamentarismus und des Konstitutionalismus zählten fortan zu den Kernelementen des europäischen Staatsverständnisses. Aber besonders in Mitteleuropa, wo sich – in den Worten von Wolfgang J. Mommsen – erneut ein „obrigkeitlich-bürokratisches Regiment“ ausbreitete, das alle freiheitlichen Bestrebungen erstickte oder in den Untergrund verdrängte, setzte sich in bürgerlich-konservativen Kreisen das „Trauma“ von 1848 in den Köpfen fest und bewirkte in der Rückbesinnung auf „halbabsolutistische Formen der Herrschaftsausübung“ eine politische Erstarrung, die für lange Zeit einen pragmatischen Wandel unmöglich machte.

„Wenn eine Revolution verunglückt", notierte Friedrich Hebbel dazu prophetisch in seinen *Tagebüchern*, „so verunglückt ein ganzes Jahrhundert." Tatsächlich sollte zumindest der deutsche „Sonderweg" – die tragische Entkoppelung der deutschen und westeuropäischen Entwicklung, die mit dem Scheitern der Revolution von 1848 begann – erst 1945 zu Ende gehen, als die Europa-Idee über die alten Gräben des Nationalismus hinweg neue Perspektiven der Integration eröffnete.

b) Das Zweite Kaiserreich in Frankreich

Der Staatsstreich, mit dem Louis Napoleon in der Nacht vom 1. auf den 2. Dezember 1851 in Frankreich die Nationalversammlung auflöste und das Volk zur Abstimmung über eine neue Verfassung aufrief, die eine Rückkehr zum Konsulatsmodell seines Onkels bedeutete, hat Zeitgenossen und spätere Historiker dazu verleitet, den Neffen des großen Napoleon Bonaparte als „Prototyp des modernen totalitären Herrschers" zu beschreiben. Victor Hugo nannte ihn in seiner Schilderung des Staatsstreichs gar einen „wilden Banditen". In Wirklichkeit beruhte die Herrschaft Napoleons III. auf einer „eigentümlichen Verbindung diktatorischer und plebiszitärer Elemente" – einem „demokratischen Cäsarismus", der mindestens so sehr in der Person Louis Napoleons wie in dem von ihm begründeten politischen System wurzelte.

Tatsächlich vereinigte Napoleon III. nach der neuen Verfassung einerseits alle exekutive Gewalt auf seine Person und entmündigte die aus allgemeinen Wahlen hervorgehende Volksvertretung – das *Corps législatif* –, indem er ihr nicht nur das Recht zur Gesetzesinitiative nahm, sondern auch ihre Verhandlungen hinter geschlossenen Türen stattfinden ließ. Andererseits herrschte er auf der Grundlage großer Mehrheiten, die er bei seiner Wahl zum Präsidenten, den Abstimmungen nach dem Staatsstreich und dem Plebiszit vom 2. Dezember 1852 über „die Wiederherstellung der kaiserlichen Würde" erhielt. Napoleon III. konnte sich also mit gutem Grund als Exponenten der Nation und Repräsentanten des Volkes ausgeben. In einer Proklamation hatte er dazu bereits am 2. Dezember 1851 erklärt, es sei seine Pflicht, „das Land zu retten, indem ich das feierliche Urteil des einzigen Herrn, den ich in Frankreich anerkenne, des Volkes, anrufe". Wörtlich fuhr er dann fort:

„Ich berufe mich daher offenherzig auf die ganze Nation und sage Euch: Wenn Ihr diesen Zustand des Siechtums, der uns entwürdigt und unsre Zukunft gefährdet, dauern lassen wollt, so wählt einen andern an meinen Platz; denn ich will nichts mehr wissen von einer Macht, die unfähig ist, das Gute zu tun, die mich verantwortlich macht für Handlungen, die ich nicht hindern kann, und mich ans Steuer bindet, während ich das Schiff dem Abgrund zutreiben sehe. Habt Ihr dagegen noch Vertrauen zu mir, so gebt mir auch die Mittel zur Ausführung der großen Sendung, mit der Ihr mich betraut habt. Diese Aufgabe besteht darin, das Zeitalter der Revolution zu schließen, indem die gerechten Bedürfnisse des Volkes befriedigt und gegen die umstürzlerischen Leidenschaften geschützt werden. Sie besteht namentlich in der Schaffung von Einrichtungen, die die Menschen überleben und endlich Grundlagen sein sollen, auf denen sich etwas Dauerndes errichten läßt."

Napoleon III. appellierte also an die Bedürfnisse der Bevölkerung nach Ruhe und Sicherheit. Zumindest bei den bürgerlichen und bäuerlichen Schichten, die sich durch die Revolution von 1848 in Gefahr gesehen hatten, fand er dabei weithin Gehör. Als Mann der Gegenrevolution wurde er zudem von zahlreichen Katholiken unterstützt, deren Wünschen er bereits 1850 durch den *Loi Falloux* entsprochen hatte, mit dem der Kirche ein Teil der Unterrichtsfreiheit zurückgegeben worden war. Die staatliche Förderung von Kranken- und Unterstützungskassen sowie die Verwendung des 1852 beschlagnahmten Vermögens des Hauses Orléans für den Bau von Arbeiterwohnungen und andere Sozialleistungen sollten dazu verhelfen, die Arbeiterschaft für sich zu gewinnen, die 1848 die Hauptlast der Kämpfe getragen hatte und deshalb zunächst in großer Distanz zu seinem Regime stand.

So entstand eine Herrschaftsform, die zwar auf die Bedürfnisse der Bevölkerung und ihrer verschiedenen Schichten einging, aber dennoch ganz auf die autoritären Herrschaftsvorstellungen des neuen Kaisers zugeschnitten war. Nicht nur bei der Zusammensetzung der Zentralregierung, sondern auch bei der Ernennung der Präfekten in den Departements und sogar bei der Auswahl der Bürgermeister wichtiger Kommunen wurde streng darauf geachtet, daß sie die Politik Napoleons befolgten. In den fünfziger Jahren, als nur wenige Anzeichen von Unzufriedenheit zutage traten, blieb dieses System im wesentlichen unverändert. Erst als im Mittelstand und beim Klerus ein Stimmungswandel einsetzte, der dem Regime hätte gefährlich werden können – Bürgertum und Industrie waren besorgt über den Abbau der Schutzzölle nach dem Handelsvertrag mit Großbritannien 1860, die Katholiken waren unzufrieden mit der Italienpolitik Napoleons, von der eine Bedrohung der Stellung des Papstes auszugehen schien –, gestand ein Erlaß vom 24. November 1860 sowohl dem *Corps législatif* als auch dem Senat das Recht zur Erwiderung auf die Thronrede und damit die Möglichkeit zu einer jährlichen Debatte über die Lage der Nation zu.

Tatsächlich begann nun eine allmähliche Liberalisierung, die sich zunächst vor allem in einer Lockerung der Restriktionen bemerkbar machte, die der Presse auferlegt waren: Parlamentsdebatten durften veröffentlicht werden, Überwachung und Einschüchterung der Journalisten wurden reduziert, Presse- und Versammlungsfreiheit gesetzlich bestätigt. Der *Corps législatif* erhielt größere Befugnisse bei der Verabschiedung des Budgets, Gewerkschaften und sogar Streiks wurden legalisiert, umfassende Erziehungsreformen eingeleitet. Und als schließlich im Januar 1870 Émile Ollivier, einer der republikanischen Oppositionsführer seit 1857, aufgefordert wurde, ein – mit Ausnahme der Heeres- und Marinemitglieder – vom Kaiser unabhängiges Kabinett zu bilden, schien eine neue Epoche der echten parlamentarischen Regierung anzubrechen: ein *Empire Libéral*, in dem das bis dahin autoritäre Regime sich zu einer parlamentarischen Monarchie wandeln sollte. Napoleon III. konnte es deshalb im Mai 1870 riskieren, das französische Volk in einem weiteren großen Plebiszit zu einer Stimmabgabe über die seit 1860 durchgeführten Reformen zu bitten, ohne Gefahr zu laufen, sich bei der Volksbefragung eine Niederlage einzuhandeln. Tatsächlich wurde seine Politik – 21 Jahre nach seinem Machtantritt – mit 7,3

Millionen Stimmen bei 1,5 Millionen Gegenstimmen erneut eindrucksvoll bestätigt. Implizit war damit auch die Zustimmung zum Verbleib Napoleons auf dem Thron verbunden. Seine Macht schien dauerhaft gesichert.

Grundstein dieses Erfolges war eine Wirtschaftspolitik, die Frankreich binnen weniger Jahre einen beachtlichen Aufschwung bescherte. Staatliche Förderung der Industrie, die Expansion des Eisenbahnnetzes, eine Ausweitung des Handels sowie die Unterstützung der Landwirtschaft und die Einleitung eines expansiven Programms für öffentliche Arbeiten, besonders jedoch die Ausweitung des Kreditwesens mit der Ausgabe von Staatsanleihen und der Gründung halbstaatlicher Banken – wie der *Crédit mobilier* und der *Crédit foncier de Paris* – bewirkten eine beschleunigte Industrialisierung und Modernisierung, die Frankreich zu neuem Wohlstand verhalfen. Vor allem die Großbourgeoisie, deren Privatvermögen sich von 1851 bis 1870 praktisch verdoppelte, verbuchte einen rasanten materiellen Zugewinn. Paris wurde zum wichtigsten Börsenplatz auf dem Kontinent. Am Beginn dieser Entwicklung, in einer berühmten Rede in Bordeaux am 9. Oktober 1852, bemerkte Louis Napoleon dazu programmatisch: „Wir haben ungeheure Strecken unbebauten Bodens urbar zu machen, Wege zu bahnen, Häfen anzulegen, Flüsse schiffbar zu machen, Kanäle zu vollenden, unser Eisenbahnnetz auszubauen... So würde ich das Kaiserreich auffassen, wenn das Kaiserreich wiederhergestellt werden sollte. Das sind Eroberungen, die ich zu machen gedenke, und Sie alle, die mich umgeben, die wie ich das Wohl unseres Vaterlandes wollen, Sie sind meine Soldaten!“

Im Jahr darauf beauftragte Napoleon den neu ernannten Präfekten von Paris, Georges Eugène Baron Haussmann, die französische Metropole von Grund auf umzugestalten. Die engen winkligen, oft verschmutzten Gassen der mittelalterlichen Innenstadt, die einen idealen Nährboden für Epidemien und Kriminalität bildeten, aber auch gute Gelegenheiten zum Barrikadenbau boten, wichen in der Amtszeit Haussmanns von 1853 bis 1870 breiten Boulevards und großen Plätzen, von denen die neuen Straßen strahlenförmig abzweigten. Hinzu kamen Bahnhöfe, Banken und ein Zentralmarkt (*Les Halles*) sowie eine moderne Wasserversorgung, ein Abwassersystem, mehrere innerstädtische Erholungsparks und ein neues Opernhaus. Die wirtschaftliche Blüte des Landes fand in der Hauptstadt, deren Bevölkerung von 1,2 Millionen 1848 auf fast 2 Millionen 1870 stieg, ihren sichtbarsten Ausdruck – nicht nur in Architektur und Stadtplanung, sondern auch in Literatur, Musik und Kunst. Die Atmosphäre der Reaktion, die Victor Hugos Exil auf der Insel Jersey und die Anklage gegen Gustave Flaubert wegen der Veröffentlichung von *Madame Bovary* 1857 erkennen ließ, war in Frankreich ebenso zu beobachten wie in anderen europäischen Ländern. Sie führte hier aber nicht zu nennenswerter Verfolgung und schon gar nicht zu systematischer Repression.

c) Die Reaktion in Preußen

In Deutschland wurde dagegen nach 1849 zunächst beinahe überall eine konservative Stabilisierungspolitik betrieben, um die revolutionären Bestrebungen zurückzudrängen und deren Errungenschaften zu beseitigen. Mit besonderer Härte griff man in Preußen und Österreich durch. Aber auch in Baden wurden liberale Tendenzen zunächst kompromißlos unterdrückt, ehe 1852 mit der Regentschaft des späteren Großherzogs Friedrich I. der Übergang zu einer gemäßigteren Politik begann. In Mecklenburg kehrte man sogar zur Ständeordnung des „Erbvergleichs" von 1755 zurück. Am mildesten fiel die Reaktionspolitik noch in Bayern aus, wo Ministerpräsident Ludwig Freiherr von der Pfordten sich auch nach dem Scheitern der Revolution um die Fortsetzung einer liberalen Gesetzgebung bemühte.

Preußen, das nur eineinhalb Jahrzehnte später die Hegemonie in Deutschland erlangen sollte, schien auf diese Rolle 1850 alles andere als vorbereitet. Zwar hatte es die wirtschaftliche Vorrangstellung behauptet, die es durch die Gründung des Zollvereins 1834 im Handelswesen erreicht hatte. Aber in politischer Hinsicht war in den fünfziger Jahren kein Fortschritt erkennbar. Die Macht lag weiterhin in den Händen der Aristokratie und der Großgrundbesitzer. Liberale oder gar revolutionäre Bestrebungen wurden unterdrückt. Personen, die demokratischer oder sozialistischer Ideen verdächtig waren, landeten nicht selten im Gefängnis oder mußten emigrieren; Zeitungen, Bücher und Schauspiele, die fortschrittliche Gedanken vertraten, wurden verboten. Das Land stagnierte – nicht nur in der Innen-, sondern auch in der Außenpolitik. König Friedrich Wilhelm IV. verließ sich lieber auf Empfehlungen Österreichs oder Rußlands, anstatt eine eigene Linie zu verfolgen. Die rückwärtsgewandte Hilflosigkeit und mangelnde Eigenständigkeit der preußischen Politik schien noch zuzunehmen, als Friedrich Wilhelm IV. seinem Bruder Wilhelm den Thron überließ, der 1858 Regent und im Januar 1861 König wurde. Wilhelm war zu Beginn seiner Regentschaft bereits 61 Jahre alt und genoß einen Ruf, der den Konservativismus seines Bruders noch in den Schatten stellte: Seit er die preußischen Regimenter kommandiert hatte, die 1849 in Baden die letzten Spuren der Revolution beseitigt hatten, trug er den wenig schmeichelhaften Beinamen „Kartätschen-Prinz", der ihm von Max Dortu, einem Potsdamer Freischärler, der von den preußischen Truppen in Baden hingerichtet wurde, verliehen worden war.

Allerdings wurden selbst in Preußen nicht alle Errungenschaften der Revolution rückgängig gemacht. Preußen blieb eine konstitutionelle Monarchie – wie unvollkommen auch immer die „revidierte" Verfassung vom 31. Januar 1850 sein mochte. Das in der März-Revolution erkämpfte allgemeine, gleiche und geheime Wahlrecht war indessen bereits am 30. Mai 1849 durch ein „Drei-Klassen-Wahlrecht" ersetzt worden, das über 1871 hinaus beibehalten wurde und bis 1918 in Kraft blieb. Die Wählerschaft wurde dabei in den einzelnen Wahlkreisen entsprechend ihrem Steueraufkommen in drei Klassen eingeteilt. So gehörten 1849 nur 4,7 Prozent der Wahlberechtigten der ersten Klasse an, 12,6 Prozent der zweiten und 82,7 Prozent der dritten. Jede der drei Klassen stellte jedoch die gleiche Zahl von „Wahlmännern", so daß dieses Wahlrecht – wie das Zensuswahlrecht in den meisten anderen deutschen Staaten – eine krasse politische Benachteiligung der großen Mehrheit der Bevölkerung bedeutete. Konservative Vorherrschaft wurden dadurch aber nicht in jedem Falle garantiert, da das Bürgertum mit zunehmendem Wohlstand und entsprechendem Steueraufkommen durchaus in die zweite und sogar in die erste Klasse aufzusteigen vermochte.

Wichtiger zur Erhaltung der konservativen Grundorientierung der preußischen Politik war deshalb eine Verfassungsänderung im Oktober 1854. Dadurch wurde die Erste Kammer des Abgeordnetenhauses in ein „Herrenhaus" umgewandelt, von dessen 126 zu wählenden Mitgliedern – daneben gab es erbliche Mitglieder unter anderem aus den standesherrlichen Familien und dem Altadel – nicht weniger als 90 dem „alten und befestigten Grundbesitz" des preußischen Landadels (also dem „Junkertum") angehören sollten, während für die größeren Städte nicht mehr als dreißig und für die Universitäten gar nur sechs Sitze vorgesehen waren. Dem Landadel wurde damit praktisch ein Vetorecht für die gesamte Gesetzgebung eingeräumt. Das Herrenhaus wurde dadurch in Preußen und darüber hinaus von 1871 bis 1918 in ganz Deutschland zum eigentlichen Bollwerk des aristokratischen, vom Junkertum dominierten Konservativismus.

In der politischen Praxis führte diese Entwicklung in Preußen nach 1849 trotz Verfassung, Wahlen und Abgeordnetenhaus folgerichtig zur Ausprägung eines autoritären Obrigkeitsstaates. Das Parlament verkümmerte und war nur noch zu eingeschränkter Mitwirkung an der Gesetzgebung und an der Feststellung des Staatshaushaltes imstande, während die monarchische Autorität, gestützt auf eine konservative Verwaltung und gefördert durch die seit 1848/49 in ihrer inneren Machtstellung aufgewertete Armee, das politische Leben bestimmte. Die mit der Verfassungsrevision von 1851 vorgenommene Wiedereinsetzung der ständischen Kreis- und Provinziallandtage und die Rückkehr der ostelbischen Rittergüter zum Status selbständiger Verwaltungseinheiten trugen ebenso dazu bei, die Stellung der konservativen Elemente zu stärken, wie die Verstärkung der Staatsaufsicht in den Städten. Zudem wurden die Presse-, Versammlungs- und Vereinigungsfreiheit eingeschränkt und eine politische Polizei aufgebaut. Preußen hatte den Weg in einen „Scheinkonstitutionalismus" angetreten, bei dem von einer wirklichen Parlamentarisierung und Demokratisierung nicht mehr die Rede sein konnte.

Andererseits war der Sieg der Reaktion in Preußen keineswegs vollkommen. Zwar war das radikale Bürgertum durch Emigration, Verfolgung und Unterdrückung geschwächt. Aber ein „gemäßigter" Liberalismus konnte sich durchaus behaupten und seine Positionen vor allem in Städten und Gemeinden schon bald neu festigen und ausbauen. Nicht nur die intellektuellen Führungsschichten blieben überwiegend liberal. Auch die liberale Presse überwog mit 250 000 Exemplaren pro Tag die Gesamtauflage der konservativen Presse mit 40 000 Exemplaren bei weitem. Die Wahlen zu einzelstaatlichen Parlamenten erbrachten schon bald wieder liberale Mehrheiten. Selbst in Preußen errangen Liberale und Demokraten im Dezember 1858 mit 236 Mandaten eine überwältigende Mehrheit gegenüber den Konservativen mit 56 Sitzen. Die konservativen Regierungen und Verwaltungen sahen sich nun immer stärker mit der Forderung nach Verwirklichung eines „Rechtsstaates" konfrontiert. Die gemäßigten Liberalen versprachen sich davon zwar keine schnelle Lösung der politischen Machtfrage, wohl aber eine erfolgreiche wirtschaftliche Entwicklung, die – wie im Frankreich Napoleons III. – den Interessen des Bürgertums entsprach. Statt, wie im Vormärz, weiterhin auf der unverzüglichen Realisierung liberaler politischer Grundforderungen zu beharren, hofften die Liberalen nun – in einer Wendung zur „Realpolitik" –, daß die erwünschten Veränderungen auf dem Umweg über den materiellen Fortschritt eintreten würden.

d) Österreich in den fünfziger Jahren

Die Thronbesteigung des neuen Kaisers Franz Joseph I. im Dezember 1848 stand zunächst ganz im Zeichen der Konsolidierung. Bereits die Erfolge der österreichischen Armee bei der Niederschlagung der Revolutionsbewegung in Böhmen und Italien im Juni und Juli 1848 hatten die Voraussetzungen dafür geschaffen, daß Ministerpräsident Schwarzenberg freie Hand erhielt, Personen in die neu gebildete Regierung zu berufen, die Reformen grundsätzlich ablehnten und die Wiederherstellung der kaiserlichen Macht als ihr oberstes Ziel betrachteten. Die Abdankung Ferdinands zugunsten seines erst achtzehnjährigen Neffen Franz Joseph im Dezember 1848 verlieh nicht nur Schwarzenberg zusätzliche Macht, sondern verstärkte auch die Abhängigkeit des Hofes von Militär und Bürokratie, wie sich vor allem in der Ungarn-Politik bald zeigen sollte.

Tatsächlich stellte Ungarn bei der Wiederherstellung konservativ-monarchischer Herrschaftsstrukturen im Habsburgerreich zur Jahreswende 1848/49 die größte Bedrohung dar. Die Revolution in Budapest hatte im März 1848 mit einem Sieg für die ungarischen Autonomiebestrebungen geendet, der jedoch von Kroaten, Serben und Rumänen sogleich wieder in Frage gestellt wurde, weil diese nun ebenfalls das Recht auf eine eigene politische Führung und eine eigene Amtssprache für sich beanspruchten. Die damit einhergehende Radikalisierung der Nationalitätenfrage hatte schließlich in Budapest die antislawische und zugleich antiösterreichische Partei von Ludwig (Lajos) Kossuth an die Macht gebracht, dessen Politik einen Kompromiß mit Wien praktisch unmöglich machte. Franz Joseph und Schwarzenberg hoben deshalb alle Zugeständnisse, die Ferdinand zuvor den Ungarn gemacht hatte, wieder auf und erklärten Ungarn den Krieg.

Die militärischen Auseinandersetzungen verliefen allerdings aus österreichischer Sicht wenig erfreulich. Windischgraetz sah sich von den ungarischen Verbänden, die unter General Arthur Görgey binnen kürzester Zeit zu einer begeisterten und überraschend starken, kampfkräftigen Armee herangebildet worden waren, im Frühjahr 1849 bis an die Landesgrenzen zurückgedrängt. Der ungarische Reichstag erklärte daraufhin seine Unabhängigkeit von Österreich, und Kossuth wurde am 14. April 1849 zum Reichsverweser Ungarns gewählt. Die vorangegangenen österreichischen Siege in Böhmen und Italien schienen plötzlich wertlos; das Habsburgerreich war zerbrochen, die Lage verzweifelt. In dieser ausweglosen Situation bat Franz Joseph, eigentlich schon zu spät, den russischen Zaren um Hilfe, um vielleicht doch noch eine Wende herbeizuführen. Und Nikolaus I., der von einem guten Verhältnis zu Österreich auf dem Balkan zu profitieren hoffte, zögerte nicht, sondern setzte sofort 140 000 Mann nach Ungarn und Transsylvanien in Marsch, um die Einheit des habsburgischen Reiches wiederherzustellen. Am 13. August 1849 kapitulierten Görgeys Truppen vor der erdrückenden russischen Übermacht bei Világos. Kossuth dankte ab und floh mit seinem Kabinett und einigen Tausend Soldaten in die Türkei, während Österreich das Kriegsrecht über Ungarn verhängte und mit einer Welle von Erhängungen, Erschießungen und öffentlich vollzogenen Prügelstrafen blutige Rache nahm. Allein 13 ungarische Generale wurden dabei des Hochverrats angeklagt und hingerichtet.

Der Neoabsolutismus, der den Beginn der Herrschaft Franz Josephs prägte, war jedoch auch in Österreich nicht das letzte Wort. Der Weg zu einer konstitutionellen Monarchie mit allgemeinem Wahlrecht und Massenparteien wurde hier bald ebenso beschritten wie in den meisten anderen Ländern Europas. Beschleunigt wurde die Entwicklung durch militärische Niederlagen bei Magenta und Solferino in Italien 1859. Innenpolitisch wurde nun mit dem sogenannten „Oktoberdiplom" von 1860 der Weg zum Verfassungsstaat eingeleitet. Zwar war das Diplom nur kurzlebig, weil es bereits im Februar 1861 durch ein neues, 1865 seinerseits wieder suspendiertes Patent ersetzt wurde. Aber der Anfang war gemacht: Ab Dezember 1867 kann man in Österreich von einer dauerhaften Konstitution sprechen, obwohl der Reichsrat anfänglich aus Delegierten der Landtage in den einzelnen Kronländern zusammengesetzt war und auch nach seiner Direktwahl ab 1873 zunächst nur etwa 6 Prozent der Gesamtbevölkerung repräsentierte, während das allgemeine und gleiche Wahlrecht erst 1907 auf Initiative des Kaisers durchgesetzt wurde.

e) Das Viktorianische England

Im Gegensatz zum europäischen Kontinent verlief die Entwicklung auf den britischen Inseln im 19. Jahrhundert ohne Revolutionen und größere kriegerische Verwicklungen, die auf die innere Struktur des Landes hätten zurückwirken können. Die lange Friedenszeit förderte den wirtschaftlichen Aufschwung, der durch den Vorsprung im Industrialisierungsprozeß ohnehin begünstigt wurde. So dokumentierte die erste Weltausstellung im Londoner Kristallpalast 1851 den hohen technischen Standard der britischen Wirtschaft und deren Abstand zu Kontinentaleuropa. Die mächtige Struktur aus Glas und Stahl im Londoner Hyde Park – 600 Meter lang, 130 Meter breit und 32 Meter hoch, mit 3 300 Stützpfeilern und 2 300 Trägern – war ein beeindruckendes Symbol des neuen Industriezeitalters: gleichermaßen ein Beweis für den Aufschwung des Christentums, den Siegeszug der englischen Verfassung und den Erfolg des Freihandels, wie man auf der Insel meinte. Organisator der Weltausstellung war Prinz Albert von Sachsen-Coburg-Gotha, der 1840 die junge Königin Viktoria geheiratet hatte. Mehr als sechs Millionen Besucher – vor allem aus Großbritannien, aber auch vom europäischen Kontinent und aus Übersee – konnten über 13 000 Ausstellungsstücke bewundern. Die Palette reichte von Rohstoffen und Maschinen über Industriegüter bis zu Kunstwerken. Haushaltsgegenstände waren ebenso vertreten wie Kanonen. Im Katalog hieß es, die Ausstellung repräsentiere „den Fortschritt der menschlichen Rasse" und sei ein Beweis dafür, daß „der Wille des großen und gnädigen Gottes" befolgt werde.

Im Jahr der Weltausstellung wurde auch der Begriff „viktorianisch" erstmals benutzt. Er war vor allem Ausdruck einer tiefen inneren Zufriedenheit der britischen Mittelschicht mit den politischen und wirtschaftlichen Verhältnissen der Zeit. Ein Kaufmann aus Manchester notierte dazu 1853 in sein Tagebuch: „Die Bevölkerung von Manchester hat sich nie eines größeren Wohlstandes erfreut, noch habe ich je Zeichen eines größeren gesehen ... Freihandel, Frieden und Freiheit. Oh, glückliches England! Mögest Du um Dein Glück wissen und es verdienen." Während die Welt um Großbritannien herum durch Revolution und Aufruhr erschüttert werde, herrsche auf der Insel „Ordnung inmitten der Anarchie", bemerkte der zeitgenössische Historiker Thomas Macaulay im Gefolge der Revolution von 1848. Beide großen Parteien, Liberale wie Konservative, hatten daran ihren Anteil. Dies galt vor allem nach dem Tode Lord Palmerstons 1865, des langjährigen Ministers und Premierministers, der die von Außenminister George Canning in den zwanziger Jahren initiierte Unterstützung liberaler Freiheitsbewegungen zu einem Programmpunkt britischer Politik erhoben und damit zeitweilig für beträchtliche Unruhe gesorgt hatte. Auch die britische Beteiligung am Krim-Krieg, in dem London sich die Erhaltung der Türkei zum Ziel gesetzt hatte, war in diesem Sinne als problematisches Engagement erschienen. Nach dem Tode Palmerstons wandten sich Liberale und Konservative wieder stärker den inneren Reformen zu: die Liberalen unter ihrem Führer William Ewart Gladstone in dem Bewußtsein, Freiheit und Gerechtigkeit verwirklichen und die christlichen Institutionen des Landes erhalten zu müssen, die Konservativen unter Benjamin Disraeli eher mit dem Ziel, die sozialen Probleme der industriellen Gesellschaft zu lösen und die arbeitenden Schichten im Sinne einer „Tory-Demokratie" an die bislang herrschenden Gruppen heranzuführen. Im Ergebnis trugen beide Bestrebungen dazu bei, daß der pragmatische britische Reformkurs fortgesetzt wurde und eine schrittweise Modernisierung des britischen Regierungssystems und der britischen Gesellschaft erfolgte. Ein 1847 einsetzender konjunktureller Aufschwung, der bis 1873 anhielt, trug zusätzlich dazu bei, die viktorianische Ära in einem glänzenden und glücklichen Licht erstrahlen zu lassen.

Königin Viktoria selbst hatte daran zunächst nur geringen Anteil. Kabinettssekretär Greville bemerkte 1857 über sie, die Königin sei „nicht intelligent, der Prinz macht alles und ist nun in jeder Hinsicht König". Viktoria handele „nach seinen Einfällen und schreibt nie einen Brief, von dem er nicht jedes Wort diktiert". Seine Kenntnisse und Informationen seien „erstaunlich" – ganz im Gegensatz zu den ihrigen. Auch Prinz Albert war indessen nicht frei von Mängeln: Seine Engstirnigkeit, Taktlosigkeit und gesellschaftliche Plumpheit irritierten Kabinettsminister und andere hochrangige Mitglieder der Londoner Gesellschaft ebenso wie ausländische Besucher. Wenn ihm danach war, sandte er schroffe Briefe und harsche Memoranden in die Welt hinaus und mischte sich nach persönlichem Gutdünken in die Regierungsgeschäfte ein. Doch als Albert 1861, erst zweiundvierzigjährig, an Typhus starb, wirkte dies nicht als Befreiung. Königin Viktoria zog sich in eine lange Einsamkeit zurück, die sie zumeist auf einem Schloß in Schottland oder auf der Isle of Wright verbrachte. Sie wußte praktisch nichts über das Leben ihrer Untertanen und widersetzte sich instinktiv den Reformbestrebungen in den Fabriken oder den Bemühungen um eine bessere Erziehung der unteren Klassen. Zwar besaß sie den Respekt der Nation. Aber dem Anspruch, der sich aus der Benennung eines ganzen Zeitalters nach ihrem Namen ergab, wurde sie nur allmählich gerecht.

Nicht Viktoria und ihre Persönlichkeit, sondern ein scheinbar unaufhaltsamer ökonomischer Fortschritt und ein bemerkenswerter politischer und sozialer Wandel, von dem letztlich alle Schichten der Bevölkerung profitierten, prägten somit das Bild des viktorianischen England, das sich auch in Zahlen messen ließ: Zwischen 1851 und 1871 stieg das Nationalprodukt (in konstanten Preisen gerechnet) von 494 auf 782 Millionen Pfund Sterling, die britischen Exporte vervierfachten sich. Großbritannien war – wie nicht zuletzt die Ausstellung im Kristallpalast zeigte – zur „Werkstatt der Welt“ geworden. Industrialisierung und Freihandel hatten sich ausgezahlt und ließen auch für die Zukunft eine glanzvolle Entwicklung erwarten.

2. Industrielle Expansion und Bürgerkultur

a) Die Entwicklung der industriellen Gesellschaft

Die industrielle Revolution, die im 18. Jahrhundert in Teilen des nordwestlichen Europa, vor allem in Großbritannien, begonnen hatte, breitete sich bereits in der ersten Hälfte des 19. Jahrhunderts über Belgien, Nordfrankreich und das Rheinland nach Mittel- und Süddeutschland sowie Nordböhmen, die Nordschweiz, Norditalien und Nordspanien aus. Der gesamte östliche Mittelmeerraum, der Balkan, Österreich-Ungarn und Rußland sowie Skandinavien wurden dagegen – vom Umfeld einiger Städte wie Wien, St. Petersburg und Moskau abgesehen – bis zur Mitte des 19. Jahrhunderts noch kaum erfaßt. Die Ausbreitung läßt sich daher nur als regionaler, nicht als „nationaler“ Vorgang beschreiben. Schon aus diesem Grunde ist der in der Historiographie häufig zu beobachtende Versuch, den Beginn der Industrialisierung nach dem Stand der Kohleförderung oder der Roheisenproduktion in den jeweiligen Staaten exakt zu terminieren, fragwürdig. Tatsächlich waren in den meisten Ländern – mit Ausnahme Englands und Belgiens – zunächst nur relativ kleine Gebiete von der Industrialisierung erfaßt, während der weit überwiegende Teil der Territorien seinen ländlichen und vorindustriellen Charakter behielt. Von einem „take-off“ läßt sich im übrigen auch deshalb nicht sprechen, weil die Behauptung, der Übergang von der vorindustriellen zur industriellen Produktionsweise sei plötzlich und umfassend erfolgt, dem komplexen und differenzierten Industrialisierungsverlauf widerspricht. Der ökonomische Wandel geschah weder über Nacht noch in allen Wirtschaftsbereichen gleichzeitig, sondern allmählich und über einen längeren Zeitraum hinweg, wobei nicht nur Regionen, sondern auch Sektoren unterschiedlich betroffen waren. Modernisierung und das Festhalten an überkommenen Formen der Produktion verliefen oft parallel, ohne daß die enormen Auswirkungen der Industrialisierung auf Politik und Gesellschaft dadurch geschmälert würden.

Ausgangspunkt der industriellen Revolution war eine agrarische Revolution, die zu einer kapital- und arbeitsintensiveren Bodenbearbeitung, einer Besitzumschichtung und zur Entwicklung eines ländlichen Proletariats von Lohnarbeitern führte, das von den neu entstehenden städtischen Industriebetrieben übernommen werden konnte. In England fand die Reform der mittelalterlichen feudalen Agrarverhältnisse bereits zwischen dem 16. und 18. Jahrhundert statt, in Frankreich war sie die Folge der politischen Revolution von 1789, in Deutschland wurde sie endgültig erst Anfang des 19. Jahrhunderts mit der „Bauernbefreiung" durchgesetzt, nachdem die Leibeigenschaft in einigen Teilen Süddeutschlands – zum Beispiel in Baden 1783 –, aber auch in einigen Teilen Preußens schon im 18. Jahrhundert aufgehoben worden war. Andere Gebiete Europas, wie große Teile Spaniens (mit Ausnahme Kataloniens), das südliche Italien und ganz Rußland, verharrten dagegen in den alten Verhältnissen, so daß die ökonomische Modernisierung hier entweder gar nicht oder nur verspätet einsetzen konnte.

Der Strukturwandel der Landwirtschaft ging mit Veränderungen in der Anbauweise und in der Tierhaltung einher, bei denen in zunehmendem Maße naturwissenschaftliche Erkenntnisse Berücksichtigung fanden. So wurde die im Mittelalter übliche Dreifelderwirtschaft durch die Fruchtwechselwirtschaft abgelöst, die eine ununterbrochene Nutzung des Bodens ermöglichte. Durch eine verbesserte Düngung mit Gründünger, Guano-Importen und seit den vierziger Jahren des 19. Jahrhunderts auch durch die Verwendung von Mineraldünger konnten die Erträge zusätzlich gesteigert werden. In Deutschland kam es bei Weizen, Roggen, Kartoffeln und Wiesenheu zwischen 1800 und 1910 praktisch zu einer Verdoppelung der Ernten. Ähnliche Fortschritte gab es in der Tierhaltung. Die Bestände wurden nicht nur vergrößert, sondern auch durch die Züchtung leistungsfähigerer Tiere verbessert. So stieg die durchschnittliche jährliche Milchleistung einer Kuh in Deutschland von 1 000 Liter im Jahre 1800 auf 2 200 Liter 1913. Insgesamt wurde die Milcherzeugung in diesem Zeitraum verfünffacht, die Fleischproduktion verneunfacht. Der Fleischverbrauch je Kopf der Bevölkerung nahm von 17 kg im Jahre 1800 auf 35 kg 1880 und sogar auf 53 kg 1912 zu.

Damit war eine wichtige Voraussetzung für einen starken Bevölkerungsanstieg gegeben, der sich allerdings nicht nur aus der Ernährungslage, sondern auch aus Fortschritten in der Medizin und der Verbesserung der Hygiene ergab. Ob der Zuwachs den Beginn der modernen Bevölkerungsexplosion markierte oder nur Teil eines traditionellen Zyklus war, bei dem auf Phasen hoher Sterblichkeit regelmäßig Perioden einer demographischen Erholung folgten, ist in der Forschung noch immer umstritten. Jedenfalls verlief die Entwicklung äußerst dramatisch: Trotz Millionen von Auswanderen, die sich in Nordamerika, Südamerika oder Australien eine neue Heimat suchten, wuchs die Gesamtbevölkerung Europas, die 1750 noch bei 140 Millionen gelegen hatte, zwischen 1800 und 1850 von 187 Millionen auf 266 Millionen – ein Zuwachs um 43 Prozent, gegenüber 1750 sogar um 90 Prozent. Europa war damit der am dichtesten besiedelte Kontinent der Erde: mit statistisch 18,7 Menschen je Quadratkilometer im Vergleich zu 14 in Asien und weniger als 5 in Afrika und Amerika. Zwischen 1850 und 1900 nahm die Bevölkerung Europas (einschließlich Rußlands) dann noch einmal um 135 Millionen von 266 auf 401 Millionen zu. Die höchste Bevölkerungsdichte bestand dabei im industrialisierten Nordwesten, also in Großbritannien, Belgien und Nordfrankreich. Über die genaue Bevölkerungsverteilung nach Ländern gibt Tabelle 1 Aufschluß.

Zu Beginn dieser Entwicklung, als die Fortschritte in der Landwirtschaft noch nicht ohne weiteres erkennbar waren, wurde dieser Bevölkerungsanstieg allerdings nicht als Fortschritt, sondern als existentielle Bedrohung empfunden. Das Mißverhältnis zwischen der immer rascher wachsenden Bevölkerung und den landwirtschaftlichen Erträgen, die ungeachtet aller Produktivitätssteigerungen hinter dem realen Bedarf zurückblieben, ließ die Befürchtung aufkommen, Europa sei an eine natürliche Grenze seiner wirtschaftlichen Möglichkeiten gestoßen. Der britische Sozialforscher Thomas R. Malthus stellte dazu 1798 in seiner viel beachteten Schrift *An Essay on the Principle of Population* sogar fest, daß es sich dabei um eine gesetzmäßige Entwicklung handele: Während die Bevölkerung in geometrischer Progression wachse, nehme die Menge der Nahrungsmittel aufgrund des abnehmenden Bodenertrags nur in arithmetischer Reihe zu, so daß weiteres Bevölkerungswachstum zwangsläufig zu Hungersnöten und der Perspektive einer dauernden Massenarmut breiter Schichten der Gesellschaft, also zum „Pauperismus", führen müsse. Die Massenauswanderung des 18. und 19. Jahrhunderts ist vor diesem Hintergrund zu erklären. Die Hoffnung, daß die Lösung gerade aus dem Bereich kommen könne, in dem das Problem angesiedelt zu sein schien – der beginnenden Industrialisierung –, wurde zunächst nur von wenigen geteilt.

Tatsächlich bildete die Entwicklung einer vor allem seit dem späten 17. Jahrhundert zu beobachtenden förmlichen Agrarrevolution bei zunehmend starkem Bevölkerungswachstum zusammen mit einer ebenfalls revolutionären Veränderung der gesamten Markt- und Verkehrssituation den wichtigsten Hintergrund der Industrialisierung. Deren erste Phase, die etwa im Textilbereich mit der Einführung des Fliegenden Weberschiffchens 1733 und des Spinnrades mit mehreren Spindeln 1764 einherging, bedeutete zunächst allerdings wenig mehr als die Intensivierung bestehender Produktionsformen. Industriearbeit war weiterhin auf traditionelle Weise organisiert, ländliche Fabrikation und Frauenarbeit blieben essentielle Bestandteile der Produktion, der Grad der Mechanisierung war gering. Erst die Erfindung der Dampfmaschine bewirkte ab 1765 eine grundlegende Änderung, bei der Handarbeit mehr und mehr durch maschinelle Fertigungsmethoden ersetzt wurde und Arbeitsteilung sowie Spezialisierung – vom schottischen Ökonomen Adam Smith bereits um 1770 detailliert beschrieben – zunahmen.

Tabelle 1: Geschätzte Bevölkerung europäischer Länder 1800–1850 (in Millionen)

Land	1800	1850
Dänemark	0,9	1,6
Norwegen	0,9	1,5 (1855)
Finnland	1,0	1,6
Schweiz	1,8	2,4
Niederlande	2,2	3,1
Schweden	2,3	3,5
Belgien	3,0	4,3 (1845)
Portugal	3,1	4,2 (1867)
Irland	5,0	6,6
Großbritannien	10,9	20,9
Spanien	11,5	15,5 (1857)
Italien	18,1	23,9
Österreich-Ungarn	23,3	31,3
Deutsche Staaten	24,5	31,7
Frankreich	26,9	36,5

Quelle: Carlo M. Cipolla (Hrsg.), The Fontana Economic History of Europe, Bd. 3: The Industrial Revolution, London 1973, S. 29.

Erneut war der Textilbereich ein Vorreiter des Wandels: Mit der Erfindung der Spinnmaschine 1769, des mechanischen Webstuhls 1786 und der automatischen Selfaktor-Feinspinnmaschine 1825 taten sich völlig neue Möglichkeiten der Herstellung und Arbeitsorganisation auf, die zudem noch durch dramatische Veränderungen im Transportbereich erweitert wurden, als Richard Trevithick 1803/04 und George Stephenson 1814 durch Dampfkraft angetriebene Zugmaschinen konstruierten, die bald auch als Antrieb für Züge und Dampfboote dienten. 1825 wurde dadurch ebenfalls der Betrieb der ersten Eisenbahn im Personenverkehr ermöglicht, deren Strecke von Stockton nach Darlington führte. Industrielandschaften mit qualmenden Lokomotiven und rauchenden Fabrikschloten blieben dennoch vorerst die Ausnahme: Noch um 1850 war mehr als die Hälfte der britischen Industriearbeiter nicht in Fabriken, sondern in Kleinbetrieben oder Heimarbeit beschäftigt, in den deutschen Staaten lag dieses Verhältnis sogar bei 2:1, und im Raum Paris betrug die Durchschnittszahl der Beschäftigten je Manufaktur noch 1870 nur sieben Personen.

Zur Mitte des 19. Jahrhunderts war der größte Teil Europas somit noch immer ländlich strukturiert. Die Größe der Städte hatte seit 1800 zwar erheblich zugenommen. Aber Millionenstädte gab es nur zwei: London und Paris. Und auch die Zahl der Großstädte über 100 000 Einwohner betrug um 1850 in ganz Europa immer noch nicht mehr als 40, von denen allein ein Viertel in Großbritannien, fast drei Viertel in Westeuropa und Italien lagen. Über 70 Prozent der Menschen lebten weiterhin von der Landwirtschaft, die in Großbritannien noch 21 Prozent, in Mitteleuropa 48 Prozent und in Rußland – nach groben Schätzungen – rund 80 Prozent des Nationaleinkommens ausmachte. Die langsame, aber stetige Zunahme des nichtagrarischen Bereichs im europäischen Westen resultierte dabei – außer in England – weitgehend aus dem Aufschwung traditioneller, meist kleingewerblich organisierter Wirtschaftszweige, noch nicht aus der Entwicklung der Großindustrie. Die Gesellschaften Europas setzten sich daher zur Jahrhundertmitte weiterhin im wesentlichen aus Bauern, Landarbeitern, Handwerkern und Händlern sowie einer sehr dünnen, vorwiegend agrarisch verankerten Oberschicht und einer ebenfalls sehr kleinen Gruppe von Trägern staatlicher und gesellschaftlicher Funktionen zusammen. Die städtische Arbeiterschaft, die Angestellten und der bürgerliche Mittelstand, die in der modernen Industriegesellschaft dominieren, spielten demgegenüber außerhalb Großbritanniens zahlenmäßig noch kaum eine Rolle. Zur Industriearbeiterschaft zählten auf dem Kontinent nur etwa 4 bis 5 Prozent der erwerbstätigen Bevölkerung, der Beruf des Angestellten im heutigen Sinne war praktisch unbekannt.

Tabelle 2: Einwohnerzahlen größerer europäischer Städte 1800–1850

Stadt	1800	1850
London	900 000–1 000 000	2 363 000
Paris	547 000 (1801)	1 053 000 (1851)
Wien	247 000	444 000
Neapel	350 000	415 000 (1871)
St. Petersburg	200 000	485 000
Moskau	200 000	365 000
Berlin	172 000	419 000
Liverpool	77 000	400 000
Birmingham	73 000	250 000
Leeds	53 162	172 023
Manchester	25 000 (1772)	367 000

Quelle: John Merriman, A History of Modern Europe. From the Renaissance to the Present, New York und London 1996, S. 693.

Die industrielle Revolution war deshalb – zumindest bis zur Mitte des 19. Jahrhunderts – nicht von ein paar hoch mechanisierten, auf wenige Produkte spezialisierten Großbetrieben, sondern von zahllosen, oft stürmisch expandierenden kleinen und mittleren Unternehmen getragen, die zumeist noch handwerkliche Züge besaßen. Deren Aktivitäten führten zu kontinuierlichen Zuwachsraten des Sozialprodukts im Bereich der gewerblichen Wirtschaft und trieben die technologische Innovation ebenso voran wie die Veränderung der Gesellschaft. Der Bedeutungsrückgang der Landwirtschaft und des Handwerks vollzog sich jedoch langsamer als vielfach angenommen, und die Industrialisierung selbst war ein Vorgang, der sich keineswegs auf Kohle- und Eisenerzförderung, Textilindustrie oder Eisenbahnbau reduzieren ließ, sondern eine breit angelegte Entwicklung umfaßte, die erst in der Summe vieler paralleler Einzelinitiativen den Prozeß der ökonomischen Modernisierung und des sozialen Wandels unumkehrbar machte.

b) Prosperität im Schatten der Reaktion

Nach der Jahrhundertmitte erfuhr der Prozeß der industriellen Revolution, der auf den britischen Inseln bereits weit fortgeschritten war, auch auf dem europäischen Festland eine erhebliche Beschleunigung. Im Schatten der Reaktion entfaltete sich ein wirtschaftlicher Aufschwung, der die skeptischen, oft apokalyptischen Visionen des Pauperismus, die um 1850 noch immer eine bedeutende Rolle spielten, allmählich in den Hintergrund drängte. Die Ersetzung der überlieferten grund- bzw. gutsherrlichen Verfassungen durch die freie Verfügung des jeweiligen Eigentümers über den Boden und seine Erträge im Rahmen einer allgemeinen förmlichen Agrarrevolution, die seit dem späten 17. Jahrhundert im Gange war und 1848/49 nahezu überall abgeschlossen wurde, leistete dabei einen wichtigen Beitrag. Eine Ausnahme bildete vor allem Rußland, wo Zar Alexander II. die Leibeigenschaft erst 1861 abschaffte, ohne daß sich daraus allerdings zunächst ein nennenswerter Modernisierungseffekt ergeben hätte.

Im übrigen Europa bewirkte die Agrarrevolution indessen eine spürbare Verbesserung der Nahrungsmittelversorgung, obwohl der sektorale Anteil der Landwirtschaft im Vergleich zur Industrie stetig abnahm. Möglich wurde dies in erster Linie durch neue Anbautechniken, Fortschritte in der Bodenchemie, die Einführung mechanischer Hilfsmittel sowie eine ständige Erweiterung der Märkte, die Investitionen in diesem Bereich zu einem lukrativen Geschäft werden ließ. So stiegen die Erträge allein zwischen 1850 und 1870 um durchschnittlich 20 bis 30 Prozent. Die Ernährungskrisen, die noch wenige Jahrzehnte zuvor für schicksalhaft gehalten worden waren, gehörten dadurch in den meisten Teilen Europas der Vergangenheit an. Zugleich führte die Ausweitung der Produktion zu einem starken Anstieg der Gewinne und damit des anlagesuchenden Kapitals, das zunehmend auch außerhalb der klassischen Gebiete für Anlagen – Landwirtschaft und Staatspapiere – investiert wurde. Das Ergebnis war eine allgemeine wirtschaftliche Belebung und ein neuer Glaube an den Fortschritt, der nicht nur die Eliten, wie das besitzende Bürgertum, sondern immer breitere Schichten der Bevölkerung erfaßte.

Vor allem Mitteleuropa blühte nun auf. Bezogen auf das Nettoinlandsprodukt in Preisen von 1913, erreichte das Wachstum hier in der zweiten Hälfte des 19. Jahrhunderts einen Durchschnitt von 2,6 Prozent; in Großbritannien lag die Vergleichszahl für das gesamte Jahrhundert nur um 0,2 Prozent höher. Unter Einbeziehung der rasch zunehmenden Bevölkerung entsprach die durchschnittliche wirtschaftliche Wachstumsrate Mitteleuropas damit pro Kopf der Bevölkerung 1,5 Prozent; eine vergleichbare Größenordnung war über einen so langen Zeitraum hinweg in der gesamten Wirtschaftsgeschichte noch nie gemessen worden. Auf dem Gebiet des späteren Deutschen Reiches nahm das Nettosozialprodukt allein zwischen 1855 und 1870 um 47 Prozent zu – je Einwohner entsprach dies einem Anstieg um 32 Prozent. Insgesamt wuchs die gesellschaftliche Produktion pro Kopf der Bevölkerung in Europa nach 1850 etwa zehnmal schneller als vor der industriellen Revolution.

Selbst im Handwerk stiegen die Erträge teilweise so stark, daß man auch hier von einem Boom sprechen konnte. Zwar wurden einige Berufszweige von den Manufakturen und Fabriken verdrängt; einige Berufe, wie Kammacher, Nadler, Nagelschmiede, Schriftgießer oder Baumwollweber, starben gänzlich aus. Andere jedoch – etwa in der Metallverarbeitung – konnten sich gegen die Industrie behaupten und profitierten vom allgemeinen Aufschwung. Nach der Erfindung von Otto- und Elektromotor, die im Gegensatz zur Dampfmaschine auch in kleinen Betrieben sinnvoll eingesetzt werden konnten, nahm die Konkurrenzfähigkeit des Handwerks sogar wieder zu. Eine allgemeine Existenzbedrohung des Handwerks, wie vielfach befürchtet, trat deshalb nicht ein. Manches, so der Wirtschaftshistoriker Wolfram Fischer, deutet sogar auf einen „überproportionalen Anteil des Kleingewerbes am Wachstumsprozeß“ im Rahmen der industriellen Revolution hin.

Natürlich waren die Verhältnisse in den einzelnen Ländern, Regionen und Sektoren sehr unterschiedlich. Die Rohstoff-, Energie- und Arbeitsmarktsituation, aber auch die jeweiligen politischen Verhältnisse blieben auf die ökonomische Entwicklung nicht ohne Einfluß. Gleichwohl läßt sich für große Gebiete Europas – von den britischen Inseln über Belgien, Nordfrankreich und das Rheinland bis Sachsen, Böhmen und Schlesien sowie Württemberg, die deutsche Schweiz, Norditalien und Teile Nordspaniens – die Feststellung treffen, daß wirtschaftliches Wachstum und sozialer Wandel von der Mitte des 19. Jahrhunderts an zur entscheidenden Kategorie der Zeit wurden. Der ursprünglich eher geistig und moralisch konzipierte Fortschrittsgedanke erhielt dadurch eine materielle Dynamik, deren Bedeutung für Lebensgefühl und Zukunftserwartungen kaum zu überschätzen ist.

Auch die Politik geriet damit unter Zugzwang. Selbst dort, wo – wie in Preußen, Österreich und mit Einschränkungen auch in Frankreich unter Napoleon III. – der politische Konservativismus dominierte, wurde nach 1850 die Freisetzung der dynamischen wirtschaftlichen Kräfte und ihre gezielte Begünstigung Schritt um Schritt zur Devise der Regierungen. Die

Prinzipien des Freihandels und des wirtschaftlichen Internationalismus, die um 1860 ihren Siegeszug antraten, waren zwar nicht unumstritten und wurden im Rahmen eines allgemeinen konservativen Kurswechsels nach dem weltweiten wirtschaftlichen Einbruch in den Jahren ab 1873 vielerorts wieder eingeschränkt. Von einer grundsätzlichen wirtschaftspolitischen Kehrtwendung im Inneren der einzelnen Staaten konnte indessen selbst angesichts der „Großen Depression" keine Rede sein. Kaum jemand in verantwortlicher politischer Position dachte ernsthaft daran, von der in den fünfziger und sechziger Jahren etablierten, auf Gewerbe- und Handelsfreiheit im weitesten Sinne gegründeten Wirtschaftsverfassung wieder abzugehen.

Ungeachtet aller Notwendigkeit zur zeitlichen und regionalen Differenzierung wird man den Prozeß der Industrialisierung in seinen Grundtendenzen und Hauptentwicklungslinien somit letztlich doch als einen einheitlichen Vorgang begreifen müssen, der das Bild der Epoche in Großbritannien seit den ersten Jahrzehnten, in Kontinentaleuropa seit der Mitte des 19. Jahrhunderts in wirtschaftlicher und sozialer Hinsicht prägte. Das Fabriksystem wurde zur vorherrschenden wirtschaftlichen Organisationsform, die freie Lohnarbeit zur Haupteinnahmequelle der Bevölkerung. Die Kräfte der Tradition, der überlieferten Ordnung in Wirtschaft und Gesellschaft, die bis dahin – unbeschadet aller tiefgreifenden Veränderungen – in vielen Ländern Europas immer noch das Übergewicht besessen hatten, wurden durch die Struktur der Industriewirtschaft ersetzt, deren Hauptträger das Bürgertum und die Arbeiterschaft waren. Der Übergang gestaltete sich zwar, wie stets in der Geschichte, als ein schwieriger und langwieriger Prozeß, der auch in den letzten beiden Jahrzehnten vor dem Ersten Weltkrieg vielerorts nur zögernd vorankam. Aber der kritische Punkt wurde doch – allen Hindernissen zum Trotz – im größeren Teil Europas zwischen 1850 und 1890 überschritten. Eine Rückkehr zu den überlieferten wirtschaftlichen, gesellschaftlichen und politisch-staatlichen Lebensformen der Vormoderne war endgültig nicht mehr möglich.

c) Wirtschaftsmacht und politischer Einfluß

Der Wandel, der mit der Auflösung der altständischen Bindungen in der europäischen Gesellschaft einherging und durch die Veränderungen der materiellen Produktion noch gesteigert wurde, schuf zugleich neue Bedingungen für die Ausübung politischer Macht. Wirtschaftlicher Erfolg und Reichtum ließen sich zwar selten direkt auf die Führung von Staatsgeschäften übertragen. Doch traten aus der Schicht der Kaufleute und Gewerbetreibenden häufig Persönlichkeiten hervor, die durch ihren überragenden ökonomischen Erfolg den Rahmen ständischer oder beruflicher Zugehörigkeit sprengten. Technische Erfindungsgabe, organisatorische Fähigkeiten oder kaufmännische Begabung ermöglichten einen Aufstieg, der weder in den persönlichen Lebensverhältnissen vorgezeichnet war noch in der früheren Gesellschaftsverfassung möglich gewesen wäre. Im Einzelfall, wie bei den

Rothschilds, deren international verzweigtes Bankhaus den meisten europäischen Regierungen der Restaurationszeit unentbehrlich war, verband sich wirtschaftliche Macht auch mit politischem Einfluß. In anderen Fällen wechselten Angehörige erfolgreicher Geschäftsfamilien in die Sphäre der Politik, wie der französische Bankier Casimir Périer, der es sogar zum Ministerpräsidenten seines Landes brachte, oder der Brite Sir Robert Peel, der als Sohn eines reich gewordenen Baumwollfabrikanten zunächst zum Innenminister und später ebenfalls zum Regierungschef aufstieg. In Preußen waren es die rheinischen Kaufleute Camphausen und Hansemann, denen im März 1848 der Sprung in das Staatsministerium gelang.

Wichtiger als derartige individuelle Karrieren war jedoch die Tatsache, daß die strukturelle Durchlässigkeit der Gesellschaft, also die soziale Mobilität, durch die Industrialisierung zunahm. So stammten um 1840 in Deutschland 61 Prozent der Unternehmer von Arbeitern oder Kleinbürgern ab; nur 11 Prozent kamen aus den sogenannten höheren Schichten der Gesellschaft. In welchem Maße der Aufstieg aus einfachen Verhältnissen gelingen konnte, zeigen die Beispiele der Familien Krupp, Siemens und Stinnes. Daraus entwickelte sich ein Wirtschafts- und Finanzbürgertum, das als „Großbürgertum" oder „Besitzbürgertum" eine kleine, aber äußerst einflußreiche Schicht bildete. Allerdings begann sich diese bald wieder gegenüber anderen sozialen Schichten und Gruppen abzugrenzen, obwohl keine ständischen Schranken bestanden. So hatten zwischen 1835 und 1870 nicht weniger als 78 Prozent der in Berlin ansässigen Firmenchefs auch einen Unternehmer zum Vater, während weniger als 5 Prozent aus dem Handwerk kamen und niemand den städtischen oder ländlichen Unterschichten entstammte. 83,8 Prozent der Berliner Unternehmer heirateten wiederum in bürgerliche Unternehmerfamilien ein; eine soziale Verflechtung mit anderen gesellschaftlichen Gruppen fand kaum noch statt.

In Frankreich wurde das öffentliche Leben bereits seit 1830 – durch die Ereignisse von 1848 nur zeitweilig unterbrochen – vom Großbürgertum dominiert. Großer politischer Ehrgeiz war zwar eher selten; man setzte sich ungern Risiken aus, bescheidener Lebensgenuß wurde zum Ideal, frühes Rentnertum war weit verbreitet. Dennoch stellten die bürgerlichen Mittelschichten die Masse der Politiker und Beamten, von denen manche es bis in führende Positionen schafften und dem Bürgertum einen politischen Einfluß verliehen, der in ständischer Zeit undenkbar gewesen wäre. Besonders aktiv war die Berufsgruppe der Anwälte, die – vergleichsweise ungebunden, wortgewandt und auf Popularität bedacht – unter den Parlamentariern, den Députés, eine herausgehobene Rolle spielten. Demgegenüber nahm die Bedeutung des alten Adels in den Führungspositionen der französischen Politik, Wirtschaft und Hochfinanz rasch ab und war seit Mitte des 19. Jahrhunderts, abgesehen von der Diplomatie, nahezu völlig verschwunden.

In Deutschland dagegen wurden die leitenden Positionen in Verwaltung und Politik immer noch fast ausschließlich vom Adel besetzt. Ausnahmen wie die Ministerposten von Alexander von Bach und Karl Ludwig von Bruck in Österreich konnte man praktisch an den Fingern einer Hand abzählen. Das

Bildungsbürgertum, das 1848/49 in der Frankfurter Nationalversammlung die politische Bühne bestimmt hatte, zog sich nach dem Scheitern der Revolution weitgehend in die Nobilität akademischer Berufe zurück. Zwar blieben die staatlichen Bürokratien neben der Technik und der Industrie weiterhin ein wichtiger Anziehungspunkt für Karrieren, die auch bürgerlichen Vertretern immer häufiger – in den außerpreußischen Staaten mehr als in Preußen selbst – die Chance boten, in höhere Positionen aufzurücken. Doch im Gegensatz zum viktorianischen England, wo sich der größte Reichtum in einem expandierenden Großbürgertum sammelte, orientierte man sich in Deutschland sogar im Bereich der Wirtschaft weiterhin am Lebensstil und am Status des Adels. Während in Großbritannien trotz einer starren ständisch-hierarchischen Abstufung und Erziehung eine Anpassung des Adels an das Bürgertum stattfand und der Zugang zum Adel offen blieb, da er nicht fest an das Prinzip der Herkunft gebunden war, fühlte sich das Großbürgertum in Deutschland weniger als Bourgeoisie denn als besondere industrielle Aristokratie.

Geistiger Hintergrund der britischen Entwicklung war das Ideengut des Liberalismus, das sich bald auch auf dem europäischen Kontinent ausbreitete und bei den neuen Kräften, die durch die Industrialisierung zu Einfluß und Bedeutung gelangten, auf fruchtbaren Boden fiel. Dabei handelte es sich weniger um ein klar definiertes Programm als um eine Verbindung von Grundhaltungen und Einstellungen, die ihren Ursprung in der Aufklärung hatten und von der kompromißlosen Überzeugung individueller Freiheit ausgingen. Nach der Maxime, daß diejenige Regierung die beste sei, die am wenigsten regiere, wurde vor allem die Einmischung des Staates in Wirtschaftsfragen abgelehnt. Entsprechend den Theorien des Ökonomen Adam Smith (1723–1790), der 1776 eine Schrift über den „Wohlstand der Nationen" veröffentlicht hatte, wurde eine Wirtschaftsordnung des *laissez-faire* vertreten, die dem Staat wenig mehr als eine Schutzfunktion für das Eigentum zugestand. Der Jurist und Philosoph Jeremy Bentham (1748–1832) hatte zudem im gleichen Jahr gefordert, Gesetze ausschließlich nach ihrer sozialen Nützlichkeit (Utilitarismus) zu beurteilen. Denn, so Bentham, „jedes Gesetz ist ein Übel, weil jedes Gesetz eine Beeinträchtigung der Freiheit darstellt".

Sowohl der *laissez-faire*-Liberalismus als auch der Utilitarismus gewannen im 19. Jahrhundert als optimistische, säkulare Doktrinen großen Einfluß auf das britische Denken, während das „eherne Lohngesetz" von David Ricardo (1772–1823) durchaus umstritten blieb. In einem System von Angebot und Nachfrage, so hatte der Sohn eines holländischen Bankiers 1817 formuliert, würden die Löhne stets bis an die Existenzgrenze absinken, wenn man sie den Gesetzen des freien Marktes überlasse. Selbst viele Unternehmer, die davon profitierten, mochten sich mit solchen Vorstellungen nicht identifizieren. Die Ideen von Smith und Bentham wurden dagegen in Zeitungen und Zeitschriften sowie durch den Londoner Political Economy Club propagiert und popularisiert; liberale Ökonomen erhielten Lehrstühle an britischen und französischen Universitäten. In Deutschland war es vornehmlich der Professor der Staatswirtschaft und Staatspraxis in Tübingen, Friedrich

List, der sich den Gedanken des Freihandels zu eigen machte. Als Abgeordneter der württembergischen Kammer wurde er deshalb 1822 wegen „staatsfeindlicher Aufreizung" zu Festungshaft verurteilt und nur gegen das Versprechen, nach Amerika auszuwandern, freigelassen.

Die Gedanken des Liberalismus ließen sich dadurch jedoch nicht aufhalten. Wo immer die Industrialisierung und Modernisierung der Gesellschaft voranschritten, ging der materielle Aufstieg des Bürgertums mit der Vorstellung einer möglichst freien, individuellen Ausübung der Geschäfte einher. Die politische Machtübernahme des dritten Standes, die in Frankreich bereits 1789 begonnen hatte und 1830 praktisch abgeschlossen war, vollzog sich deshalb nicht nur durch Entwicklungen in Wirtschaft und Gesellschaft, sondern auch dank der Kraft politischer Ideen. Nach den Revolutionen von 1830 und 1848 wurde allerdings auch in liberalen Kreisen der Ruf nach mehr Staat immer lauter, um Recht und Gesetz vor Gefahren zu schützen, die von der zunehmenden Kriminalität infolge der Verstädterung, jedoch ebenso – wie viele es sahen – von den radikalen politischen Forderungen des wachsenden Industrieproletariats ausgingen. So trugen Politiker bürgerlicher Herkunft, wie der schon genannte britische Innenminister und spätere Premierminister Robert Peel, dazu bei, die Polizei zu professionalisieren – unter Peel zum Beispiel durch die Aufstellung der bald überaus beliebten „Bobbies", die unbewaffnet, allein durch gute Ausbildung und überzeugendes Auftreten, ihre polizeilichen Aufgaben erfüllten. In Berlin, wo es 1848 erst 200 Polizisten gab, die über die 400 000 Einwohner wachten, wurden – wie in vielen anderen deutschen, britischen, französischen und italienischen Städten – zusätzlich zivile Ordnungskräfte aufgestellt, die in Fällen lokaler Unruhen dazu dienen sollten, Polizei und Armee zu unterstützen.

Dieses Streben nach mehr staatlicher Ordnung, das zu einer wesentlichen Ausweitung öffentlicher Aufgaben führte und einen ersten Schritt zur Allzuständigkeit des modernen Staates darstellte, war in der zweiten Hälfte des 19. Jahrhunderts auch unter Liberalen von einem wachsenden Bewußtsein für die Notwendigkeit sozialpolitischer Maßnahmen begleitet. Beispielhaft dafür war der Philosoph und Ökonom John Stuart Mill (1806–1873). Der Engländer schottischer Abstammung war schon früh desillusioniert durch den Gegensatz zwischen dem liberalen Ideal individueller Selbstverwirklichung und den Auswirkungen des Frühkapitalismus. Unter kritischer Anknüpfung an Adam Smith und David Ricardo näherte er sich einem liberalen Sozialismus und setzte sich für ein größeres Engagement des Staates zugunsten sozialer Reformen ein. Mills Schriften offenbarten eine Evolution von den Prinzipien des *laissez-faire* zu einer Theorie ökonomischer, sozialer und politischer Gerechtigkeit. Seine Wirkung war beträchtlich und reichte weit über Großbritannien hinaus. Die Begründung einer modernen Sozialpolitik unter den Bedingungen freiheitlichen Wettbewerbs war auch für diejenigen attraktiv, die sich vom Konkurrenzkapitalismus klassischer Prägung abgestoßen fühlten. Karl Marx nannte dies allerdings 1878 im Nachwort zur zweiten Auflage seines Werkes *Das Kapital* eine „Bankrotterklärung der bürgerlichen Ökonomie". Er rechnete Mill jenen zu, die versuchten, „die politische Ökonomie des Kapitals in Einklang zu setzen mit den jetzt nicht länger zu ignorierenden Ansprüchen des Proletariats". Dies sei „ein geistloser Synkretismus", wie ihn John Stuart Mill am besten repräsentiere. Dennoch: Der Einfluß, den der Liberalismus in vielen Teilen Europas seit der zweiten Hälfte des 19. Jahrhunderts – allen konservativen Widerständen zum Trotz – auf die Politik der europäischen Staaten gewann, hatte nicht zuletzt hier seine Wurzeln. Er entsprang daher nicht reiner Wirtschaftsmacht des Bürgertums, sondern war die Folge eines äußerst komplizierten Gefüges ökonomischer Strukturen, soziologischer Schichtungen und philosophischer Einsichten.

d) Soziale Folgen der Industrialisierung

Die von John Stuart Mill beklagte soziale Kehrseite der Industrialisierung kündigte sich spätestens Ende des 18. Jahrhunderts bereits an. Die Gewerbefreiheit, die in Großbritannien seit langem bestand, auf dem Kontinent aber erstmals 1791 in Frankreich eingeführt wurde, sorgte zwar für den notwendigen unternehmerischen Spielraum, um zu wirtschaftlichem Erfolg und finanziellem Reichtum zu gelangen. Zugleich gefährdete sie jedoch die Existenzsicherheit, die in der alten Ständegesellschaft durch Zunftzwang und Zulassungsbeschränkungen bei der Ausübung eines Gewerbes oder Berufes bestanden hatte. Die Bauernbefreiung löste zudem die ländliche Bevölkerung aus ihren früheren Bindungen, die einerseits jede Veränderung der sozialen Lage des einzelnen sehr erschwert, andererseits zumeist einen festen, wenn auch oft nur kargen Unterhalt gewährleistet hatten. Die Möglichkeit des einzelnen, durch Geschick und Fleiß sowie mit etwas Glück die eigene Situation zu verbessern, korrespondierte deshalb mit der Unsicherheit großer Teile der ländlichen und städtischen Bevölkerung, ihr Auskommen zu finden und der Massenarmut zu entgehen, die bis zur Mitte des 19. Jahrhunderts eine wesentliche Begleiterscheinung der industriellen Revolution darstellte.

Tatsächlich konnte die moderne Industrie in ihrer Frühzeit im Gegensatz zur altständischen Ordnung weder die Dauer des Arbeitsverhältnisses noch einen ausreichenden Lebensunterhalt garantieren. Während der besitzlose, persönlich freie und darum für die Sicherung seines Unterhalts allein auf sich gestellte, auf freien Vertrag und kurze Kündigung arbeitende Mensch in der vorindustriellen Welt nur eine Randerscheinung gewesen war, wurde er durch die neue Produktionsweise zur Norm, die für einen immer größer werdenden Teil der Bevölkerung galt. Seine Existenz war geprägt durch lange Arbeitszeit, niedrige Löhne, soziale Unsicherheit und Wohnungselend sowie Frauen- und Kinderarbeit. Wer so lebte, paßte nicht in die nach Kriterien von Erfolg und Fortschritt bemessene bürgerliche Welt. Die Schicht der „Proletarier", wie man sie allgemein nannte, war deshalb kaum sozial integriert, sondern isoliert und mißachtet und zur Entwicklung eigener Formen von Identität gezwungen. Es entstand eine Solidarisierung des Proletariats als Klasse, die Theoretiker bald als Gegensatz zwischen „Bourgeoisie" und „Proletariat" ideologisch überhöhten.

Was als mehr oder weniger spontane Maschinenstürmerei, Protest gegen die Gewerbefreiheit und Wunsch nach Rekonstruktion der ständischen Ordnung begann, wurde von den frühen Sozialisten in politische Forderungen umgemünzt. Von einem gemeinsamen Programm konnte zunächst allerdings noch keine Rede sein. Alles wirkte reichlich unkoordiniert und verworren – „utopisch", wie Karl Marx und Friedrich Engels später meinten. So endete François Babeuf, der sich selbst „Gracchus" nannte, 1797 für seine vorzeitig verratene „Verschwörung der Gleichen" unter der Guillotine. Seine Forderungen nach Überführung der Produktionsmittel in Gemeineigentum, Gleichheit der Arbeit und Erziehung sowie Privateigentum nur an den von der Gemeinschaft zugeteilten Konsumgütern wurden auch von Étienne Cabet (1788–1856) erhoben, der in seinem Roman *Reise nach Ikarien* eine kollektivistische Gesellschaft mit Güter-, Arbeits- und Erziehungsgemeinschaft propagierte. Im Unterschied zu Babeuf lehnte Cabet eine Verwirklichung seiner Ideen durch Revolution indessen strikt ab. Der als eigentlicher Begründer des französischen Sozialismus geltende Claude Henri de Rouvroy Graf von Saint-Simon (1760–1825) hingegen befürwortete – ausgehend vom positiv bewerteten Fortschritt der Wissenschaften – eine technokratische Staats- und Gesellschaftsordnung, um zu einer Vermehrung und gerechten Verteilung des Volkseinkommens zu gelangen; Wettbewerb und Eigentum sollten erhalten, die Ausbeutung fremder Arbeit jedoch abgeschafft werden. Die „Saint-Simonisten" erweiterten später diese Gedanken und wandelten sie auch teilweise ab, indem sie die Überführung der Produktionsmittel an die Gesamtheit, die Beseitigung des Privaterbrechts und die Entlohnung nach Leistung forderten. Der Sozialphilosoph Charles Fourier (1772–1837) plädierte demgegenüber für eine Gesellschaftsordnung durch genossenschaftliche Organisation in der Form kleiner, relativ selbständiger Kommunen (Phalanstère, Familistère), während der Staatstheoretiker Pierre-Joseph Proudhon (1809–1865) die Familie und andere Kleingruppen anstelle des Staates zur Grundlage einer neuen sozialen Ordnung machen wollte, wobei Proletariat und Bürgertum zur „classe moyenne" verschmelzen sollten, um die soziale Frage zu lösen. In seiner 1840 erschienenen Schrift *Qu'est-ce que la propriété?* griff er die herrschende Eigentumsverfassung scharf an und wandte sich in seinem 1846 veröffentlichten zweibändigen Werk *Système des contradictions économiques* grundsätzlich gegen das Privateigentum.

Anders als in Frankreich, wo das Thema in hohem Maße theoretisch und ideologisch betrachtet wurde, beschritt man in Großbritannien frühzeitig den Weg sozialer Reformen. Der Unternehmer und Sozialpolitiker Robert Owen (1771–1858) ging dabei als Mitbesitzer eines der größten Industrieunternehmen Englands mit gutem Beispiel voran: Auf Kosten eigener höherer Gewinne erließ er in seinen Betrieben ein Beschäftigungsverbot für Kinder, verkürzte die Arbeitszeit und führte genossenschaftlichen Konsum sowie eine Kranken- und Alterssicherung ein. Auch wenn diese Ideen von anderen nur zum Teil übernommen wurden und seine weitergehenden Bemühungen um die Schaffung einer idealen kommunistischen Gemeinschaft durch Gründung der Siedlung New Harmony in Ohio (USA) 1824 mit Gemeineigentum aller unbeweglichen Güter, Gleichheit in Nahrung, Kleidung und Erziehung sowie Lenkung der Produktion mittels Vollversammlungsbeschlüssen ebenso fehlschlugen wie die Einführung einer „Arbeitswährung" in der „Arbeiterbörse" in London, erhielt die praktische Sozialreform durch ihn doch wichtige Anregungen. Als geistiger Urheber der englischen Arbeiterschutzgesetzgebung sowie der Genossenschafts- und Gewerkschaftsbewegung erlangte er jedenfalls bleibende Bedeutung.

In einer Zusammenfassung und Weiterentwicklung der Ideen des französischen Sozialismus, der englischen Nationalökonomie und der bürgerlichen idealistischen Philosophie schufen indessen erst Karl Marx und Friedrich Engels einen „wissenschaftlichen Sozialismus", der nicht nur eine klare Analyse der vergangenen und gegenwärtigen Gesellschaft, sondern auch eine unmißverständliche Strategie für die anzustrebende Politik enthielt. Mit ihrem im Februar 1848 veröffentlichten *Kommunistischen Manifest* legten Marx und Engels ein Programm vor, das an Deutlichkeit nichts zu wünschen übrig ließ. „Die Geschichte aller bisherigen Gesellschaft ist die Geschichte von Klassenkämpfen", hieß es darin. Die bestehende Epoche zeichne sich dadurch aus, daß sie die Klassengegensätze vereinfacht habe: „Die ganze Gesellschaft spaltet sich mehr und mehr in zwei große feindliche Lager, in zwei große, einander direkt gegenüberstehende Klassen: Bourgeoisie und Proletariat." Die Bourgeoisie habe nicht nur die Waffen geschmiedet, die ihr den Tod brächten, sondern auch die Männer gezeugt, die diese Waffen führten – die modernen Arbeiter, die Proletarier. Der Fortschritt, dessen Träger die Industrie sei, setze „an die Stelle der Isolierung der Arbeiter durch die Konkurrenz ihre revolutionäre Vereinigung durch die Assoziation". Mit dieser Entwicklung aber werde „der Bourgeoisie die Grundlage selbst hinweggezogen, worauf sie produziert und die Produkte sich aneignet. Sie produziert vor allem ihren eignen Totengräber. Ihr Untergang und der Sieg des Proletariats sind gleich unvermeidlich."

Auch wenn es noch lange dauern sollte, bis die Gedanken dieses Manifests, das im Auftrag des damals noch bedeutungslosen „Bundes der Kommunisten" als kleine Broschüre verfaßt worden war, sich politisch durchsetzten, war damit doch bereits eine radikale politische Strategie formuliert, die zu den utopischen Entwürfen der französischen Frühsozialisten ebenso in krassem Gegensatz stand wie zu den pragmatischen Reformvorstellungen britischer Staatstheoretiker. In Deutschland blieb der Einfluß von Marx und Engels zunächst ebenfalls gering, obwohl der Volkswirtschaftler und Staatsrechtler Lorenz von Stein 1842 mit seinem Werk *Der Socialismus und Communismus des heutigen Frankreich* den Boden für eine Theorie des Klassenkampfes bereitet hatte, indem er erklärte, wenn der Staat der kommenden Revolution nicht durch Sozialreform entgegenwirke, sei die bürgerliche Gesellschaft dem Untergang geweiht. Vorerst jedoch standen andere, nichtmarxistische Persönlichkeiten im Mittelpunkt, die sich bemühten, Lösungen für die negativen Auswirkungen der Industrialisierung zu finden. Zu ihnen zählten etwa Johann Hinrich Wichern, der auf dem Wittenberger Kirchentag 1848 zur „inneren Mission“ gegen materielle und sittliche Verwahrlosung aufrief, sowie Franz Joseph von Buß und Peter Reichensperger, die zu einer Sozialpolitik aus christlicher Inspiration aufriefen, während der ehemalige Schustergeselle und 1845 zum Priester geweihte Kölner Domvikar Adolf Kolping seit Mai 1847 als geistlicher Präses in dem im Herbst 1846 gegründeten „Katholischen Handwerksgesellenverein“ wirkte, um den von Proletarisierung bedrohten und damit oft dem Einfluß sozialistischer Ideen ausgesetzten Handwerksgesellen zu helfen.

Bedeutung erlangte aber auch die gewerkschaftlich oder genossenschaftlich organisierte Selbsthilfe der Arbeiter, die es mit Stephan Born und der im September 1848 gegründeten „Allgemeinen deutschen Arbeiter-Verbrüderung“ sogar zu einem überregionalen Zusammenschluß mit einem Zentralkomitee in Leipzig brachte und bald 170 örtliche Vereine und Bezirksorganisationen umfaßte. Schon vorher, im April 1848, hatte Born bei der Abfassung der Statuten eines „Central Comités für Arbeiter“ in Berlin selbstbewußt verkündet, man wolle es „dahin bringen, daß wir als Arbeiterklasse als eine Macht im Staate dastehen, daß jeder von uns sich als ein Mitglied derselben erkläre und betätige“, um Deutschland vor einer neuen Revolution und Anarchie zu bewahren, „in welcher ..., wissen wir es wer?, zur Herrschaft gelangen kann“. Deutschland sei „noch nicht so arm, daß ein Teil seiner Kinder notwendig darben muß. Wir, die wir zu denen gehören, die in Not und Entbehrung groß geworden, wir werden unsern Brüdern Hilfe bringen.“

Soziale Reform, nicht Revolution, war mithin Borns Ziel. Dieser reformistische Zweig der deutschen Arbeiterbewegung entstand in Deutschland selbst. Seine Träger waren nicht die ungelernten Arbeiter, Tagelöhner, „Proletarier“ im weitesten Sinne, wie Marx und Engels sie sahen, sondern Handwerksgesellen, qualifizierte Fabrikarbeiter, sogar Meister, die sich gegenseitig stolz mit „Herr“ anredeten, ihrem Selbstverständnis nach Bürger unter Bürgern waren, zwar Arbeiter, aber keine Proletarier sein wollten, sondern – in heutiger Terminologie – Arbeitnehmer, die in der Gesellschaft, in der sie nun einmal lebten, Auskommen und Anerkennung suchten. Zwar schätzten viele von ihnen durchaus die Analysen von Marx und Engels, übernahmen auch manche ihrer Ideen und Argumente; Born selbst war seit 1847 Mitglied des „Bundes der Kommunisten“, reiste im Auftrage von Engels als Agitator nach Südfrankreich und in die Schweiz und war Anfang 1848 auch kurzzeitig Mitarbeiter von Marx in Paris. Doch trennte ihn und die Mehrzahl der deutschen Arbeiter nach der Revolution von 1848 von Marx und Engels die, wie Helga Grebing schreibt, „realistische Einsicht in ihre konkreten politischen Aufgaben..., in solidarischer Aktion, bei gesicherter organisatorischer Basis ihre politischen und sozialen Forderungen auf dem Boden der gegebenen Verhältnisse durchzusetzen und auf diesem Wege einen neuen Staat und eine neue Gesellschaft zu gestalten“.

Schon 1848, so Grebing, habe es daher den „Dualismus von sozialer Revolution und sozialer Reform“ gegeben – „von proletarischem Klassenbewußtsein und bürgerlich geprägtem Standesbewußtsein, der sich später widerspiegelte in den ständigen Auseinandersetzungen zwischen den verschiedenen Lagern innerhalb der sozialdemokratischen Arbeiterbewegung". Aber zunächst stand beides ziemlich unvermittelt nebeneinander, und gelegentlich ging beides auch ineinander über, wie bei Gustav von Struve, dessen radikaldemokratische Forderungen an das Vorparlament zur Einberufung einer deutschen Nationalversammlung am 31. März 1848 in Frankfurt am Main nicht nur die „Beseitigung des Notstands der arbeitenden Klassen und des Mittelstands" verlangte, sondern ebenso die „Ausgleichung des Mißverhältnisses zwischen Arbeit und Kapital vermittelst eines besonderen Arbeiter-Ministeriums, welches dem Wucher steuert, die Arbeit schützt und derselben namentlich einen Anteil an dem Arbeitsgewinne sichert". Mit dem Scheitern der Revolution von 1848/49 erlitt indessen auch die reformorientierte politische Arbeiterbewegung in Deutschland einen Rückschlag. Borns „Arbeiter-Verbrüderung" wurde 1854 durch Bundesgesetz verboten. Nur unpolitische und konfessionelle Arbeitervereine, wie Kolpings „Katholischer Handwerksgesellenverein", durften ihre Arbeit fortsetzen. Die Bewegung selbst war durch staatliche Zwangsmaßnahmen allerdings nicht mehr zu unterdrücken – weder in Deutschland noch in Europa insgesamt. Zu drängend war vor dem Hintergrund der rasch fortschreitenden Industrialisierung ihr Anliegen, zu stark inzwischen ihr Antrieb.

e) Das Bürgertum zwischen Bildung und Besitz

Im Gegensatz zum Proletariat ging das europäische Bürgertum, wie schon bemerkt, von Anfang an als Gewinner aus den komplexen Prozessen von Aufklärung, Industrialisierung und Modernisierung hervor. Dabei war der Begriff des „Bürgers" im 18. und 19. Jahrhundert lange schillernd und konnte im zeitgenössischen Sprachgebrauch die Zugehörigkeit zu einem Stand, einer Klasse oder einem Staat bezeichnen. In Frankreich wurden „Citoyen" und „Citoyenne" zudem von 1792 bis 1804 und dann wieder 1848 als demokratische Anrede anstelle von „Monsieur" und „Madame" gebraucht. Bis 1789 handelte es sich beim *citoyen* um den stimm- oder wahlfähigen Bürger der Cité, also der politischen Bürgerschaft, der Stadtgemeinde. Danach ging er in den umfassenden Begriff des „Staatsbürgers" über, der sich auch in Deutschland zu Beginn des 19. Jahrhunderts weitgehend durchsetzte. Als solches war der Bürgerbegriff nun antiständisch und antifeudal und verlieh dem Grundsatz der Rechtsgleichheit und der persönlichen Freiheit aller Angehörigen eines Staates Ausdruck. Aus Untertanen wurden Bürger, die nach dem Prinzip des allgemeinen Staatsbürgerrechts Anspruch auf bestimmte „Bürgerrechte" genossen. Die bürgerlichen Freiheiten galten dabei für jedermann, nicht nur für eine bestimmte soziale Schicht.

Der ständische Rechtsbegriff, der auf dem städtischen Bürgerrecht beruhte, trat dagegen in den Hintergrund. Bürger und Bürgertum wurden zu sozialen Kategorien, die sich eher negativ als positiv definieren ließen: Ein Bürger war derjenige, der weder zum Adel noch zu den Unterschichten gehörte. Dabei war die Abgrenzung gegenüber dem Adel problemlos, gegenüber den Unterschichten schwierig. Unterscheidungskriterien waren vor allem Selbständigkeit, Besitz und Bildung. Nichtbürgerlich waren danach diejenigen, die wirtschaftlich unmittelbar abhängig waren: Tagelöhner, Fabrikarbeiter, Gelegenheitsarbeiter und Gesinde, aber auch Gesellen ohne Aussicht auf eine Meisterstelle. Beim Besitz zählte nicht nur unternehmerisches Kapital, sondern ebenfalls Haus- und Grundbesitz – wie bescheiden das Vermögen im Einzelfall auch sein mochte. Bildung war ein positives Kriterium vor allem im Hinblick auf die Beamten und akademischen Berufe, während umgekehrt kein Eigentümer wegen Bildungsmangel aus dem Bürgertum ausgeschlossen wurde.

Natürlich waren die Unterschiede hinsichtlich der Wirtschafts- und Lebensweise sowie der ökonomischen Macht und des sozialen Ansehens innerhalb des so definierten Bürgertums enorm. Großunternehmer und Bankiers hatten mit kleinen Handwerkern und Kaufleuten wenig gemein; zwischen den höheren, in der Regel akademisch gebildeten Beamten und ihren „subalternen" Kollegen in den unteren Etagen der Verwaltungs- und Regierungsbürokratie lagen Welten, ebenso zwischen Universitäts- und Gymnasialprofessoren auf der einen und Volksschullehrern auf der anderen Seite. Selbst innerhalb der einzelnen bürgerlichen Schichten taten sich tiefe Klüfte auf: Während einigen Handwerksmeistern der Aufstieg zu handwerklichen Unternehmern gelang, fehlte es anderen, die oft weniger verdienten als ein Lohnarbeiter, an jeglichen Voraussetzungen für ein „bürgerliches Leben". Und mittlere und größere Bauern, die über Besitz und nicht selten auch über eine bürgerliche Bildung verfügten, unterschieden sich vom städtischen Bürgertum in so vieler Hinsicht, daß sich über ihre Zuordnung zur bürgerlichen Mittelschicht trefflich streiten ließ. Um die Mitte des 19. Jahrhunderts begann man deshalb, hauptsächlich zwischen Groß- und Kleinbürgertum zu unterscheiden: Während das Großbürgertum als Handels- und Industriebürgertum in Macht, Einkommen und Prestige zur Spitze der Gesellschaft vorstieß und alle Privilegien der Industrialisierung genoß, empfand das Kleinbürgertum, einschließlich des gewerblichen und bäuerlichen Mittelstandes, das „große Kapital" und die „große Industrie" zumeist als fremd und bedrohlich. Im Grunde war es eine Einteilung in wirtschaftlich Mächtige und wirtschaftlich Schwache, die nun an die Stelle der alten Struktur ständischer Klassenschranken trat.

Ein wichtiges Merkmal bürgerlicher Schichtendifferenzierung war allerdings auch die Bildung, die vor allem in Deutschland das Bild des Mittelstandes prägte. Nach Ansicht des Philosophen Georg Wilhelm Friedrich Hegel stellte sie sogar das entscheidende Element für „Rechtlichkeit und Intelligenz" des Staatswesens dar. Während Industrielle und Bankiers sich in der Großbourgeoisie sammelten, verschmolzen Kaufleute und Akademiker im mittleren Bürgertum zu einer Einheit von Besitz und Bildung, die sich ihrerseits gegen die nicht mehr als gesellschaftlich ebenbürtig empfundenen und als „Kleinbürgertum" deklassierten kleinen Gewerbetreibenden, Krämer und Handwerker abgrenzte. Schätzungen zufolge zählten zur Jahrhundertmitte in West- und Mitteleuropa etwa 15 bis 20 Prozent der Bevölkerung zu dieser Schicht des mittleren Bürgertums, in Osteuropa und auf dem Balkan deutlich weniger. In Rußland lag die Zahl nur bei zwei Prozent, zumeist orthodoxe Geistliche, Staatsbeamte und einige wenige Intellektuelle, aber kaum Personen mit unternehmerischen Instinkten, die denjenigen der westlichen Mittelschicht vergleichbar gewesen wären.

Die Verbesserung der Bildung und Ausbildung, die mit der Entwicklung der bürgerlichen Sozialstrukturen und Lebensverhältnisse einherging, umfaßte in West- und Mitteleuropa auch eine nachhaltige Reform der höheren Schulen, die den kulturellen Hintergrund für größeres Prestige und wachsenden Einfluß der mittleren Schichten in Politik und Gesellschaft darstellte. In Preußen legte schon 1809 die weitblickende Bildungsreform unter Wilhelm von Humboldt – mit der Konzeption der Berliner Universität und des neuhumanistischen Gymnasiums – den Grundstein für den Aufschwung von Erziehung und Wissenschaft. Nicht nur das preußische Gymnasium zählte danach bald unbestritten zu den besten Einrichtungen der höheren Bildung in Europa. Auch die Allgemeinbildung machte hier große Fortschritte: Die Alphabetisierung war in Preußen, wie in Deutschland insgesamt, zur Jahrhundertmitte weitgehend abgeschlossen. Um 1840 konnten auf dem Gebiet des späteren Deutschen Reiches 82 Prozent der Bevölkerung lesen und schreiben, bei den Rekruten des Jahres 1853 sogar 98,2 Prozent. Seit den dreißiger Jahren galt das Abitur als Zulassungsbedingung für ein ordentliches Universitätsstudium; Schul- und Universitätsabschlüsse wurden zu Eingangsvoraussetzungen für den Staatsdienst in Justiz, Verwaltung und Schule und bald auch für die Beschäftigung bei Post und Eisenbahn.

Von einer Ära der „wissenschaftlichen Revolution“, wie sie Thomas Kuhn definiert hat, kann man zu dieser Zeit zwar noch nicht sprechen. Aber neue Theorien, die den Anbruch eines neuen Zeitalters ankündigten, lagen bereits in der Luft, wie es für solche Phasen des politischen, ökonomischen und sozialen Übergangs, die zugleich Inkubationsphasen für neue Ideen darstellen, nicht untypisch ist. Alexander von Humboldts *Kosmos* – zwischen 1845 und 1862 publiziert – stellte damit so etwas wie die Schwelle zwischen zwei Zeitaltern dar: Wohl letztmalig wurde hier der Versuch unternommen, über alle nationalen Beschränkungen hinweg das Wissen der Welt in einer umfassenden Beschreibung der Natur zusammenzufassen. Zugleich markierte Humboldts Tod 1859, so Kuhn, „eine Wegscheide zwischen kosmopolitischer und mehr und mehr nationaler Wissenschaftsgeschichte“. Von nun an wuchs vor allem in den Naturwissenschaften die Notwendigkeit, Forschung mit staatlicher Hilfe in Instituten und Großapparaten zu organisieren. Der Einfluß der nationalen Regierungen wurde dadurch gestärkt.

Vorerst waren die bahnbrechenden wissenschaftlichen Werke der Zeit allerdings in der Regel noch immer die Leistung einzelner Forscher. Dies galt etwa für die Arbeiten von Charles Darwin und Gregor Mendel: Darwins *On the Origins of Species by Means of Natural Selection* erschien 1859, Mendels *Versuche über Pflanzenhybriden* 1865. Die darin enthaltenen neuen Einsichten in der Biologie und Genetik schufen ebenso die Grundlagen für ein neues Zeitalter der Wissenschaft und Technik wie die Erkenntnisse von Julius

Robert Mayer und Hermann von Helmholtz in der Physik oder von Rudolf Clausius in der Thermodynamik. Den Naturwissenschaften boten sich damit erstmals entscheidende Möglichkeiten zu technischer Anwendung. Die industrielle Revolution trat – in den fünfziger Jahren des 19. Jahrhunderts – in ein neues Stadium. Die Verwissenschaftlichung der Technik zeigte sich bald überall: in der Optik und der Nachrichtentechnik ebenso wie bei der Massenerzeugung von Stahl durch die Erfindung der „Bessemer-Birne" durch Henry Bessemer 1858 oder bei der Entwicklung der Gasheiztechnik durch die Konstruktion des sogenannten „Gas-Bunsen-Brenners" durch Robert Wilhelm Bunsen 1855. Die größten Anstöße für technische Innovationen – vor allem in der chemischen Industrie und der Elektroindustrie – sollten allerdings noch bis zum Ende des Jahrhunderts auf sich warten lassen.

In den Geisteswissenschaften waren die kreativsten Kräfte zunächst in den historischen Wissenschaften zu finden. Thomas Babington Macaulay in Großbritannien mit seiner schon erwähnten *History of England from the Accession of James II.* (erschienen 1849 bis 1861), Alexis de Tocqueville in Frankreich mit *L'Ancien Régime et la Révolution* (1856), Theodor Mommsen in Deutschland mit seiner *Römischen Geschichte* (1854 bis 1856) sowie Jacob Burckhardt in der Schweiz mit *Die Zeit Constantins des Großen* (1852) und mehr noch mit *Die Cultur der Renaissance in Italien* (1860) unternahmen innerhalb eines Jahrzehnts den gesamteuropäischen Versuch, die nähere oder fernere Vergangenheit geistig aufzuarbeiten, um die unheimlich werdende Gegenwart besser zu verstehen. Sie stießen damit vor allem beim Bildungsbürgertum auf breites Interesse, das einen regelrechten Bildungshunger erkennen ließ. Der Bedarf an Büchern, Zeitungen und Nachschlagewerken, an bildenden, aufklärenden und unterhaltenden Lesestoffen reichte jedoch bis weit in die Handwerks- und Fabrikarbeiterbevölkerung hinein, wie nicht zuletzt die Arbeiterbildungsvereine zeigten. Konversationslexika und politisch-staatswissenschaftliche Nachschlagewerke erreichten große Popularität und hohe Verkaufsziffern. Der *Brockhaus* erschien 1851 bis 1855 bereits in zehnter Auflage mit 15 Bänden, das 14bändige *Staats-Lexikon* von Rotteck/Welcker, das den Liberalismus im Vormärz entscheidend geprägt hatte, erreichte 1855 bis 1866 seine dritte Auflage. Die expandierende Leserschaft führte ebenfalls zu einer Ausbreitung von schöngeistiger Literatur und Literaturkritik, die ein weitgespanntes geistiges Interesse der bürgerlichen Mittelschicht widerspiegelte. Die Romane von Honoré de Balzac wurden in Frankreich zunächst als ausgedehnte Fortsetzungsserien im unteren Teil der Titelseite von Zeitungen publiziert, ebenso einige Werke von Charles Dickens in Großbritannien, wie die *Pickwick Papers*, die 1836/37 über 40 000 regelmäßige Leser fanden. Leseclubs und Buchhandlungen, die teilweise auch Bücher entliehen, breiteten sich mit großer Geschwindigkeit in ganz West- und Mitteleuropa aus.

Mit den wachsenden Bildungsinteressen und den sich verbessernden Transportmöglichkeiten begann zugleich der Tourismus. Reisen als Vergnügen, früher eher die Ausnahme, wurden zur Regel. Im Rheinland publizierte der junge Verleger Karl Baedeker 1835 seinen ersten Reiseführer über Sehenswürdigkeiten entlang des Rheins. Die Idee erwies sich als profitabel und zukunftsträchtig. Schon bald folgten entsprechende Führer für Paris, verschiedene deutsche Länder, Österreich, Belgien und Holland. In Großbritannien organisierte Thomas Cook 1841 seine erste Gruppenreise, indem er eine Eisenbahn charterte, um eine Gruppe von Arbeitern zu einem gemeinschaftlichen Treffen zu transportieren. Vier Jahre später gründete Cook sein erstes Reisebüro. Die Konjunktur war günstig: Der Bedarf an touristischen Dienstleistungen stieg stetig und wurde durch die Londoner Weltausstellung von 1851 zusätzlich gefördert. Die mobile Freizeitgesellschaft der Gegenwart kündigte sich an.

3. Der Krim-Krieg und das Europäische Konzert

a) Die Ursachen des Krim-Krieges

Mit dem Krim-Krieg, der 1853 ausbrach, ging eine 38jährige Ära relativen Friedens in Europa zu Ende, die mit der Niederlage Napoleons bei Waterloo 1815 begonnen hatte. Der Krieg am Schwarzen Meer war vordergründig ein Kampf um die Vorherrschaft im östlichen Mittelmeer und die Kontrolle der Meerengen des Bosporus und der Dardanellen. Zugleich handelte es sich dabei jedoch um den Versuch Rußlands, auf Kosten des Osmanischen Reiches aus der Isolation einer osteuropäischen Landmacht herauszutreten und eine gleichberechtigte Position an der Seite der westeuropäischen Staaten zu erreichen.

Dieses Bemühen war nicht neu. Seit Zar Peter I. (1682–1725) war die russische Politik bestrebt gewesen, Anschluß an die Kultur Westeuropas zu gewinnen und in einen fruchtbaren Austausch einzutreten. Peter I. („der Große") hatte deshalb 1697/98 den Westen Europas bereist und in Holland und England persönlich den Schiffbau erlernt, um Rußland nicht nur zu Lande, sondern auch zur See zu einer europäischen Großmachtposition zu verhelfen. Mit der Gründung der neuen Residenzstadt St. Petersburg zwischen Finnischem Meerbusen und Ladogasee im Jahre 1703 sollte diese Öffnung nach Westen zusätzlich dokumentiert werden. Die Durchbrechung der klimatisch bedingten Wintersperre war damit jedoch nicht zu bewerkstelligen, weil die Ostsee nur selten ganzjährig eine eisfreie Durchfahrt erlaubte. Somit bedurfte es einer Ausdehnung des russischen Einflusses nach Süden, um die Kontrolle über die Straße von Konstantinopel zu gewinnen, die Asien von Europa trennte, und russischen Schiffen einen ungehinderten Zugang vom Schwarzen Meer zur Ägäis zu verschaffen.

Peter der Große selbst konnte dazu allerdings nicht mehr viel beitragen. Er war 1711 sogar gezwungen, das strategisch wichtige Asow an der Mündung des Don, das 1696, also nur wenige Jahre zuvor, mühsam erobert worden war, an die Türken zurückzugeben. Erst 1739 fielen Asow und das Gebiet der Saporoger Kosaken endgültig an Rußland. Danach sollte es noch weitere 44 Jahre dauern, bis der russische Einfluß 1783 unter Zarin Katharina II. auch die Krim und damit das Schwarze Meer erreichte. In zwei Friedensschlüssen von 1774 und 1792, die jeweils Türkenkriegen folgten, gelang es Katharina, dem Osmanischen Reich die nördliche Schwarzmeerküste zwischen Krim und Dnjestr zu entreißen und das Krimchanat unter ihre Kontrolle zu bringen. Konstantinopel – das alte Byzanz, von 330 bis 1930 „Stadt des Konstantin“, danach türkisch Istanbul – war nun ein Fernziel russischer Politik. Darauf deutete nicht nur das in den Friedensschlüssen erworbene Recht für russische Schiffe hin, das Schwarze Meer und die Meerengen zu passieren, sondern auch die Tatsache, daß Rußland die Schutzherrschaft über die orthodoxen Christen im türkischen Reich erhielt. Eine realistische Chance, bis zum Mittelmeer vorzustoßen, bot sich allerdings erst im Laufe des 19. Jahrhunderts, als das Osmanische Reich allmählich zerfiel.

Die „orientalische Frage“, bei der es um die südosteuropäischen Gebiete des Osmanischen Reiches, aber auch um seine Hauptstadt Konstantinopel und die Meerengen ging, bewegte nun zunehmend die europäische Politik. Unter dem Druck der Nationalisten und Panslawisten im eigenen Lande erklärte sich Zar Nikolaus I. (1825–1855) zum Beschützer der Slawen und orthodoxen Christen auf dem Balkan und unterstützte die dortigen Aufständischen in ihrem Kampf gegen die Türken. Zugleich suchte er die eigene strategische Ausgangsposition gegen Konstantinopel zu verbessern. So wurden bereits 1829 die Donaufürstentümer (das Kerngebiet des heutigen Rumänien) russischem Protektorat unterstellt, womit sich Rußlands Grenze zum ersten Mal an die Donaumündung vorschob. Danach verstärkte Nikolaus den diplomatischen Druck in Richtung Meerengen, so daß sich die europäischen Mächte nach einer erneuten „orientalischen Krise“ von 1839 bis 1841 gezwungen sahen, die Durchfahrt durch Neutralisierung international zu regeln. Auch dieser Kompromiß war jedoch nicht lange wirksam, weil sich die russischen Ansprüche auf eine direkte territoriale Kontrolle der Gebiete nördlich des Marmara-Meeres dadurch nicht eindämmen ließen.

Eine wichtige Rolle spielte in diesem Zusammenhang die russische Innenpolitik, die nach einer kurzen liberalen Phase unter dem jungen Alexander I. (1801–1825), der im Geist der französischen Aufklärung erzogen worden war, nach dem Einfall Napoleons in Rußland 1812 bald von einem reaktionären Polizeiregime geprägt wurde. Alexander selbst leistete diesen Tendenzen Vorschub, indem er sich zunehmend von romantischen Gedanken und religiös-mystischen Vorstellungen leiten ließ. Von den verschiedenen liberalen Projekten, die er in seinem reformfreudigen Freundeskreis während der Jugendzeit entwickelt hatte, wurde danach kaum noch etwas verwirklicht. Die Kluft zwischen scheinbarer Modernisierung und tatsächlicher Rückständigkeit wurde immer offenkundiger. Sie wurde vor allem jenen schmerzlich bewußt, die ihre Hoffnung darin gesetzt hatten, daß Rußland sich als europäische Macht verstand. Nicht zuletzt viele Teilnehmer des „Vaterländischen Krieges“ von 1812/13 gegen Napoleon, die Westeuropa mit eigenen Augen gesehen hatten, sowie liberale Intellektuelle, die mit der zeitgenössischen westlichen Literatur vertraut waren, sahen sich in ihren

Erwartungen enttäuscht. Nach dem Tode Alexanders im Dezember 1825 verschaffte sich diese Enttäuschung im „Dekabristen-Aufstand" Luft, der von Geheimgesellschaften liberaler Offiziere und Beamten getragen wurde. Zwar brach die ungenügend vorbereitete Erhebung, die im Volk keinen Rückhalt besaß, sofort zusammen. Sie war jedoch ein Signal für die revolutionäre Bewegung im weiteren Verlauf des 19. Jahrhunderts sowie für die nun nicht mehr abreißende Diskussion über das grundlegende Verhältnis zwischen Rußland und Europa, das es neu zu bestimmen galt.

Für Nikolaus I., der 1825 als Nachfolger Alexanders an die Regierung gelangte, saß der Schock des Dekabristen-Aufstandes tief. Nachdem er den Aufstand brutal niedergeschlagen hatte, vollendete er deshalb das System des inneren Despotismus, das auf den Prinzipien „Autokratie, Orthodoxie, Nationalität" basierte und den durchaus vorhandenen Ansätzen zur Modernisierung keinerlei Spielraum mehr ließ. Diesem antiliberalen Regime im Innern entsprach eine reaktionäre Interventionspolitik nach außen, mit der Nikolaus sich den Ruf, „Gendarm Europas" zu sein, einhandelte. Ebenso stolz wie träumerisch veranlagt, sorgte er bei allen sich bietenden Gelegenheiten dafür, den Bestand der alten Ordnung zu garantieren, die auf dem Wiener Kongreß von 1815 vereinbart und auf Betreiben Alexanders I. mit der Gründung der „Heiligen Allianz" zwischen Rußland, Preußen und Österreich am 26. September 1815 besiegelt worden war. Die Niederwerfung des polnischen Aufstandes von 1830, mit der zugleich die Autonomie Kongreßpolens weitgehend aufgehoben wurde, paßte ebenso in dieses Bild wie die Unterstützung der österreichischen Truppen gegen die Revolution in Ungarn 1849.

In Westeuropa wurde diese Entwicklung der russischen Politik mit wachsender Skepsis betrachtet. Vor allem Großbritannien fürchtete, daß eine russische Expansion auf dem Balkan, die zu Lasten des Osmanischen Reiches, aber auch Österreich-Ungarns gehen mußte, das prekäre europäische Gleichgewicht zerstören könne. Bereits Ende des 18. Jahrhunderts, vor dem Hintergrund der ersten großen russischen Gebietserweiterungen im Süden und der dreifachen Teilung Polens 1772, 1794 und 1795 unter Katharina II., hatte man in London mit Sorge auf das russische Verhalten geblickt. Doch inzwischen war die Situation noch sehr viel gefährlicher geworden, weil die russische Macht bis an die Donaumündung und damit an die Grenzen des Osmanischen Reiches vorgerückt war. Auch britische Handelsinteressen waren nun betroffen, da London in den vorangegangenen Jahren seine Wirtschaftsbeziehungen zu den Türken systematisch ausgebaut hatte, um diese ökonomisch gegen Rußland zu unterstützen. Darüber hinaus besaßen Indien, die bedeutendste britische Kolonie, und das Emirat von Afghanistan, wo 1841 der britische Gesandte ermordet worden war und erstmals britische Truppen einmarschiert waren, gemeinsame Grenzen mit dem Russischen Reich. Die Regierung in London war deshalb entschlossen, eine weitere Südausdehnung des russischen Einflusses in diesem Spannungsfeld britisch-russischer Interessen nicht mehr zu dulden. Andere europäische Länder, wie Österreich-Ungarn, Frankreich und Sardinien-Piemont, waren ebenfalls geneigt, der russischen Expansion notfalls mit Waffengewalt Grenzen zu setzen: In Wien weigerte man sich – auch wenn Zar Nikolaus dies nach der Hilfestellung, die seine Armee vier Jahre zuvor den Österreichern bei der Niederschlagung des ungarischen Aufstandes von 1849 geleistet hatte, als Undankbarkeit ansah –, die russische Präsenz in den Donaufürstentümern zu tolerieren. Napoleon III. erkannte in der Unterstützung Großbritanniens eine günstige Gelegenheit, durch einen militärischen Sieg über Rußland die innenpolitische Basis seines Regimes zu verbreitern. Und Sardinien-Piemont war nicht nur auf ein gutes Verhältnis zu Großbritannien und Frankreich angewiesen, sondern hielt auch angesichts der eigenen Bestrebungen, Italien unter piemontesischer Führung zu einigen, einen russischen Vorstoß bis an die Adria und ins östliche Mittelmeer für bedenklich und italienischen Interessen abträglich.

b) Kriegführung und Waffenstillstand

Als Nikolaus I. trotz dieser außenpolitischen Isolierung und unmißverständlicher Warnungen Truppen nach Moldawien und in die Walachei entsandte, die schließlich die Donau überschritten und vier türkische Festungen einnahmen, erklärte der Sultan im Oktober 1853 Rußland den Krieg. Zwar gelang es der russischen Flotte im Schwarzen Meer, die Holzschiffe des Sultans durch Brandgeschosse in Flammen zu setzen und zu vernichten. Doch die Hoffnung des Zaren, daß Großbritannien und Frankreich sich aufgrund divergierender Interessen nicht auf einen gemeinsamen Waffengang gegen Rußland würden einigen können, erfüllte sich nicht. Einheiten der britischen Marine liefen in Begleitung französischer Kriegsschiffe unter Verletzung des Meerengenvertrages von 1841 ins Schwarze Meer ein und eröffneten damit ihrerseits den Krieg, in dem Großbritannien und Frankreich, unterstützt vom Königreich Sardinien-Piemont, nun gemeinsam mit dem Osmanischen Reich ein Expeditionskorps von 175 000 Mann zusammenbrachten. Österreich mobilisierte seine Truppen ebenfalls und ließ sie an der russischen Flanke in Moldawien und der Walachei aufmarschieren, während britische, französische und sardinisch-piemontesische Einheiten von den Meerengen her nach Norden in Richtung Donau vorstießen. Die Russen, die zu dieser Zeit unmittelbar vor der Erstürmung der Festung Silistria standen, sahen sich dadurch, Konstantinopel und den Sieg scheinbar vor Augen, zum Rückzug gezwungen, wenn sie nicht Gefahr laufen wollten, daß ihnen die Verbindungslinien in die Heimat abgeschnitten wurden. Leo Tolstoi, der als Offizier in der aktiven Armee von Zar Nikolaus diente und die Belagerung von Silistria persönlich miterlebte, beschrieb später die Umstände des russischen Rückzuges: „Wenn wir eine bulgarische Siedlung verließen, folgten uns die Türken auf dem Fuße, und mit Ausnahme von für den Harem tauglichen jungen Frauen wurde alles vernichtet. Ich fuhr aus dem Lager in ein Dorf, um Milch und Obst zu holen, auch dort war die gesamte Bevölkerung abgeschlachtet." Während somit die Bulgaren ihrem Schicksal überlassen wurden und siebentausend bulgarische Familien – großenteils vergeblich – versuchten, den Türken zu entfliehen, stellte der Sultan die Donaufürstentümer wieder her.

Die eigentlichen Kampfhandlungen spielten sich jedoch nicht im bulgarisch-rumänischen Raum, sondern im Rahmen einer elfmonatigen Belagerung der stark befestigten Hafenstadt Sewastopol an der Südspitze der Krim ab. Da die dortigen Festungsanlagen von See her nicht eingenommen werden konnten, war eine Erstürmung zu Lande unvermeidlich. Dabei erwiesen sich die Belagerer als ebenso unfähig wie die Verteidiger. Vor allem die britischen Truppen waren ungenügend ausgerüstet und wurden so dilettantisch geführt, daß ihr Einsatz als komisch hätte gelten können, wenn dabei nicht so viele Menschenleben zu beklagen gewesen wären. Der senile britische Oberkommandierende war ein Veteran der Schlacht von Waterloo – vierzig Jahre zuvor – und beharrte darauf, von den feindlichen Russen stets als von „den Franzosen" zu sprechen. Sein Stab bestand hauptsächlich aus seinen Neffen – insgesamt fünf –, denen er zu Heldentum und Ruhm verhelfen wollte, und auch sonst waren die Offiziere nicht nach ihrer Eignung, sondern nach ihrer aristokratischen Herkunft ausgewählt. Einer der Befehlshaber kehrte nach getaner Schlacht allabendlich auf seine persönliche Yacht zurück, die vor der Küste ankerte, um dort sein von einem französischen Koch zubereitetes Dinner einzunehmen, während seine Männer im Morast der Krim Wind und Wetter trotzten.

Sehr viel mehr Soldaten (insgesamt etwa 600 000 auf beiden Seiten) starben unter solchen Umständen an Krankheiten und Seuchen – vor allem Cholera und Ruhr – als im Kampf. Daran änderten auch Heldenmythen nichts, wie sie etwa der britische Dichter Alfred Tennyson (1809–1892) schuf, als er den „Angriff der leichten Brigade" (*Charge of the Light Brigade*), bei dem britische Kavallerie am 25. Oktober 1854 in der Schlacht von Balaklawa direkt in die „Mündung des Todes" ritt, poetisch verklärte. Im übrigen sandten in diesem Krieg auch die ersten Kriegsberichterstatter ihre Reportagen über den Telegraphen nach Großbritannien und Frankreich, wo eine informationshungrige Leserschaft gierig auf Nachrichten von der fernen Belagerung wartete und die Auflagen der Zeitungen in die Höhe schnellen ließ. Berühmt wurde während der Kämpfe ebenfalls eine britische Krankenschwester aus wohlhabender Familie, Florence Nightingale, die sich freiwillig für den Dienst in einem Hospital in Konstantinopel meldete, nachdem sie von den Leiden der Opfer des Krim-Krieges gehört hatte. Sie beschränkte sich jedoch nicht auf die Pflege der Verwundeten und Kranken, sondern überschwemmte die britische Regierung auch mit detaillierten Berichten über die Lage vor Ort, in denen sie die Mißstände anprangerte und Pläne entwickelte, die zivile und militärische Kranken- und Verwundetenversorgung auf solide Grundlagen zu stellen. Dieses Engagement, das in Großbritannien ein weites Echo fand, führte binnen weniger Jahre sowohl zu größerer Anerkennung der Krankenpflege als auch zu einer Reihe von Maßnahmen der britischen Regierung, mit denen die Ernährung und Gesundheitsvorsorge in der britischen Armee reformiert wurden.

Die französischen Truppen vor Sewastopol waren zwar geringfügig besser ernährt und versorgt als die britischen Belagerer, befanden sich jedoch ebenfalls in einer schwierigen Situation, die viele Opfer kostete. Gänzlich verloren schienen dagegen die russischen Verteidiger. Ihr ebenso heroischer wie verlustreicher Widerstand fand Eingang in das russische Geschichtsbild und wurde nicht zuletzt von Tolstoi, der im Oktober 1854 nach Sewastopol kam, in einer Erzählung beschrieben. Der erste Teil unter dem Titel *Sewastopol im Dezember 1854* erschien – zur Begeisterung des neuen Zaren Alexander II. – Ende Juni 1855 zunächst in St. Petersburg und wenig später, am 7. Juli, auch in französischer Übersetzung unter dem Titel *Une Journée à Sébastopol* in der Brüsseler Zeitschrift „Le Nord". Zwei weitere Teile – *Sewastopol im Mai* und *Sewastopol im August 1855* – folgten in kurzen Abständen. Die Schilderung war von erschütternder Eindringlichkeit; sie zeichnete sich durch die Wärme des patriotischen Gefühls aus und hinterließ in ganz Rußland, besonders auch in literarischen Kreisen, einen tiefen Eindruck. Turgenjew, zehn Jahre älter als Tolstoi und bereits ein prominenter Schriftsteller, bemerkte dazu, der Artikel von Tolstoi über Sewastopol sei „ein Wunderwerk" – „... beim Lesen mußte ich weinen und hurra schreien!"

Die Probleme der Soldaten, ihre jämmerliche Ausrüstung, die unzureichende Führung und die alltäglichen Diebstähle, Veruntreuungen und Bestechungen erwähnte Tolstoi in seiner Erzählung allerdings nur am Rande. In einem im Februar 1855 verfaßten Bericht über „die negativen Seiten der russischen Armee", den er einem der Großfürsten, dem Sohn Nikolaus' I., zu überreichen gedachte, der sich gerade in Sewastopol aufhielt, wurde er deutlicher. In dem nur im Entwurf erhaltenen Dokument erhob er heftigen Einspruch gegen die harten körperlichen Züchtigungen, die Armut der Soldaten und die Habsucht der meisten Offiziere. Zusammenfassend schrieb er: „In keinem anderen Land in Europa befindet sich der Soldat und der Offizier auf einem so niedrigen Niveau der materiellen und moralischen Entwicklung... In keiner Armee Europas wird der Soldat kärglicher versorgt als in der russischen, nirgends gibt es solch mißbräuchliche Bestechungen, die dem Soldaten die Hälfte dessen rauben, was ihm zusteht..."

Tatsächlich waren die russischen Truppen, die Sewastopol verteidigen sollten, noch überwiegend mit Feuersteingewehren aus der Zeit Peters des Großen ausgestattet. Unter Peter, seinen Nachfolgerinnen Elisabeth und Katharina und selbst noch in der Zeit Napoleons war diese Bewaffnung mit derjenigen der anderen europäischen Armeen durchaus vergleichbar gewesen. Inzwischen war sie jedoch hoffnungslos veraltet. Gegen Ende der Regentschaft Nikolaus' I. verfügten die russischen Streitkräfte weder über eine nennenswerte Zahl von Dampfschiffen noch über eine schnellfeuernde Artillerie und nur über wenige weittragende Gewehre. Der Zar selbst befand sich darüber offenbar völlig im Unklaren. Er nahm an den Kriegshandlungen nicht aktiv teil, sondern ließ sich lediglich bei Paraden und Manövern von Kriegsbegeisterung hinreißen. Eines Tages soll er dabei sogar mit dem *Pallasch* – dem schweren Degen – in die Reihen der Truppe eingedrungen sein und eigenhändig den Lederhelm eines Soldaten zerstrümmert haben; dem Vernehmen nach war der Ärmste ein wenig konsterniert, blieb jedoch am Leben. Die zunehmende Überalterung der Bewaffnung wirkte sich indessen auch im Krim-Krieg verheerend aus. Dazu noch einmal Tolstoi in einer Notiz vom 2. November 1854: „Der Gegner hat 6 000 Gewehre eingesetzt, nur 6 000 gegen 30 (Tausend). Und wir wichen zurück, nachdem wir etwa 6 000 mutige Männer verloren hatten. Wir mußten ja zurückweichen, denn gut die Hälfte unserer Truppen hatte infolge Unwegsamkeit keinen Artillerieschutz, und es gab, Gott weiß warum, keine Schützenbataillone. Schrecklicher Mord. Er wird die Seelen vieler belasten!"

Tolstoi konnte aus der begrenzten Sicht eines nachgeordneten Feldoffiziers nur ahnen, wo die wahren Ursachen der Katastrophe lagen: in der ungeeigneten Zusammensetzung des Oberkommandos; der Unfähigkeit der Führung, die Festung von Land her zu entsetzen, ja sogar der Unfähigkeit, sich des Kartenmaterials richtig zu bedienen; der Veruntreuung von Kriegsausrüstung; dem Zwang der Kommandeure, etwa acht Prozent der Gesamtsumme des Soldes für ihre Truppen als Schmiergeld zu entrichten, um überhaupt Geld vom Rentamt zu erhalten. Anderes kam hinzu: Die Truppen erhielten Uniformtuch minderer Qualität; Wintermäntel gab es zunächst gar nicht – als sie eintrafen, erwiesen sie sich als völlig untauglich und verpesteten, zu Haufen gestapelt, verrottend die Luft. Überall wurde unkontrolliert und ungestraft gestohlen. Man stahl sogar die Ziegelsteine, die für die – militärisch entscheidenden – nördlichen Befestigungsanlagen auf der Landseite von Sewastopol vorgesehen waren, so daß dort nur eine dünne, leicht zu durchstoßende Mauer aufgerichtet werden konnte. Gestohlen wurde außerdem das gesamte Schanzzeug, wie Hacken, Spaten und Brechstangen, so daß der steinige Grund mit Holzschaufeln abgetragen werden mußte. Die Kapitulation von Sewastopol, die im September 1855 schließlich erfolgte, war somit nur eine Frage der Zeit. Am Ende siegte nicht der Bessere, sondern der weniger Schlechte. Als Sewastopol fiel, war dies zugleich ein Symptom für den inneren Krisenzustand des dringend reformbedürftigen Rußland.

c) Der Pariser Friede und das Gleichgewicht in Europa

Der Frieden, der dem Krim-Krieg 1856 folgte, war bereits seit März 1855 vorbereitet worden. Anfänglich hatte sich dabei vor allem Österreich als Vermittler angeboten. Denn anders als Preußen, das durch innere Schwäche und den Gegensatz zweier sich in ihren Auffassungen widersprechenden Gruppen seiner Führungsschicht während des Krieges gelähmt gewesen war, hatte Österreich in dem Konflikt zumindest seinen Standpunkt deutlich gemacht. Außenminister Karl Ferdinand von Buol-Schauenstein hatte zu diesem Zweck im Dezember 1854 sogar ein Bündnis mit den Westmächten geschlossen, auch wenn Kaiser Franz Joseph einen direkten Kriegseintritt gegen Rußland verhinderte. Österreich war also kein Kombattant, kein „Mitkämpfer" im eigentlichen Sinne des Wortes gewesen, hatte durch den Aufmarsch gegen Moldawien und die Walachei sowie die Besetzung der Donaufürstentümer nach dem russischen Rückzug aber immerhin eine gewisse politische und auch militärische Rolle gespielt. Die Hoffnung, aus dieser Politik eines „hinhaltenden Attentismus" (Theodor Schieder) im Rahmen einer Vermittlungsaktion politisches Kapital schlagen zu können, erwies sich allerdings als verfehlt: Weder Rußland noch die Westmächte waren an einer Vermittlung Österreichs interessiert. Rußland fühlte sich – zumal nach dem Beistand gegen die ungarischen Rebellen 1849 – verletzt und verraten und verabschiedete sich nun sogar von der Heiligen Allianz von 1815. Großbritannien und Frankreich ging die österreichische Unterstützung nicht weit genug; sie hätten sich wohl nur durch einen entschlossenen Kriegseintritt Wiens auf seiten der Westmächte zu einer positiveren Einschätzung der österreichischen Politik verleiten lassen. Österreichs Halbherzigkeit zahlte sich also nicht aus. In Wien mußte man sich deshalb mit dem Gedanken trösten, durch das eigene zwiespältige Verhalten vielleicht die Ausweitung des Krim-Krieges zu einem allgemeinen europäischen Großkrieg verhindert zu haben.

Als deutlich wurde, daß Österreich als Vermittler ausfiel, ergriff Napoleon III. die Initiative und nahm die Vorbereitungen für den Friedensschluß in die Hand. Unmittelbar nach dem Fall von Sewastopol lud er für Februar 1856 zu Verhandlungen in die französische Hauptstadt ein. Die Einladung erging nicht nur an die Kriegsparteien, sondern an alle europäischen Großmächte. Der damit gesetzte Rahmen erinnerte absichtsvoll an die vergangenen Friedenskonferenzen von Utrecht 1713 und Wien 1815 und war doch mit diesen nicht vergleichbar. Denn der Krim-Krieg war von den Beteiligten immer nur als „begrenzter Krieg" geführt worden, das heißt punktuell und mit limitiertem Personaleinsatz an einem strategischen wichtigen Punkt, aber nicht mit einem vollen Aufgebot aller Kräfte an allen Fronten, so daß auch die Ziele des Friedens notwendigerweise begrenzt bleiben mußten. Zwar hatte der Belagerungs- und Stellungskrieg vor Sewastopol – ähnlich den Schlachten im kurz darauf beginnenden amerikanischen Sezessionskrieg und sechzig Jahre später im Ersten Weltkrieg – unverhältnismäßig hohe Opfer gefordert. Doch die mögliche Ausweitung zu einer europäischen oder gar weltweiten Konfrontation war aus guten Gründen vermieden worden. Daran änderte auch die Tatsache nichts, daß britische Kriegsschiffe Petropawlowsk-Kamtschatskij im nördlichen Pazifik angriffen, Solowki im Weißen Meer bombardierten, vor dem historischen Kronstadt zumindest kurz ihre Flagge zeigten und die Åland-Inseln im Bottnischen Meerbusen besetzten: Für die Regierung in London waren solche Aktionen lediglich exemplarische Warnsignale ihrer Kanonenboote, die daran erinnerten, daß man noch über Mittel zur Eskalation des Konflikts verfügte. Tatsächlich war Großbritannien, die entscheidende westliche Kriegsmacht, im Kern nur an der Ausschaltung der russischen Macht an den Ausgängen des Schwarzen Meeres interessiert. Nicht die Neuordnung Europas im Sinne einer umfassenden Revision des europäischen Gleichgewichts stand damit in Paris auf der Tagesordnung, sondern lediglich die Eindämmung der russischen Expansion auf dem Balkan und im Bereich des Schwarzen Meeres – nicht mehr, aber auch nicht weniger.

Dennoch mußte Zar Alexander II. (1855–1881), der inzwischen den am 2. März 1855 inmitten des Krieges verstorbenen Nikolaus I. abgelöst hatte, im Pariser Frieden vom März 1856 empfindliche Einbußen der russischen Souveränität hinnehmen. Wichtige Erfolge der Regierungszeit Katharinas wurden dadurch rückgängig gemacht. Im einzelnen sah der Friedensschluß die Autonomie der Donaufürstentümer (des späteren Rumänien) sowie die Unabhängigkeit des Osmanischen Reiches und die Entmilitarisierung des Schwarzen Meeres vor. Rußland verlor damit nicht nur sein Protektorat über die Gebiete an der unteren Donau, sondern – schmerzlicher noch – auch die freie Durchfahrt durch die Meerengen und die Präsenz seiner Marine entlang der gesamten Südküste von Odessa im Mündungsgebiet des Dnjestr bis Poti am Kaukasus. Aus der Sicht St. Petersburgs bedeutete die Entfestung der Schwarzmeerküsten tatsächlich das größte Opfer, das sich nur denken ließ: nämlich einen schweren, kaum wiedergutzumachenden Rückschlag bei dem Versuch, die Begrenzungen als eurasischer Landmacht zu sprengen und endlich auch zur See zu einer handlungsfähigen Großmacht aufzusteigen. Alle Anstrengungen, die in dieser Hinsicht seit Peter dem Großen unternommen worden waren, schienen damit umsonst gewesen zu sein.

Den Türken dagegen wurde durch den Entmilitarisierungsbeschluß kaum ein Zugeständnis abverlangt – ihre Flotte war von den Russen zu Beginn des Krim-Krieges praktisch vollständig versenkt worden. Dafür erhielt das Osmanische Reich seine formale völkerrechtliche Souveränität zurück, die es in den Auseinandersetzungen mit Rußland teilweise eingebüßt hatte, und wurde an den Einrichtungen des *Concert Européen* beteiligt. Es wurde Teil der europäischen Rechtsgemeinschaft, die auf der Kollektivhegemonie der führenden europäischen Mächte beruhte. Rußland hatte daran bisher vor allem durch die Heilige Allianz der drei Ostmächte (Rußland, Österreich und Preußen) partizipiert, die sich nach dem Bruch zwischen Österreich und Rußland nicht mehr aufrechterhalten ließ: Im gleichen Maße, in dem Konstantinopel durch den Pariser Frieden aufgewertet wurde, kündigte sich eine zumindest partielle Isolierung St. Petersburgs an. Allerdings wurden die Brücken keineswegs ganz abgebrochen, wie nicht zuletzt die Pariser Konferenz selbst zeigte. Doch der Druck auf den neuen Zaren nahm zu, in Rußland nun jene Reformen durchzuführen, die – seit langem überfällig – unter Nikolaus I. erneut jahrzehntelang verschleppt worden waren.

d) Die Reformen Alexanders II.

Der Kontrast zwischen dem autokratischen Rußland Mitte des 19. Jahrhunderts und dem aufgeklärten Liberalismus des Westens läßt sich schärfer kaum vorstellen. Wirtschaftliche Industrialisierung und gesellschaftliche Modernisierung, die im westlichen Europa überall auf dem Vormarsch waren oder bereits deutliche Konturen aufwiesen, hatten hier noch nicht einmal begonnen. Rußland war weiterhin ein streng absolutistischer Staat, noch immer fast ausschließlich agrarisch strukturiert und durch das System der Leibeigenschaft geprägt. Dabei machte es kaum einen Unterschied, ob die Grundbesitzer, wie im fruchtbaren Schwarzerdegebiet des Südens, wo große Landflächen bewirtschaftet werden mußten, ihre Leibeigenen zum Frondienst (*barschtschina*) heranzogen oder, wie auf den kärgeren Böden des Nordens, zur Erzielung eines höheren Profits von den Bauern Leibzins (*obrok*) in Bargeld einzogen. Überall erwies sich das System der Leibeigenschaft als Unruheherd und Hindernis einer Modernisierung. Auch wenn die Obrok-Bauern es nicht selten durch „Nebentätigkeiten" als Kleingewerbetreibende (*kustarniki*) oder selbständige Unternehmer zu relativem Wohlstand brachten, blieb die breite Masse der Bauern bettelarm und rechtlos. Sie konnten körperlich gezüchtigt und sogar verkauft oder, um Geld aufzubringen, verpfändet werden, wie Nikolai Gogol es in seinem Roman *Tote Seelen* bedrückend eindrucksvoll beschrieben hat. Eine Instanz, an die sich die Bauern hätten wenden können, um gegen die Anordnungen der Grundherren vorzugehen, gab es nicht. Und auch die gewaltsame Erhebung der Verzweifelten war fast immer vergeblich.

Es bedurfte erst des Schocks und der Ernüchterung des verlorenen Krim-Krieges, deren geschlagene Armeen nahezu ausschließlich aus Leibeigenen bestanden, um die Bauernbefreiung in Gang zu setzen: Rußland schien danach, wie der Anarchist Fürst Pjotr Aleksejewitsch Kropotkin später in seinen Memoiren rückblickend bemerkte, „aus dem tiefen Schlummer und dem schrecklichen Alptraum der Regierung Nikolaus I. zu erwachen". Zwar war Alexander II. kein Liberaler. Aber er besaß die Klugheit, einzusehen, daß er das Heft des Handelns in die Hand nehmen mußte, um die Risiken, die aus der Unzufriedenheit nach der militärischen Niederlage für die Stabilität seines Regimes erwuchsen, zu beseitigen. Während des Krieges hatten die Unruhen bei der Aushebung der Milizeinheiten bereits derartig ernste Formen angenommen, daß an einigen Orten ganze Regimenter der regulären Armee mit Artillerie eingesetzt werden mußten, um den Aufruhr niederzuschlagen. Inzwischen sprachen nicht nur politischc und moralische Gründe dafür, die Leibeigenschaft zu beseitigen. Auch wirtschaftliche Erwägungen im Zusammenhang mit großflächiger Getreideproduktion für den Export, die ohne moderne Anbaumethoden nicht denkbar war, machten eine Reform unausweichlich.

Nach fünfjährigen Vorbereitungen wurde deshalb im Februar 1861 47 Millionen Bauern durch ein Gesetz über die Aufhebung der Leibeigenschaft die persönliche Freiheit zuerkannt. Danach waren die Bauern, zumindest dem Gesetz nach, persönlich unabhängig. Sie durften sich frei im Lande bewegen, vertraglich geregelte Arbeitsverhältnisse eingehen und ihre Stelle wechseln. Eingeschränkt wurden diese Freiheiten jedoch durch die fortbestehende Zugehörigkeit der meisten ehemaligen Leibeigenen zu den Dorfgemeinschaften *(mir)*, die das Land zuteilten, die Tätigkeit der einzelnen Bauern überwachten und eine kollektive Haftung für die Zahlung der Entschädigung an den Adel und der zu entrichtenden Steuern an die Regierung übernahmen. Da zudem die Ablösungsschuld für das zugeteilte Land unangemessen hoch, die Größe der Parzellen für eine angemessene Existenz aber oft zu gering waren, änderte sich an der katastrophalen Lage der Bauern nur wenig. Schätzungen zufolge war die Hälfte der Parzellen zu klein, um daraus überhaupt ein Existenzminimum zu erwirtschaften. Darüber hinaus wurde die Nutzung von Wäldern und Weiden bei Zahlungsverzug sofort wieder entzogen, so daß zusätzliche Härten entstanden. Dies wiederum führte zur Entstehung eines regelrechten Landproletariats. Sogar der Hunger wurde nun auf dem Lande zu einem schweren sozialen Problem.

Aber auch der mittlere Landadel, der vor der Bauernbefreiung häufig hoch verschuldet gewesen war und nun zusätzlich die kostenlosen Arbeitskräfte verlor, geriet durch die Reform in Schwierigkeiten. Zwar konnten die Grundbesitzer mit den Erlösen, die sie aus den Freikäufen erzielten, ihre Schulden bezahlen. Danach besaßen sie jedoch meist nicht mehr genügend Kapital für Investitionen, um ihre Güter auf die neue Wirtschaftsform umzustellen. Die Bauernbefreiung schuf somit – zumindest kurzfristig – ebensoviele Probleme wie sie löste. Dies galt auch für andere Reformprojekte, wie die Einführung einer neuen Städteordnung mit Dreiklassenwahlrecht nach preußischem Muster, die Heeresreform mit der Abschaffung der 25jährigen Dienstpflicht für Rekruten sowie vor allem die Dezentralisierung der Verwaltung durch Bildung regionaler Versammlungen zur Selbstverwaltung *(semstwa)* in allen Gouvernements und Provinzen. Die *semstwa* wurden durch Gesetz vom Januar 1864 eingeführt und sollten sich hauptsächlich mit lokalen Fragen, wie der Instandhaltung von Straßen und Brücken, der Unterhaltung des Gesundheits- und Hygienewesens, der Pflege öffentlicher Einrichtungen im Bereich von Erziehung und Armenfürsorge sowie der Förderung von Handel und Landwirtschaft, befassen. Allerdings wurden sie von der Zentralregierung finanziell schlecht ausgestattet und konnten die ihnen übertragenen Aufgaben oft nur mit Mühe erfüllen. Dennoch waren sie bei der Bevölkerung in der Regel beliebt, weil sie die öffentlichen Dienstleistungen verbesserten und im Unterschied zur entrückten Bürokratie der Zarenherrschaft eine volksnahe Form der Administration boten.

Fortschritte gab es ebenfalls in der Rechtsprechung, bei der eine Justizreform nicht nur zu einer systematischen Vereinfachung der Gerichtsbarkeit mit einem hierarchisch aufgebauten System von Gerichtshöfen, sondern auch für Verfahrensgleichheit und insgesamt für mehr Rechtssicherheit sorgte. Die bis dahin üblichen Geheimverfahren und willkürlichen Bestrafungen sollten damit für immer der Vergangenheit angehören. Zwar wurden die hohen Erwartungen, die sich mit dieser Justizreform verbanden, wie bei den verschiedenen anderen Reformvorhaben Alexanders II., nie ganz eingelöst. Die Verbesserungen waren jedoch durchaus bemerkenswert, auch wenn das Tempo, das dabei angeschlagen wurde, vielen liberalen Adligen und Intellektuellen und besonders den jungen Revolutionären, die in den sechziger und siebziger Jahren großen Zulauf verzeichneten, noch zu gering war und Träume von einer Nationalversammlung, wie sie in den westlichen Ländern existierte, sich nicht erfüllten.

Der Streit zwischen „Westlern" und „Slawophilen", der von den dreißiger bis zu den fünfziger Jahren die Diskussionen der russischen Intelligenzija bewegt hatte, verlor dagegen an Bedeutung. Da die Regierung sich die romantisch-nationale Kritik der Slawophilen an den rationalistischen Reformbestrebungen seit Peter dem Großen inzwischen praktisch zu eigen gemacht hatte und Rußland damit – allen Reformen zum Trotz – in eine antimoderne oder sogar modernitätsfeindliche Richtung drängte, blieb für die kritische Intelligenz nur die Überzeugung, Rußland sei rückständig und müsse den von Peter I. eingeschlagenen Weg der Europäisierung konsequent fortsetzen. Seit den sechziger Jahren zogen viele Intellektuelle aufs Land (*narodniki*), um auch die Masse der bäuerlichen Bevölkerung für diese Überzeugung zu gewinnen, stießen dort aber weitgehend auf Unverständnis. In den siebziger Jahren wandten sich deshalb nicht wenige von ihnen aus Enttäuschung und Frustration dem radikalen Terrorismus zu. Besonders die Gruppe „Land und Freiheit", die sich später in „Volksfreiheit" umbenannte, beschritt diesen Weg. Einem Attentat aus den Reihen dieser Organisation fiel 1881 schließlich auch Alexander II. zum Opfer, der bei aller Trägheit seiner Reformpolitik bis zuletzt an Plänen für eine konstitutionelle Entwicklung Rußlands festgehalten hatte.

e) Die europäische Bedeutung des Krim-Krieges

Der Frieden von Paris, der zu einer vorübergehenden Stabilisierung des Osmanischen Reiches auf Kosten russischer Expansionsbestrebungen auf dem Balkan und an den Meerengen führte, verschaffte der europäischen Politik in bezug auf Rußland eine Atempause. Denn nach dem Krim-Krieg konzentrierten sich die russischen Ambitionen zunächst auf das mittlere und fernöstliche Asien. Noch in den fünfziger Jahren wurde dort das im Frieden von Nertschinsk 1689 an China abgetretene Amur-Gebiet wiedererobert und in den „ungleichen Verträgen" von Aigun 1858 und Peking 1860 an Rußland angeschlossen. Mit der ebenfalls noch 1860 vollzogenen Gründung von Wladiwostok („Beherrsche den Osten") sowie der Erwerbung von Sachalin 1875 war das Tor zum Pazifik danach weit aufgestoßen. Zwar wurden gleichzeitig die seit dem frühen 18. Jahrhundert errichteten Stützpunkte entlang der nordamerikanischen Westküste aufgegeben – einschließlich des Alaska-Territoriums, das 1867 zum Preis von sieben Millionen Dollar an die USA verkauft wurde. Indessen war das Ausgreifen nach Amerika von Rußland ohnehin nie mehr als halbherzig betrieben worden, so daß der Verzicht auf diese Gebiete nicht allzu schwer fiel.

Allerdings reichten die russischen Ansprüche auf einen Landstreifen entlang der amerikanischen Westküste bis in die Zeit Peters des Großen zurück. Mit der Gründung der Russisch-Amerikanischen Gesellschaft im Jahre 1799, der von der Regierung in St. Petersburg exklusive Rechte für Handel und Rechtsprechung entlang der nordamerikanischen Küste bis hinunter zum 55. Breitengrad zuerkannt worden waren, hatte das russische Engagement auf dem nordamerikanischen Kontinent dann auch konkrete Gestalt angenommen. Die Gesellschaft hatte zunächst Siedlungen nördlich dieser Linie errichtet und sich 1812 weiter nach Süden – nach Spanisch-Kalifornien – gewandt, wo sie an der Bodega-Bucht nördlich von San Francisco einen Handelsposten gründete, der von den Amerikanern Fort Ross genannt wurde. Die USA waren darüber jedoch nur mäßig besorgt gewesen, hatten 1808 diplomatische Beziehungen mit St. Petersburg aufgenommen und vor allem im Handelsbereich gute Kontakte unterhalten. Nur einmal, nach einem „Ukas" Zar Alexanders I. vom 14. September 1821, mit dem er die Forderungen der Russisch-Amerikanischen Gesellschaft auf das Oregon-Territorium bis zum 51. Breitengrad ausdehnte, war das insgesamt gute Verhältnis einer größeren Belastung ausgesetzt gewesen. Der amerikanische Außenminister John Quincy Adams hatte daraufhin dem russischen Gesandten in Washington am 17. Juli 1823 grundsätzlich mitgeteilt, daß die USA „das Recht Rußlands auf *irgendeine* territoriale Einrichtung auf diesem Kontinent bestreiten und ausdrücklich das Prinzip vertreten, daß die amerikanischen Kontinente nicht länger Gegenstand für *irgendwelche* neuen europäischen Einrichtungen sind". Die wenige Monate später, am 2. Dezember 1823, verkündete sogenannte „Monroe-Doktrin" wurde damit praktisch vorweggenommen. In St. Petersburg verstand man den Wink, und der Zar verzichtete darauf, sein Dekret durchzusetzen.

Die amerikanisch-russischen Beziehungen verliefen danach jahrzehntelang wieder in ruhigen Bahnen. Zwar waren die Regierungssysteme und Gesellschaftsordnungen fundamental unterschiedlich. Aber die USA, die trotz der Monroe-Doktrin keineswegs sicher waren, ob sie in der Lage sein würden, die westliche Hemisphäre von der Alten Welt zu isolieren und vor Übergriffen zu schützen, bemühten sich um Rußland als Gegengewicht zu England und Frankreich, während Rußland, das immer noch keine nennenswerte eigene Schiffahrt betrieb, in Washington nicht nur einen politischen Verbündeten suchte, sondern die Beziehungen zu den USA auch in der Absicht pflegte, bei seinen Exporten nach Übersee nicht in alleinige Abhängigkeit von der Handelsflotte Großbritanniens zu geraten. Noch 1861 erklärte dazu der russische Außenminister Alexander Gortschakow, die USA seien „der einzige kommerzielle Gegenpol in der Welt ... zu Großbritannien, und Rußland würde deshalb nichts tun, um ihre Macht und ihren Einfluß zu vermindern".

Im Krim-Krieg, in dem die USA eine wohlwollende Neutralität gegenüber Rußland wahrten und vor allem ihren Handel ungeschmälert fortsetzten, erwog man in St. Petersburg sogar, die Russisch-Amerikanische Gesellschaft an eine Gruppe von Geschäftsleuten aus San Francisco zu verkaufen, um die Verwaltung der russischen Interessen in Nordamerika in amerikanische Hände zu übertragen und sie damit der Gefahr englischer Vereinnahmung zu entziehen. Während des amerikanischen Bürgerkrieges widersetzte sich Rußland 1862 einem Vermittlungsvorschlag Frankreichs, der möglicherweise zur Bestätigung der Unabhängigkeit des Südens geführt hätte, und entsandte im Spätherbst 1863 seine gesamten atlantischen und pazifischen Flottenverbände zur Überwinterung in amerikanische Häfen. Das konnte als Freundschaftsbeweis für den Norden gelten, diente in Wirklichkeit aber vor allem dem Zweck, die Flotte während des polnischen Aufstandes gegen die russische Herrschaft, als erneut ein Konflikt – vielleicht sogar ein Krieg – mit England drohte, vor der Einschließung in den russischen Häfen, die leicht von britischen Schiffen blockiert werden konnten, zu bewahren.

Die Frage, inwieweit dieses Zusammenspiel zwischen den USA und Rußland die europäische Politik in den fünfziger und sechziger Jahren des 19. Jahrhunderts tatsächlich beeinflußt hat, ist schwer zu beantworten, da es weder gemeinsame militärische Aktionen noch gemeinsame politische Unternehmungen mit konkreten Ergebnissen gab. Aber besonders in Großbritannien wurden die Übereinstimmungen zwischen der amerikanischen und russischen Politik mit Sorge verfolgt. Der britische Außenminister Lord John Russell stellte am 7. März 1863 sogar fest, es bestehe die Möglichkeit einer amerikanisch-russischen Vereinbarung, die zu „einem neuen Gleichgewicht der Macht in der Welt" führen könne. Wie man weiß, kam eine solche Vereinbarung nicht zustande, und es ist auch zweifelhaft, ob sie damals bereits die von Lord Russell befürchteten Folgen gehabt hätte. Doch die herzliche Atmosphäre, die zwischen den USA und Rußland herrschte, hatte für die USA zumindest den ganz unmittelbaren Nutzen, daß sie den Kauf von Alaska ermöglichte, nachdem Rußland sich 1860 mit der Rückgewinnung des Amur-Gebietes und der Gründung von Wladiwostok eine sichere Basis im westlichen Pazifik verschafft hatte und die strategische Bedeutung Russisch-Amerikas nunmehr geringer bewertete als zuvor.

Alle diese Aktivitäten im Fernen Osten, die noch durch die Eroberung großer Gebiete in Zentralasien – etwa die Errichtung des Generalgouvernements Turkestan mit der Hauptstadt Taschkent 1867 – ergänzt wurden, konnten jedoch nicht darüber hinwegtäuschen, daß Rußland seinem Wesen nach eine europäische Macht blieb. So verwunderte es auch nicht, daß die „orientalische Frage" nach dem Krim-Krieg und dem Frieden von Paris keineswegs zur Ruhe kam. Antitürkische Aufstände auf dem Balkan und eine panslawistische, das heißt auf Unterstützung der Balkan-Slawen durch Rußland gerichtete Propaganda waren Faktoren, die 1877 einen neuen Angriff auf das Osmanische Reich ratsam erscheinen ließen. Durch seinen großen Erfolg im Türkenkrieg 1877/78 rückte Rußland dem Ziel, die Meerengen in seine Hand zu bekommen, wieder ein Stück näher: Im Vorfrieden von San Stefano wurde die Türkei fast ihrer gesamten europäischen Besitzungen beraubt. Rußland sollte Teile der Osttürkei und den 1856 verlorenen Teil Bessarabiens wiedererhalten sowie Bulgarien zwei Jahre lang besetzen dürfen. Sowohl Österreich als auch Großbritannien fühlten sich durch diese Machtausweitung Rußlands auf dem Balkan und in Kleinasien erneut bedroht. Anders als 1853 konnte ein Krieg diesmal vermieden werden. Von dem zu diesem Zweck unter Bismarcks Vermittlung einberufenen Berliner Kongreß wird später noch ausführlich die Rede sein. Doch die Atempause in der europäischen Politik hinsichtlich Rußland war damit vorbei. Es zeigte sich, daß die Probleme, die sich aus der russischen Expansion über den Balkan in Richtung Bosporus, Dardanellen und Mittelmeer ergaben, durch den Krim-Krieg nur vertagt, aber nicht gelöst worden waren.

II.
Nationale Frage und nationaler Staat

Zu den bedeutendsten Entwicklungen Europas in der zweiten Hälfte des 19. Jahrhunderts zählten der Zusammenschluß Italiens und Deutschlands zu Nationalstaaten sowie das nationale Erwachen in Südosteuropa. Während Großbritannien, Frankreich und Rußland seit langem in mehr oder minder fest umrissenen Territorien existiert und bereits frühzeitig eine zentrale Staatsgewalt herausgebildet hatten, führte die „nationale Frage“ in der Mitte, im Süden und im Südosten Europas zu scharfen Gegensätzen und Spannungen, die sich in zahlreichen Kriegen entluden und das Gleichgewicht der europäischen Mächte bedrohten.

4. Die Einigung Italiens

a) Das wachsende Nationalgefühl in Italien

Bis zur Mitte des 19. Jahrhunderts war Italien, wie der österreichische Staatskanzler Metternich feststellte, wenig mehr als ein „geographischer Begriff“. Nach dem Sturz des letzten weströmischen Kaisers Romulus Augustulus durch den germanischen Heerführer Odowakar vom Stamm der Skiren (476 n. Chr.) hatten sich Ostgoten, Langobarden, Karolinger und Staufer in der Herrschaft abgewechselt. Die Erneuerung des Römischen Reiches unter Justinian (527–565) war nur von kurzer Dauer gewesen. Italien blieb jahrhundertelang ein Kampfplatz auswärtiger Mächte. Der Norden wurde dabei bis zum Tode des Staufer-Kaisers Friedrich II. (1250) und seines Sohnes Konrad IV. (1254) als „Regnum Italicum“ von römisch-deutschen Kaisern beherrscht, während Unteritalien zunächst unter byzantinischen Einfluß geriet und Sizilien an die Sarazenen fiel, ehe der gesamte Süden von Neapel bis Palermo im Laufe des 11. Jahrhunderts von den Normannen erobert wurde, die das Gebiet des „Königreichs Sizilien“ im Jahre 1075 vom Papst als Lehen erhielten.

Mit dem Zusammenbruch der kaiserlichen Macht im 13. Jahrhundert nahm der französische Einfluß zu, als Papst Klemens IV. 1266 Karl von Anjou – den späteren König Karl VIII. von Frankreich – zu Hilfe rief. Nach der Hinrichtung des letzten Staufers Konradin 1268 gewann Karl vorübergehend auch das süditalienische Königreich, das er allerdings bereits 1282 durch eine Volkserhebung („Sizilianische Vesper") wieder verlor, nach der hier das spanische Haus Aragón zur Macht gelangte. Die Entwicklung im Zeitalter der Renaissance (1250–1494) war indessen vor allem durch die Bildung selbständiger Mittelstaaten gekennzeichnet. Neben den Adelsrepubliken Genua und Venedig – mit der Provinz Venetien auf dem Festland – ist dabei das Herzogtum Savoyen-Piemont besonders hervorzuheben. Die meisten Städte wurden jedoch von ehrgeizigen Familien beherrscht, wie den Visconti und Sforza in Mailand, den Medici in Florenz, den Gonzaga in Mantua sowie den Este in Ferrara und Modena, so daß Jacob Burckhardt in seinem berühmten Werk *Die Zivilisation der Renaissance in Italien* sogar von der „Tyrannei" des 14. und 15. Jahrhunderts spricht: Zwar war Italien Mittelpunkt des Humanismus und besonders im 15. Jahrhundert das führende Land Europas in Kunst und Wissenschaft, während Venedig und Genua den Handel und Florenz den Geldverkehr im Mittelmeer beherrschten. Aber an der politischen Zerrissenheit des Landes änderte dies wenig. Mit der Verlagerung der Wirtschaftsströme in den Atlantischen Ozean im 16. Jahrhundert setzte zudem auch in ökonomischer Hinsicht ein Rückgang ein, der sich politisch schon lange vorher angedeutet hatte.

Vom 16. bis zum 18. Jahrhundert – im Zeitalter des Barock und der Aufklärung – wurde Italien endgültig zum Spielball fremder Mächte: Frankreich gewann Einfluß in Oberitalien, das Osmanische Reich eroberte die Besitzungen Venedigs in der Levante (Zypern, Kreta, Morea), Österreich übernahm die Lombardei, Neapel und Sardinien sowie letztlich auch die Toskana, deren Herrschaft zunächst an Franz Stephan von Lothringen (den späteren Kaiser Franz I.) und durch ihn 1765 an eine habsburgische Nebenlinie ging. Korsika wurde 1768 von Genua an Frankreich verkauft. Lediglich die Entwicklung im Herzogtum Savoyen-Piemont, das 1713 noch die Insel Sizilien erhielt, die 1720 gegen das österreichische Sardinien eingetauscht wurde, nahm aus italienischer Sicht einen befriedigenden Verlauf. Unter der Herrschaft Österreichs wurden allerdings auch die Lombardei und die Toskana durch Reformen auf allen Gebieten zu europäischen Musterländern – begünstigt durch ein halbes Jahrhundert des Friedens, ehe die Französische Revolution von 1789 auch in Italien den Boden für neue Umwälzungen bereitete.

Die Ansätze zu größerer nationaler Autonomie in Savoyen-Piemont sowie die Reformen in der Lombardei und in der Toskana konnten jedoch nicht darüber hinwegtäuschen, daß die Zukunft Italiens in der zweiten Hälfte des 18. Jahrhunderts insgesamt in einem düsteren Licht erschien. Ein neues Nationalbewußtsein, das vor diesem Hintergrund schließlich erwachte, kann deshalb als Vorläufer der Freiheits- und Einheitsbewegung des 19. Jahrhunderts gelten. Die Eroberung des Landes durch Napoleon und die Errichtung einer Reihe abhängiger „Freistaaten" – darunter am wichtigsten die Zisalpinische Republik im Bereich der Lombardei, Modenas und der Romagna – schürte noch diesen Geist, da Napoleons Gegenwart weniger als Befreiung – etwa von österreichischer Besatzung – denn als Fremdherrschaft empfunden wurde. Die Tatsache, daß Piemont, Parma-Piacenza und Genua schon zwischen 1802 und 1805 Frankreich einverleibt wurden, die Toskana und der Kirchenstaat mit Rom in den Jahren 1807/08 und 1809, und daß der Süden Italiens – das Königreich Neapel – nach der Vertreibung der spanischen Bourbonen 1806 zunächst an Napoleons Bruder Joseph und dann an seinen Schwager Murat vergeben wurde, bestätigte den Eindruck einer fremdländischen Eroberung. Dies galt ebenso für die Krönung Napoleons zum „König von Italien" 1805 in Mailand.

Der Zusammenbruch der napoleonischen Herrschaft 1814/15 machte auch in Italien eine territorial-politische Neuordnung erforderlich. Ein Zusammenschluß unter nationalstaatlichen Vorzeichen unterblieb hier jedoch ebenso wie in Deutschland. Der Wiener Kongreß von 1815 stellte den Kirchenstaat wieder her, vergrößerte das Königreich Sardinien (Piemont) durch Genua und machte Österreich durch den Besitz Venetiens und der Lombardei erneut zur vorherrschenden Macht in Norditalien. Doch auch in der Mitte und im Süden des Landes lehnten sich die habsburgischen Nebenlinien in der Toskana und in Modena (Haus Österreich-Este) sowie die Bourbonen in Parma-Piacenza und in Neapel-Sizilien eng an Österreich an. Mit anderen Worten: Der Nordwesten Italiens an der Grenze zu Frankreich wurde nun vom Staat Piemont und dem Haus Savoyen beherrscht, das auch einen Rechtsanspruch auf die Insel Sardinien besaß, während die Lombardei und Venetien als österreichische Provinzen unmittelbar zum Habsburgerreich gehörten. Die südlich angrenzenden Herzogtümer Modena und Parma sowie das Großherzogtum Toskana mit seiner Hauptstadt Florenz, die von habsburgischen Herrschern regiert wurden, standen ebenfalls unter österreichischem Einfluß. In der Mitte Italiens reichte der Kirchenstaat von der Campagna di Roma über Umbrien und die Romagna bis zur Adriatischen Küste, während das 1815 neu geschaffene „Königreich beider Sizilien" unter dem Einfluß der spanischen Bourbonen den gesamten Süden des Landes von Neapel bis Palermo einnahm.

Die seit dem 5. Jahrhundert zu beobachtende Fremdherrschaft und politische Zersplitterung Italiens bestand somit auch nach dem Wiener Kongreß fort. Sie wurde noch verstärkt durch wirtschaftliche Gegensätze zwischen dem sich allmählich industrialisierenden Norden und dem in agrarischer Unterentwicklung verharrenden Süden sowie durch eine kulturelle Spaltung, die sich nicht nur aus dem Gefälle zwischen den traditionellen städtischen Kulturzentren Nord- und Mittelitaliens und der Landbevölkerung des Südens, sondern auch aus der Tatsache einer fehlenden gemeinsamen italienischen Sprache ergab. Eine Verständigung etwa zwischen einem Stadtbewohner von Mailand, Turin oder Florenz und einem sizilianischen Bauern war damit so gut wie unmöglich. Ein weithin mangelhaftes, vielfach primitives Transportsystem tat ein übriges, um Kontakte innerhalb des Landes zu erschweren.

Entscheidend für das nunmehr dramatisch zunehmende Verlangen nach nationaler Vereinigung wurden jedoch vor allem drei Faktoren: die Unzufriedenheit über die in den meisten italienischen Staaten nach dem Wiener

Kongreß wieder eingeführten reaktionären Praktiken in Politik und Verwaltung; das Interesse der handeltreibenden Schichten an einer Aufhebung der inneritalienischen Zollschranken; sowie ein immer stärker werdender Haß auf Österreich, dessen Truppen nicht nur die eigenen Besitzungen in der Lombardei und Venetien schützten, sondern auch die reaktionären Regierungssysteme in den übrigen italienischen Staaten unterstützten. Vor allem die Gebildeten und Angehörigen des fortschrittlich gesinnten Mittelstandes erinnerten sich an die effiziente französische Verwaltung und die liberale Gesetzgebung der napoleonischen Zeit zu Beginn des Jahrhunderts. Von einer Vereinigung versprach man sich daher nicht nur eine Beseitigung der reaktionären Regime, sondern auch ein aufgeklärtes, leistungsfähiges Regierungssystem. Die wirtschaftliche Vereinigung, so hoffte man, werde überdies zu einer Erweiterung des Absatzmarktes, der Errichtung eines umfassenden Eisenbahnnetzes und der dringend notwendigen Verbesserung der Hafenanlagen führen, so daß Italien mit dem Aufkommen der Dampfschiffahrt seine traditionell führende Rolle im Mittelmeerhandel zurückerlangen könnte. Manche hofften sogar, der Hauptverkehrsweg vom Zentrum des britischen Empire durch den Suez-Kanal nach Indien werde geradewegs über eine Eisenbahnverbindung von Turin oder Mailand bis zum Absatz des italienischen Stiefels führen. Dazu war es allerdings nötig, die Österreicher zu vertreiben, die jede liberale Regung in Italien unterdrückten und damit die politische, ökonomische und soziale Entwicklung des Landes behinderten. Die Bezeichnung „tedeschi“ wurde nun in ganz Italien zu einem Schimpfwort, der Kampf gegen die Österreicher geriet zu einer nationalen Mission.

Aufgeheizt wurde die antiösterreichische Stimmung nicht zuletzt durch Bücher wie *Le Mie Prigioni* („Meine Gefängnisse“, 1832) von Silvio Pellico, der minutiös die zehn Jahre schilderte, die er in einem mährischen Gefängnis verbracht hatte, wo politische Häftlinge, wenn sie nicht arbeiteten, in Ketten gelegt wurden und nicht selten an Erschöpfung, Mißhandlung, Skorbut oder Hunger starben. Im Kampf für den italienischen Freiheits- und Einheitsgedanken wurden daher schon bald nach dem Wiener Kongreß revolutionäre Widerstandsbewegungen aktiv, die sich gegen die Vorherrschaft der Österreicher richteten. Die bedeutendste Gruppierung unter ihnen waren die um 1808 im Kampf gegen Napoleon in Süditalien entstandenen Geheimbünde der „Carbonari“ („Köhler“), die nationale und liberale Ideen vertraten und bei den Revolutionen in Neapel und Piemont in den Jahren 1820 und 1821 sowie in Modena und im Kirchenstaat 1831 eine gewisse Rolle spielten. Letztlich blieben die „Carboneria“ aber erfolglos, weil sie nicht in der Lage waren, ihre nur locker miteinander verbundenen regionalen Komitees zu einer schlagkräftigen nationalen Organisation auszubauen, und überdies in ihrer Mitgliedschaft eine derart große Heterogenität aufwiesen, daß sie sich weder auf eine klare Definition ihrer politischen Ziele noch auf bestimmte Taktiken zu deren Durchsetzung zu einigen vermochten.

b) Mazzini und das „Junge Italien"

Im Jahre 1831 gründete der damals 26jährige Genueser Giuseppe Mazzini (1805–1872) deshalb im französischen Exil den Geheimbund einer neuen Generation: das „Junge Italien", das er wenig später, 1834, überdies noch mit ähnlichen Bünden in anderen Ländern zum „Jungen Europa" erweiterte. Im Gegensatz zu den „Carboneria" lehnte der neue Geheimbund eine Zusammenarbeit mit örtlichen Machthabern ab und stellte sich von vornherein in den Dienst nationaler Ziele, die bald allgemeine Bekanntheit erlangten: die Gründung einer freien, unabhängigen republikanischen Nation Italien, die sich unter Wahrung des Nationalitätenprinzips friedlich mit den anderen Nationen Europas zusammenschließen sollte. Das „Junge Italien" war als Volksbewegung konzipiert und besaß einen nationalen Vorstand unter Führung Mazzinis, der sich bemühte, seine Ideen durch Artikel und Essays möglichst in allen Schichten der Bevölkerung zu verbreiten. Er wurde damit zum Wortführer und erfolgreichsten Verkünder des „Risorgimento" – der „Wiedererstehung" Italiens zwischen 1815 und 1870.

In den dreißiger und vierziger Jahren des 19. Jahrhunderts erreichte Mazzini den Gipfelpunkt seiner Popularität und seines Einflusses. Er beeindruckte die Massen nicht nur durch seine äußere Erscheinung, sondern auch durch seinen Enthusiasmus und seinen unerschütterlichen Optimismus hinsichtlich der Zukunft eines geeinten Italien. Nicht materielle oder militärische Stärke sollten dessen Zukunft bestimmen und für Prestige bei anderen Großmächten sorgen, sondern ein aufrichtiger Kosmopolitismus, wie er in seinem Aufsatz *Die Pflichten des Menschen* erklärte:

> „Indem wir uns aufrichtigen Prinzipien getreu für unser Land einsetzen, setzen wir uns für die Menschheit ein; unser Land ist der Drehpunkt des Hebels, den wir zum allgemeinen Wohl ansetzen müssen ... [Es ist] das Zeichen der Mission, die Gott [uns] zur Erfüllung in der Menschheit aufgetragen hat ... [Unser ist] eine Kameradschaft von freien und gleichen Menschen, die in brüderlicher Eintracht verbunden sind, um auf ein einziges Ziel hinzuarbeiten."

Mazzini wollte also nicht nur Italien, sondern die ganze Welt in eine bessere Zukunft führen, die durch gegenseitige Abhängigkeit der Nationen, universalen Frieden und republikanische Freiheit gekennzeichnet sein sollte. Eine „demokratische Revolution" gegen die Regime der Reaktion, gestützt auf die radikale Schicht der Gebildeten und eine idealistische Jugend, sollte den Weg dorthin ebnen. Die Artikel, Manifeste und Flugschriften Mazzinis forderten daher offen zum Umsturz der bestehenden Gesellschaft auf. Doch als es nach dem Sturz Metternichs im März 1848 in der Lombardei zur Revolution kam, die Österreicher aus Mailand und Venedig vertrieben wurden und König Karl Albert von Sardinien sich an die Spitze der nationalen Bewegung stellte, wurde Mazzini auch selbst aktiv: Nachdem eine „konstituierende Versammlung" im Februar 1849 in Rom die Republik proklamiert hatte, wurde Mazzini in die Hauptstadt gerufen, um an die Spitze der Regierung zu treten. Gemeinsam mit Giuseppe Garibaldi organisierte er – wenn auch vergeblich – die Verteidigung der Stadt gegen ein französisches Hilfskorps des Papstes. Der Niederschlagung der Revolution, bei der zuletzt, am 24. August 1849, Venedig fiel, folgte fast überall in Italien – außer in Piemont-Sardinien unter Viktor Emanuel II. und Camillo Cavour – eine neue Phase härtester Reaktion, der ebenfalls Mazzinis Einfluß schwinden ließ. Mazzini floh nach London und kehrte erst in den fünfziger Jahren nach Italien zurück. Er starb 1872 als enttäuschter und verbitterter Mann. Zwar war die von ihm angestrebte neue italienische Nation inzwischen verwirklicht. Doch die Realität hatte mit den Prinzipien seines Republikanismus und eines humanitären, kosmopolitisch orientierten Nationalismus kaum noch etwas gemein.

Der Ausgang der Revolution von 1848/49 begrub zugleich die Hoffnungen der sogenannten „Neuwelfen-Bewegung", die in Anlehnung an den Namen der mittelalterlichen Papst-Partei die Erwartung hegte, die Vereinigung der italienischen Staaten und die Modernisierung der politischen Institutionen könne am besten unter der Führung des Papstes gelingen. Die Idee, die in Italien schon immer viele Anhänger besessen hatte und als gemäßigte Alternative zu Mazzinis radikalen Reformvorstellungen galt, war in den vierziger Jahren zu unverhoffter Blüte gelangt, als Vincenzo Gioberti 1843 in seinem 700 Seiten starken Buch *Vom sittlichen und bürgerlichen Primat der Italiener* zur Bildung einer Föderation aller italienischen Staaten unter dem Papsttum aufgerufen hatte und die Wahl Giovanni Mastai Ferrettis (1792–1878) zum neuen Papst Pius IX. 1846 eine Persönlichkeit auf den Thron des Vatikans beförderte, die geradezu ideal geeignet schien, die ersehnte nationale Erneuerung Italiens einzuleiten. Tatsächlich wurde Pius IX. in den ersten zwei Jahren seiner Amtszeit den in ihn gesetzten Erwartungen durchaus gerecht, indem er politische Amnestien erließ, Verbannten die Rückkehr nach Rom erlaubte, eine beschränkte Rede- und Pressefreiheit gewährte sowie die Wahl eines Abgeordnetenrates zuließ, der an der Regierung Roms beteiligt werden sollte. Doch als er seinen Truppen, die nach Ausbruch der Revolution im März 1848 in die Lombardei entsandt worden waren, um mit den sardinischen Einheiten gegen die Österreicher zu kooperieren, am 29. April 1848 verbot, „gegen Mitkatholiken zu kämpfen", so daß ein Krieg gegen Österreich nicht mehr in Betracht kam, war die Enttäuschung der national gesinnten Italiener groß. Am Ende verlor Pius IX. dadurch nicht nur die Unterstützung der Liberalen, sondern auch die Kontrolle über seine Hauptstadt, aus der er am 24. November 1848 floh. Die Neuwelfen-Bewegung erlosch.

c) Garibaldi und Cavour

Die Vertreibung des Papstes aus Rom versetzte die gesamte katholische Welt in Aufruhr. Von überall her kamen Bekundungen der Hilfsbereitschaft, um Pius IX. die Rückkehr in den Vatikan zu ermöglichen. Vor allem die Regierungen Spaniens, Neapels und Österreichs erklärten sich bereit, Truppen zu entsenden, um die Aufständischen niederzuwerfen. Am schnellsten reagierte jedoch Frankreich, das Mittel für eine Militärexpedition im Umfang von mehr als 8000 Mann bewilligte. Im April 1849 gingen die Truppen unter dem Kommando von Marschall Charles N. Oudinot in Civitavecchia an der Küste nordwestlich von Rom an Land. Zwar besaß der französische Oberbefehlshaber lediglich den Auftrag, zwischen dem Papst und seinen rebellischen Untertanen zu vermitteln. Doch als entsprechende Angebote Oudinots von den Aufständischen ausgeschlagen wurden, griffen die französischen Streitkräfte auf Anweisung Louis Napoleons die Hauptstadt an, um die republikanische Regierung zur Kapitulation zu zwingen.

Die Verteidigung Roms wurde, wie schon gesagt, nicht nur von Mazzini, sondern vor allem von Giuseppe Garibaldi (1807–1882) geleitet, der aus Nizza stammte und sich nach seinen Jugendjahren als Seemann 1833 dem „Jungen Italien" angeschlossen hatte. Wie alle Mitglieder des Geheimbundes hatte er dabei einen feierlichen Eid abgelegt, gegen Ungerechtigkeit, Unterdrückung und Tyrannei zu kämpfen und Italien zu einer vereinten Nation zu machen. Bereits ein Jahr später war er allerdings aufgrund revolutionärer Aktivitäten von Sardinien verbannt worden und hatte die folgenden dreizehn Jahre als Glückritter in Lateinamerika verbracht. Was ihn auszeichnete, war weniger seine politische Begabung als seine militärisch-taktische Fähigkeit, irreguläre Streitkräfte im Guerillakampf zu führen. Der englische Dichter Alfred Lord Tennyson bemerkte voller Respekt und Hochachtung über ihn, er besitze „die gottgegebene Dummheit eines Helden". Tatsächlich eilte er 1848 sofort in seine Heimat zurück, als ihn die Nachricht von der Revolution in Italien erreichte. In der Lombardei führte er zunächst Freiwillige in den Kampf gegen österreichische Truppen, ehe er – wiederum mit einer bunt zusammengewürfelten Schar von Abenteurern und Freischärlern – in Rom für Mazzinis Republik focht.

Dem französischen Berufsheer hatten Garibaldis Kämpfer wenig mehr als ihren Mut entgegenzusetzen. Unter militärischen Aspekten wäre deshalb ein Guerillakrieg in den Bergen erfolgversprechender gewesen. Doch Mazzini bestand in der für ihn typischen Denkweise und Rhetorik auf der Verteidigung der Hauptstadt, um Rom „an die Spitze zu stellen, so daß die Italiener es wieder ... als Tempel ihres gemeinsamen Landes betrachten können". Längerfristig hatte Mazzini mit dieser Forderung vermutlich sogar recht, weil sie bei den europäischen Mächten die Einsicht förderte, daß Rom das Zentrum eines neuen italienischen Staates bilden müsse. Kurzfristig bedeutete sie ein verlustreiches und letztlich aussichtsloses Ringen mit den überlegenen Truppen Oudinots, das im Juni 1849 mit der Niederlage der Aufständischen endete. Garibaldi erhielt vor dem Einmarsch der Franzosen die Erlaubnis, die Stadt zu verlassen, und setzte sich nach Norden ab, um den Kampf an anderer Stelle fortzusetzen. Nach weiteren Jahren im Exil führte er schließlich im Krieg von 1859 ein Alpenjägerkorps gegen die Österreicher, 1860 unternahm er mit Unterstützung Cavours einen Freischarenzug gegen Sizilien („Zug der Tausend"), 1866 kämpfte er erneut gegen Österreich, 1862 und 1867 gegen den Kirchenstaat. Als nationaler und republikanischer Freiheitskämpfer war Garibaldi wohl die volkstümlichste Persönlichkeit im Italien des 19. Jahrhunderts. In politischer Hinsicht wurde ihm jedoch schon früh der Rang abgelaufen – zunächst von Mazzini, später von Cavour. Allerdings ist fraglich, ob Garibaldi überhaupt jemals konkrete politische Interessen besaß, die über einen allgemeinen Drang nach Einheit und Freiheit für Italien hinausgingen.

Ganz anders lagen die Dinge dagegen bei Graf Camillo di Cavour (1810–1861). Nachdem die Neuwelfen-Bewegung erloschen und Mazzinis Revolutionstaktik gescheitert war, richteten sich alle Hoffnungen der Befürworter einer Einigung Italiens auf die Führung des Königreiches Piemont-Sardinien. Nur das Haus Savoyen hatte unter den anerkannten Regimen Italiens im lombardischen Krieg mit allem Einsatz gegen Österreich gekämpft. Zwar war die Armee König Karl Alberts im Juli 1848 bei Custoza und im März 1849 bei Novara zweimal vernichtend geschlagen worden, so daß der glücklose König zugunsten seines Sohnes abdankte und ins Exil ging, wo er bald darauf als „Märtyrer für die Einheit Italiens" starb. Aber die Entschlossenheit, mit der Sardinien-Piemont sich für die Sache Italiens eingesetzt hatte, nötigte Respekt und Dank ab. Der neue Herrscher, Viktor Emanuel II., profitierte von dieser Haltung seines Vaters und besaß selbst die Klugheit, auf den Rat eines Ministers zu hören, den er eigentlich ablehnte, ja haßte: Cavour.

Der 1810 in Turin geborene Cavour, der 1850 in das piemontesische Kabinett eintrat, war Anhänger eines gemäßigten Pragmatismus nach britischem Vorbild. Er besaß vielfältige Erfahrungen in der Landwirtschaft sowie als Industrieller und Bankier und war vor allem bestrebt, die wirtschaftliche und politische Position Piemonts zu stärken. Die Vereinigung Italiens erschien ihm dabei nur als eine von mehreren Möglichkeiten; sie war für ihn jedoch kein Ziel, dem alles andere bedingungslos untergeordnet oder sogar geopfert werden mußte. Die auf Revolution ausgerichtete Massenbewegung Mazzinis und seiner Anhänger – der „Mazzinismus", wie er diese Politik nannte – war ihm deshalb kein Vorbild. Nach 1848/49 mußten weitere Versuche, das Volk in Aufruhr zu versetzen, sogar dazu führen, die Einigung Italiens weiter zu verzögern. Wenn die Einigung gelingen sollte, so war dies nach Meinung Cavours vor allem an die Voraussetzung gebunden, die Österreicher aus Norditalien zu vertreiben und die Lombardei und Venetien wieder in den italienischen Staatsverband einzugliedern. Dazu aber war nur Piemont imstande – allerdings auch nur dann, wie Custoza und Novara gezeigt hatten, wenn es auf die Unterstützung einer fremden Macht zählen konnte.

Die Politik Cavours, der 1852 zum Ministerpräsidenten des Königreiches Sardinien-Piemont aufstieg, zielte deshalb in den fünfziger Jahren zunächst darauf ab, Glaubwürdigkeit und Vertrauen zu erwerben. Er schmiedete ein liberal-konservatives Bündnis, das ihm im Parlament eine ausreichend breite Basis bescherte, um die Radikalen von links und rechts von der Macht fernzuhalten und innenpolitische Reformen durchzusetzen, die Piemont zum fortschrittlichsten Staat Südeuropas machten. Sie umfaßten die Stabilisierung der Währung und die Neuordnung der Staatsfinanzen, vor allem der Staatsschulden, und eine Reform des Steuersystems sowie die Verbesserung des Eisenbahnnetzes, die Errichtung eines transatlantischen Dampfschifffahrtsystems und die Förderung privater Firmengründungen. Im Krim-Krieg stellte sich Cavour auf die Seite Großbritanniens und Frankreichs, denen er 1855 sogar mit der Entsendung eines piemontesischen Truppenkontigents zu Hilfe kam. Die Regierungen in London und Paris dankten es ihm, indem sie ihm während der Friedensverhandlungen in der französischen Hauptstadt im Frühjahr 1856 erlaubten, die österreichische Italienpolitik vor den versammelten Konferenzteilnehmern anzuklagen – eine Geste, die Cavour dahingehend deutete, daß Sardinien-Piemont im Falle eines Krieges gegen Österreich nunmehr mit der Unterstützung Großbritanniens und Frankreichs rechnen konnte.

In Wirklichkeit wurde Cavour in Paris von seinen neuen Verbündeten gewarnt, die Spannungen mit Österreich zu verschärfen und das Tempo der italienischen Einigung zu beschleunigen. Wenn er es doch täte, so wurde ihm bedeutet, habe er die Folgen selbst zu tragen. Doch Cavour war überzeugt, den Rat nicht befolgen zu dürfen. „Hätten wir die Fahne eingezogen, die wir in Paris gehißt haben", erinnerte er sich später, „so wäre der Mazzinismus wieder aufgelebt, und der moralische Einfluß der revolutionären Partei hätte den vollständigen Sieg errungen." Cavour hielt deshalb an seiner Doppelstrategie fest, sein antiösterreichisches Programm zu verfolgen und dafür zugleich die ausländische Unterstützung zu gewinnen. Mit antiösterreichischen Reden, dem Arrangement diplomatischer Zwischenfälle und der geheimen Unterstützung subversiver Aktionen suchte er die österreichische Präsenz in Italien zu untergraben. Zugleich förderte er, ebenfalls insgeheim, die Bestrebungen der 1856 gegründeten „Nationalen Vereinigung", die Monarchisten, Föderalisten und sogar Republikaner in dem Ziel verband, Viktor Emanuel die Königskrone von Italien zu verschaffen.

d) Von Plombières nach Villafranca

Entscheidend für die Politik Cavours war indessen die Unterstützung, die er schließlich durch Napoleon III. erhielt. Nach einer ausgiebigen Korrespondenz trafen Cavour und der französische Kaiser am 20. Juli 1858 in Plombières-les-Bains am Westrand der Vogesen, südlich von Epinal, zu einem fünfstündigen Gespräch zusammen, in dem die Einzelheiten eines Beistandsabkommens zwischen Frankreich und Sardinien-Piemont ausgehandelt wurden. Dieses Treffen war um so bemerkenswerter, als Napoleon nur ein halbes Jahr zuvor beinahe einem Anschlag italienischer Patrioten zum Opfer gefallen wäre. Unter Führung von Felice Orsini hatten vier Terroristen am Abend des 14. Januar 1858 vor dem alten Opernhaus von Paris versucht, die Equipage des französischen Kaisers in die Luft zu sprengen. Acht Menschen waren dabei durch umherfliegende Glasscherben getötet, über 150 verletzt worden, während Napoleon und seine Gattin mit nur leichten Verletzungen davongekommen waren. In einem Brief des zum Tode verurteilten Orsini hatte dieser den französischen Kaiser anschließend beschworen, „Italien die Unabhängigkeit wiederzugeben, die seine Landeskinder im Jahre 1849 durch die Schuld Frankreichs verloren haben". Der Brief hatte mit den eindringlichen Worten geendet: „Versagen Eure Majestät einem Patrioten auf den Stufen des Schafotts nicht die letzte Bitte, sondern befreien Sie mein Land, und die Segenswünsche von 25 Millionen Bürgern werden Sie auf immer begleiten."

Napoleon zeigte sich erschüttert. Zumindest änderte er seine Italien-Politik und war bereit, die italienische Einheitsbewegung zu unterstützen. So sicherte er Piemont im Abkommen von Plombières die Hilfe der französischen Armee in einem Konflikt mit Österreich zu, den Cavour bald auszulösen gedachte. Noch in Plombières sann dieser deshalb, über eine Landkarte gebeugt, wie er an König Viktor Emanuel schrieb, gemeinsam mit Napoleon darüber nach, wie und an welchem Ort man die Österreicher am geschicktesten provozieren könne. Nach einem Sieg sollte Piemont die Lombardei, Venetien, Parma, Modena und einen Teil des Kirchenstaates erhalten, Italien sollte zu einer Föderation unter Führung des Papstes vereinigt werden und das neue Königreich Piemont sowie die Toskana, Rom und Neapel umfassen, Frankreich sollte im Gegenzug mit Nizza und Savoyen belohnt werden. Besiegeln wollte man den Handel durch die Heirat der fünfzehnjährigen Tochter Viktor Emanuels, Clotilde, mit dem Vetter Napoleons, Jérôme – einem Mann „reich an Jahren und schlechten Gewohnheiten", wie Gordon A. Craig in seiner *Geschichte Europas im 19. und 20. Jahrhundert* pointiert bemerkte.

Die Übereinkunft, aus freiem, wohlüberlegtem Entschluß einen Krieg herbeizuführen – eine Vereinbarung, die in der Geschichte des 19. Jahrhunderts durchaus ein Novum darstellte –, war jedoch leichter getroffen als in die Tat umgesetzt. Zwar erhielt Cavour durch die politische Instinktlosigkeit österreichischer Militäraushebungen in der Lombardei und Venetien Ende 1858 einen Anlaß, Kriegsvorbereitungen zu treffen, als Hunderte von Wehrfähigen nach Piemont flohen und die Spannungen in den Grenzgebieten nach der Ablehnung österreichischer Auslieferungsgesuche wuchsen. Aber weniger als zwei Jahre nach dem Krim-Krieg, der das europäische Gleichgewicht auf eine schwere Probe gestellt hatte, waren die Großmächte Europas noch nicht zu einem neuen Waffengang bereit. Vielmehr übten sie im März und April 1859 Druck auf Frankreich aus, das Übereinkommen von Plombières rückgängig zu machen. Nachdem Napoleon am 18. April schließlich Cavour gebeten hatte, die Demobilisierung einzuleiten, um den Weg für eine internationale Konferenz zur Lösung der italienischen Frage freizumachen, war auch Piemont gezwungen, über einen friedlichen Ausgleich nachzudenken.

Doch wieder war es eine österreichische Ungeschicklichkeit, die Cavour in dieser kritischen Situation, als praktisch alles auf dem Spiel stand, in die Hände arbeitete: Auslöser war diesmal der Kabinettschef Kaiser Franz Josephs, Graf von Buol-Schauenstein, der schon während des Krim-Krieges eine unselige Figur gewesen war, als er seinem Land unbeabsichtigt zur dauerhaften Feindschaft Rußlands verholfen hatte. Nun verlangte Graf Buol, offenbar überzeugt, daß Cavour unter dem allgemeinen Druck jede Manövrierfreiheit verloren habe, von Piemont die sofortige Abrüstung; andernfalls werde es Krieg geben – ein glattes Ultimatum. Buol suchte also von der internationalen Konstellation zu profitieren, um Österreichs Position in Norditalien durch eine nachhaltige Schwächung Piemonts langfristig zu festigen. Aber er hatte sich verspekuliert. Denn Napoleon erneuerte prompt seine Zusagen von Plombières und versetzte dadurch Piemont in die Lage, die österreichische Forderung zurückzuweisen: Cavour bekam endlich den Krieg, den er wollte.

Die Kämpfe begannen Ende April 1859. Auf österreichischer Seite wurden dabei nicht nur Truppen eingesetzt, die sich ohnehin in Venetien und der Lombardei befanden, sondern auch nachgeführte Streitkräfte aus Österreich selbst, die ohne ausreichende Logistik und genaue Informationen über Stärke und Kampffähigkeit des Feindes und sogar ohne zuverlässige Landkarten in Italien einmarschierten. Die mangelnde Entschlossenheit, mit der der österreichische Oberkommandierende, General Gyulai, den Feldzug führte, ermöglichte es zudem Napoleon, seine Armee rechtzeitig genug nach Italien zu verlegen, um sie noch vor der ersten großen Schlacht mit der Streitmacht des verbündeten Piemont vereinigen zu können. Das Ergebnis war vorhersehbar: Die Österreicher erlitten am 4. Juni bei Magenta und am 24. Juni bei Solferino zwei bittere Niederlagen, die zur Eroberung der Lombardei und zur Besetzung Mailands durch französische und piemontesische Truppen führten. Doch Napoleon III., dem es danach wohl möglich gewesen wäre, auch Venetien einzunehmen und die Österreicher aus ganz Italien zu vertreiben, zögerte nun ebenfalls: Die schweren Verluste bei Solferino und die dabei sichtbar gewordenen eigenen Grenzen als Feldherr, Schwierigkeiten mit den loyalen Katholiken in Frankreich, bei denen der Krieg alles andere als populär war, und die Furcht vor einem Eingreifen Preußens auf seiten Österreichs hielten ihn von einem weiteren Vorrücken ab. Statt dessen nahm er hinter dem Rücken seines piemontesischen Verbündeten Geheimverhandlungen mit Kaiser Franz Joseph auf, die am 11. Juli 1859 zum Waffenstillstand von Villafranca führten.

Als Cavour die Nachricht erhielt, die ihm von Viktor Emanuel überbracht wurde, war er darüber so erschüttert, daß er unverzüglich von seinem Amt zurücktrat. Wieder einmal schien alles verloren. Zwar fiel die Lombardei im Frieden von Zürich vom 10. November 1859 an Piemont. Aber der Großherzog der Toskana wurde ebenso wieder eingesetzt wie der Herzog von Modena. Darüber hinaus wurde ein italienischer Bund unter Führung des Papstes gebildet, dem aufgrund seiner fortdauernden Präsenz in Venetien auch Österreich angehörte. Die österreichische Herrschaft in Italien wurde nicht beseitigt, sondern noch einmal bestätigt. Das Opfer des Krieges – so sah es jedenfalls Cavour – war umsonst gewesen.

e) Die Eroberung Neapels und die Vollendung der Einigung

Doch Cavour irrte. Denn in der Toskana und der Romagna sowie in Modena und Parma, wo während der Kämpfe die habsburgfreundlichen Regierungen vertrieben worden waren, konnte das Rad der Geschichte nicht mehr einfach zurückgedreht werden. Vielmehr kam es hier im August 1859 zur Abhaltung revolutionärer Versammlungen, die ausnahmslos für eine Union mit Piemont votierten. Das Werk, das Cavour mit seiner Kabinettspolitik hinter verschlossenen Türen begonnen hatte, wurde dadurch auf andere Weise mit öffentlicher Legitimation fortgeführt – und war danach umso schwerer zu unterdrücken. Auch Cavour selbst, der bereits im Januar 1860 an die Macht zurückkehrte, spielte dabei wieder eine Rolle, indem er in Verhandlungen mit Napoleon III. nicht nur die Annexion Parmas und Modenas, sondern auch der Toskana und der Romagna an Sardinien-Piemont durchsetzte. Nach Plebisziten im März 1860 gelangten die vier Gebiete Mittelitaliens schließlich unter die Herrschaft Viktor Emanuels.

Ermutigt durch diesen Erfolg der nationalen Bewegung in Mittelitalien, flackerten im Frühjahr 1860 auch im Süden des Landes Unruhen auf, die insbesondere von Garibaldi ausgingen, der bis 1859 zurückgezogen auf der Insel Caprera gelebt hatte. Nach Ausbruch des Krieges mit Österreich hatte er zunächst mit einer Guerilla-Einheit in den Bergen der Lombardei gekämpft und danach einen Teil der Streitkräfte des militärischen Bundes der revolutionären Regierungen Mittelitaliens befehligt. Als ihm von der politischen Führung des Bundes verboten worden war, unverzüglich in die anderen Provinzen des Papstes einzufallen, hatte er jedoch voller Ungeduld begonnen, eine Privatarmee aufzubauen, mit der er allerdings nicht, wie man in Piemont zeitweilig befürchtete, nach Venetien oder Rom marschierte, sondern in den tiefen Süden. Am 11. Mai 1860 landete er mit einer kleinen Streitmacht von nur 1 000 freiwilligen „Rothemden" – unter ihnen Dichter, Studenten und Glücksritter jeder Art und Herkunft – an Bord zweier Schiffe in Marsala und erklärte sich zum „Diktator von Sizilien".

Sizilien wurde zu dieser Zeit von mehr als 20 000 Soldaten des Königs von Neapel, Franz II., gehalten, die aber über zahlreiche Küstengarnisonen verteilt waren und sich daher von den beweglichen Truppen Garibaldis leicht ausmanövrieren ließen. Hinzu kam, daß Garibaldi nach seinem ersten bedeutenden Sieg bei Calatafimi, bei dem sein zusammengewürfelter Haufen – von der Zahl her weniger als ein Regiment – immerhin 3 000 kampfstarke neapolitanische Soldaten schlagen konnte, großen Zulauf von einheimischen Rekruten erhielt, die sich ebenso von seinem nationalistischen Elan wie von seinem militärischen Abenteurertum angezogen fühlten. Ein Aufstand in Palermo tat ein übriges, um Garibaldi den Weg in den dortigen Königspalast zu ebnen. Mitte Juli 1860 beherrschte er mit inzwischen 10 000 Mann ganz Sizilien und war zum Sprung auf das Festland bereit, den er in der Nacht zum 18. August wagte.

Die Überquerung der Straße von Messina mit einer Vorhut von nur 3 500 Mann war erneut ein militärisches Glanzstück. Die von großer Überraschung und äußerster Beweglichkeit geprägte Guerillataktik Garibaldis zwang die neapolitanische Garnison bei Reggio binnen zwei Tagen zur Kapitulation und versetzte die bourbonischen Truppen in ganz Süditalien in Panik. Von Widerstand war kaum noch die Rede. Garibaldi konnte es sich sogar leisten, seiner Armee vorauszueilen und am 7. September praktisch allein, nur von wenigen Getreuen begleitet, Neapel zu betreten, wo ihn eine Welle der Begeisterung empfing. Er hatte nicht mehr als fünf Monate gebraucht, um Sizilien und das Königreich Neapel, also das gesamte Gebiet südlich von Rom mit elf Millionen Einwohnern, zu befreien. Nun dachte er daran, sich wieder nach Norden zu wenden, um die päpstlichen Marken des Kirchenstaates zu erobern. Dabei wurde er insgeheim ermutigt und unterstützt durch Viktor Emanuel, der hoffte, sich mit Hilfe Garibaldis aus seiner Abhängigkeit von Cavour lösen zu können.

Doch der politisch denkende Cavour hatte längst Vorbereitungen getroffen, Garibaldi Einhalt zu gebieten. Schon dessen kühner „Zug der Tausend" nach Sizilien war für ihn nicht mehr als verantwortungsloser „Mazzinismus" gewesen. So hatte Cavour, während Garibaldi bereits die Meerenge von Messina überschritt, noch mit der Bourbonenregierung in Verbindung gestanden, um gegebenenfalls in letzter Minute ein Abkommen zwischen Piemont und Neapel schließen zu können, wenn die Umstände es erforderten. Ein Angriff Garibaldis auf Rom jedoch, wo eigens eine französische Garnison zum Schutz des Papstes eingerichtet worden war, mußte nach Cavours Überzeugung zu einer nationalen Katastrophe führen, weil dann ein militärischer Konflikt mit Frankreich drohte, bei dem das erst in Entstehung begriffene Italien nur den Kürzeren ziehen konnte. Sogar eine erneute Teilung des Landes war in einem solchen Fall nicht auszuschließen. Nach sorgfältigen diplomatischen Sondierungen bei Napoleon III. setzte Cavour deshalb seine eigenen Soldaten nach Süden in Marsch, um Garibaldi zuvorzukommen und ihn dadurch zu bremsen. Im Kirchenstaat überwältigten die piemontesischen Streitkräfte am 18. September zunächst die Truppen des Papstes bei Castelfidardo, zogen von dort weiter in Richtung Neapel, besiegten die Neapolitaner bei Capua am Volturno und schlossen die restlichen Teile der Bourbonenarmee in der Festung von Gaëta ein, wo Franz II. sich noch bis zum Februar 1861 tapfer, aber hoffnungslos wehrte.

Cavour hatte Härte bewiesen und durch seine entschlossene Militäraktion die politische Initiative zurückgewonnen. Als die Bürger Neapels, Siziliens, der päpstlichen Marken und Umbriens sich zudem im Oktober 1860 in Volksentscheiden mit überwältigender Mehrheit für eine Union mit Piemont aussprachen, mußte sich auch Garibaldi beugen. Nach Parlamentswahlen im Januar 1861 erlebte Turin im Februar die erste Versammlung eines neuen italienischen Parlaments, das mit Ausnahme Roms und Venetiens die gesamte italienische Halbinsel repräsentierte. Am 14. März 1861 wurde Italien zum Königtum erklärt, drei Tage später nahm Viktor Emanuel II. den Titel „König von Italien" an. Hauptstadt wurde 1865 Florenz, da Napoleon III. den Rest des Kirchenstaates nicht preisgeben wollte und die französische Garnison dort aufrechterhielt, um Pius IX., der 1848 schon einmal hatte flüchten müssen, vor einer erneuten Vertreibung aus Rom zu bewahren.

Der neue italienische Staat orientierte sich an seinem westeuropäisch-französischen Vorbild und war ein parlamentarisches Regime mit begrenzter Stellung der Monarchie und Verantwortlichkeit der Minister vor dem Zweikammerparlament. Tonangebend blieb zunächst das besitzende und gebildete Bürgertum, auch wenn die Einführung eines demokratischen Wahlrechts (wie es nach 1900 geschah) nicht ausgeschlossen war. Die Verwaltung war nach dem Muster des französischen Präfektursystems streng zentralisiert und sollte dazu verhelfen, die Verschiedenheiten und Spannungen zwischen dem rührigen, sich rasch entwickelnden Norden und dem vernachlässigten Erbe der Bourbonen in Neapel und Sizilien zu verringern. Denn tatsächlich gab es nun zwar ein politisches Italien, aber – wie Hans Herzfeld in seinem Werk *Die moderne Welt 1789–1945* bemerkte – „die Italiener waren noch zu schaffen".

Wirklich vollendet war auch die politische Einigung allerdings erst mit der Lösung der venetianischen und römischen Frage. Cavour erlebte diesen letzten Triumph nicht mehr: Er starb nach kurzer schwerer Krankheit im Juni 1861 im Alter von 51 Jahren. Seinen Nachfolgern gelang es jedoch schon nach kurzer Zeit, Venetien und Rom in das vereinigte Reich einzugliedern. Sie nutzten dabei geschickt die Spannungen zwischen Preußen und Österreich, um während des Krieges von 1866 durch Unterstützung Preußens den Rückzug Österreichs aus Venetien zu erreichen, und ergriffen 1870, als Frankreich gezwungen war, seine Streitkräfte, die bisher den Papst gegen weitere Zugriffe der italienischen Nationalbewegung gesichert hatten, an die deutsche Front zu verlegen, die günstige Gelegenheit, das nunmehr schutzlose Rom militärisch zu besetzen und zur neuen Hauptstadt Italiens zu erklären. Pius IX. konnte dem Einmarsch der königlichen Truppen am 20. September 1870 nur noch tatenlos zusehen und sich hinter die Mauern des Vatikans zurückziehen. Zwar gedachte er, von dort seinen Widerstand gegen das neue Regime, das nun ganz Italien beherrschte, fortzusetzen. Aber eine bedeutende politische oder gar militärische Rolle sollte das Papsttum künftig nicht mehr spielen.

5. Die deutsche Reichsgründung

a) Die „deutsche Frage" nach dem Wiener Kongreß

Die Errichtung des italienischen Nationalstaates in den Jahren 1859 bis 1861 sowie dessen Vollendung 1866 und 1870 ist somit nicht nur maßgeblich durch die Unterstützung Napoleons III. zustande gekommen, sondern weist auch enge Verbindungen zur Entwicklung in Deutschland auf. Hans Herzfeld meinte sogar, die Parallelität der Nationalstaatsbildung in beiden Ländern habe das Gefühl einer „Schicksalsgemeinschaft der zwei großen Nationen Mitteleuropas" entstehen lassen. Italien und Deutschland, so erklärte er, hätten sich „in letzter Stunde fast gleichzeitig in jenen Prozeß der Großstaatsbildung eingegliedert, dessen Kräfte im selben Zeitpunkt auch bei dem Ausbau des modernen englischen Empire und dem Bürgerkrieg um die Union Nordamerikas am Werke waren".

Tatsächlich war das Bedürfnis nach einer Lösung der „nationalen Frage" auch in Deutschland bereits seit der Französischen Revolution von 1789 und den Befreiungskriegen gegen Napoleon gewachsen. Der auf dem Wiener Kongreß 1815 geschaffene „Deutsche Bund“ hatte diese Hoffnungen nicht erfüllt. Er war nicht mehr als eine lose Konföderation ohne gemeinsames Oberhaupt und Regierung, ohne gesetzgebende Versammlung, ohne Gerichtshöfe und ohne gemeinsame innere Verfassung, lediglich schwach verbunden mit dem Ziel der „Erhaltung der äußeren und inneren Sicherheit Deutschlands und der Unabhängigkeit und Unverletzbarkeit der einzelnen deutschen Staaten“, wie es in der Bundesakte von 1815 hieß. Im einzigen Organ des Bundes – der Bundesversammlung mit Sitz in Frankfurt am Main – führte Österreich den Vorsitz, das kein Interesse an einem Zusammenschluß Deutschlands haben konnte, da eine Neuordnung der Mitte Europas nach nationalen Gesichtspunkten auch den Zusammenhalt des habsburgischen Vielvölkerstaates in Frage stellen mußte.

Enttäuschte Anhänger der deutschen Nationalbewegung – zumeist ebenfalls Befürworter eines liberalen Verfassungsstaates – gaben sich mit dieser Situation jedoch nicht zufrieden. Noch 1815 wurde von Studenten in Jena die „Allgemeine Deutsche Burschenschaft“ gegründet, die bald auch an anderen Universitäten Unterstützung und Anhänger fand. Gemeinsam suchte man die landsmannschaftliche Zersplitterung zu überwinden. Bereits im Oktober 1817 zogen 500 Abgesandte von zwölf deutschen Universitäten auf die Wartburg bei Eisenach, um hier nicht nur des Reformationsjahres 1517 und des 4. Jahrestages der Völkerschlacht bei Leipzig zu gedenken, sondern unter schwarz-rot-goldenen Fahnen auch ein einiges und freies Deutschland zu fordern. Eine weitere Demonstration – mit über 30 000 Teilnehmern – folgte im Mai 1832 auf der Maxburg, dem Hambacher Schloß. Die Fürsten reagierten darauf mit einem Verbot der Burschenschaften, der Überwachung der Universitäten, der Wiedereinführung bzw. Verschärfung der Pressezensur und der Einsetzung einer Untersuchungskommission, um die „revolutionären Umtriebe und demagogischen Verbindungen“ aufzuhellen. Vor allem die beiden deutschen Großmächte Österreich und Preußen wollten keinen Umsturz der bestehenden Ordnung zulassen. Gemeinsam setzten sie 1819 im Deutschen Bund die „Karlsbader Beschlüsse“ und 1833 deren Erneuerung durch. Nationalisten, Liberale und Demokraten wurden überwacht und verfolgt, teilweise auch verhaftet und verurteilt, wie „Turnvater“ Friedrich Ludwig Jahn, oder zur Flucht ins Ausland gezwungen, wie der Publizist Joseph von Görres.

Der Dualismus zwischen Österreich und Preußen hatte allerdings seine Grenzen. Schon bei der Frage, ob nicht aus wirtschaftlichen Gründen wenigstens ein zollpolitischer Zusammenschluß Deutschlands erfolgen müsse, um die Industrialisierung zu erleichtern und den Rückstand gegenüber den westeuropäischen Ländern zu verringern, wurde die Konkurrenz sichtbar: Die Gründung des Deutschen Zollvereins, mit dem zur Jahreswende 1833/34 in großen Teilen Deutschlands die Zollschranken fielen, fand unter Ausschluß Österreichs statt. Der österreichische Haus-, Hof- und Staatskanzler Fürst von Metternich bemerkte deshalb in einem Bericht an Kaiser Franz I., beim Zollverein geschehe alles „unter preußischem Schutze und preußischer

Präponderanz". Metternich fühlte sich – wie die Entwicklung bald zeigen sollte, zu Recht – übergangen und zurückgesetzt. Denn Preußen ging es nicht nur um wirtschaftliche, sondern auch um politische Einigung, wie Finanzminister Friedrich von Motz bereits im Juni 1829 in einer Denkschrift an König Friedrich Wilhelm III. betont hatte: Es erscheine „ganz unnatürlich", wenn Staaten in der Politik divergierende Ansichten verfolgten, deren Völker in einem „Kommerzialsystem" miteinander verbunden seien. Deutschland werde daher „unter dem Schutz und Schirm von Preußen erstehen und glücklich sein".

Auch innerhalb der deutschen Einheits- und Freiheitsbewegung konnte man sich schon bald keine andere Führungsmacht mehr vorstellen als Preußen. Im Streit zwischen Befürwortern einer „großdeutschen Lösung" (einer Einigung Deutschlands unter Einschluß Österreichs) und Anhängern einer „kleindeutschen Lösung" (unter Ausschluß Österreichs) setzten sich die Kleindeutschen durch. Dies lag nicht nur an der Sogwirkung des Zollvereins, sondern ebensosehr an der politischen Stagnation, die unter Metternich in Österreich herrschte. In Preußen dagegen kam die nationale Bewegung unter dem unsicheren und schwachen König Friedrich Wilhelm IV., der ab Juni 1840 regierte, immer besser zur Geltung. So verwunderte es nicht, daß nach der Revolution von 1848 die Frankfurter Nationalversammlung nach Abschluß ihrer Verfassungsberatungen am 28. März 1849 den preußischen König zum Deutschen Kaiser wählte und anschließend eine Deputation unter der Leitung ihres Präsidenten Eduard von Simson nach Berlin entsandte, um Friedrich Wilhelm IV. die Krone anzutragen. Beim Empfang im Rittersaal seines Schlosses antwortete der König „freundlich, ja verbindlich", „in flittergestickte Windeln gehüllt", wie er selbst später sagte. Doch er dachte nicht daran, die Krone anzunehmen. Aus der Hand der Paulskirchen-Vertreter war sie für ihn nicht mehr als ein „Hundehalsband", mit dem man ihn an die Revolution ketten wolle. In Wirklichkeit, so ließ er die Deputation wissen, habe die Paulskirche gar keine Krone anzubieten – und er folglich keine auszuschlagen oder anzunehmen.

Dies war die Situation, in der Otto von Bismarck 1851 als preußischer Bundestagsabgesandter nach Frankfurt ging und dort alsbald mit dem Problem des preußisch-österreichischen Dualismus konfrontiert wurde. Doch es sollten noch weitere fünfzehn Jahre vergehen, ehe Bismarck selbst das Problem zu lösen vermochte. In Frankfurt hatte er zwar rasch die Überzeugung gewonnen, daß Österreich eines Tages aus dem Deutschen Bund werde ausscheiden müssen, weil die Habsburger ein geeintes Deutschland unter preußischer Führung nicht akzeptieren würden und der habsburgische Vielvölkerstaat als Handlungsrahmen für ein nationalstaatliches Deutschland nicht in Frage kam. Dennoch wollten weder Friedrich Wilhelm IV. noch sein Nachfolger Wilhelm I. anfangs einen Bruch mit Österreich riskieren. Während des Krim-Krieges (1853–1856) wirkten sie daher konzeptionslos zwischen den europäischen Mächten, die Preußen in seiner Orientierungs- und Machtlosigkeit kaum wahrzunehmen schienen. Preußen neutralisierte sich somit selbst, was ihm die Verachtung des Westens und das

Mißtrauen Rußlands eintrug. Auch Bismarck wurde vorübergehend ein Opfer dieser Unentschiedenheit: Nach Ausbruch des österreichisch-italienischen Krieges wurde er 1859 wegen seiner antiösterreichischen Haltung aus Frankfurt abberufen und nach Petersburg versetzt – „kaltgestellt", wie er selbst meinte. Seine Stunde kam erst, als 1862 nicht nur die politische Krise in Preußen einen neuen Höhepunkt erreichte, sondern die preußische Monarchie selbst bedroht schien.

b) „Durch Eisen und Blut" – Die Politik Bismarcks

Hintergrund der Krise war ein Konflikt zwischen König und Abgeordnetenhaus um eine Heeresverstärkung, in dem sich der König zunächst nicht gegen das Parlament durchzusetzen vermochte. Wilhelm I. – ein König gewordener „Kartätschen-Prinz", der 1849 unter anderem die Revolution in Baden blutig niedergeschlagen hatte –, wollte die regulären Streitkräfte verdoppeln, die Wehrdienstzeit von zwei auf drei Jahre verlängern und die Bedeutung und Selbständigkeit der wenig schlagkräftigen Landwehr verringern. Preußen, das in den Auseinandersetzungen der fünfziger Jahre kaum noch militärische Optionen besessen hatte, sollte dadurch seine europäische Großmachtposition, die es 1806 mit der Niederlage gegen Napoleon verloren hatte, zurückerhalten und zugleich für den zu erwartenden Kampf um Deutschland gerüstet werden. Die liberalen Abgeordneten des Landtages lehnten die Vorschläge des Königs nicht prinzipiell ab, suchten sie jedoch zu nutzen, um die Machtstellung des Parlaments gegenüber der Krone zu vergrößern. Aus dem Konflikt um die Heeresverstärkung wurde ein Grundsatzstreit über die Zukunft der Monarchie: Indem die Abgeordneten auf ihr Budgetrecht pochten, engten sie den Handlungsspielraum des Königs so sehr ein, daß Wilhelm schließlich keinen anderen Ausweg mehr sah, als seine Abdankung zu erwägen.

In dieser Lage unterbreitete Kriegsminister Albrecht Graf von Roon den Vorschlag, Bismarck nach Berlin zurückzurufen. Denn der Alt-Preuße, am 1. April 1815 als Sohn eines ostelbischen Gutsbesitzers in Schönhausen in der Altmark geboren, galt nicht nur als konservativ, sondern auch als hart und entschlossen. Ihm traute man noch am ehesten zu, die widerspenstigen Parlamentarier in die Schranken zu weisen. Im September 1862 wurde Bismarck von Wilhelm I. zum neuen preußischen Ministerpräsidenten ernannt und erhielt in einem Maße freie Hand, wie es unter normalen Umständen kaum jemals geschehen wäre. Schon wenige Tage nach seiner Ernennung, am 23. September 1862, trat er vor die Budgetkommission des Abgeordnetenhauses, um den Parlamentariern seine politische Philosophie zu erklären: Nicht auf Preußens Liberalismus schaue Deutschland, sondern auf seine Macht. Nicht durch Reden und Majoritätsbeschlüsse würden die großen Fragen der Zeit entschieden, sondern „durch Eisen und Blut". Die Machtdemonstration war einerseits ein taktischer Trick, um die Abgeordneten einzuschüchtern, damit sie die Heeresvorlage annähmen und hülfen, die Lähmung der preußischen Innenpolitik zu überwinden. Andererseits kündete sie aber auch von einem neuen außenpolitischen Konzept sowie von einem ungewöhnlichen persönlichen Selbstbewußtsein Bismarcks, das die weitere Entwicklung maßgeblich bestimmen sollte.

Ein zentraler Bestandteil dieser neuen Politik war die Lösung der nationalen Frage. Zwar wußte zu diesem Zeitpunkt noch immer niemand, wie die Zukunft Preußens und Deutschlands aussehen würde. Doch die europäische Tendenz zur Herausbildung von Nationalstaaten, die sich zuletzt in Italien gezeigt hatte, ließ sich nicht mehr ignorieren. Sonst war nicht nur die deutsche, sondern auch die preußische Machtstellung gefährdet. Das Beispiel des Krim-Krieges stand warnend vor Augen. Im Streit um eine klein- oder großdeutsche Lösung hatte Bismarck deshalb bereits unter dem Datum des 28. April 1856 in einem Brief an Leopold von Gerlach von der „mathematischen Logik der Tatsache" gesprochen, „daß Österreich nicht unser Freund sein kann und will". Nach seiner Ernennung zum preußischen Ministerpräsidenten teilte er am 4. Dezember 1862 dem österreichischen Botschafter in Berlin, Graf von Károlyi, unverhohlen seine Absichten mit: Österreich werde jetzt mit Preußen „als europäischer Großmacht zu thun bekommen", und die Paragraphen des Deutschen Bundes würden nicht die Kraft haben, „die Entwicklung der deutschen Geschichte zu hemmen". Anders ausgedrückt: Österreich sollte aus dem Deutschen Bund vertrieben werden, Preußen in Deutschland die Führungsrolle übernehmen.

Als Anfang 1863 im russisch besetzten Kongreßpolen ein Aufstand gegen die russischen Garnisonen ausbrach, bot sich für Preußen die Gelegenheit, einen mächtigen Verbündeten gegen Österreich zu gewinnen. Bismarck zögerte daher nicht, den Zaren bei der Niederschlagung der Erhebung zu unterstützen, um ihn auf seine Seite zu ziehen. Die Hilfestellung fiel ihm um so leichter, als er ein wie auch immer beschaffenes unabhängiges Polen als natürlichen Feind der preußischen Monarchie und des ostelbischen Landadels ansah. Die geteilte polnische Nation sollte seiner Meinung nach in einem solchen Zustand verbleiben, daß man mit ihr staatlich nicht mehr zu rechnen brauchte. Selbst eine vom Bruder des Zaren, Großfürst Konstantin, und Außenminister Gortschakow befürwortete nationale Autonomie im russischen Staatsverband kam für ihn nicht in Betracht. Schon als Gesandter in Petersburg hatte er stets vor zu vielen Zugeständnissen in der polnischen Frage gewarnt. Jetzt nutzte er die Gunst der Stunde, monarchische Solidarität zu demonstrieren und allen Kompromißabsichten in höfischen Kreisen Petersburgs zu begegnen, indem er sofort nach Beginn des Aufstandes den Generaladjutanten des preußischen Königs, Gustav von Alvensleben, nach Rußland entsandte, um ein russisch-preußisches Bündnis zu schmieden. In der später so genannten „Alvenslebenschen Konvention" vom Februar 1863 wurde vereinbart, daß die russischen und preußischen Truppenführer sich bei der Verfolgung von Aufständischen gegenseitig Beistand leisten durften; wenn nötig, war ihren Soldaten dabei sogar gestattet, die jeweiligen Staatsgrenzen zu überschreiten.

Die militärische Bedeutung der Übereinkunft war zwar gering, zumal die Konvention im beiderseitigen Einvernehmen der Regierungen in Berlin und

Petersburg völkerrechtlich nie in Kraft gesetzt wurde. Aber ihre politische Wirkung war enorm. Von den deutschen Liberalen und vom deutschen Nationalverein, die Konflikte mit den Westmächten fürchteten, wurde Bismarck deswegen heftig angegriffen. Deutsche Revolutionäre wie Karl Marx und Friedrich Engels traten rückhaltlos für einen freien, demokratischen Nationalstaat Polen ein und unterstützten Versuche, den polnischen Aufständischen durch die Aufstellung einer „deutschen Legion" zu helfen. In Frankreich und England protestierten die Regierungen, teilweise unter erheblichem Druck der öffentlichen Meinung, scharf gegen die Unterdrükkung der polnischen Unabhängigkeitsbestrebungen. Und sogar Österreich, obwohl selbst an der Niederhaltung Polens beteiligt, forderte in einer Note an Rußland die Gewähr für einen dauerhaften Frieden.

Solche Kritik wog jedoch wenig im Vergleich zu den Vorteilen, die Bismarck aus seinem Schulterschluß mit dem Zaren zu ziehen vermochte. Dabei kam ihm der Umstand zu Hilfe, daß die Zusammenarbeit zwischen Rußland und dem napoleonischen Frankreich, um die sich Außenminister Gortschakow nach dem Ende des Krim-Krieges bemüht hatte, nicht zustande kam. Denn Napoleon III. ließ es zu, daß Mitglieder seines Hofes in Paris immer wieder gegen Rußland intrigierten – sei es im Verbund mit aristokratischen polnischen Emigranten oder auf katholisch-klerikaler Basis mit Österreich –, und suchte schließlich sogar den polnischen Aufstand 1863 für seine imperialen Zwecke zu nutzen. Die Chance eines russisch-französischen Bündnisses war damit für lange Zeit vertan, während Bismarck mit der Konvention Alvensleben, unabhängig von ihrer Inkraftsetzung, Rußlands politisch-moralische Isolierung durchbrach. Dafür war ihm der Zar nachhaltig dankbar, so daß sich die politische Konstellation binnen kurzer Zeit grundlegend zugunsten Preußens verändert hatte: England und Frankreich waren Rußland entfremdet, Österreich hatte die konservativ-monarchische Solidarität mit dem Zaren unnötig gefährdet und geriet außerdem auf dem Balkan zunehmend in Konflikt mit dem Panslawismus. Die preußisch-russischen Beziehungen wiesen dagegen keine ernsthaften Gegensätze mehr auf, so daß schon bald offiziell von einer „Entente" gesprochen wurde. Zumindest konnte sich Bismarck bei den kommenden Auseinandersetzungen mit Österreich auf Rußland verlassen, während Habsburg durch keine Großmacht mehr gestützt wurde.

c) Von Düppel bis Königgrätz

Ausgangspunkt der Bismarckschen Bestrebungen, Österreich aus dem Deutschen Bund zu verdrängen und Preußens Führungsrolle bei der deutschen Einigung zu festigen, war 1863/64 ein erneuter Konflikt um Schleswig-Holstein, das bereits 1848 Gegenstand einer Auseinandersetzung mit den dänischen Nationalliberalen („Eiderdänen") gewesen war, als diese versucht hatten, das Herzogtum Schleswig von Holstein zu trennen und in den dänischen Staatsverband einzugliedern. Zwar war Schleswig, anders als Holstein, nach den Beschlüssen des Wiener Kongresses von 1815 kein Gliedstaat des Deutschen Bundes. Doch die beiden Herzogtümer, die sich über alle Zeitläufte hinweg unter dänischer Herrschaft bis in das 19. Jahrhundert hinein eine gewisse Autonomie bewahrt hatten, konnten darauf pochen, daß der dänische König Christian I., der 1460 nach Erlöschen des Mannesstamms der Herzöge von Holstein von den schleswig-holsteinischen Ständen zum Landesherrn gewählt worden war, ihnen in einem Freibrief versprochen hatte, sie „auf ewig ungeteilt" zu lassen („dat se bliwen ewich tosamende ungedeelt"). Die Bestrebungen der „Eiderdänen" im März 1848, Schleswig zu annektieren, stießen daher auf entschiedenen Widerstand in Schleswig-Holstein selbst, aber auch im übrigen Deutschland, wobei das erwachende deutsche Nationalgefühl eine nicht unwichtige Rolle spielte. Noch 1848 kam es deswegen zum Krieg, der nach wechselnden Erfolgen erst 1850 zu Ende ging, als Preußen sich aus den Kämpfen zurückzog und der Deutsche Bund unter dem Einfluß Österreichs die Entwaffnung der Schleswig-Holsteiner erzwang. Zwar verblieben Schleswig und Holstein (ebenso wie das Herzogtum Lauenburg) auch danach unter dänischer Oberhoheit. Im Londoner Protokoll vom 8. Mai 1852 garantierten die europäischen Großmächte jedoch weiterhin Autonomie und ungeteilte Existenz.

Die Ruhe währte indessen nicht lange, weil die „Eiderdänen" sich mit den Londoner Vereinbarungen nicht zufriedengeben mochten, sondern insbesondere ihren Anspruch auf Schleswig aufrechterhielten. Als der neue dänische König Christian IX. am 30. März 1863 durch eine Änderung der Verfassung Schleswig als dänische Provinz der Gesamtmonarchie eingliederte, brach der Konflikt wieder aus. Zunächst reagierten die Betroffenen selbst: Fast alle holsteinischen Beamten versagten dem neuen König die Eidesleistung, und die schleswig-holsteinischen Soldaten in der dänischen Armee verweigerten den Gehorsam. Schleswig-Holstein-Vereine und -Komitees wurden gegründet und Volksversammlungen abgehalten, in denen zu Geldsammlungen und zur Aufstellung von Freiwilligenverbänden aufgerufen wurde. Eine regelrechte „nationale Befreiungsbewegung" entstand, die vom bürgerlich-liberalen Nationalverein über die Turn-, Schützen- und Sängervereine bis zu Arbeiterorganisationen reichte und mit patriotischer Begeisterung ein freies und unabhängiges Schleswig-Holstein forderte. Anders als 1848, als man den Widerstand mit nationalen Parolen und dem ziemlich weit hergeholten Hinweis auf den Freibrief von 1460 begründet hatte, war man diesmal auch aktuell-politisch im Recht, denn der dänische Schritt bedeutete einen klaren Verstoß gegen das Londoner Protokoll.

Bismarck stand deshalb vor der Alternative, sich entweder an die Spitze der nationalen Bewegung zu stellen – und damit von ihrem liberalen Geist abhängig zu werden – oder eine „waffenmäßige Großmachtpolitik" zu betreiben. Praktisch kam für ihn jedoch nur der zweite Weg in Frage, für den er sogar den österreichischen Staatskanzler Graf Rechberg einnehmen konnte, dessen „stete und aufgeregte Sorge vor revolutionären Umtrieben und Ausbrüchen" er sich dienstbar machte. Ungeachtet aller Gegensätze, die zwischen Wien und Berlin bestanden, gelang es Bismarck damit, seinen strategischen Hauptfeind als taktischen Verbündeten zu gewinnen – wohl wissend, daß es, wie er seinem Sohn Herbert gegenüber hinterher erklärte, „später über Schleswig-Holstein zum Bruch mit Österreich kommen wird, und daß wir dann auf dem einzig möglichen kriegerischen Wege die Suprematie Preußens über Deutschland herstellen". Vorerst aber zogen Preußen und Österreich 1864 gemeinsam ins Feld und errangen nach der Eroberung der Düppeler Schanzen sowie der Besetzung Jütlands und der Insel Alsen einen eher leichten Sieg. Im Frieden von Wien vom 30. Oktober 1864 trat Dänemark das Gebiet von Schleswig, Holstein und Lauenburg an Preußen und Österreich ab. Nach einer konfliktreichen Phase gemeinsamer Verwaltung teilten die beiden deutschen Großmächte das gewonnene Territorium schließlich im Vertrag von Gastein vom 14. August 1865 unter sich auf: Österreich übernahm die Verwaltung Holsteins, Preußen erhielt – gegen eine Entschädigungszahlung an Österreich – das Herzogtum Lauenburg und die Verwaltung Schleswigs sowie das Kommando im Kieler Hafen und das Recht auf Bau eines Nord-Ostsee-Kanals durch holsteinisches Gebiet.

Für Bismarck war die „Lösung der Ehe mit Österreich" dadurch allerdings nur aufgeschoben. Da er den österreichischen Einfluß im Deutschen Bund längst für lähmend und eine Abtrennung Österreichs für notwendig hielt, beantragte er am 9. April 1866 im Frankfurter Bundestag eine Bundesreform, die Preußens Stellung im Deutschen Bund gestärkt und Österreich im Sinne einer „kleindeutschen Lösung" praktisch hinausgedrängt hätte. Österreich forderte daraufhin im Gegenzug eine Bundesentscheidung über Schleswig-Holstein, brach also – nach preußischer Auffassung – den Vertrag von Gastein, was wiederum Preußen zur Besetzung Holsteins und danach Österreich zur Mobilisierung gegen Preußen veranlaßte. Der Krieg zwischen den beiden deutschen Mächten, der schon lange gedroht hatte, aber immer wieder vermieden worden war, wurde Wirklichkeit. Preußen entschied ihn nach wenigen Wochen mit der Schlacht bei Königgrätz am 3. Juli 1866 überraschend schnell für sich. Die militärische Stärke Preußens wurde wieder zu einem gewichtigen Faktor in der europäischen Politik. Der Weg zur deutschen Einigung unter Preußens Führung war vorgezeichnet.

Im Prager Frieden vom 23. August 1866 erkannte der österreichische Kaiser Franz Joseph „die Auflösung des bisherigen Deutschen Bundes" an und gab seine „Zustimmung zu einer neuen Gestaltung Deutschlands ohne Beteiligung des österreichischen Kaiserstaates". Österreich zog sich damit aus Deutschland zurück und akzeptierte den staatlichen Gestaltungsanspruch Preußens nördlich der Mainlinie in einem neu zu schaffenden Norddeutschen Bund sowie die „nationale Verbindung" dieses Bundes mit den süddeutschen Staaten, die sich in einem „Verein" zusammenschließen sollten. Die ebenfalls im Prager Friedensvertrag enthaltene Formulierung, daß der Verein der süddeutschen Staaten „eine internationale unabhängige Existenz" haben werde, kam auf Verlangen Frankreichs zustande: Napoleon III. wollte wenigstens die Selbständigkeit Süddeutschlands gewahrt wissen, wenn er schon die preußische Vorherrschaft in Norddeutschland hinnehmen mußte. Außerdem hoffte er damit die Schaffung eines mächtigen deutschen Nationalstaates unter preußischer Führung zu verhindern, der Frankreichs Stellung schwächen und Preußen zu gefährlicher Stärke verhelfen würde.

d) Der Krieg gegen Frankreich

Der Widerstand Napoleons III. gegen Bismarcks Pläne hatte nicht nur außenpolitische Gründe. Nach Fehlschlägen in der polnischen Frage, in Nordamerika und in Mexiko war der französische Kaiser auch innenpolitisch verwundbar geworden. Seine Popularität, die in den fünfziger Jahren beträchtlich angestiegen war, schwand. Die Opposition gewann an Boden. Nach dem „Empire autoritaire" im vorangegangenen Jahrzehnt sprach man nun, in den sechziger Jahren, bereits von einem „Empire libéral". Königgrätz wurde ebensosehr als „défaite" Frankreichs wie als Niederlage Österreichs empfunden. Wenn es dem französischen Kaiser nicht gelang, die Bildung eines preußisch dominierten deutschen Einheitsstaates zu unterbinden, war nicht nur seine persönliche Herrschaft gefährdet. Auch das Zweite Kaiserreich, dem er vorstand, war dann bedroht. Napoleon III. war also angeschlagen – und damit doppelt gefährlich. Bismarck stimmte deshalb der Formulierung über die Unabhängigkeit Süddeutschlands zu, weil er in dieser Situation keinen Konflikt mit Frankreich riskieren wollte. Obwohl der Norddeutsche Bund und die vage Konstruktion seiner Beziehungen zum Verein der süddeutschen Staaten nur Übergangslösungen sein konnten, wäre ein Krieg gegen Frankreich – so kurz nach dem Waffengang gegen Österreich, mitten in den Verfassungsberatungen des Norddeutschen Bundes und angesichts der Ungewißheit über die künftige staatliche Struktur und militärische Beistandsfragen – ein schwer kalkulierbares Abenteuer mit ungewissem Ausgang gewesen, auf das man sich, um höherer Ziele willen, nicht einlassen durfte. Außerdem hätte ein verfrühter Beitritt der süddeutschen Staaten den Liberalen und Demokraten Auftrieb gegeben, die es vielleicht sogar geschafft hätten, das Verfassungswerk des Norddeutschen Bundes im liberal-parlamentarischen Sinne umzugestalten und damit die Bismarckschen Absichten der inneren Machtverteilung zu durchkreuzen.

Bismarck spielte somit auf Zeit. Als die Verfassung des Norddeutschen Bundes schließlich vorlag, war ein „Eintritt" Süddeutschlands „im Wege der Bundesgesetzgebung" jederzeit möglich. Bismarck selbst hielt eine Annäherung Nord- und Süddeutschlands nicht nur für möglich, sondern auch für wahrscheinlich – ungeachtet des französischen Widerstandes, den er zwar nicht unnötig provozieren wollte (etwa durch militärisches Überschreiten der Main-Linie), dessen Legitimität er aber bestritt, wenn die Deutschen sich auf friedlichem Wege zu vereinigen suchten. Frankreich konnte nicht für Deutschland sprechen, und wenn es dies doch tat, war die „Machtfrage" gestellt – eine Sichtweise, die in Paris verständlicherweise nicht geteilt wurde. Dort hielt man Bismarck für einen gefährlichen Intriganten, der sich nicht scheute, seine Partner zu betrügen, wenn es darum ging, Preußens Macht zu vergrößern. Dadurch war nicht nur Frankreichs Sicherheit bedroht, sondern auch seine Ehre verletzt. Schon Königgrätz – das tschechische Sadová – wurde als Affront begriffen. Mit dem Schlachtruf „Revanche pour Sadová" wurde deshalb nach 1866 in Paris Politik gemacht, und Napoleon verlangte nach Kompensation: Wenigstens Luxemburg sollte nun französisch werden. Das kleine Land von 200 000 Einwohnern hatte bis 1866 dem Deutschen Bund angehört und beherbergte über dessen Auflösung hinaus in einer Bundesfestung der Stadt Luxemburg eine preußische Besatzung. Nach Überlassung des wallonischen Teils an Belgien im Jahre 1839 sprach der überwiegende Teil der Bevölkerung eine deutsche Mundart, die Zeitungen schrieben hochdeutsch. Politisch war Luxemburg mit den Niederlanden in dynastischer Personalunion verbunden, der holländische König war zugleich Großherzog von Luxemburg, doch die Amtssprache war Französisch. Ein verworrener Status also, mit dem die Bevölkerung aber ganz zufrieden schien und an dem sie eigentlich nichts ändern wollte, wie das populäre Lied mit dem Refrain „Mir wölle bleiwe wat mer sinn", das damals entstand, unmißverständlich zeigte.

Während Bismarck in der Reichstagsdebatte vom 1. April 1867 eingestand, „daß in Luxemburg eine entschiedene Abneigung gegen den Beitritt zum Norddeutschen Bund in allen Schichten der Bevölkerung festzustellen" sei, drängte der französische Gesandte in Berlin, Graf Benedetti, im Auftrag Napoleons immer wieder auf eine Entscheidung zugunsten Frankreichs. Tatsächlich machte der deutsche Kanzler dem französischen Diplomaten in monatelangen Verhandlungen sogar Hoffnungen, daß Preußen seine Garnison in Luxemburg räumen und dessen Angliederung an Frankreich wohlwollend ins Auge fassen werde. In Wirklichkeit wußte Bismarck indessen längst, daß er die Gründung eines norddeutschen Bundesstaates nicht mit der Hypothek belasten durfte, Frankreich ein Gebiet zu überlassen, das unmittelbar an das preußisch-deutsche Rheinland grenzte. So hintertrieb Bismarck auch französisch-niederländische Verhandlungen über einen Verkauf Luxemburgs an Frankreich gegen eine ansehnliche Summe, mit der Großherzog Wilhelm durchaus einverstanden war. Am 3. April 1867 ließ Bismarck dazu in Den Haag erklären, wenn es zum Krieg komme, werde die öffentliche Meinung in Deutschland „und wir mit ihr die Niederlande in erster Linie als verantwortlich dafür ansehen". Gleichzeitig teilte Bismarck einer überraschten Öffentlichkeit mit, daß er bereits im August 1866 einzeln geheime „Schutz- und Trutzbündnisse" mit den süddeutschen Staaten abgeschlossen hatte. Der holländische König reagierte prompt und telegraphierte an Bismarck: „Abtretung Luxemburgs aufgegeben."

Es war ein diplomatisches Verwirrspiel, das in Frankreich alle negativen Ansichten über Bismarck bestätigte. Nicht nur die Regierung, das ganze Land war empört. Die Stimmung trieb zum Krieg. Doch Bismarck wollte erst seine Herrschaft im Norden Deutschlands festigen und die Wehrgesetzgebung und militärische Erziehung auf alle nicht altpreußischen Gebiete ausdehnen, ehe er den Kampf gegen Frankreich aufnahm. Jedes Jahr Aufschub, erklärte er dazu gegenüber Generalstabschef Helmuth von Moltke, stärke das preußische Heer „um mehr als 100 000 gelernte Soldaten". Außerdem hoffte Bismarck auf einen weiteren Autoritätsverfall Napoleons, so daß vielleicht sogar eine deutsche Einigung ohne Krieg möglich sein würde.

Auch die diplomatische Krise, die sich zwischen 1868 und 1870 um die Thronfolge in Spanien entwickelte, ist vor diesem Hintergrund zu sehen. Eine Revolution hatte dort 1868 die Herrschaft der Bourbonen beseitigt und Königin Isabella II. vertrieben. Auf der Suche nach einem geeigneten Nachfolger bemühte sich die provisorische Regierung in Madrid um Prinz Leopold von Hohenzollern-Sigmaringen, den Gemahl einer der portugiesischen Prinzessinnen und einem entfernten Verwandten König Wilhelms I. von Preußen. Mit Rücksicht auf Frankreich zögerte Bismarck zunächst, die Kandidatur Leopolds zu forcieren. Nach einem Treffen mit dem spanischen Staatsrat Salazar in Berlin am 26. Februar 1870 nahm er deren taktische Möglichkeiten jedoch energisch wahr – zumal Napoleon III. im Mai 1870 für seine neue Verfassung des „Empire libéral" in einer Volksabstimmung einen großen Sieg errang und seine Position sich festigte, anstatt – wie Bismarck seit Jahren hoffte – weiter zu verfallen. Am 2. Juli 1870 wurde offiziell bekanntgegeben, daß Prinz Leopold die spanische Krone annehme.

Wieder war ganz Frankreich – wie von Bismarck vorausgesehen – außer sich. Erneut sah man sich durch den deutschen Kanzler gedemütigt. Die nationale Ehre schien nur noch durch einen Krieg wiederherstellbar. Bereits am 6. Juli erklärte die französische Regierung, daß sie ihre „Pflicht ohne Zaudern und ohne Schwäche tun" werde. Doch nun wich Leopold vor der französischen Drohung zurück: Im Einverständnis mit dem preußischen König widerrief er seine Kandidatur, um den Frieden zu retten. Bismarck, der mit Roon und Moltke bereits die Mobilmachung plante, war angesichts dieser Schwäche des Königs, die alle Einigungspläne zunichte zu machen drohte, fassungslos und dachte an Rücktritt. In Frankreich indessen mochte man sich nicht mit dem Rückzug Prinz Leopolds begnügen, sondern verlangte eine offizielle Zusicherung, daß auch in Zukunft kein Mitglied der Hohenzollern für den spanischen Thron kandidieren werde. Dies wurde wiederum vom preußischen König abgelehnt, der es Bismarck überließ, das Ergebnis der Unterredung mit Graf Benedetti in Bad Ems in einem kurzen Telegramm der Öffentlichkeit mitzuteilen. Die Bismarcksche Umformulierung der „Emser Depesche" Wilhelms erschien dabei als brüske Zurückweisung des französischen Ansinnens und wurde in Paris als glatte Beleidigung aufgefaßt. Nun endlich war der Krieg nicht mehr zu vermeiden. Regierung und Öffentlichkeit in Frankreich waren mit ihrer Geduld am Ende. Am 19. Juli 1870 erklärte die französische Regierung Preußen den Krieg.

Die Kämpfe begannen Anfang August 1870. Darin schlossen sich die süddeutschen Staaten Preußen an, während Rußland seine Armee entlang der Grenze zu Österreich-Ungarn konzentrierte und damit Österreich von einem Eingreifen auf seiten Frankreichs abhielt. Die preußische Rückendekkung für den Zaren bei der Niederschlagung des polnischen Aufstandes 1863 zahlte sich – wie schon im Konflikt zwischen Preußen und Österreich 1866 – erneut aus. Der Historiker Egmont Zechlin hat diese taktische Leistung

Bismarcks deshalb im Titel seines 1930 erschienenen Buches zur Bismarckschen Außenpolitik als „Grundlegung der deutschen Großmacht“ bezeichnet. Die auf sich gestellten französischen Armeen erwiesen sich indessen binnen kurzer Zeit als unterlegen. Ihre Hauptkräfte unter Marschall Bazaine und Marschall MacMahon wurden in der Festung Metz und bei Sedan eingeschlossen. Napoleon III. geriet am 2. September 1870 bei Sedan in preußische Kriegsgefangenschaft und wurde nach Wilhelmshöhe bei Kassel – der ehemaligen Residenz seines Oheims Jérôme – gebracht, von wo er im März 1871 ins Exil nach England ging. Sein Regime brach zusammen. Am 4. September 1870 wurde Frankreich zur Republik erklärt. Metz kapitulierte im Oktober, für das seit September belagerte Paris wurde am 28. Januar 1871 ein allgemeiner Waffenstillstand vereinbart. Noch bevor es dazu kam, fand am 18. Januar 1871 im Spiegelsaal des Schlosses von Versailles die Proklamation des Königs von Preußen zum Deutschen Kaiser statt. Die Ortswahl war ein erneuter Schlag gegen die historische Sensibilität der Franzosen und ein Beweis für die kompromißfeindliche Unnachgiebigkeit im preußisch-französischen Verhältnis, die sich auch in der Annexion Elsaß-Lothringens durch das neue Deutsche Reich zeigte. Die „Erbfeindschaft“, die beinahe ein Jahrhundert lang die Beziehungen zwischen Deutschen und Franzosen prägen sollte, nahm von hier ihren Ausgang.

e) Die Herausbildung des Obrigkeitsstaates

Natürlich bewirkten diese Entwicklungen, die für viele in Deutschland die unvermittelte Erfüllung ihrer Hoffnungen und Träume bedeuteten, nicht nur einen Umschwung in der Beurteilung Bismarcks durch seine Zeitgenossen, sondern auch eine Veränderung des politischen Klimas im gesamten Land. Ein Beispiel dafür war der Historiker und Publizist Heinrich von Treitschke, in Sachsen geboren, aber ein glühender Verehrer Preußens und später langjähriger Herausgeber der *Preußischen Jahrbücher*. Am Beginn der Ära Bismarck, unter dem 29. September 1862, hatte er in einem Brief an Wilhelm Nokk, den Juristen und späteren liberalen Landtagsabgeordneten, Kultusminister und Ministerpräsidenten Badens, noch verächtlich festgestellt: „Du weißt, wie leidenschaftlich ich Preußen liebe; höre ich aber einen so flachen Junker, wie diesen Bismarck, von dem ‚Eisen und Blut‘ prahlen, womit er Deutschland unterjochen will, so scheint mir die Gemeinheit nur noch durch die Lächerlichkeit überboten.“ Drei Jahre später, in einem Brief an Frau L. Brockhaus vom 1. Oktober 1865, dokumentierte er bereits den allmählichen Wandel seiner Einstellung zu Bismarck, indem er bemerkte, die Bismarcksche Politik erscheine ihm „nicht bloß verständlich, sondern auch sittlich“, sie wolle, was not tue: „einen Schritt vorwärts tun nach dem hohen Ziele der deutschen Einheit, und wer ein Mann ist, soll dazu helfen“. Und nach der Schlacht von Königgrätz notierte er schließlich respektvoll, Bismarck sei „augenblicklich der populärste Mann in Preußen“.

Schwerer als der konservativ gesinnte Treitschke taten sich die Liberalen mit den Entwicklungen, die sich unter Bismarck in Deutschland vollzogen. In den Auseinandersetzungen um die Heeresreform 1862 hatte die Wochenschrift des „Nationalvereins“, der politischen Vereinigung der deutschen Liberalen mit dem Programm eines deutschen Bundesstaates unter preußischer Führung, über ihn geschrieben, mit der „Verwendung dieses Mannes“ sei „der schärfste und letzte Bolzen der Reaktion von Gottes Gnaden“ verschossen; wenn er auch manches gelernt und verlernt haben möge, ein vollgültiger Staatsmann sei er keinesfalls, sondern nur „ein Abenteurer vom allergewöhnlichsten Schnitt“. Und der Historiker und Publizist Hermann Baumgarten notierte 1866 in seinem Buch *Der deutsche Liberalismus – Eine Selbstkritik*, er erinnere sich, 1859 und 1860 von vielen sehr liberalen Männern in Preußen oft genug das Geständnis gehört zu haben, wirklich weiterkommen werde man erst, „wenn einmal das preußische Schwert die widerspenstigen Könige zur Raison bringt und das Netz der österreichischen Intrigen durchhaut“, um dann fortzufahren: Wie lange habe man in liberalen Kreisen nach einem Mann geseufzt, der endlich Preußen kühn vorwärtsführen werde! Nun, jetzt sei er nicht nur da, sondern stehe bereits an der richtigen Stelle – und habe schon ein gutes Stück Weges hinter sich gebracht. Freilich habe er ein anderes Gesicht, als die liberale Phantasie es sich ausgemalt hätte. Dafür stürme er aber auch die steile Bahn des Sieges mit einer Gewalt hinauf, die weit über allen Phantasien liege. „Wir würden diese Belehrung schwer akzeptieren“, schloß Baumgarten, nicht ohne eine gewisse Resignation, „wenn sie mit unserem Unglück verknüpft wäre. Aber uns ist das fast Beispiellose widerfahren, daß unser Sieg unser Elend gewesen wäre, unsere Niederlage aber uns überschwengliches Heil gebracht hat.“

Auch der liberale Göttinger Rechtsprofessor Rudolf von Ihering, der sich beim Ausbruch des Krieges mit Österreich noch über die „empörende Schamlosigkeit“ und „grauenhafte Frivolität“ der Bismarckschen Politik erregt hatte, beugte sich nach der Entscheidung von Königgrätz vor dem „Genie eines Bismarck“ und erklärte nun, er „gebe für einen solchen Mann der Tat ... hundert Männer der machtlosen Ehrlichkeit“. Selbst im Ausland kommentierte die Londoner *Times* in ihrer Ausgabe vom 3. Juli 1866, Bismarck sei „der einzige Mensch in Deutschland, der wußte, was er wollte“. Ohne ihn würden „bei dem sittlich-schüchternen Volk der Deutschen die Einheitsbestrebungen niemals Wirklichkeit geworden sein“.

Damit kündigte sich an, daß der Erfolg der Reichsgründung die Schattenseiten der Bismarckschen Politik – deren konservative Gesinnung und antiliberale Grundhaltung – zu überdecken begann. Vor allem die Liberalen wurden dadurch vor eine schwere Wahl gestellt: entweder an ihren traditionellen Zielen festzuhalten und weiter gegen den immer populärer werdenden Bismarck vorzugehen oder dessen Politik zu unterstützen und auf diese Weise an seinem Erfolg zu partizipieren. Viel Zeit zum Überlegen blieb nicht. Denn Bismarck nutzte die Gunst des Sieges über Österreich, um seinen Frieden mit dem Landtag zu machen. Seit 1862 hatte er ohne Haushalt regiert und damit gegen das Gesetz verstoßen. Nun bot er in einer Sitzung des preußischen Abgeordnetenhauses am 1. September 1866 Vergessen, Vergebung und Frieden an, nicht weil er jetzt einsehe, er habe „unrecht gehandelt", nicht weil er nun kampfunfähig sei in diesem inneren Kampf, sondern weil das Vaterland angesichts der bevorstehenden Herausforderungen den inneren Frieden brauche, und weil er davon ausgehe, daß die Abgeordneten inzwischen eingesehen hätten, „daß die königliche Regierung den Aufgaben, welche auch Sie in Ihrer Mehrzahl erstreben, nicht so fern steht, wie Sie vielleicht vor Jahren gedacht haben".

Wenige Monate zuvor hätten diese – aus der Sicht des Parlaments – anmaßenden Worte noch einen Sturm der Entrüstung entfacht. Nun erntete Bismarck Bravo-Rufe, wie das Protokoll der Sitzung vermerkt, und das Abgeordnetenhaus stimmte zwei Tage später, am 3. September 1866, einem Gesetzentwurf zu, der in vier knappen Artikeln die Haushalte der Jahre 1862 bis 1865 nachträglich billigte, den Haushalt für 1866 beschloß und der Regierung „Indemnität", also Straffreiheit, erteilte. Allerdings waren unter den liberalen Abgeordneten die Meinungen geteilt, ob Bismarcks außenpolitischen Erfolge und die hoffnungsvolle Perspektive einer baldigen Reichsgründung einen solch rüden Umgang mit einem frei gewählten Parlament rechtfertigen könne. Am 12. Juni 1867 wurde deshalb die „Nationalliberale Partei" gegründet, die sich die „Einigung des ganzen Deutschlands unter einer und derselben Verfassung" als „höchste Aufgabe der Gegenwart" auf die Fahnen schrieb. Mit dieser Abspaltung machte sich ein wichtiger Teil der deutschen Liberalen praktisch Bismarck dienstbar und schwächte zugleich die liberale Bewegung, die von diesem Augenblick an als maßgeblicher Faktor der nationalen Politik ausschied und das Feld den Konservativen überließ. Deutschland beschritt den Weg des Obrigkeitsstaates, in dem liberale und demokratische Tugenden hinter der Staatsräson zurücktraten.

Bismarck indessen ließ sich von keiner Gruppierung, auch nicht von den Konservativen, jemals völlig vereinnahmen. Er benutzte sie oder spielte sie gegeneinander aus, wie auf internationalem Parkett die Staaten, und übertrug die außenpolitischen Gesetze der Machtpolitik auf die Innenpolitik. Das Parteileben verödete und fiel immer mehr den wirtschaftlichen Interessengruppen anheim. „Unpolitisches Spießertum" entstand, eine „kritiklose Loyalität der kleinbürgerlichen Massen" und „blinde Staatsgläubigkeit", wie der Historiker Gerhard Ritter festgestellt hat. Die Nationalliberalen jedoch schwammen bald ganz im Fahrwasser Bismarcks und priesen etwa in ihrer „Heidelberger Erklärung" vom 23. März 1884 „die auswärtige Politik des Deutschen Reiches und die großen Erfolge der Friedensbestrebungen des Reichskanzlers", ohne überhaupt noch eigene liberale Positionen zu markieren. Zwar gab es auch Widerspruch, wie am 30. August 1880, als 25 nationalliberale Abgeordnete aus Protest gegen Bismarcks Innenpolitik und die Haltung der eigenen Partei die nationalliberalen Fraktionen des Reichstages und des preußischen Abgeordnetenhauses verließen und sich mit der Fortschrittspartei zur „Deutschen Freisinnigen Partei" zusammenschlossen. Aber dies waren Ausnahmen. Eine parlamentarisch-demokratische Erneuerung ging davon nicht aus. Zu sehr dominierte inzwischen Bismarck die politische Kultur in Deutschland. Zu stark beherrschte die Staatsräson das Denken der „verspäteten Nation".

6. Stagnation und Dynamik in Südosteuropa

a) Das Habsburgerreich im Abstieg

Österreich hatte seit dem Wiener Kongreß in Europa eine führende Stellung eingenommen. Es war die Präsidialmacht des Deutschen Bundes, dem es mit den Erbländern sowie Böhmen, Mähren und dem Herzogtum Schlesien angehörte. Zum Kaisertum Österreich zählten darüber hinaus noch Galizien, das Königreich Ungarn, die illyrischen Provinzen an der Küste Dalmatiens sowie die Lombardei und Venetien in Norditalien. Die Bevölkerung umfaßte zur Jahrhundertmitte etwa 30 Millionen Menschen – eine im Vergleich zu anderen europäischen Mächten durchaus beachtliche Zahl –, die jedoch in ihrer großen Mehrheit außer der Bindung an das Kaiserhaus und an die katholische Kirche wenig gemeinsam hatten. Die Deutschen in den österreichischen Herzogtümern, im Sudetenland und in Restschlesien, die Tschechen und Slowaken in Böhmen und Mähren, die Polen und Ruthenen in Galizien, die Madjaren, Slowaken, Ruthenen, Kroaten und Rumänen in Ungarn, die Kroaten, Serben und Slowenen in Illyrien sowie die Italiener in der Lombardei und Venetien waren in ihrem rassischen Ursprung und ihrer historischen Entwicklung ebenso verschieden wie in ihren Sprachen und Sitten. So festgefügt die habsburgischen Länder unter dem rigiden Einfluß Staatskanzler Metternichs nach 1815 somit politisch sein mochten, so fragil blieb der Zusammenhalt ihrer Völker.

Tatsächlich war das Grundproblem des habsburgischen Regimes, trotz Vielfalt der Nationalitäten die staatliche Einheit zu bewahren, unter den Bedingungen nationalen Erwachens bald immer weniger lösbar. Denn das österreichische Kaiserreich war ein Vielvölkerstaat, in dem das deutsche Element dominierte und andere Bevölkerungsteile nur eine untergeordnete Rolle spielten: Herrscherhaus, Amts- und Handelssprache sowie die Sprache der Städte von Wien über Budapest bis Prag waren deutsch, die meisten Posten in der Bürokratie waren von Deutschen besetzt. Die sich daraus ergebende Kohärenz der staatlichen Verwaltung stellte zwar einen wichtigen Faktor bei der Regierung des Landes dar und schien für die Kontinuität des Reiches bis zu einem gewissen Grade sogar unverzichtbar. Andererseits bildete die fortwährende Vernachlässigung der Wünsche und Rechte der anderen Völker einen idealen Nährboden für separatistische Tendenzen, die früher oder später explodieren mußten.

Der Nationalitätenkonflikt wurde im Laufe des 19. Jahrhunderts noch durch die anhaltende wirtschaftliche Rückständigkeit verschärft, die die allgemeine Unzufriedenheit weiter anwachsen ließ. Die ökonomische Stagnation des habsburgischen Reiches stand dabei in krassem Gegensatz zur Entwicklung in den meisten Staaten West- und Mitteleuropas. Die Tatsache, daß Österreich auch dem Deutschen Zollverein fernblieb, der 1834 unter preußischer Führung gebildet wurde, war deshalb kein Zufall: Abgesehen von einer generellen politischen Distanz zum Deutschen Bund war Österreich wirtschaftlich kaum konkurrenzfähig. Von einer Industrialisierung konnte nur ansatzweise die Rede sein. Sie vollzog sich lediglich in den westlichen Städten und – besonders bemerkenswert – in der Lombardei, während das Reich insgesamt agrarisch geprägt blieb. Zwar ließ die Regierung in Wien den Hafen von Triest ausbauen, um den Mittelmeerhandel zu forcieren, und förderte auch den Bau von Eisenbahnen, doch mangelte es an geeigneten Produkten für den Export. Und selbst innerhalb des Reiches stellten Zollschranken, wie zwischen Österreich und Ungarn, weiterhin unnötige Hemmnisse für den Warenverkehr dar, weil die politische Einsicht fehlte, das wirtschaftlich Notwendige zu tun.

Die Herausbildung eines starken Bürgertums, das seit dem späten 18. Jahrhundert in ganz Westeuropa und Nordamerika zur aktiven Trägerin einer dynamischen Modernisierung geworden war, konnte unter diesen Bedingungen in Österreich nicht in dem Maße erfolgen, wie es erforderlich gewesen wäre, um auf die wirtschaftliche Entwicklung einen nennenswerten Einfluß auszuüben. Zudem beharrte der Adel, unterstützt durch die Krone, eigensinnig und fortschrittsfeindlich auf der Wahrung seiner ererbten Feudalrechte. Der größte Teil des Grund und Bodens, die örtliche Rechtsprechung und die Gemeindeverwaltung blieben in seinen Händen, sämtliche Offiziere der Armee, die meisten Angehörigen des diplomatischen Dienstes und die Mitglieder des Kabinetts gingen aus ihm hervor. Den Bauern dagegen erging es im habsburgischen Reich kaum besser als den Leibeigenen in Rußland: Wie diese, unterstanden sie der Jurisdiktion des Gutsbesitzers und wurden zu Abgaben und Arbeitsleistungen gezwungen. Überhaupt waren die Ähnlichkeiten zum zaristischen Rußland frappierend: Die österreichische Autokratie schloß nicht nur ebenfalls die große Masse der Bevölkerung von jeglicher politischen Mitwirkung aus, sondern brachte auch in ökonomischer und sozialer Hinsicht Verhältnisse hervor, die eine große Nähe zum östlichen Nachbarn und eine ebenso große Distanz zu Westeuropa erkennen ließen. Die Dynamik und Sprengkraft der nationalen und sozialen Frage wurden damit auf gefährliche Weise durch die wirtschaftliche Stagnation ergänzt. Der endgültige Niedergang des habsburgischen Reiches war nur eine Frage der Zeit.

In der politischen Führung des Landes bildete Metternich nur den geringeren Teil des Problems. Zwar entwickelte er sich nach 1815 zum entschlossenen Verfechter der Restauration, der im Rahmen der „Heiligen Allianz“ nicht nur in Österreich, sondern überall in Europa die aufsteigenden liberalen und nationalstaatlichen Bewegungen zu bekämpfen suchte und damit die Modernisierung seines Landes hemmte. Aber er handelte bei weitem nicht allein. So war etwa Kaiser Franz I., der Österreich bis 1835 regierte, nicht nur ein herrschsüchtiger Autokrat, sondern auch ein „Bürokrat par excellence“, wie Gordon A. Craig bemerkte – „angetan von Protokoll und Paragraphen, mißtrauisch gegenüber neuen Ideen und Methoden ... und ein Erzfeind von Reformen“. Gegen Vernunft und Urteilsvermögen sei Franz immun gewesen, behauptet Craig. Vor dem Wust an überflüssigen Kanzleien, Gerichtshöfen, Direktorien und Räten habe selbst Metternich kapitulieren müssen. Alle Ansätze einer sinnvollen Reorganisation des Staates schlugen fehl und wurden nach 1826, als Graf Kolowrat-Liebsteinsky, ein tschechischer Aristokrat und Erzfeind Metternichs, der dessen Position systematisch unterminierte, zum Staatsminister berufen wurde, nicht einmal mehr in Erwägung gezogen. Metternich blieb danach keine andere Wahl, als sich auf die Führung der Außenpolitik zu beschränken. Auch deren unmittelbare Voraussetzungen, etwa bei der Reform der Armee oder der Verringerung der Reichsschulden, vermochte der ehemals mächtige Fürst nun jedoch kaum noch zu beeinflussen. „Regiere und verändere nichts" – dieses 1831 ausgegebene Herrschaftsmotto des zumeist als kindisch und frivol beschriebenen Kaisers lag wie Mehltau auf der österreichischen Politik.

Das Wesen des österreichischen Staates wurde während dieser Zeit allerdings weniger von dem eleganten, immer noch öffentlichkeitswirksamen Metternich oder dem intriganten, meist hinter den Kulissen agierenden Kolowrat bestimmt, sondern vielmehr von dem weithin unbekannten Grafen Sedlnitzky, der 1817 zum Polizeiminister ernannt worden war und Österreich mit einem dichten Agenten- und Spitzelnetz überzog. Spionage, Denunziation, Geheimprozesse und willkürliche Strafen gehörten unter ihm im habsburgischen Reich ebenso zum Alltag wie in Rußland unter Zar Nikolaus I. Nicht einmal die Korrespondenz Metternichs war vor den Agenten Sedlnitzkys sicher. Dessen Praxis eines harten Polizeiregiments und einer strengen Zensur, die alle freiheitlichen Regungen niederhielt, setzte sich auch unter Kaiser Ferdinand I. fort, der 1835 die Nachfolge von Franz I. antrat. Ferdinands schwacher Verstand ließ eine eigene Herrschaftsausübung indessen nicht zu, so daß die Regierung bis 1848 durch einen „Staatsrat" wahrgenommen wurde, dem neben Erzherzog Ludwig, einem Bruder Franz' I., Metternich und Kolowrat angehörten. An Reformen dachte keiner von ihnen.

Auch nach dem Sturz Metternichs während der Revolution von 1848 änderte sich an der Pressezensur, der Überwachung der Bevölkerung, vor allem der Intellektuellen, sowie der unnachsichtigen Verfolgung und Bestrafung von „Majestätsbeleidungen" und anderer „subversiver" Äußerungen nur wenig. Die rasche Niederschlagung der Revolution durch Radetzky in Italien sowie durch Windischgraetz in Prag, Wien und – mit russischer Hilfe – in Ungarn ermöglichte vielmehr am 21. November 1848 die Bildung einer Regierung unter Fürst Felix Schwarzenberg, der die Stagnation der habsburgischen Monarchie eher noch verschärfte. Schwarzenberg half nicht nur mit, am 2. Dezember 1848 den schwachsinnigen Ferdinand durch Franz Joseph I. als Kaiser von Österreich zu ersetzen, sondern er veranlaßte auch am 4. März 1849 die staatsstreichartige Auflösung des zuletzt in Kremsier in Mähren tagenden Reichstages und ließ zugleich eine oktroyierte Verfassung verkünden, die das Prinzip der staatsrechtlichen Einheit der deutschen und der nichtdeutschen Teile der Monarchie festschrieb. Alle Versuche der Frankfurter Nationalversammlung, an die Stelle des Deutschen Bundes einen deutschen Bundesstaat – mit oder ohne Beteiligung Österreichs – zu setzen, waren danach zum Scheitern verurteilt. Mit der Olmützer Punktation 1850, die zur nochmaligen Restauration des Deutschen Bundes führte, gewann Österreich seine frühere Stellung unter den europäischen Mächten allerdings nur scheinbar zurück. Tatsächlich hatte es – ohne dies zunächst zu bemerken – die Kontrolle über die deutschen Angelegenheiten längst verloren.

Dabei war Schwarzenberg keineswegs ein entschiedener Exponent der Reaktion. Er holte als Innenminister den liberalen Franz Seraph Graf Stadion und als Handelsminister den Triestiner Paulskirchenabgeordneten Karl Ludwig von Bruck ins Kabinett. Zwei Vertreter der bürgerlichen Mitte, Justizminister Alexander von Bach und Finanzminister Philipp Freiherr von Krauß, die bereits dem alten Ministerium angehört hatten, beließ er auf ihren Posten. Seine Standesgenossen hielt er durchweg für politisch unfähig. Seinem Schwager Windischgraetz schrieb er dazu: „Die Demokratie muß bekämpft, ihren Übergriffen muß entgegengetreten werden, das kann aber in Ermangelung anderer Hilfskräfte nur die Regierung tun, denn ein schwacher Alliierter, wie es unsere Aristokratie leider ist, schadet der Sache mehr als er ihr nützt." Wie Metternich, so war auch Schwarzenberg überzeugt, daß ein europäischer Wiederaufstieg Österreichs nur gelingen konnte, wenn zunächst seine Stellung in Deutschland gefestigt wurde. Dazu aber bedurfte es einer inneren Modernisierung, die Schwarzenbergs Auffassung nach nur mit Hilfe bürgerlicher Fachleute möglich war – ob unter neoabsolutistischen Vorzeichen oder im Rahmen eines gemischten, liberal-autoritären Systems im Stile Napoleons III., war ihm dabei 1848/49 offenbar durchaus noch unklar, wenn nicht sogar gleichgültig.

Der Weg Österreichs in den Neoabsolutismus war also durch Schwarzenberg keineswegs vorgeprägt, sondern hing mindestens ebensosehr vom neuen Kaiser ab, dessen Bild in der Geschichte allzuoft verklärt erscheint. Franz Joseph war achtzehn Jahre alt, als er den Thron bestieg, und politisch noch ein unbeschriebenes Blatt. Während Ferdinand 1848 ein Verfassungsversprechen gegeben und sich danach als „konstitutioneller Kaiser" bezeichnet hatte, fühlte Franz Joseph sich daran nicht mehr gebunden. Auch dieser begann jedoch, von Schwarzenberg unterstützt, mit einem konstitutionellen, von Freiheitsfloskeln durchsetzten Manifest. Eine antiliberale Grundlinie war darin noch nicht erkennbar. Erst allmählich traten, bestimmt durch das Klima am Hof und die militärischen Umstände der Rekonstruktion Österreichs im antikonstitutionellen Sinne, „Züge autokratischer Selbstüberschätzung" (Heinrich Lutz) hervor, die jene halbliberalen Formen eines modernen Regierungssystems, um das sich Schwarzenberg bemühte, immer mehr zurücktreten ließen. Auch die Deutschlandpolitik Wiens wurde davon in einem pränationalen Sinne beeinflußt: Erfüllt vom Glauben an die Tradition einer deutschen Führungsaufgabe der habsburgischen Dynastie und durchdrungen von der Vorstellung einer föderalistisch-patriarchalischen Herrschaft des österreichischen Kaisers über deutsche und nichtdeutsche Bevölkerungen, blieben Begriffe wie „Nation", „deutsche Einheit" oder gar „Freiheit" für Franz Joseph zeitlebens nur revolutionäre Schlagworte, die mit seiner Grundüberzeugung nicht in Einklang zu bringen waren.

Die konservative Wende der österreichischen Politik trug jedoch kaum dazu bei, die inneren und äußeren Probleme des Landes zu lösen. Zwar konnte man dem jungen Kaiser einen scharfen Verstand und persönlichen Mut sowie einen durchaus ungewöhnlichen Fleiß bei der Erledigung der Regierungsgeschäfte nicht absprechen. Doch die Verwaltung des Landes blieb ineffizient: Infrastruktur und Wirtschaft stagnierten, die Finanzen kamen aus der Zerrüttung, in die sie bereits während der napoleonischen Kriege geraten waren, nicht mehr heraus, Reformen wurden beendet oder zurückgenommen, wie am 31. Dezember 1851, als Schwarzenberg mit seinem sogenannten „Silvesterpatent" die von ihm selbst verfügte Märzverfassung von 1849, in denen immerhin einige Grundrechte für das Volk festgeschrieben worden waren, wieder aufhob. Nach dem Tod Schwarzenbergs 1853 stieg der frühere Justizminister von Bach, nunmehr Innenminister, zum einflußreichsten Mann im Kabinett auf. Er betrieb nicht nur eine klerikale Kirchenpolitik, sondern verstärkte auch den zentralistischen Neoabsolutismus, so daß unter den Nationalitäten, vor allem den Magyaren und Slawen, die nationale Bewegung – teilweise unter dem Einfluß des Gedankenguts Herders und der deutschen Romantik – weiter zunahm. Durch die von Graf Buol-Schauenstein unglücklich geleitete Außenpolitik während des Krim-Krieges zog sich Österreich überdies die dauernde Feindschaft Rußlands zu. Die Niederlagen 1859 gegen Italien und 1866 gegen Preußen taten ein übriges, den Niedergang der habsburgischen Monarchie zu beschleunigen, auch wenn Österreich 1867 als Reaktion auf sein Ausscheiden aus dem Deutschen Bund zunächst den Dualismus mit Ungarn begründete und damit scheinbar einen Neuanfang für die Wiener Politik markierte. „Ein Dämon der Mittelmäßigkeit hatte unser Schicksal beschlossen", notierte deshalb der 1874 im böhmischen Jitschin geborene Schriftsteller Karl Kraus, der Gründer und Herausgeber der kulturkritischen Zeitschrift *Die Fackel*, über Franz Joseph, dem er die Hauptschuld an der Entwicklung gab – wohl wissend, daß die geschichtlichen Kräfte des Nationalismus einem Vielvölkerstaat wie Österreich-Ungarn, unabhängig vom Willen und Handeln eines einzelnen, kaum eine Chance des Überlebens ließen.

b) Bulgarien und Rumänien

Unzweifelhaft deutlich wurden die Folgen der nationalen Erhebung nicht zuletzt in unmittelbarer Nähe der habsburgischen Monarchie: auf dem Balkan. In Bulgarien, Rumänien, Serbien und Griechenland – sämtlich Gebiete innerhalb des in Auflösung begriffenen Osmanischen Reiches – ließ sich beobachten, was es hieß, wenn ethnisch, sprachlich, religiös und kulturell verschiedenartige Bevölkerungsteile ihre historischen Wurzeln entdeckten oder wiederentdeckten und sich ihrer Eigenheit als „Nation" versicherten. Von der Entwicklung einer nationalen Identität konnte allerdings zumeist bis weit in das 19. Jahrhundert hinein keine Rede sein, weil der gesamte Balkanraum über viele Generationen hinweg türkisch beherrscht gewesen war.

Ein gutes Beispiel dafür bot das seit 1393 unter türkischer Verwaltung stehende Bulgarien, das sowohl slawische als auch türkische Ursprünge aufwies und ebenfalls enge Verbindungen zur griechischen Kirche besaß. Die bulgarische Nation war entstanden, als Slawen, die im 6. Jahrhundert aus dem Norden in das von hellenisierten oder romanisierten Thrakern bewohnte Gebiet auf dem östlichen Balkan eingedrungen waren und sich hier mit einem nichtslawischen, türkischsprachigen Reitervolk vermischt hatten, das zunächst an der oberen Wolga und Kama und dann am Asowschen Meer ansässig gewesen war. Dieses von der Wissenschaft als „Protobulgaren" bezeichnete Reitervolk hatte nach Unterwerfung der Balkan-Slawen um 680 unter Chan Asparuch im Bereich der unteren Donau ein erstes slawo-bulgarisches Reich errichtet und darin zunächst auch die Herrenschicht gebildet, ehe es in der slawischen Mehrheitsbevölkerung aufgegangen war. Die Verbindung zur griechischen Kirche entstand 864, als Chan Boris I. zum griechischen Christentum übertrat. Sie wurde noch enger, als er Kyrillos und Methodios, zwei Brüdern aus Saloniki, die als „Apostel der Slawen" seit 863 in Mähren predigten, von dort jedoch 885 fliehen mußten, in Bulgarien eine neue Wirkungsstätte verschaffte. Vor allem Kyrillos, der mit richtigem Namen Konstantinos hieß, gilt durch seine Übersetzung griechischer, biblischer und gottesdienstlicher Bücher ins Slawische als Erfinder der ältesten slawischen Schrift, der Glagoliza. Durch ihn wurde Altkirchenslawisch praktisch zur gesamtslawischen Kirchen- und Literatursprache, während Methodios sich hauptsächlich, wenn auch vergeblich, auf die Schaffung einer mährischen Nationalkirche konzentrierte. Sogar Byzanz sah sich gezwungen, dieser Entwicklung Rechnung zu tragen, als es 913 den Basileus-Titel des bulgarischen Chans und wenig später auch das bulgarische Patriarchat anerkannte. 917 nahm Boris' Sohn Simeon schließlich den Zarentitel an und erlangte für die bulgarische Kirche die Unabhängigkeit (Autokephalie). Das erste bulgarische Reich hatte seine größte politische und kulturelle Blüte erreicht.

Das Ringen zwischen slawischen, türkischen und griechischen Einflüssen in Bulgarien war damit jedoch keineswegs beendet. Schon unter Simeons Nachfolgern setzte der Zerfall des ersten bulgarischen Reiches ein. Das abgespaltene Ostbulgarien wurde 971 byzantinische Provinz, der verbliebene Rest, der sich unter Zar Samuil im Gebiet Makedoniens neu zu konstituieren suchte, erlitt 1014 gegen den byzantinischen Kaiser Basileios II. eine vernichtende Niederlage und mußte sich vier Jahre später ebenfalls völlig unterwerfen. Weil die Bulgaren zähen Widerstand leisteten und bereit waren, für ihre Unabhängigkeit große Opfer zu bringen, erwarb sich Basileios in diesen Kämpfen den Beinamen „Bulgarentöter". Der Widerstandsgeist der Bulgaren war allerdings auch danach ungebrochen und führte 1186 zur Befreiung von der byzantinischen Herrschaft und zur Errichtung eines zweiten bulgarischen Reiches mit der Hauptstadt Tirnowo. Es blieb zweihundert Jahre lang unabhängig und gelangte vor allem unter Iwan Asen (1218–1241) zu erheblicher Blüte, ehe es sich ebenfalls dem Osmanischen Reich unterwerfen mußte. Nach dem Fall von Tirnowo 1393 wurde Bulgarien als türkische Provinz in fünf Sandschaks (Gaue) eingeteilt und dem Beglerbeg von Rumelien unterstellt, der bis 1836 in Sofia residierte.

Eine bulgarische Identität und ein nationales Selbstbewußtsein konnten sich unter diesen Bedingungen nur sehr langsam herausbilden, zumal die Beschlüsse des Wiener Kongresses 1815 das bulgarische Territorium beim Osmanischen Reich beließen. Wie in Deutschland, nahmen nationale Bestrebungen in der ersten Hälfte des 19. Jahrhunderts jedoch auch in Bulgarien zu: Die erste Zeitung in bulgarischer Sprache erschien 1844, zwei Jahre später wurde die erste bulgarische Mittelschule errichtet, 1872 entstand eine selbständige Kirchenverwaltung (Exarchat). Die Befreiung von der türkischen Herrschaft war allerdings nur mit russischer Hilfe möglich. Sie gelang, als der russisch-türkische Krieg von 1877/78, in dem die Bulgaren für die Russen Waffenhilfe leisteten, mit einem vollständigen russischen Sieg endete und Rußland danach im Frieden von San Stefano im März 1878 auf dem Balkan ein System von Klientelstaaten zu schaffen suchte, dem neben Serbien, Montenegro und Rumänien auch ein großes Bulgarien angehören sollte, das sich von Makedonien bis Saloniki am Ägäischen Meer erstrecken und zwei Jahre lang von russischen Truppen besetzt sein sollte. Da in dieser Konstruktion unschwer die russische Absicht erkennbar war, den eigenen Einfluß von den Dardanellen bis zum Adriatischen Meer auszudehnen, betrachteten nicht nur die Österreicher, sondern vor allem die Briten den Vertrag als unzulässig, weil er ihrer Meinung nach nicht mit den Vereinbarungen des Wiener Kongresses übereinstimmte. Noch bevor der Vertrag überhaupt unterzeichnet war, ließ die Regierung in London daher die britische Flotte zu den Dardanellen auslaufen. Die näheren Umstände dieser Entwicklung, die schließlich zur Einberufung des Berliner Kongresses von 1878 durch Bismarck führten, werden zu einem späteren Zeitpunkt zu erörtern sein. Die Bulgaren jedenfalls mußten sich am Ende mit einem sehr viel kleineren Territorium begnügen, als ihnen zunächst von den Russen zugesagt worden war. Aber sie erhielten zumindest ihre Unabhängigkeit – wenn auch mit der Einschränkung, daß die Russen, die für die bulgarische Freiheit gekämpft hatten, von ihnen nun Wohlverhalten und Rücksichtnahme auf russische Interessen erwarteten.

Noch augenfälliger waren die Schwierigkeiten bei der Herausbildung einer nationalen Eigenständigkeit im Falle Rumäniens, von der im eigentlichen Sinne des Wortes erst seit 1862 gesprochen werden kann, als sich die beiden Donaufürstentümer Moldau und Walachei endgültig vereinigten. Zwar ist die moderne rumänische Geschichtsschreibung bemüht, das Geschichtsbewußtsein der Rumänen bis auf das Reich der Daker und Geten unter König Burebista im 1. Jahrhundert v. Chr. zurückzuführen und die mehr als tausendjährige Zeitspanne zwischen dem Verschwinden der Daker und dem Auftreten der Walachen (Vlachen) im 13. Jahrhundert mit dem Hinweis auf die Siedlungskontinuität zu überbrücken. Eigene Staatsbildungen waren jedoch erst im 14. Jahrhundert unter Fürst Basarab I. in der Walachei („Tara Romineasca") und Fürst Bogdan in der Moldau („Bogdania") zu verzeichnen, wobei die neuen Staaten von Anfang an in ihrer Existenz bedroht waren: zunächst durch die Ungarn und dann durch die

Ausbreitung des Osmanischen Reiches. Seit 1460 mußten die Walachen, seit 1504 auch die Moldauer die türkische Oberhoheit anerkennen.

Der Kampf gegen die Türken wurde danach zu einem prägenden Element der rumänischen Geschichte, ohne daß eine wirkliche Befreiung gelang. Nicht zuletzt die Rivalitäten zwischen den einheimischen Großgrundbesitzern (Bojaren), die von der „Pforte" – der türkischen Regierung – immer wieder geschickt ausgenutzt werden konnten, um den Widerstand der Rumänen gegen die osmanische Herrschaft zu schwächen, trugen dazu bei, die rumänischen Bemühungen scheitern zu lassen. 1711 bzw. 1716 wurden die Fürstenthrone der Moldau und Walachei in Jassy und Bukarest sogar an griechische Fanarioten verpachtet, so daß es zu einer völligen politischen Fremdbestimmung und zu schlimmster wirtschaftlicher Ausbeutung sowie zum Verlust beträchtlicher Territorien kam: Die Kleine Walachei (Oltenien) fiel nun zeitweilig an Österreich, ebenso die Bukowina; Bessarabien wurde 1812 Rußland zugeschlagen. Erst ein Aufstand in den rumänischen Gebieten veranlaßte 1821 die Pforte, wieder einheimische Fürsten einzusetzen, die im Frieden von Adrianopel 1829 unter russische Protektion gestellt wurden. Das von der russischen Besatzungsmacht, die bis 1834 im Lande blieb, erlassene *Règlement organique* von 1831/32 stellte danach so etwas wie die erste Verfassung dar. Die politischen Veränderungen gingen mit einer gewissen Öffnung der rumänischen Gesellschaft nach Westen einher, wobei vor allem der kulturelle Einfluß Frankreichs spürbar wurde. Er zeigte sich unter daran, daß um die Jahrhundertmitte etwa 100 Rumänen in Frankreich studierten. Einige von ihnen kämpften während der Revolution im März 1848 sogar auf den Barrikaden von Paris. In Rumänien selbst wurde ein Revolutionsversuch liberaler Kräfte nach französischem Vorbild im Juni 1848 von russischen Truppen niedergeschlagen. Nach dem Krim-Krieg wurde die russische Schutzherrschaft aufgehoben, die Walachei und Moldau kamen unter das Protektorat des Pariser Friedens von 1856, ohne daß sich jedoch an der osmanischen Oberhoheit etwas änderte.

Der Wunsch der in den Donaufürstentümern geschaffenen Vertretungskörperschaften („Divan ad hoc"), beide Territorien unter einem erblichen Fürsten zu vereinen, führte 1859 in beiden Fürstentümern zur Wahl von Oberst Alexandru Ioan Cuza, der als Fürst Alexandru Ioan I. 1862 die Vereinigung unter dem Namen „Rumänien" proklamierte. Als er 1866 dem Druck der Bojaren weichen mußte, wurde durch Volksabstimmung Karl von Hohenzollern-Sigmaringen – ein Vetter des deutschen Kaisers Wilhelm I. – als Carol I. gewählt, der Rumänien kulturell und politisch an Mittel- und Westeuropa anschloß und eine Verfassung nach preußischem Muster mit Drei-Klassen-Wahlrecht und einem Zwei-Kammer-Parlament erließ. Die Verwaltung wurde nach französischem Vorbild zentralistisch aufgebaut. Im russisch-türkischen Krieg 1877/78 rief Ministerpräsident Cogalniceanu die Unabhängigkeit Rumäniens aus, die auf dem Berliner Kongreß 1878 – unter Verzicht auf das südliche Bessarabien gegen den Anschluß der nördlichen Dobrudscha – schließlich anerkannt wurde.

c) Das Problem Serbien

Wie Rumänien, so entstand auch Serbien nach dem Krim-Krieg als Fürstentum unter Oberhoheit des Osmanischen Reiches, dem es noch bis 1878 tributpflichtig war. Die Freiheit der Religion, die Gesetzgebung und die Schiffahrt waren durch den Pariser Friedensvertrag gesetzlich garantiert. Aber dem Osmanischen Reich wurde das Recht eingeräumt, in Serbien Garnisonen zu unterhalten. Im Gegensatz zu den meisten Bulgaren und Rumänen waren die Serben mit den Regelungen, die von den Großmächten für sie getroffen worden waren, allerdings nicht einverstanden. Zwar war in Paris unter anderem eine Erweiterung des serbischen Gebietes im Raum von Pirot, Nis und Vranje um immerhin 11 000 Quadratkilometer nach Süden beschlossen worden. Doch den Verfechtern des „großserbischen Programms", das 1844 von I. Garašanin mit dem Ziel der Vereinigung aller Südslawen innerhalb der österreichisch-ungarischen Monarchie unter serbischer Führung entworfen worden war, reichte dies nicht. Sie strebten ein neues Groß-Serbien nach dem Muster Stefan Nemanjas an, der im 12. Jahrhundert die Fürstentümer Raszien und Zeta vereinigt und 1180 die serbische Unabhängigkeit erreicht hatte, nachdem die südslawischen Serben zuvor seit dem 8. Jahrhundert fast ununterbrochen unter bulgarischer oder byzantinischer Herrschaft gelebt hatten. Nemanjas Sohn Stefan Prvovencani war es danach sogar gelungen, von Papst Honorius III. 1217 die Königswürde zu erhalten, und Stefan IV. Dušan hatte im 14. Jahrhundert noch Makedonien, Thessalien, Albanien und Epirus hinzugewonnen und dem Reich – mit der Hauptstadt Skopje – zu seiner größten Ausdehnung verholfen.

Die serbische Geschichte bot somit genügend Vorbilder für neues Heldentum. Zwar hatte sich der Zerfall des Reiches nach Dušans Tod und der Schlacht auf dem Amselfeld, in der die Serben am 28. Juni 1389 von den Türken unter Murad I. vernichtend geschlagen worden waren, bis zur Eroberung Belgrads durch die Türken 1521 nicht mehr aufhalten lassen. Aber der Unabhängigkeitswille der Serben lebte auch danach weiter fort. Als die serbische Oberschicht im Osmanischen Reich teils ausgerottet, teils islamisiert wurde, nahmen die Uskoken und die serbischen Bergstämme Montenegros, vor allem jedoch die serbische orthodoxe Kirche, die in der Form eines von Konstantinopel unabhängigen Erzbistums organisiert war, ihren Platz ein, um die serbische Identität zu bewahren. Erzbischof Sava – ein Sohn Stefan Nemanjas –, der zunächst als Mönch auf dem Berg Athos das Kloster Chilandariu gegründet hatte, ehe er 1219 vom Ökumenischen Patriarchen zum ersten Erzbischof von Serbien geweiht worden war, wurde nun regelrecht zu einem Nationalheiligen erhoben. Tatsächlich hatte mit Sava die Selbständigkeit der serbischen Kirche begonnen, Chilandariu war zu einem Mittelpunkt serbischer Kultur mit großem Einfluß auch auf die serbische Literatur geworden. Sava und Chilandariu – das war serbische Identität, wie sie im Buche stand.

Zum serbischen Widerstand gegen die osmanische Herrschaft zählten auf ganz andere Weise seit dem 17. Jahrhundert aber auch die Räuberbanden der Haiduken, die das türkische Militär in den schwer zugänglichen Schluchten des Balkan mit ihrer Guerillakriegstaktik vor nahezu unlösbare Aufgaben stellten. Der eigentliche Befreiungskampf begann jedoch erst in den Jahren 1804 bis 1806 mit einem erfolgreichen Aufstand unter dem Oberbefehl von Georg Petrović gegen die türkische Garnison von Belgrad. Petrović stieg dabei als „Karadjordje" (Schwarzer Georg) zum neuen Helden Serbiens auf und regierte bis 1813 als dessen erster Fürst. Von ihm stammte auch das Herrscherhaus der Karadjordjević ab, das sich bis zur Emigration Peters II. im Jahre 1941 mit der Familie Obrenović in der Führung Serbiens abwechselte. Begründer des Hauses Obrenović war Miloš Obrenović, der 1815 eine weitere Erhebung gegen die Türken leitete, nachdem der türkische Sultan die im Frieden von Bukarest 1812 gewährte Autonomie wieder zurückgenommen hatte. Auch nach der Wahl von Miloš zum erblichen Fürsten 1817 kam Serbien jedoch nicht zur Ruhe. Von den neun serbischen Herrschern, die zwischen 1804 und 1941 in Belgrad regierten, wurden nicht weniger als vier ermordet und vier zur Emigration gezwungen. Der aus dem Haus Obrenović stammende Alexander I. wurde 1903 bei einer Offiziersverschwörung sogar mit seiner Frau Draga und zahlreichen Verwandten ermordet, wobei die verstümmelten Leichen aus den Fenstern des königlichen Palastes geworfen wurden. Es gehörte nicht viel dazu, hinter der Bluttat die Familie Karadjordjević zu vermuten, denn die serbische Nationalversammlung wählte nach dem Tod Alexanders sogleich Petar Karadjordjević zum neuen König.

Überhaupt war die politische und persönliche Rivalität zwischen den Obrenović und Karadjordjević ein zentrales Merkmal der neueren serbischen Geschichte. Während sich die Obrenović – bei aller autoritären Herrschaftsausübung – eher um einen Ausgleich mit den europäischen Mächten bemühten und beispielsweise mit diplomatischem Geschick im April 1867 die Auflösung der türkischen Garnisonen erreichten, waren die Karadjordjević, auf deren Konto in der Regel auch die Rivalenmorde gingen, Verfechter der großserbischen Idee. So entwarf Garašanin sein großserbisches Programm 1844 unter der Regierung von Alexander Karadjordjević, Petar Karadjordjević kehrte 1903 zu einer nunmehr hauptsächlich gegen Österreich-Ungarn gerichteten Außenpolitik im Sinne der großserbischen Idee zurück. Ein wichtiger Teil dieser Politik war der Einsatz terroristischer Methoden, die mit Unterstützung der serbischen Regierung von zahlreichen Geheimbünden, wie der Narodna Odbrana, der Omladina und der Schwarzen Hand, praktiziert wurden. Seinen tragischen Höhepunkt erreichte diese Politik im Juli 1914 mit der Ermordung des österreichisch-ungarischen Thronfolgers, Erzherzog Franz Ferdinand, in Sarajewo durch Mitglieder der Schwarzen Hand, die zum Ausbruch des Ersten Weltkrieges führte.

d) Griechenland

Geheimbünde (Hetärien) spielten auch bei der Befreiung Griechenlands von türkischer Herrschaft zu Beginn des 19. Jahrhunderts eine wesentliche

Rolle. Sie bereiteten den Aufstand vor, der im März 1821 unter der Führung von Alexandros Ypsilanti ausbrach und ein Jahr später zur Verkündung der Unabhängigkeit Griechenlands durch eine Nationalversammlung führte. Die Kämpfe waren damit jedoch keineswegs beendet, sondern zogen sich noch bis 1829 hin. Trotz der Unterstützung, die die griechischen Freiheitskämpfer von befreundeten Freischärlern aus Westeuropa – den sogenannten „Philhellenen" – erhielten, wurden sie jedoch von den aus dem Norden vorrückenden Türken und von Ibrahim Pascha, der im Februar 1825 mit einem ägyptischen Hilfskorps auf dem Peloponnes landete, immer mehr zurückgedrängt. Am 22. April 1826 wurde schließlich Mesolongion, das Hauptbollwerk der Griechen in Westhellas, gestürmt. Erst die Intervention Rußlands, Großbritanniens und Frankreichs zugunsten der Griechen brachte die Wende: In der Schlacht bei Navarino am 20. Oktober 1827 wurde zunächst die türkisch-ägyptische Flotte vernichtet, danach Mesolongion im Mai 1829 von den griechischen Truppen zurückerobert. Das Londoner Protokoll vom Februar 1830 erklärte anschließend Griechenland zum selbständigen Königreich.

Zum König wurde 1832 mit Zustimmung der griechischen Nationalversammlung und der drei Schutzmächte Prinz Otto von Bayern gekrönt. Eine Anleihe der Großmächte und eine bayerische Schutztruppe sollten dem Regime Stabilität verschaffen. Dennoch kam es im September 1843 zu inneren Unruhen, in deren Folge 1844 eine Verfassung verkündet wurde. Danach wurde Griechenland eine konstitutionelle Monarchie. Nach einer Rebellion wurde König Otto I. im Oktober 1862 durch eine provisorische Regierung abgesetzt und zur Flucht ins Exil gezwungen. Am 31. Oktober 1863 bestieg Prinz Wilhelm Georg von Dänemark – ein Schwager Edwards VII. von England und auch des russischen Zaren Alexander III. – als Georg I. den Thron. Durch eine Änderung der Verfassung führte Georg das allgemeine Wahlrecht für Männer ein, der Senat wurde abgeschafft und durch ein Ein-Kammer-System ersetzt. Aufgrund unsicherer Mehrheiten im Parlament kam es jedoch zu häufigen Kabinettswechseln. Es gab fünf Parteien, die stark personengebunden waren und sich programmatisch nur wenig unterschieden. Lediglich unter Charilaos Trikoupis und seiner liberalen Partei kam es von 1882 bis 1885 zu einer kurzen Phase der Stabilität.

Die innere Unsicherheit ebenso wie der allgemeine Niedergang des Osmanischen Reiches trugen dazu bei, daß Griechenland einen ungestillten Expansionsdrang entwickelte, obwohl es 1863 bereits die Ionischen Inseln erhalten hatte und 1881 mit Thessalien bis zum Olymp und dem Gebiet von Arta eine weitere Gebietsvergrößerung auf Kosten der Türkei verzeichnen konnte. Die Besetzung Kretas durch die griechische Armee 1896 führte dann logischerweise zu einem Krieg mit der Türkei, in dem Griechenland seine Truppen aus Kreta zurückziehen, Thessalien räumen und Waffenstillstand schließen mußte, wobei es letztlich jedoch nur durch Garantieerklärungen der Großmächte gerettet wurde und im Frieden von Konstantinopel vom 4. Dezember 1897 nach Zahlung einer Kriegsentschädigung sogar Thessalien zurückerhielt. Der griechische Nationalismus, der seine Ansprüche weit mehr noch als die nördlichen Staaten des Balkan historisch begründen konnte und auch nicht müde wurde, sich auf antike Vorbilder zu berufen, trug damit im 19. Jahrhundert ebenfalls dazu bei, den südosteuropäischen Raum zu destabilisieren.Wie anderswo, gingen dabei auch in Griechenland rationale, verfassungsmäßig fundierte Staatsvorstellungen mit den Leidenschaften eines gefühlsbetonten Nationalismus einher.

e) Die europäische Türkei

Der Leidtragende all dieser Entwicklungen war das Osmanische Reich. Immer mehr Territorien mußten Stück für Stück abgegeben werden. Die türkische Regierung erwies sich als unfähig, die Verwaltung war korrupt. Begonnen hatte der Niedergang allerdings bereits mit dem Tod Süleimans des Großen 1566 bei Szigetvár in Ungarn. Süleiman, der von den Türken selbst auch als „der Gesetzgeber" bezeichnet wird, war einer der tatkräftigsten Herrscher seiner Zeit. 1526 eroberte er Ungarn, danach weite Teile des Mittleren Ostens bis nach Persien. Durch seine Flotte beherrschte er sowohl das Mittelmeer als auch das Rote Meer. Zugleich entfaltete er mit Hilfe des Baumeisters Sinan eine reiche Bautätigkeit, die ihm noch den Beinamen „der Prächtige" eintrug, und war unter dem Synonym „Muhibbi" ein nicht unbeachtlicher Dichter. Zwar erlitt er 1529 mit der vergeblichen Belagerung Wiens eine empfindliche Niederlage. Aber insgesamt befand sich das Osmanische Reich unter seiner Herrschaft auf dem Höhepunkt seiner Macht.

Nach dem Tod Süleimans setzte ein geradezu klassischer Zerfallsprozeß ein. Nicht nur die „Großwesire", also die höchsten Beamten des Staates, die man heute wohl als „Ministerpräsidenten" bezeichnen würde, erlangten dadurch eine größere Bedeutung als die jeweiligen Sultane, sondern auch die militärischen Janitscharen. Diese aus 100 000 Mann bestehende Elitetruppe des türkischen Heeres, die seit 1329 aus christlichen, zum Islam übergetretenen Kriegsgefangenen gebildet worden war und sich aufgrund ihrer besonderen Zuverlässigkeit und hohen Kampfkraft eine Schlüsselposition im Osmanischen Reich verschafft hatte, war danach Stütze und Gefahr zugleich. Nach einer weiteren erfolglosen Belagerung Wiens 1683 kam es unter Prinz Eugen von Savoyen zum entscheidenden Gegenstoß Österreichs im Verein mit den westeuropäischen Großmächten und nach mehreren Feldzügen schließlich zur Eroberung Belgrads 1717. Zuvor bereits hatte die Türkei 1699 im Frieden von Karlowitz auf Ungarn und Siebenbürgen verzichtet. Im 18. Jahrhundert erwuchs den Osmanen dann mit Rußland neben Österreich ein weiterer starker Gegner, der seit Zar Peter dem Großen nach Süden expandierte und nicht nur territorial nach den Dardanellen strebte, sondern auch den christlichen Untertanen im Osmanischen Reich seinen Beistand versprach. In Afrika machte sich zur gleichen Zeit Ägypten unter Mehmet Ali fast selbständig, während in Vorderasien der größte Teil Arabiens für die Türken verlorenging.

Vor dem Hintergrund dieser Entwicklung, die aus der Sicht Konstantinopels ein nicht enden wollender Alptraum gewesen sein muß, begann 1804 der Befreiungskampf der christlichen Balkanvölker Serbiens und Griechenlands mit Unterstützung der Großmächte. Dieses Siechtum des „kranken Mannes am Bosporus" führte in der Folgezeit nicht nur zu einer ständigen Bedrohung des europäischen Friedens, sondern auch zur Notwendigkeit, für den gesamten Balkan eine neue politische Architektur zu entwerfen, die angesichts des komplexen Zusammenhangs von nationalistischen Spannungen, ethnischen und territorialen Konflikten sowie großen religiösen und ideologischen Reibungen einer Quadratur des Kreises gleichkam. Es verwunderte daher nicht, daß auch die Großmächte sich nicht auf eine klare Linie verständigen konnten. So traten sie einerseits für die nationalen Unabhängigkeitsbestrebungen auf dem Balkan ein – mit Griechenland als dem besten Beispiel. Doch im Krim-Krieg und auf dem Berliner Kongreß machten sie sich für die Türkei stark, um das russische Vordringen auf dem Balkan und durch das Schwarze Meer in Richtung Dardanellen einzudämmen. In der Türkei selbst begann zu dieser Zeit allerdings die ebenso reaktionäre wie unfähige Herrschaft von Abdul Hamid II. (1876–1909), die den inneren Verfall des Osmanischen Reiches nochmals beschleunigte. Eine Stabilisierung der Verhältnisse im östlichen Mittelmeer war daher allen äußeren Bemühungen zum Trotz nicht zu erwarten.

Karte 1: Regionale Verteilung der Industrialisierung in Großbritannien und Kontinentaleuropa 1815–1860

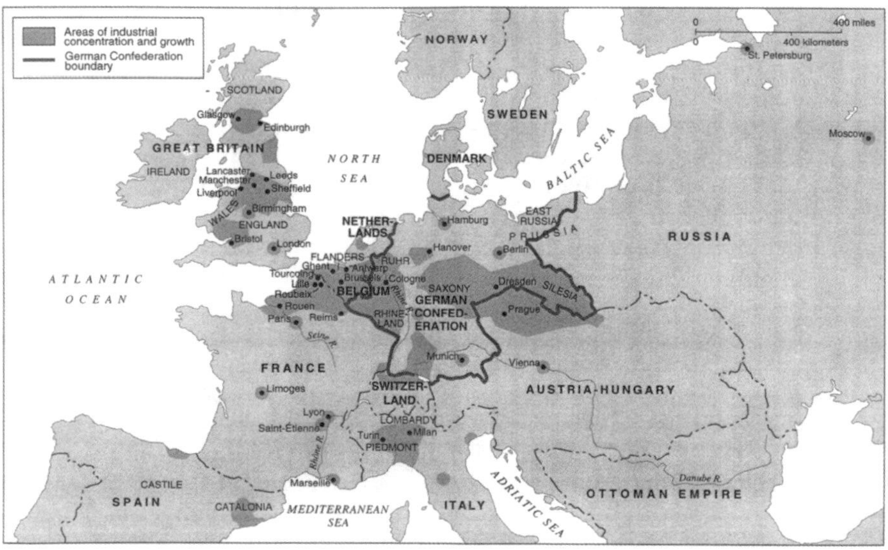

Quelle: John Merriman, A History of Modern Europe. From the Renaissance to the Present, New York und London 1996, S. 681.

III.
Der liberale Westen

Die scharfen Gegensätze, die schon die Entwicklung der europäischen Gesellschaften vor 1848 geprägt hatten, bestanden auch in der zweiten Jahrhunderthälfte fort. Die Industrialisierung blieb zunächst weiter auf einige regionale Zentren im nordwestlichen und mittleren Europa beschränkt, von wo sie sich nur allmählich nach Osten und Süden ausbreitete. Die Modernisierung der Gesellschaften und die Demokratisierung der politischen Systeme schritten damit in weiten Teilen Westeuropas rasch voran; im Osten des Kontinents ließen sie immer noch zu wünschen übrig. Vereinfacht läßt sich sogar von einem Modernisierungsgefälle sprechen, aufgrund dessen sich die meisten westeuropäischen Länder, gestützt auf ein hohes Industrialisierungsniveau und ein entwickeltes Bürgertum, auf dem Wege zu Demokratie und Wohlstand befanden, während die Völker Ost- und Südosteuropas überwiegend in Autokratie und Rückständigkeit verharrten. Erkennbar wurden die Unterschiede exemplarisch bei der Ausdehnung des Wahlrechts. In Großbritannien und im übrigen Westeuropa kam es dadurch bereits im letzten Drittel des 19. Jahrhunderts zu einem grundlegenden Wandel der politischen Kultur. In Osteuropa, wo nahezu jeglicher Ansatz einer Demokratisierung unterdrückt wurde, begünstigte die verhinderte Modernisierung dagegen die Herausbildung jener revolutionären Bedingungen, die nach der Jahrhundertwende – ausgehend von Rußland – zu einer radikalen Umwälzung der politischen Herrschaftsverhältnisse führten und ab 1917 in den Kommunismus sowjetischer Prägung mündeten.

7. Westeuropas Weg zur Demokratie

a) Die Ausdehnung des Wahlrechts in Großbritannien

Der politische Wandel, der sich aus den ökonomischen und gesellschaftlichen Veränderungen im Zuge von Industrialisierung und Modernisierung ergab, wurde in Großbritannien bereits in den ersten Jahrzehnten des 19. Jahrhunderts sichtbar. Die aus Anlaß des Todes von König George IV. 1830 abgehaltenen Neuwahlen ließen erkennen, daß eine politisch bewußter gewordene Bevölkerung zunehmend auf Reformen drängte. Vorteile von einem demokratisch gewählten Parlament versprachen sich vor allem die Angehörigen der Mittelschichten, aber auch die Arbeiterschaft. So sah sich die konservative Regierung unter dem Duke of Wellington, die kompromißlos jeden Eingriff in das Wahlsystem ablehnte, im November 1830 zum Rücktritt gezwungen. Das anschließend von den Whigs gebildete Kabinett unter Lord Grey, einem „Grandseigneur alter Schule" (Peter Wende), war zwar ebenfalls alles andere als eine Versammlung radikaler Revolutionäre, sondern bestand mit allein zehn Mitgliedern aus dem Oberhaus und drei Vertretern des House of Commons ausnahmslos aus Angehörigen des überkommenen Establishments. Aber die neue Whig-Regierung zeigte sich im Gegensatz zum vorhergehenden Tory-Kabinett bereit zur Reform – wenn auch verbunden mit der Absicht, revolutionäre Tendenzen, die 1830 vor allem in Frankreich sichtbar geworden waren, aufzufangen und so die politische Führung der Aristokratie zu sichern.

Tatsächlich lag die politische Macht in Großbritannien bis zu diesem Zeitpunkt immer noch ganz in den Händen des Landadels, der von einer kleinen Gruppe reicher Peers geführt wurde. Grundlage ihrer Macht war der Grundbesitz, der bis zur Industrialisierung und der Ausdehnung des Handels die bedeutendste Form des Reichtums dargestellt hatte. Seit dem Gesetz von 1429 über die Wahl der Ritter in den Grafschaften (*Election of Knights of the Shires Act*) unter König Heinrich VI. war das Wahlrecht in England an Besitz gebunden. An Wahlen der Grafschaftsvertreter durften nur diejenigen Einwohner teilnehmen, die aus freiem Grundbesitz (*freehold*) nach Abzug der Steuern und Abgaben ein Jahreseinkommen von mindestens 40 Schilling bezogen. Die Besitzlosen wurden dadurch von den Wahlen ausgeschaltet, das Rittertum – später als *gentry* bezeichnet – wurde gestärkt. In den städtischen Boroughs wurden die Vertreter im Unterhaus in der Regel von einem kleinen Kreis vertrauenswürdiger Personen bestimmt, zumeist von den Bürgermeistern und Stadträten oder auch den Innungen, wie in der Londoner City. Allerdings waren im Unterhaus bis 1885 nur diejenigen Boroughs vertreten, denen das Vertretungsrecht durch die Krone, ab 1832 durch Parlamentsgesetze ausdrücklich verliehen worden war. So entstand im Laufe der Jahrhunderte in den Städten, Burg- und Marktflecken eine große Vielfalt von Wahlberechtigungen, die mehr von den Zufällen der historischen Entwicklung als durch rational begründete Kriterien geprägt war. Fast immer jedoch war nur ein sehr enger Personenkreis wahlberechtigt, wie die Mitglieder der kommunalen Selbstverwaltung, seltener alle Bürger, die Gemeindesteuern bezahlten. Der Gedanke der Gleichheit aller Menschen, der schon in den Debatten der Kavallerieoffiziere Oliver Cromwells bei der Bildung der sogenannten *New Model Army* in den vierziger Jahren des 17. Jahrhunderts gegenüber der Heeresorganisation der Royalisten formuliert worden war und danach in den Auseinandersetzungen um die Demokratisierung des politischen Lebens in England stets eine nicht unwesentliche Rolle spielte, sollte sich allerdings erst in der Chartisten-Bewegung und im radikalen Liberalismus des 19. Jahrhunderts endgültig durchsetzen.

Noch deutlicher traten die diskriminierenden Elemente des Wahlsystems bei der Frage des passiven Wahlrechts zutage. Während von den Vertretern der Städte, Burg- und Marktflecken bis in die neuere Zeit nur verlangt wurde, ortsansässige freie Bürger (*freemen*) zu sein, sollten die Grafschaftsvertreter im Parlament nach einem Gesetz von 1445 „angesehene Ritter der Grafschaften oder wenigstens solche Esquires und Gentlemen von Geburt sein [...], welche fähig seien, Ritter zu werden“. In der unter Charles II. erlassenen *Test Act* von 1673 wurde darüber hinaus bestimmt, daß alle Inhaber öffentlicher Ämter einen Eid nach den Vorschriften der Kirche von England abzulegen hatten. Ein Gesetz von 1678 (*Papist Disabling Act*) schloß Katholiken ausdrücklich von der Mitgliedschaft im Parlament aus. Auch Juden durften, selbst wenn sie gewählt waren, einen Sitz im Parlament nicht einnehmen, weil sie durch diese Bestimmungen an der Eidesleistung gehindert wurden. Außerdem war die Wählbarkeit seit 1710 in den Boroughs an 300 Pfund, in den Grafschaften an 600 Pfund Jahreseinkommen geknüpft, das wiederum aus freiem Grundbesitz (*freehold*) oder verbriefter Bodenpacht (*copyhold*) stammen mußte.

Ergebnis war ein Parlament der Privilegierten, in dem es seit der Vereinigung Englands mit Schottland im Jahre 1707 – also seit der Entstehung Großbritanniens – zwar 558 Abgeordnete, aber nur verschwindend wenig Wahlberechtigte in den Boroughs gab. Auch wenn das Parlament sich in der Glorious Revolution von 1688 als ausschlaggebende politische Macht erwiesen hatte und sein Ansehen beträchtlich gestiegen war, konnte von einer gewählten Volksvertretung nicht die Rede sein. In den meisten Wahlkreisen wurden die Mandate durch bloße Nominierung der Bewerber vergeben, Patronage und der Kauf von Sitzen waren an der Tagesordnung, und die herrschende Oligarchie des hohen Adels sicherte sich eine gefügige Gefolgschaft im Unterhaus, indem sie ihren Klienten lukrative Regierungsposten verschaffte oder direkte Bestechungsgelder zukommen ließ. Selbst der Handel mit städtischen Unterhaussitzen (*borough seats*) war bereits seit der Regierungszeit Königin Elizabeths I. (1558–1603) gängige Praxis, ehe der Kauf und Verkauf von Sitzen mit Beginn des 18. Jahrhunderts sogar zu einer ganz offiziellen, rein geschäftlich betrachteten Angelegenheit wurde, um die sich ein eigens dafür bestellter „Patronagesekretär“ des Schatzamtes, also des britischen Finanzministeriums, kümmerte. Der Preis war Verhandlungssache, aber es gab Richtwerte. So kostete beispielsweise ein Sitz für eine ganze Legislaturperiode unter George II. (1727–1760) etwa 1 400 bis 1 500 Pfund; bis zur Regierungszeit Williams IV. (1830–1837) stieg der Preis auf etwa 7 000 Pfund. Wer einen Sitz nicht kaufen, sondern nur pachten wollte, mußte dafür zunächst etwa 1 200 und später bis zu 1 800 Pfund aufbringen.

Möglich wurde dieser Handel vor allem deshalb, weil viele einstmals bedeutende Ortschaften mit Vertretungsrecht im Unterhaus im Laufe der Jahrhunderte verfallen waren und nur noch über wenige Einwohner verfügten – oder über gar keine mehr. Einer Reformpetition aus dem Jahre 1793 zufolge waren in der damaligen Legislaturperiode nicht weniger als 70 Unterhausabgeordnete in Wahlkreisen ohne Wähler „gewählt“ worden, 90 in Wahlkreisen mit weniger als 50 Wahlberechtigten, 70 in Wahlkreisen mit 50 bis 99 Wahlberechtigten, 54 in Wahlkreisen mit 100 bis 199 Wahlberechtigten und 10 in Wahlkreisen mit 200 bis 249 Wahlberechtigten. Dies bedeutete, daß 294 Abgeordnete und damit fast 53 Prozent aller Unterhausmitglieder aus Wahlkreisen ohne Wähler oder mit weniger als 250 Wählern kamen. Insgesamt sollen Ende des 18. Jahrhunderts sogar mehr als zwei Drittel aller Unterhaussitze nicht durch Wahl, sondern durch bloße Kandidatennominierung besetzt worden sein. Parteizugehörigkeit spielte dagegen noch keine Rolle. Entscheidend waren die einflußreichen Grundbesitzer (*patrons*), die über die Benennung von Kandidaten entschieden. Ein Sitz im Unterhaus bedeutete für den kleinen Landadel und das städtische Bürgertum, das mit dem Aufstieg Englands zur Kolonialmacht zu Reichtum gelangt und zum Teil mit dem Kleinadel verschmolzen war, die Eintrittskarte zum Club der Herrschenden.

Die *ruling class* setzte sich damit am Ende des 18. Jahrhunderts nicht nur aus Kreisen der Aristokratie, sondern auch aus führenden Vertretern des kleinen Landadels und der städtisch-bürgerlichen Schichten zusammen. Von Klassengegensätzen ließ sich dabei allerdings kaum reden, weil die verschiedenen Gruppen bei aller Heterogenität im Hinblick auf Herkunft und Besitz ein hohes Maß gemeinsamer politischer und ökonomischer Interessen aufwiesen. Dies galt ebenfalls für die privilegierten Wähler in den Wahlkreisen, die sich auf vielfältige Weise mit den von ihnen bestellten Parlamentsmitgliedern verbunden wußten. In welchem Maße die dominierenden Gruppen eine Reform des Privilegierten-Parlaments und der Scheinwahlen verhinderten, zeigt die Tatsache, daß beispielsweise 1816 allein in den englischen Wahlbezirken 371 von insgesamt 489 Sitzen in festen Händen und damit nicht durch Wahlen zu vergeben waren. Wie paradox und überholt diese Situation eines mittelalterlichen Wahlsystems vor dem Hintergrund des heraufziehenden Industriezeitalters geworden war, verdeutlichten unzählige Beispiele einer absurden Wahlkreisaufteilung: Während Besitzer einzelner Grundstücke und sogar verlassene Burggehöfte das Recht behielten, je zwei Vertreter nach Westminster zu entsenden, blieben noch 1831 wachsende Industriestädte wie Manchester mit 182 000, Birmingham mit 144 000 oder Leeds mit 123 000 Einwohnern ohne jegliche Vertretung.

Die unter Grey beabsichtigte Wahlrechtsreform, die am 1. März 1831 von Lord John Russell in Form einer Gesetzesvorlage im Unterhaus eingebracht wurde, galt deshalb vor allem dem Ziel, neue Wahlkreise zu schaffen und die bisherigen „rotten boroughs" zu beseitigen. Doch zweimal, im März und im Oktober 1831, brachten die Tories das Wahlgesetz zu Fall – einmal im Unterhaus, beim zweiten Mal im House of Lords. Auch König William IV. ließ sich von Grey nicht dazu bewegen, dem Gesetz durch einen eventuellen „Pairsschub" – die Auffüllung des Oberhauses mit neuen Lords zur Änderung der Mehrheitsverhältnisse – zum Durchbruch zu verhelfen. Erst als das Kabinett im Mai 1832 zurücktrat und Wellington mit dem Versuch einer Regierungsneubildung scheiterte, gab der König widerstrebend nach: Schon die Ankündigung seiner Bereitschaft, entsprechende Adelserhebungen vorzunehmen, genügte, um den Widerstand des Oberhauses zu brechen. Am 4. Juni 1832 ließen die Lords die erste bedeutsame Wahlrechtsänderung seit dem 15. Jahrhundert passieren; drei Tage später erlangte die Reform Bill durch königliche Zustimmung Gesetzeskraft.

Das „Gesetz zur Verbesserung der Vertretung des Volkes“ (*An Act to amend the Representation of the People in England and Wales*), wie es im Titel hieß, galt zunächst nur für England und Wales; für Schottland und Irland wurden jedoch bald ähnliche Regelungen erlassen. Eckpfeiler der Reform blieb die Bindung des Wahlrechts an Besitz, dessen Bestimmung allerdings wesentlich ausgeweitet wurde. Vor allem das städtische Bürgertum erfuhr dadurch einen Machtzuwachs, weil in den städtischen Wahlkreisen nun alle Personen mit einem Hausbesitz, der jährlich einen Mindestertrag von 10 Pfund einbrachte, das Wahlrecht erhielten. Auch bewegliches Kapital wurde dabei neben Grundeigentum berücksichtigt, denn die 10-Pfund-Hausbesitzer brauchten nicht Eigentümer, sondern konnten auch Mieter sein. Industrie und Kapital der neuen Städte sollten dadurch eine Chance auf angemessene Vertretung im Parlament bekommen. Insgesamt 143 Parlamentssitze aus den „rotten boroughs“ auf dem Lande wurden eingezogen und neu zugeteilt: 65 davon gingen an große Industriestädte, ebenfalls 65 an die Grafschaften und die restlichen 13 an schottische und irische Reviere. Auch wenn danach immer noch beträchtliche Unterschiede in der Zahl der Wahlberechtigten zwischen den einzelnen Boroughs bestehen blieben, wurde damit eine nachhaltige Verbesserung im Vertretungsverhältnis erreicht. Entsprechendes galt für die Gesamtzahl der Wahlberechtigten, die sich auf etwa 720 000 verdoppelte. Annähernd jeder siebte männliche Einwohner gelangte damit in den Besitz des Wahlrechts.

Von einer wirklichen „Demokratisierung“ konnte dennoch keine Rede sein – und sollte es auch nicht. Tatsächlich verstanden sich weder die Tories noch die Whigs als demokratische Parteien. „Demokratie“ galt immer noch beinahe als Schimpfwort. Die Monarchie blieb ein organischer Bestandteil der Verfassung. Doch während die Whigs mit der Wahlrechtsreform das Ziel verfolgten, die neuen, aufstrebenden Mittelschichten in das politische System zu integrieren und eine mögliche Allianz zwischen ihnen und den Arbeitern zu verhindern, die vielleicht geeignet gewesen wäre, die Herrschaft der Aristokratie zu bedrohen, waren die Tories besorgt, daß die neuen Wähler den Einfluß der Krone schmälern, die Stellung des erblichen Oberhauses beeinträchtigen und das Unterhaus in einen ländlich-landwirtschaftlichen und einen städtisch-industriellen Block spalten könnten, so daß am Ende ein Kampf zwischen Klassen und ökonomischen Interessen beinahe unvermeidlich wäre. Am Ende sollten beide recht behalten. Denn die Reform von 1832 wies einerseits die Richtung zur Einführung des allgemeinen Wahlrechts und damit, wie von den Konservativen befürchtet, zur Demokratisierung des politischen Systems in Großbritannien. Andererseits schlugen sich die Mittelschichten, wie von den Whigs erhofft, angesichts der in den späten dreißiger und vierziger Jahren anschwellenden radikalen Chartistenbewegung durchaus auf die Seite der „alten herrschenden Klassen“, wie

Norman Gash bemerkt hat. Das Prinzip der Reform von 1832, jegliche Form von Besitz – keineswegs nur, wie bisher, den Besitz von Grund und Boden – zur Voraussetzung für die Teilnahme an der politischen Macht zu erheben, hatte sich bewährt. Die Whigs konnten sich, in den Worten von Hans Setzer, durchaus als „Retter des Systems" fühlen.

Die eigentliche Bedeutung der „großen Reformbill" lag allerdings weder im quantitativen Anstieg der Wählerzahl noch in der stärkeren Beteiligung des industriellen Mittelstandes. Entscheidend war vielmehr die Tatsache, daß überhaupt ein 400 Jahre altes Gesetz geändert und die noch ältere Wahlkreisstruktur revidiert wurde. Die Einführung des uniformen Hausbesitzerwahlrechts auf der Basis der 10-Pfund-Regelung markierte zudem einen qualitativen Wandel in der Wahlrechtsauffassung: An die Stelle der Korporationen, die als tragende Elemente der ständischen gesellschaftlichen Gliederung über die Entsendung von Vertretern ins Parlament entschieden hatten, trat nun das Kriterium einer bestimmten Einkommensklasse. Das Wahlrecht wurde dadurch individualisiert und vom wirtschaftlichen Aufstieg des einzelnen abhängig gemacht. Der Zugang zu politischer Macht war nicht länger ständisch vorbestimmt, sondern – wenigstens im Prinzip – für jedermann möglich. Auch wenn sich dadurch an den grundlegenden Herrschaftsverhältnissen zunächst wenig änderte und die politische Vorrangstellung der „Gentlemen" noch geraume Zeit erhalten blieb – einschließlich der Phänomene der Korruption und Wahlbeeinflussung sowie der Tatsache, daß noch in den vierziger und fünfziger Jahren des 19. Jahrhunderts annähernd 50 Prozent aller Abgeordneten ins Unterhaus gelangten, ohne sich in einem Wahlkampf gegen einen Konkurrenten durchsetzen zu müssen –, wurde damit der Weg für weitere Anpassungen bis zur vollständigen Demokratisierung frei. Von einer kleinen Minderheit bürgerlicher Radikaler waren entsprechende Forderungen bereits seit 1780 erhoben worden; die London Corresponding Society unter ihrem Sekretär Thomas Hardy hatte sie nach der Französischen Revolution ab 1792 aufgegriffen, William Cobbett und Henry Hunt hatten sie nach 1816 in ihren „Arbeiterblättern" – dem *Political Register* und den *Ansprachen an Gesellen und Arbeiter* – zu popularisieren gesucht. Das Wahlgesetz von 1832 war zwar nur ein erster behutsamer Schritt auf dem Wege einer umfassenden Reform. Die schubweise Modernisierung konnte sich nun jedoch im Rahmen der überlieferten Verfassung vollziehen, ohne – wie in anderen Ländern Europas – zu revolutionären Spannungen und einer gewaltsamen Zerstörung und Umwälzung der Grundlagen des bisherigen Staates zu führen.

Dennoch mußte das Ergebnis für manche natürlich unbefriedigend erscheinen. Dies galt in erster Linie für die Arbeiter, die bei der Reform praktisch leer ausgegangen waren: Ihr Anteil an den Wählern war im Vergleich zu der Zeit vor 1832 kaum gestiegen, obwohl sie in ungezählten Versammlungen und Kundgebungen unter der Führung von Cobbet und Hunt seit 1816 für die Parlamentsreform gekämpft hatten. Schon wenige Jahre nach der – aus ihrer Sicht – ernüchternden Reform von 1832 kam es deshalb unter der Arbeiterschaft zu neuen Bemühungen, eine Beteiligung an der politischen Macht zu erreichen. Der Versuch Robert Owens, des Philosophen des Genossenschaftssozialismus, eine gewerkschaftliche Dachorganisation – die Grand National Consolidated Trades Union – zu schaffen, war allerdings nur zeitweilig erfolgreich; schon im August 1834 brach die Organisation wieder auseinander. Zukunftsträchtiger war dagegen die Gründung der London Working Men's Association (LWMA), des ersten bewußt politischen Arbeitervereins in Großbritannien, im Jahre 1836 unter William Lovett. So wurde in einer Versammlung der LWMA am 28. Februar 1837 ein Programm zur Wahlrechts- und Parlamentsreform beschlossen, das sechs weitreichende Forderungen enthielt: jährliche Parlamente, gleich große Wahlkreise, geheime Stimmabgabe, die Abschaffung jeder Bindung des passiven Wahlrechts an Besitz- oder Einkommensvoraussetzungen, Diäten für die Parlamentsmitglieder sowie das allgemeine Wahlrecht, wenn auch nur für Männer. Das Programm unter dem Titel „The People's Charter", mit dem sich die Vereinigung am 8. Mai 1837 an die Öffentlichkeit wandte, wurde zum Ausgangspunkt der „Chartisten-Bewegung", die vor allem in den vierziger Jahren für eine demokratische Parlamentsreform kämpfte. Sie wurde im wesentlichen von der Arbeiterschaft getragen, wenngleich einige ihrer Führer auch aus den Mittelschichten und selbst aus der Oberschicht stammten. Friedrich Engels, der die Bewegung als Augenzeuge miterlebte, bemerkte dazu, die Annahme der Charta könne sogar einen Umsturz der politischen Verhältnisse herbeiführen: „Diese sechs Punkte", schrieb er, „die sich alle auf die Konstituierung des Unterhauses beschränken, sind, so unschuldig sie aussehen, dennoch hinreichend, die englische Verfassung samt Königin und Oberhaus zu zertrümmern."

Dazu kam es jedoch nicht. Zwei Petitionen der Bewegung in den Jahren 1839 und 1842 erbrachten zwar Millionen von Unterschriften, aber keine weitere Reform. Die dritte Volkscharta-Petition, die am 10. April 1848 in einem Massenaufmarsch von Kennington Common – einem Park südlich der Themse – nach Westminister geleitet und dem Parlament überreicht werden sollte, erlitt sogar ein mehr als klägliches Schicksal: Der Aufmarsch wurde von einer eingeschüchterten Chartisten-Führung abgesagt, nachdem die Regierung aus Angst vor der vermeintlichen Stärke der Chartisten und angesichts der revolutionären Ereignisse auf dem europäischen Kontinent zu Kriegsmaßnahmen gegriffen und unter der Führung des 73jährigen Herzogs von Wellington, des Siegers von Waterloo, umfangreiche militärische Vorkehrungen getroffen hatte, bei denen über 150 000 Milizionäre und Gendarmen in London zusammengezogen worden waren. Über die Petition selbst, die erneut von 1,9 Millionen Menschen unterschrieben worden war, wurde im Unterhaus erst fünfzehn Monate später, am 3. Juli 1849, abgestimmt. Die Mehrheit der Abgeordneten fehlte bei der Abstimmung. Von den Anwesenden stimmten 222 mit Nein und nur 17 mit Ja.

Die Chartisten-Bewegung brach danach auseinander. Zwar wurde sie in gewisser Weise, vor allem in dem ausgeprägt politischen Charakter einer maßgeblich von der Arbeiterschaft getragenen Organisation, zum Vorläufer der späteren Labour Party. Ein direkter Zusammenhang bestand jedoch nicht. Das Hauptanliegen der Bewegung, eine Wahlrechts- und Parlamentsreform, geriet dennoch nicht aus dem Blick, weil die Veränderungen in Wirtschaft und Gesellschaft weitere Anpassungen erzwangen. Allerdings vollzogen sich die Reformen nun kaum noch als Reaktion auf außerparlamentarischen Druck, sondern als Ergebnis innerparlamentarischer Auseinandersetzungen. So kam die zweite Reform 1867 mit einer nochmaligen Verdoppelung der Wählerschaft und des Anstiegs des Arbeiteranteils unter den Wählern auf immerhin 25 Prozent unter der konservativen Regierung Benjamin Disraelis zustande. Selbst die Konservativen plädierten nun für das Prinzip einer angemessenen Vertretung der gesamten Nation anstelle der bisherigen Klassenherrschaft. Die *Representation of the People Act* der liberalen Regierung Gladstone übertrug dann das Borough-Wahlrecht für Haus- und Wohnungsbesitzer auch auf die Grafschaften, so daß die Landarbeiter ebenfalls in den Genuß des Wahlrechts kamen. Zwar blieben die Armen, insbesondere die Dienstboten, weiterhin ausgeschlossen. Doch konnten sich jetzt immerhin 66 Prozent der männlichen Einwohner als Wähler registrieren lassen. Und nachdem seit 1872 auch die geheime Stimmabgabe gesetzlich vorgeschrieben war und 1883 die *Corrupt and Illegal Practises Act* die maximale Höhe der Wahlunkosten der Kandidaten rechtlich fixiert hatte, konnte man in Großbritannien endlich von echten politischen Wahlen sprechen. 1918 wurden schließlich das allgemeine Männerwahlrecht und ein eingeschränktes Frauenwahlrecht eingeführt, das allgemeine Frauenwahlrecht galt ab 1928. Wirklich gleich waren die Wahlen in Großbritannien allerdings erst ab 1948, als das an Besitz und Bildung gebundene Mehrstimmenwahlrecht für Inhaber akademischer Grade und Geschäftsleute abgeschafft wurde, die bis dahin sowohl an ihrem Wohnort als auch an ihrem Geschäftssitz beziehungsweise ihrer Universität wahlberechtigt gewesen waren.

b) Die Entwicklung in Belgien, den Niederlanden und der Schweiz

Die Ausweitung der Demokratie in Großbritannien wurde für zahlreiche westeuropäische Staaten zum Modell für die eigene Entwicklung. Insbesondere galt dies für Belgien, das in vieler Hinsicht dem britischen Vorbild glich. Belgien war nicht nur das einzige Land auf dem europäischen Kontinent, das in der industriellen Expansion mit Großbritannien Schritt halten konnte, sondern es war ebenfalls ein Hort politischer Stabilität, das sich der Notwendigkeit von Reformen nicht verschloß. Ausgedehnte Kohlevorkommen, die einen unentbehrlichen Energieträger für die Industrialisierung darstellten, sowie Stahl- und Keramikfabriken, die unmittelbar neben den Bergwerken plaziert wurden, bildeten die Grundlage für eine ökonomische Prosperität, an der sich frühzeitig auch ausländische – vor allem französische – Investoren beteiligten. Brüssel, wegen seiner niedrigen Steuersätze beliebt, wurde zu einem der wichtigsten Zentren des europäischen Finanzhandels und zu einem, wie Karl Marx 1847/48 bei seinem Aufenthalt in der belgischen Hauptstadt feststellte, „Paradies der Kapitalisten“.

Dabei waren die politischen Voraussetzungen für einen wirtschaftlichen Aufschwung Belgiens zunächst alles andere als günstig gewesen. Tatsächlich bestand der belgische Staat überhaupt erst seit 1831, nachdem die „Septemberrevolution" in Brüssel 1830 zur Teilung der auf dem Wiener Kongreß gebildeten Vereinigten Niederlande in einen nördlichen und einen südlichen Landesteil und 1831 zur Wahl Prinz Leopolds von Sachsen-Coburg zum König der Belgier geführt hatte. Die Londoner Konferenz der europäischen Großmächte hatte am 6. Oktober 1831 die Trennung Belgiens und der Niederlande bestätigt, die im Londoner Vertrag vom 19. April 1839 schließlich auch von den Niederlanden selbst anerkannt worden war. Die konstitutionelle Monarchie Belgiens, von den Großmächten 1831 von vornherein mit dem Status der Neutralität versehen, besaß von Anfang an eine starke parlamentarische Komponente. Herrschende Schicht war nicht der praktisch entmachtete Adel, sondern das Großbürgertum, das durch den starken Aufschwung der belgischen Industrie begünstigt wurde. Doch auch dem Souverän fiel beim Aufbau des Landes eine wichtige Rolle zu: Der tüchtige und gewissenhafte König Leopold I. (1831–1865) regierte nicht nur lange, sondern auch besonnen und verhalf dem neuen Staat damit in den 34 Jahren seiner Amtszeit zu Kontinuität und Stabilität. Auch seine Nachfolger Leopold II. (1865–1909) und Albert I. (1909–1934) wurden zu Integrationsfiguren, die dem Land ihren Stempel aufprägten. Sie trugen zur Wahrung der Neutralität Belgiens bei, pflegten den Kontakt zu den Nachbarn und setzten sich tatkräftig für die Ansiedlung von Wirtschaftsunternehmen ein, blieben dabei jedoch ebenso wie Leopold I. stets in den Grenzen ihrer verfassungsmäßig beschränkten Autorität. Als großer Erfolg galt auch die zwischen 1881 und 1885 unter Leopold II. erfolgte Eroberung des afrikanischen Kongo, der 1908 den Status einer Kolonie erhielt. Dem „Soldatenkönig" Albert I., bis heute wohl der beliebteste unter den belgischen Königen, gelang es 1914 allerdings nicht, den deutschen Einmarsch in sein Land zu verhindern, obwohl bereits Leopold II. – als Verfechter eines wehrhaften Belgiens – 1887/88 die Maas-Festungen hatte ausbauen lassen.

Das belgische Wahlrecht basierte in der ursprünglichen Verfassung von 1831 auf der Höhe der Steuerzahlungen und war somit – wie in Großbritannien – an Besitz beziehungsweise wirtschaftliche Leistungsfähigkeit gebunden. Die industrielle Entwicklung des Landes führte allerdings nach der Entstehung klerikaler und liberaler Parteien schon bald zu Zusammenschlüssen innerhalb der Arbeiterschaft, um politische Forderungen nach Gleichstellung gegenüber der sogenannten „bürgerlichen Oligarchie" durchzusetzen. Die Gewerkschaften, vor allem jedoch die 1879 gegründete belgische Sozialistische Partei (ab 1885 Arbeiterpartei), drängten dabei auf eine Wahlrechtsreform, die 1893 schließlich allen männlichen Bürgern ab 25 Jahren das Wahlrecht verlieh. Auch wenn damit noch keine völlige Gleichstellung verbunden war, weil Männer über 35 Jahre mit einem bestimmten Besitz zwei Stimmen, die Absolventen von Höheren Schulen und Universitäten drei Stimmen besaßen, wurde die Demokratisierung Belgiens dadurch wesentlich vorangetrieben. Zu nennen sind in diesem Zusammenhang ebenso verschiedene Maßnahmen in der Bildungspolitik, in erster Linie das Volksschulgesetz von 1879, das Gesetz über den höheren Schulunterricht 1881 mit der Neugründung von Mittelschulen und Gymnasien sowie die Ausdehnung des Grundschulwesens auf die gesamte Bevölkerung nach 1890. Erste sozialpolitische Maßnahmen wurden durch die Verabschiedung einer Fabrikordnung und die Begründung der Rentenversicherung im Jahre 1900 sowie durch die Einführung der Unfallversicherung für Arbeiter 1903 und Verbesserungen im Wohnungswesen eingeleitet. Auch erste öffentliche Einrichtungen für die Arbeiterschaft wurden nun geschaffen.

Ohne Probleme war indessen auch der belgische Staat nicht. Vor allem die Schulgesetzgebung war zwischen den Klerikalen und den Liberalen umstritten. Die Einführung des allgemeinen Grundschulwesens führte sogar zu einem regelrechten „Kulturkampf" der Kirche gegenüber dem Staat, dem überzogene Säkularisierungsabsichten unterstellt wurden. Die Klerikalen, die sich seit 1884 an der Regierung behaupteten, setzten die Gleichstellung der zahlreichen „freien", das heißt kirchlichen Schulen mit den Gemeinschaftsschulen durch. Ein weiterer Streitpunkt war die Vorherrschaft der französischen Sprache und Kultur, die nicht nur im wallonischen Landesteil galt, sondern auch die Oberschicht in den flämischen Provinzen erfaßt hatte. Die „Flämische Bewegung" führte einen zähen Kampf gegen diese Dominanz und erreichte Schritt für Schritt die Gleichberechtigung des Flämischen und sogar seine Bevorzugung in den flämischen Gebieten. Insgesamt jedoch hielt sich der belgische Staat in den privaten Angelegenheiten seiner Bürger so weit wie möglich zurück. Ein Beispiel war die Religionsfreiheit, die zwar im Zusammenhang mit dem Streit zwischen Flamen und Wallonen politische Gegensätze zwischen den evangelischen und katholischen Fraktionen nicht verhinderte, aber doch dazu führte, daß keine Religionsgemeinschaft eine besondere Genehmigung benötigte, um sich in Belgien niederzulassen. Belgien wurde zu einem „Nachtwächterstaat", wie Kritiker anmerkten, in dem die Regierung ihren Einfluß auf die Gesellschaft auf ein Minimum beschränkte. Gerade deshalb aber genossen die Bürger ein Höchstmaß an individueller Freiheit, und die Demokratisierung des Staates machte gute Fortschritte.

In den benachbarten Niederlanden, das vorwiegend agrarisch strukturiert war und sich nur langsam industrialisierte, konnten konservative und monarchische Kräfte sich ebenfalls nur bis 1848 gegen den liberalen Zeitgeist behaupten. Nicht zuletzt die Auswirkungen der europäischen Revolutionen des Jahres 1848 trugen hier zur Beschleunigung des Demokratisierungsprozesses bei. So wurde der Professor J. R. Thorbecke von der Universität Leiden, der als Führer der niederländischen Liberalen bereits seit den dreißiger Jahren mit Vorschlägen für Änderungen im Staatsaufbau hervorgetreten war, inmitten der Revolutionswirren, von denen die Niederlande allerdings nur am Rande erfaßt wurden, von König Wilhelm II. (1840–1849) als verantwortlicher Minister für die Ausarbeitung einer Verfassung berufen. Noch im gleichen Jahr legte Thorbecke einen Entwurf vor, durch den die monarchische Gewalt konstitutionell beschränkt wurde. Auch wenn die neue Verfassung dem König noch erhebliche Vetorechte zugestand, um vom Parlament verabschiedete Gesetze zu verhindern, und das allgemeine Wahlrecht für Männer erst 1917 eingeführt wurde, galt die neue Verfassung mit einer geschickten Ausbalancierung von Landes- und Provinzialrechten allgemein als vorbildlich. Thorbeckes Liberale Partei errang damit zugleich für lange Zeit die politische Vorherrschaft, die erst 1888 durch ein Bündnis zwischen der calvinistischen „Antirevolutionären Partei" und der Katholischen Partei gebrochen wurde.

Ein zentraler Streitpunkt zwischen den Parteien war das Bildungs- und Erziehungswesen. Während die Liberalen ein kostenloses staatliches Grundschulsystem ohne religiöse Erziehung befürworteten, kämpften die protestantischen Konservativen und die Katholiken für die staatliche Unterstützung ihrer Bekenntnisschulen. Das Bündnis von 1888 diente nicht zuletzt dem Zweck, dieses Ziel durchzusetzen. Da es eine Arbeiterpartei oder sozialistische Parteien von Rang, die die Vorherrschaft der älteren Parteien hätten anfechten können, bis zum Ersten Weltkrieg in den Niederlanden nicht gab, waren die Liberalen nunmehr isoliert, so daß sie sich 1889 in ihrem Widerstand gegen die Einführung von Konfessionsschulen geschlagen geben mußten. Auch die allgemeine Wehrpflicht und ein Arbeiterschutzgesetz wurden von der neuen Regierung beschlossen. In außenpolitischer Hinsicht änderte sich dagegen wenig: Die Niederlande blieben harmonisch in die europäische Staatenordnung integriert, wobei der mächtige Schatten des Deutschen Reiches seit 1871 allerdings stets als Bedrohung empfunden wurde. Deutsche Kultur und Wissenschaft waren zwar hoch angesehen und wurden stellenweise sogar kopiert. Die Bismarcksche Außenpolitik und mehr noch die Politik Kaiser Wilhelms II. nach 1890 stießen jedoch auf Mißtrauen und Ablehnung, so daß es kein Zufall war, daß die erste allgemeine Friedenskonferenz 1899 in Den Haag stattfand.

Auch die Schweiz fügte sich in dieses Bild einer allgemeinen Demokratisierung Westeuropas im Laufe des 19. Jahrhunderts ein. Der lockere Staatenbund, der hier durch den „Bundesvertrag" vom 7. August 1815 gebildet worden war und den einzelnen Kantonen einen größtmöglichen Spielraum bei der Ausgestaltung ihrer inneren Ordnungen gelassen hatte, verhinderte nicht den rasch anwachsenden Liberalismus, der in der gesamten Schweiz eine Reform der Bundesverfassung und den Sturz der in den meisten Kantonen herrschenden Aristokratie erstrebte. Bereits nach der französischen Juli-Revolution 1830 wurden in einer Reihe von Kantonen die Verfassungen im liberalen Sinne umgestaltet. Lediglich die katholisch-konservative Partei, die insbesondere den Zuwachs der föderativen Autorität ablehnte, setzte den vordringenden Liberalen größeren Widerstand entgegen. Die katholischen Kantone schlossen sich dazu 1843 sogar zu einem „Sonderbund" gegen die Mehrheit der demokratisch orientierten Kantone zusammen, der allerdings bereits im November 1847 im „Sonderbundskrieg" nach kurzem Kampf durch die eidgenössischen Truppen wieder aufgelöst wurde.

Dem militärischen Sieg der Befürworter einer liberalen, demokratischen Föderation folgte eine durchgreifende Bundesreform. Mit der Verfassung vom 12. September 1848 wurde die Schweiz, die bis dahin kein einheitliches Staatsgebilde, sondern nicht mehr als ein Zusammenschluß weitgehend selbständiger Kantone mit unterschiedlicher Kultur, Verwaltungsform, Religion und Sprache, jeweils eigener Handelspolitik und dem Recht zum Abschluß völkerrechtlicher Verträge gewesen war, zu einem Bundesstaat mit Bern als Bundesstadt umgestaltet. Erst damit wuchs auch eine eigenständige nationale Identität. Man war jetzt nicht länger nur Walliser oder Luzerner, Tessiner oder Graubündener, sondern zuallererst Schweizer. Die politische Ordnung bestand von nun an aus einem Zweikammersystem, das dem der USA ähnlich war: mit einem Nationalrat, in dem das Volk auf der Grundlage der Bevölkerungsstärke (mit einem Abgeordneten auf 20 000 Einwohner), und einem Ständerat, in dem die Kantone gleich stark vertreten waren. Die als „Bundesrat" bezeichnete Regierung wurde ebenso wie ein Bundesgerichtshof von der Legislative gewählt. Die Kantone behielten große Vollmachten im Erziehungs- und Gesundheitswesen, in der Justiz und im religiösen Bereich, während die Zentralregierung über die Außen-, Militär-, Handels- und Finanzpolitik sowie über das Post- und Münzwesen bestimmte.

Der Unabhängigkeitssinn der Schweizer, der während der ersten Hälfte des 19. Jahrhunderts Bestrebungen nach nationaler Einheit praktisch aussichtslos hatte erscheinen lassen, wurde durch diese Entwicklung in eine neue Richtung gelenkt: Die Schweiz wurde zu einem der demokratischsten Staaten in Europa – zumindest jedoch zur fortschrittlichsten Demokratie auf dem Kontinent. Sie entwickelte sich zu einem Zentrum der politischen Freiheit, das stolz auf seine föderative Regierungsform und seine Institutionen der direkten Demokratie war – aber auch darauf, daß es politisch Verbannten aus anderen Ländern Zuflucht bot. Die freisinnig-demokratische Partei, die einen entschiedenen Liberalismus vertrat, bestimmte lange Zeit unbestritten den Nationalrat wie den Bundesrat. Auch als sich zeigte, daß die Regierung nicht mehr genügend handlungsfähig war und die Verfassung geändert werden mußte, führte dies nicht nur zu einer zentralistischen Stärkung der Bundesgewalt, sondern gleichzeitig zu einer Ausweitung demokratischer Einrichtungen. Die neue Verfassung vom 29. Mai 1874 wurde – in alter Schweizer Tradition – in einer Volksabstimmung bestätigt. Auch in den Kantonen wurden in immer größerem Maße Formen der direkten Demokratie, wie Volksbegehren und Volksentscheide, in die jeweiligen Verfassungen eingeführt. Bereits bei der Frage der Trennung von Kirche und Staat, die auf der Ebene der Kantone entschieden werden mußte, spielte dies eine wichtige Rolle, wobei der „Kulturkampf" gegen die katholische Kirche in den siebziger Jahren besonders in den Kantonen Bern und Genf zu erbitterten Auseinandersetzungen führte. 1891 wurde die Möglichkeit des Referendums schließlich auch in das Bundesgesetz aufgenommen. Bereits 1894 erhielt die Bevölkerung damit die Gelegenheit, über die Einführung der allgemeinen Wehrpflicht abzustimmen.

c) Festigung der Volkssouveränität in Nordeuropa

In Nordeuropa vollzogen sich die gesellschaftlichen und politischen Veränderungen langsamer als im westlichen Teil des Kontinents. Ein gutes Beispiel dafür war Dänemark. Zwar wurde das dänische Königreich unter den Reformministern Johann Hartwig Ernst Graf von Bernstorff, Johann Friedrich Graf von Struensee und Andreas Peter Graf von Bernstorff seit 1751 vom Geist des aufgeklärten Absolutismus beherrscht, so daß es bereits 1788 zu einer allgemeinen Bauernbefreiung kam. Unter Friedrich IV. (seit 1784 Regent und von 1808 bis 1839 König) wurde die Entwicklung zu einer Konstitutionalisierung und Parlamentarisierung der dänischen Monarchie jedoch zeitweilig unterbrochen. Nachdem Friedrich 1807 den Fehler begangen hatte, sich Frankreich anzuschließen, und nach der Niederlage Napoleons im Kieler Frieden vom Januar 1814 einen beträchtlichen Teil des Reiches an die Siegermächte abtreten mußte – Helgoland fiel an Großbritannien, Norwegen (mit Ausnahme Islands, Grönlands und der Färöer Inseln) an Schweden –, schlug die Stimmung um und war nun zunehmend durch Nationalismus geprägt. Die nationale Reaktion richtete sich nicht nur gegen den Einfluß deutscher Bildung und Literatur, sondern führte auch zu Forderungen der nationalliberalen „Eiderdänen“ nach völliger Eingliederung Schleswigs bis zur Eider in das Königreich Dänemark. Liberale innenpolitische Vorstellungen wurden somit durch einen expansiven Nationalismus überlagert und in den Hintergrund gedrängt. Erst nach der Revolution von 1848 waren die Liberalen stark genug, um 1849 eine Verfassung durchzusetzen, die sich durchaus mit westeuropäischen Vorbildern messen konnte. Sie machte aus Dänemark eine konstitutionelle Monarchie mit einem Zweikammersystem (*Folketing* und *Landsting*), das alle Merkmale des Parlamentarismus trug. Die Demokratisierung war jedoch, wie in Westeuropa, immer noch dadurch eingegrenzt, daß nur Personen mit einem bestimmten Mindesteinkommen gewählt werden konnten.

Nach dem Deutsch-Dänischen Krieg von 1864, in dem Dänemark die Herzogtümer Schleswig, Holstein und Lauenburg an Österreich und Preußen verlor, schlug Christian IX., der 1863 den dänischen Thron bestiegen hatte, wiederum einen konservativen Kurs ein. Im Folketing, dem eigentlichen Parlament, dominierten demokratisch-bäuerliche Parteien, die eine Bevölkerung repräsentierten, die hauptsächlich aus Kleinbauern bestand und sich nur wenig für Politik interessierte. Die konservative Politik des reformfeindlichen Christian IX. stieß deshalb lange Zeit kaum auf Widerstand. Erst um die Jahrhundertwende zeichnete sich eine Veränderung dieser Konstellation ab, als Forderungen nach Reformen nicht nur aus dem städtischen Mittelstand, sondern auch aus den Reihen der bereits seit den siebziger Jahren des 19. Jahrhunderts aktiven Sozialdemokraten sowie aus Kreisen der durch den Schriftsteller Georg Brandes (1842–1927) inspirierten und geführten Jugendbewegung erhoben wurden. Selbst die wohlhabenden Bauern wünschten nun mehr politische Mitbestimmung. 1909 beauftragte der König schließlich Carl Theodor Zahle mit der Regierungsbildung. Er war der Führer der bereits 1870 als Zusammenschluß verschiedener Bauernvertreter entstandenen „Vereinigten Linken" und leitete jetzt mit einer kurzen Unterbrechung bis 1920 als Ministerpräsident und Justizminister die Regierungsgeschäfte. Seine wichtigste politische Leistung war 1915 die Durchsetzung einer neuen Verfassung, mit der ein streng parlamentarisches System eingeführt und das Wahlrecht auf alle Männer und die meisten Frauen ausgedehnt wurde. Wie vier Jahre zuvor in Großbritannien, so wurden nun auch in Dänemark die Kompetenzen des Unterhauses erweitert und das effektive Vetorecht des Oberhauses, das bis dahin die Macht des Königs untermauert hatte, entscheidend beschnitten. Dänemark blieb zwar eine konstitutionelle Monarchie, aber der König war nur noch eine Repräsentationsfigur ohne nennenswerte politische Macht. Doch Christian IX. sowie seine Nachfolger Friedrich VIII. (1906–1912) und Christian X. (1912–1947) akzeptierten diese Beschränkungen und fügten sich ohne erkennbaren Protest in die neue Ordnung ein.

In Schweden regierte Karl XIV. bis zu seinem Tode 1844 als absolutistischer Monarch. Auch sein Sohn Oskar I. (1848–1859) war kein Freund moderner Verfassungen. Erst unter Karl XV. (1859–1872) kam es zu Reformen, die vor allem von seinem ersten Minister De Geer vorangetrieben wurden und 1865 in der Verabschiedung einer Repräsentativverfassung mit einem Zweikammersystem anstelle des Reichstages der vier Stände gipfelten. Das allgemeine Wahlrecht für das Unterhaus wurde jedoch erst 1909 unter Gustav V. (1906–1950) eingeführt, der sich als liberaler Monarch erwies und endgültig zur Durchsetzung der Demokratie in Schweden beitrug. Wie sehr indessen auch die absolutistische Macht Karls XV. bereits eingeschränkt war, zeigte sich 1864, als der König angesichts eines verbreiteten „Skandinavismus", der in den sechziger Jahren seinen Höhepunkt erreichte, ein Eingreifen Schwedens an der Seite Dänemarks gegen Preußen und Österreich befürwortete, daran aber nicht nur von Norwegen, mit dem Schweden in Personalunion verbunden war, sondern auch von Kräften im eigenen Land gehindert wurde.

Ein wichtiger Grund für das langsame Voranschreiten der Reformen in der schwedischen Innenpolitik bestand darin, daß um 1870 noch 72,4 Prozent der Bevölkerung in der Landwirtschaft tätig waren. Das Bürgertum war schwach, die schlechte Wirtschaftslage trieb jährlich etwa 10 000 Schweden zur Auswanderung nach Nordamerika. Erst 1889 fand sich vor dem Hintergrund eines allmählichen Aufschwungs der Holz- und Eisenverarbeitung sowie der Textil- und Maschinenherstellung die erste sozialdemokratische Partei zusammen. Eine ihrer herausragenden Erscheinungen war Hjalmar Branting, nicht nur Mitbegründer, sondern von 1907 bis 1925 auch Vorsitzender der Sozialdemokratischen Arbeiterpartei, der wiederholt als Ministerpräsident amtierte und 1921 zusammen mit Christian Lange, dem norwegischen Pazifisten, Generalsekretär der Interparlamentarischen Union und Vertreter Norwegens im Völkerbund, den Friedensnobelpreis erhielt. Nicht zuletzt auf Drängen der erstarkenden Arbeiterbewegung entstanden 1891 in Schweden die erste Krankenkasse und 1901 die erste Arbeiterunfallversicherung. Bemerkenswert und für die weitere Entwicklung der wirtschaftlichen Demokratie in Schweden bedeutungsvoll war zudem die Tatsache, daß sich ein großer Teil der Industrialisierung von vornherein auf der Basis von Aktienfinanzierung vollzog. Bereits 1905 waren nicht weniger als 35 Prozent der Industriebetriebe Eigentum von Aktiengesellschaften.

Norwegen war zwar politisch moderner ausgerichtet als Schweden, verfügte aber nicht über dessen Industriepotential. Der Anteil derjenigen, die in der Land- und Forstwirtschaft oder Fischerei tätig waren, lag Ende des 19. Jahrhunderts immer noch bei 80 Prozent. Da es kaum wirtschaftliche Perspektiven gab, wanderten zahlreiche Norweger, wie viele Schweden, in die USA aus. Auch sonst gab es manche Parallelen: 1887 wurde eine Arbeiterpartei gegründet, die 1903 ihre ersten Sitze erlangte. 1892 wurde die Kinderarbeit eingeschränkt, zwei Jahre später eine staatliche Arbeiterunfallversicherung eingeführt. Seit 1889 bestand das allgemeine Wahlrecht für Männer. Im Unterschied zu Schweden war in Norwegen jedoch bereits nach dem Kieler Frieden am 17. Mai 1814 eine freiheitliche Sonderverfassung in Kraft getreten, die Norwegen zu einer konstitutionellen Monarchie mit einem Zweikammersystem umformte. Beide Kammern des Parlaments (Storting) arbeiteten so kollegial zusammen, daß sie nicht selten gemeinsam tagten. Bemühungen von König Karl Johannes, die eingeschränkten Vetorechte des Monarchen wieder zu erweitern, wurden 1824 vom Storting erfolgreich abgeblockt. Schon drei Jahre zuvor war zudem der Adel abgeschafft worden.

Da diese Demokratisierungsbestrebungen im Widerspruch zur absolutistischen Herrschaft der schwedischen Könige Karls XIV. und Oskars I. standen, schien es nur eine Frage der Zeit, wann die bestehende Personalunion zwischen beiden Ländern aufgehoben würde. Diese Stunde war gekommen, als die von J. Sverdrup geführte bäuerliche Linke in den siebziger Jahren des 19. Jahrhunderts die Oberhand gewann. Der Widerstand gegen die häufigen schwedischen Versuche, Norwegen zu vereinnahmen, hatte schon vorher zur Ausprägung eines norwegischen Nationalgefühls beigetragen. Jetzt wurde daraus aber ein Kampf um Demokratie und nationale Eigenständigkeit. Allerdings sollte es noch mehrere Jahrzehnte dauern, bis das Storting am 7. Juni 1905 die Trennung von Schweden verkündete. Danach nahmen die demokratischen Tendenzen noch weiter zu – woran auch die Tatsache nichts änderte, daß der dänische Prinz Karl, ein Sohn Friedrichs VIII., 1906 als Håkon VII. zum norwegischen König gekrönt wurde. So erweiterte Norwegen als erster europäischer Staat 1907 das Wahlrecht auf alle Frauen, die zudem seit 1913 den Männern rechtlich gleichgestellt waren. Gleichzeitig wurden die allgemeine Schulpflicht und die erste Sozialversicherung eingeführt. Das noch bestehende Vetorecht des Königs wurde 1915 aufgehoben. Norwegen hatte den Weg zur Demokratie konsequent und früher als die meisten europäischen Staaten bis zum Ende beschritten.

d) Fortschritte mit Hindernissen in Spanien und Portugal

Die Fortschritte, die bei der Demokratisierung in der zweiten Hälfte des 19. Jahrhunderts in Westeuropa und Skandinavien zu verzeichnen waren, ließen im Süden des Kontinents nahezu überall auf sich warten. Hier waren die Erfolge minimal, die wirtschaftliche Entwicklung rückständig und die politischen Strukturen demokratiefeindlich. So faßte der englische Historiker Gerald Brenan die Geschichte Spaniens bis 1870 mit den Worten zusammen, der „glorreichen nationalen Erhebung gegen Napoleon" seien „26 Jahre der wilden Reaktion und des Bürgerkriegs gefolgt", und daran angeschlossen habe sich „die anarchistische Herrschaft der Generäle", die weitere 28 Jahre bestand. In Wirklichkeit war die Entwicklung in Spanien jedoch keineswegs so eindeutig, wie es auf den ersten Blick schien.

So datierte die erste liberale Verfassung Spaniens bereits aus dem Jahre 1812, nachdem sich im Zuge der Erhebung gegen Napoleon 1810 in Cadiz eine „neue Cortes" versammelt hatte – in begrifflicher Anlehnung an die gleichnamige alte Ständeversammlung, die seit langem nicht mehr einberufen worden war. Doch König Ferdinand VII., der von Napoleon zum Verzicht auf die Krone gezwungen worden war und 1814 nach Spanien zurückkehrte, hob diese Verfassung sofort wieder auf und regierte streng absolutistisch mit großer Härte gegen liberale Bestrebungen. Eine 1820 zunächst siegreiche liberale Revolution wurde 1823 von ihm mit Hilfe eines französischen Expeditionsheeres, aber auch im Namen der konservativen Großmächte Europas, die in der „Heiligen Allianz" miteinander verbunden waren, niedergeworfen. Als Ferdinand VII. 1833 starb, kam es zum Streit über die Thronfolge seiner jungen Tochter Isabella II., zu deren Gunsten er bereits 1830 das bis dahin gültige salische Erbfolgerecht aufgehoben hatte. Der Widerstand kam vor allem von ihrem Onkel Don Carlos, dem neben Aragón und Katalonien unter anderem die streng katholischen baskischen Provinzen zufielen, die sich neben Navarra ihre alten Sonderrechte bewahrt hatten und sich nun ebenso gegen den Vorrang Kastiliens und Madrids wandten wie das Baskenland. Die Konfrontation zwischen Isabella und Don Carlos mündete in den sogenannten „1. Carlistenkrieg", der bis 1840 andauerte und in dessen Verlauf 1834 wieder eine liberale Verfassung gewährt werden mußte.

Obwohl Isabella sich auf dem Thron zu behaupten vermochte, war ihre Regierungszeit bis zu ihrem Sturz 1868 durch ständige Unruhen gekennzeichnet. Die Macht lag bei General Narváez, der einem autoritären Regime vorstand. Die Mitglieder des Parlaments – der Cortes – entstammten einem kleinen Kreis der Oberschicht und waren teilweise direkt von der Regierung bestimmt. Eine neue Verfassung, die 1845 von Narváez erlassen wurde, beseitigte die letzten Reste der Volkssouveränität, schrieb die religiöse Einheit im katholischen Glauben fest und erweiterte nochmals die Rechte der Krone. Revolutionsversuche, die 1848 auch in Spanien an einigen Stellen aufflammten, wurden durch das Militär rasch und blutig niedergeschlagen. Zwar konstituierte sich im selben Jahr ebenfalls eine Demokratische Partei, die in ihrem Programm auf die Verfassung der USA verwies, die Einführung der Volkssouveränität forderte und zugleich die konstitutionelle Monarchie befürwortete. Aber die für jede Demokratisierung und Mitbestimmung der Bevölkerung notwendige Erweiterung der Schulbildung wurde von dem zuständigen Minister José Bravo Murillo mit den Worten abgelehnt, Spanien brauche „keine Menschen, die wissen, sondern Ochsen, die arbeiten".

Nach dem Tod von General Narváez kam es 1868 zu einem Putsch des Militärs unter Führung von Admiral J. B. Topete und General Juan Prim. Im Gegensatz zu 1854, als sich schon einmal Teile des Militärs unter General O'Donnell gegen Narváez erhoben hatten, führte der Staatsstreich diesmal jedoch nicht zu blutigen Straßenschlachten mit Beteiligung der Bevölkerung, sondern nur zu einem kurzen Kampf innerhalb der Armee, in dem die Aufständischen über die regierungstreuen Truppen bei Acolea triumphierten. Isabella wurde ihres Thrones enthoben und floh mit ihrer Familie nach Frankreich. Es wäre wohl übertrieben, den Putschisten liberale Motive zu unterstellen. Sie waren jedoch am Ende offenbar nicht mehr bereit, die immer repressiveren Methoden der Königin zu tolerieren, so daß der Tod von Narváez nur noch den Anstoß zu ihrer Absetzung gab. Tatsächlich waren bereits seit 1867 in den großen Städten liberale Juntas aktiv, die nach dem Sieg der Aufständischen sogleich eine Zentraljunta bildeten, um die Demokratisierung Spaniens einzuleiten. Zwar wurde die Zentraljunta vom Militär wieder aufgelöst, dem die Entwicklung wohl unheimlich wurde. Doch fanden 1869 Wahlen statt, bei denen alle Männer über 25 Jahren wahlberechtigt waren und aus denen die Partei General Prims als Sieger hervorging. Danach wurde eine Verfassung verabschiedet, die sich am belgischen und amerikanischen Vorbild orientierte und die Freiheitsrechte des Einzelnen sowie die Volkssouveränität garantierte. Der Versuch einer demokratischen Revolution schien gelungen.

Bei der Neuregelung der Thronfolge, die notwendig war, weil die Verfassung ungeachtet aller Demokratisierungsbestrebungen die Beibehaltung eines Monarchen als Staatsoberhaupt im Rahmen einer konstitutionellen Monarchie vorsah, bewies die neue Regierung unter General Prim indessen eine weniger glückliche Hand. Zunächst löste sie mit ihrem Angebot an den Erbprinzen Leopold von Hohenzollern-Sigmaringen, den spanischen Thron zu besteigen, unbeabsichtigt Spannungen zwischen Frankreich und Preußen aus, die bald darauf zum deutsch-französischen Krieg von 1870/71 eskalierten. Dann, im November 1870, als man den vakanten Thron dem zweiten Sohn des Königs von Italien, Herzog Amadeo de Aosta, anbot, war das Ergebnis kaum besser: Diesmal nahm der Auserkorene das Angebot zwar an und trat als Amadeo I. sein Amt an. Doch danach sah er sich nicht nur mit der Ermordung von Ministerpräsident Prim, sondern auch mit einer ganzen Front von Feinden konfrontiert: Die Legitimisten wünschten Isabellas Sohn Alfonso auf dem Thron, die Carlisten setzten sich für den gleichnamigen Enkel des Don Carlos ein und entfesselten 1872 in den baskischen Provinzen einen weiteren Carlistenkrieg, die katholische Kirche lehnte Amadeo ab, weil er einer Dynastie entstammte, die den Papst seiner irdischen Macht beraubt hatte, und die Republikaner wollten überhaupt keinen König. So dauerte es nicht lange, bis Spanien erneut in einen Strudel von Gewalt stürzte, der die Regierung destabilisierte und Amadeo im Februar 1873 bewog, nach nur zwei Jahren auf dem Thron frustriert abzudanken. Die nun proklamierte föderalistische Republik machte es allerdings nicht besser: Sie ähnelte bald mehr einer Anarchie als einer funktionierenden Demokratie, da Teile der Armee meuterten und selbst einzelne Städte sich plötzlich für unabhängig erklärten und miteinander die unterschiedlichsten Koalitionen bildeten. Allein das Jahr 1873 verzeichnete vier verschiedene Ministerpräsidenten an der Spitze der spanischen Regierung.

Einer der Gründe, warum die inneren Unruhen so schwer zu überwinden waren, lag in den militärischen Ambitionen Spaniens, die ungeachtet aller Krisen in dieser Zeit fortbestanden. So führte Spanien von 1865 bis 1868 Krieg gegen Chile und Peru, entsandte eine Strafexpedition nach Marokko und beteiligte sich an der Intervention Napoleons III. in Mexiko. Auch der spanische Kolonialbesitz in Kuba, Puerto Rico, den Philippinen, Karolinen, Marianen und Marokko erforderte beständige Aufmerksamkeit und materiellen Einsatz. Das republikanische Intermezzo wurde deshalb im Dezember 1874 von der Armee unter General Manuel Pavía kurzerhand beendet. Alfonso XII., der Sohn Isabellas II., übernahm die Regentschaft. Die neue Verfassung, die 1876 von dem neuen starken Mann Spaniens, dem konservativen Politiker Don Antonio Cánovas del Castillo, initiiert wurde, schloß weite Teile der Bevölkerung vom Wahlrecht aus, da es an eine bestimmte Größe des Besitzes gekoppelt war, führte jedoch ein verantwortliches Kabinett und ein Zweikammersystem nach dem Vorbild des englischen Konstitutionalismus ein, als dessen Bewunderer er galt, und schuf damit eine zumindest oberflächliche Stabilität, die bis zum Amerikanisch-Spanischen Krieg 1898 andauerte. Konservative und liberale Parteien wechselten sich nun in der Regierung ab.

Allerdings war die Stabilität teuer erkauft, da die Restauration der konstitutionellen Monarchie weder den allgemeinen Rechtszustand noch die bestehende soziale Ungleichheit verbesserte. Eine sozialpolitische Gesetzgebung wie in Belgien oder Großbritannien, die zu einem Abbau gesellschaftlicher Spannungen hätte beitragen könnte, gab es nicht. Dafür wurde den Politikern, dem Klerus und der Armee erlaubt, sich auf Kosten der Nation zu bereichern, so daß sich die Kluft zwischen Regierenden und Regierten eher noch vergrößerte. Der Tod Alfonsos im Jahre 1885 bedeutete dagegen keine große Zäsur, da der König in der neuen politischen Ordnung Spaniens nicht mehr als eine Nebenrolle spielte. Auch die Tatsache, daß Alfonsos Gemahlin bis 1902 die Regentschaft übernahm, da sein Sohn noch nicht alt genug war, um den Thron zu besteigen, stellte nicht mehr als eine Fußnote in den Geschichtsbüchern dar.

Das Gegenteil galt für Kuba, die reichste Kolonie Spaniens, die in den neunziger Jahren zum Auslöser eines folgenschweren Krieges werden sollte. Wegen der rücksichtslosen Ausbeutung der einheimischen Bevölkerung und der Forderung nach Unabhängigkeit war es hier bereits 1868 zu einem

Aufstand gekommen, dessen Niederschlagung beinahe zehn Jahre in Anspruch genommen hatte. Als der Aufstand 1895 erneut aufflammte und 1898 immer noch nicht beendet war, griffen die USA ein, um die Besitzungen amerikanischer Geschäftsleute zu schützen. Der daraus resultierende Krieg zwischen den USA und Spanien wurde sowohl auf Kuba selbst als auch in der übrigen Karibik zu Lande und zu Wasser ausgetragen und endete mit der Vernichtung der spanischen Flotte. Doch erst das zielgerichtet ausgestreute Gerücht, die Vereinigten Staaten würden eine Expedition nach Europa ausrüsten, um Spanien direkt anzugreifen, ließ die Regierung in Madrid einsichtig werden, die sich trotz der militärischen Niederlage zunächst geweigert hatte, in Friedensverhandlungen einzutreten. Nachdem der Krieg 1899 beendet war, mußte Spanien neben Kuba auch Guam, Puerto Rico und die Philippinen an die USA abtreten. Da damit das Interesse an überseeischen Kolonien offenbar insgesamt erloschen war, verkaufte Madrid außerdem seine Südseeinseln, die Karolinen und Marianen, an das Deutsche Reich. Ein gewisser Ersatz wurde erst wieder mit den spanisch-französischen Verträgen von 1904 und 1912 im nördlichen Marokko angestrebt.

Zunächst aber trafen der verlorene Krieg, die leeren Staatskassen und eine geschlagene Armee um die Jahrhundertwende mit einer zunehmenden Unzufriedenheit unter den Bauern und der wachsenden Zahl der Industriearbeiter zusammen. Mit der bisherigen Stabilität war es nun vorbei. Dabei gab die Niederlage einerseits einen Anstoß zur Selbstbesinnung, wie sich etwa in den Werken von Miguel de Unamuno und José Ortega y Gasset zeigte: Während der 1864 im baskischen Bilbao geborene Lyriker, Dramatiker und Erzähler Unamuno, der nicht zuletzt auch mit Essays hervortrat, das Lebensgefühl der Spanier zu ergründen suchte, beschäftigte sich der aus Madrid stammende Philosoph und Publizist Ortega y Gasset insbesondere in seinen frühen Arbeiten mit einer kritischen Bestandsaufnahme der Wesensart Spaniens, zu deren systematischer und kontinuierlicher Untersuchung er später die Zeitschrift *España* mitbegründete und herausgab. Auf der anderen Seite breiteten sich in den Industriestädten die Ideen des marxistischen Sozialismus und Syndikalismus aus, während unter den Bauern des Südens und der Arbeiterschaft von Barcelona anarchistische Ideen vorherrschten. Zugleich kam es zu einem Wiederaufleben des Carlismus und zu separatistischen Bestrebungen unter den Basken und Katalanen, von denen einige den Carlismus, andere den Extremismus der Linken unterstützten. Mord und Terrorismus, so Gordon A. Craig, seien dadurch in der spanischen Politik „beinahe zur Alltäglichkeit" geworden: Die Gewalt griff immer mehr um sich.

Ein Ausweg aus dieser Situation war zunächst nicht in Sicht. Die Verschärfung der inneren Gegensätze, die ihren Ursprung nicht zuletzt in den immer noch rückständigen wirtschaftlichen und sozialen Verhältnissen hatte, führte vielmehr 1909 zu einem blutigen Aufstand in Barcelona, der jedoch lediglich den vorläufigen Höhepunkt zahlloser vorangegangener politischer Gewaltakte bildete. Der Versuch des Führers der Liberalen Partei, José Canalejas, eine auf dem Grundsatz des Antiklerikalismus basierende Koalition mit

Republikanern und Sozialisten zu bilden, um den sozialen Frieden wiederherzustellen, war ebenfalls kaum geeignet, die schwierige Lage zu entschärfen. Zwar hatte die Kritik an der überragenden Machtstellung der katholischen Kirche in Spanien insbesondere beim Mittelstand und unter Intellektuellen stark zugenommen, zumal die Kirche stets das Bündnis mit den antidemokratischen Kräften gesucht und liberale, vor allem jedoch sozialistische Ideen und Bewegungen mit repressiven Mitteln bekämpft hatte. Aber die oft anzutreffende Behauptung, daß Spanien um 1910 aufgehört habe, ein katholisches Land zu sein, als der Anarchismus unter den Bauern zunahm, die Skepsis des Mittelstandes wuchs und die Feindschaft der Intellektuellen gegenüber der kirchlichen Zensur eskalierte, scheint dennoch übertrieben. Allerdings war eine antiklerikale Politik allein zu wenig, um durch ein Bündnis der Linken und der Mitte einen demokratischen Neuanlauf zu unternehmen, wie nicht zuletzt die Ermordung Canalejas' bewies, die 1912 eine weitere Phase sozialer Spannungen und politischer Verwirrungen in Spanien einleitete.

Trotz der enormen Schwierigkeiten, die sich einer kontinuierlichen Entwicklung entgegenstellten, fällt Spanien somit bei der Betrachtung der westeuropäischen Bestrebungen um Demokratisierung keineswegs völlig aus dem Rahmen. Auch wenn zahlreiche Anläufe scheiterten, blieben die Bemühungen um eine konstitutionelle und demokratische Ordnung doch stets präsent. Dies galt auch für Portugal, wo die liberale Revolution von 1820 die Einführung einer Verfassung zur Folge hatte. Zwar wollte dies nicht viel besagen, weil die Situation in der ersten Hälfte des 19. Jahrhunderts vor allem durch Kämpfe zwischen rivalisierenden Thronanwärtern und häufige Aufstände gekennzeichnet war. Doch mit der Thronbesteigung Pedros V. im Jahre 1853 begann eine ruhigere Phase, die unter seinem Nachfolger Louis I. (1861–1889) andauerte und die Etablierung einer liberalen parlamentarischen Regierung ermöglichte. Louis I. gelang es zeitweilig sogar, die von chronischem Chaos bedrohten Finanzen Portugals zu ordnen. Diese Aufbauarbeit wurde auch nach einer Militärrevolte 1870 fortgesetzt, als der konservative Politiker Fontes Pereira de Mela das Amt des Ministerpräsidenten übernahm. Konservative (Regeneradores) und Fortschrittliche (Progressistas) wechselten sich danach in der Regierung ab.

Mit dem Tod von Louis I. 1889 und der Thronbesteigung seines Sohnes Carlos I. wurde diese positive Entwicklung jäh unterbrochen. Carlos besaß ein absolutistisches Temperament und ein zügelloses Verlangen nach privatem Vergnügen. Er neigte zu finanzieller Mißwirtschaft, häufigem Mißbrauch der königlichen Prärogative und Verletzung des parlamentarischen Verfahrens. Binnen weniger Jahre hatte er den Staat finanziell zugrunde gerichtet. Die ständigen Geldnöte leiteten eine schwere Staatskrise ein. Der König mußte sich von Parlamentariern öffentlich beleidigen lassen, das Militär wurde unzuverlässig, Matrosen meuterten. Wegen mangelnder Ressourcen gelang es nicht, das portugiesische Kolonialreich in Afrika, das in Angola und Moçambique gute Ansätze besaß, sich jedoch noch im Aufbau befand, so auszudehnen, wie dies vor allem Frankreich, Großbritannien und Deutschland, aber auch Spanien taten. Als Carlos keinen Ausweg mehr sah, beseitigte er 1908 schließlich alle demokratischen Institutionen, um die Kritik an seiner Politik mundtot zu machen, rief die Diktatur aus und ernannte João Franco zum neuen Regierungschef. Damit war er indessen zu weit gegangen: Am 1. Februar 1908 wurde er gemeinsam mit seinem ältesten Sohn Opfer eines Attentats in den Straßen von Lissabon. Der jüngere Sohn überlebte und bestieg als Emanuel II. den Thron. Es gelang ihm allerdings nicht, den Frieden wiederherzustellen und eine stabile Regierung zu bilden. Im Oktober 1910 brach eine Revolution aus, an der sich auch große Teile des Militärs beteiligten. Der königliche Palast wurde von Kriegsschiffen beschossen, der König selbst sah sich zur Flucht gezwungen, nachdem die Republik proklamiert war.

Portugal entwickelte sich nun zumindest nominell zu einem demokratischen Staat. Als Vorbild diente vor allem die Dritte Republik in Frankreich, deren Verfassung und antiklerikale Politik weitgehend übernommen wurden. Allerdings litt Portugal, wie das benachbarte Spanien, auch weiterhin unter einem Mangel an Stabilität, wozu besonders die hohen Schulden und ein wenig effizientes Finanzsystem beitrugen. Nachteilig waren ebenfalls ein hoher Prozentsatz an Analphabeten und der Mangel an öffentlichen Bildungseinrichtungen. Sie behinderten nicht nur die politische Modernisierung, sondern auch die wirtschaftliche und gesellschaftliche Entwicklung, die seit 1889 praktisch stagnierte. Die mangelnde demokratische Reife zeigte sich außerdem darin, daß die Parteien ihre althergebrachte Mißwirtschaft auch in der Republik fortsetzten und sich mehr in ihren gegenseitigen Rivalitäten erschöpften, als einen konstruktiven Beitrag zur politischen Entwicklung des Landes zu leisten. Eine Besserung der Verhältnisse erwies sich unter diesen Umständen bis zum Ersten Weltkrieg, an dem Portugal von 1916 bis 1918 an der Seite Großbritanniens teilnahm, als unmöglich. Die Portugiesische Republik stand daher zwar auf dem Papier, war aber in der Realität nur unzureichend verankert.

e) Stagnation in Italien

In Italien, wo seit 1870 eine konstitutionelle Monarchie mit einem Zweikammersystem bestand, wurden die hohen Erwartungen, die man in das „Risorgimento“ gesetzt hatte, weitgehend enttäuscht. Die politischen Institutionen waren, wie in Spanien, nach englischem Vorbild errichtet worden, wiesen in Wirklichkeit jedoch wenig Ähnlichkeit mit dem britischen Original auf. Das italienische Kabinett war einem Parlament verantwortlich, das aus einem Senat und einer Abgeordnetenkammer bestand. Die Mitglieder des Senats wurden von der Krone auf Lebenszeit ernannt; die Mitgliedschaft war erblich. Die Abgeordnetenkammer wurde durch die besitzenden und gebildeten Schichten für eine Amtszeit von jeweils fünf Jahren gewählt. Die Gruppierungen in der Kammer wurden zwar in konservative Rechte („Destra“) und liberale Linke („Sinistra“) unterschieden. Zwischen ihnen bestand jedoch kein großer programmatischer Unterschied. Da es den Abgeordneten, die in ihrer großen Mehrheit dem Mittelstand entstammten und über ein ähnliches Weltbild verfügten, mehr um machtpolitische Erwägungen als um Sachauseinandersetzungen ging, war die Bildung stabiler Mehrheiten kaum möglich. Die Premierminister regierten vor allem mit Hilfe des „trasformismo" – einer Methode, bei der über Parteigrenzen hinweg im jeweiligen Einzelfall die Bedingungen für parlamentarische Mehrheiten ausgehandelt wurden. Agostino Depreti, der die italienische Politik von 1876 bis 1887 dominierte, und Francesco Cispi, Vorsitzender der Kammer von 1887 bis 1896, waren in diesem Verfahren Meister ihres Faches und verwandelten das Parlament dadurch allmählich in eine amorphe Masse von Abgeordneten ohne politische oder ideologische Bindungen, die eine zusammenhängende, kontinuierliche Politik praktisch unmöglich machten.

Durch den „trasformismo" wurden viele Entscheidungen unnötig lange in der Schwebe gehalten, so daß nicht zuletzt die wirtschaftliche Lage sich immer mehr verschlechterte und der allgemeine Aufbruch, der nach der nationalen Einigung Italiens wünschenswert und möglich erschienen war, nicht zustande kam. So blieb etwa das Problem der Rückständigkeit Neapels und Siziliens – mit schlechter Wasserversorgung, unzureichender Infrastruktur und einer ungerechten Grundbesitzverteilung – ebenso ungelöst wie das Analphabetenproblem, das in diametralem Gegensatz zu dem in Europa einmalig hohen Bevölkerungswachstum stand. Das Ergebnis waren soziales Elend, Unruhen unter der Bevölkerung und eine Auswanderungswelle, die in den achtziger und neunziger Jahren immer mehr anschwoll. Die Schwierigkeiten nahmen noch zu, als Italien 1887 seine Mitgliedschaft im Dreibund mit Deutschland und Österreich-Ungarn unter Bedingungen erneuerte, die darauf hindeuteten, daß die antifranzösischen Bestimmungen des Vertrages verschärft worden waren, und Frankreich daraufhin einen Zoll- und Wirtschaftskrieg einleitete, dessen Auswirkungen sich beinahe über ein Jahrzehnt hinweg bemerkbar machten: Die italienischen Exporte nach Frankreich sanken um nicht weniger als 40 Prozent, und die Kürzung französischer Kredite führte zu einer Finanzknappheit, die Investitionen erschwerte und die Arbeitslosigkeit weiter ansteigen ließ.

Ein allgemeiner Antiklerikalismus aus Verärgerung über Papst Pius IX., der 1871 politische Garantien und finanzielle Unterstützungsangebote der italienischen Regierung als Gegenleistung für deren Anerkennung ausgeschlagen hatte, sich seither hartnäckig als „Gefangenen im Vatikan" bezeichnete und andere Regierungen zu seiner Befreiung aufrief, konnte an der wachsenden Unzufriedenheit der Bevölkerung ebensowenig etwas ändern wie koloniale Abenteuer in Eritrea, Somalia und Abessinien oder Forderungen an Österreich, das Trentino sowie Triest mit Istrien und Dalmatien an Italien abzutreten. Die annexionistische Bewegung der „Irredenta" erfuhr zwar großen Zulauf, trug jedoch kaum dazu bei, die italienische Position zu verbessern. Allenfalls diente sie dazu, zeitweilig von inneren Problemen abzulenken. Im übrigen erzürnten die Angriffe auf die Kirche alle katholischen Länder, und die offensive Außenpolitik forderte andere Mächte zur Revanche heraus.

Tatsächlich nahm die Unzufriedenheit in Italien aufgrund des andauernden sozialen Elends und des Zollkrieges mit Frankreich, der eine Besserung der Situation nicht erwarten ließ, in den neunziger Jahren so stark zu, daß es 1898 in allen größeren italienischen Städten zu schweren Straßenschlachten kam. Sie gipfelten in den „Maitaten" von Mailand, bei denen zwei Polizisten und achtzig Zivilisten ums Leben kamen. Das danach verhängte Kriegsrecht, das zunächst nur dazu verhelfen sollte, die Lage wieder unter Kontrolle zu bringen, wurde jedoch nicht wieder aufgehoben, sondern bedrohte alsbald die Existenz der parlamentarischen Institutionen. Als General Pelloux, der im Juni 1899 vom König ohne Rücksprache mit dem Parlament zum Premierminister ernannt worden war, in diesem Zusammenhang verlauten ließ, er werde fortan durch königliche Erlasse regieren, die seinen Vorhaben automatisch Gesetzeskraft verleihen würden, kamen die Parlamentarier allerdings zumindest für den Augenblick zur Besinnung: Die sogenannte Radikale Linke – in Wirklichkeit eine pragmatische Reformpartei –, die Republikaner und die neue, erst 1892 von Filippo Turati gegründete Sozialistische Partei bildeten eine Koalition, die mit Unterstützung der gemäßigten konstitutionellen Linken im Juni 1900 den Rücktritt von Premierminister Pelloux erzwang. Beinahe zeitgleich wurde König Umberto I. aus Rache für die von der Polizei in Mailand getöteten Aufständischen durch einen Anarchisten ermordet. Sein Nachfolger war Viktor Emanuel III., der im Gegensatz zu seinem absolutistisch denkenden Vorgänger stärker vom liberalen Zeitgeist geprägt schien, so daß man sich von ihm eine Ausweitung demokratischer Strukturen erhoffen konnte.

So wurde die „neue Ära" bald als „liberaler Frühling Italiens" begrüßt, zumal es Anzeichen einer politischen Regeneration gab. Verantwortlich dafür war neben dem Veteranen Giuseppe Zanardelli (1826–1903) vor allem Giovanni Giolitti (1842–1928), der die verschiedenen Gruppen der alten „Sinistra" zu einer effektiven demokratisch-liberalen Partei umformte. Noch im Jahre 1900 rief Giolitti zu „einer Politik, die aufrichtig demokratisch ist", auf und sprach nicht nur von einer Revision des Steuersystems, sondern auch von Reformen in der Gesetzgebung und in der Landwirtschaft. Selbst ein Teil der revolutionären Linken zeigte sich nun zur Zusammenarbeit bereit, und auch die Rechte stellte sich auf den Boden der neuen Demokratie, als Sidney Sonnino und Antonio Salandra 1902 einen „neuen patriotischen Konservatismus" anregten, der sich auf den Glauben an eine starke Monarchie und eine starke Zentralregierung gründete, die bereit sein würde, soziale Ungerechtigkeiten zu beseitigen. Doch die Konsolidierung des parlamentarischen Lebens in Italien hatte keinen Bestand. Der „trasformismo" lebte wieder auf – diesmal unter dem Regiment von Giolitti, der die italienische Politik bis 1915 nahezu unangefochten beherrschte. Seine „Parlamentsdiktatur" wurde zwar durch eine Reihe notwendiger Reformen gemildert, wozu vor allem die Ausweitung des Wahlrechts auf alle Männer über dreißig Jahre, der Erlaß von Fabrikgesetzen, die Verstaatlichung der Versicherungsgesellschaften und Eisenbahnen sowie die Legalisierung der Gewerkschaften zählten, die dem Land nach Aufhebung des Zollkrieges mit Frankreich auch einen gewissen wirtschaftlichen Aufschwung bescherten. Die wiederauflebenden Praktiken des „trasformismo“ brachten die Parteien der liberalen Mitte aber schon bald wieder in Verruf und verhalfen den extremistischen Parteien zu neuer Bedeutung, die aufgrund des erweiterten Wahlrechts nun auch in der Lage waren, ihre Unterstützung durch weite Teile der Bevölkerung, gerade der ärmeren Schichten, in Parlamentsmandate umzusetzen.

In den Jahren vor dem Ersten Weltkrieg deutete somit vieles auf einen selbstverschuldeten Niedergang der Demokratie in Italien hin. Nicht nur der linke Flügel der Sozialistischen Partei rief im Juli 1912 zur Zerstörung des „bürgerlichen Experiments der Demokratie“ auf, sondern auch viele Angehörige der extremen Rechten forderten einen grundlegenden Wandel des politischen Systems. Vor allem die Theorien und Schriften Vilfredo Paretos (1848–1923) und Gaetano Moscas (1858–1941), die die Unzulänglichkeiten des „Giolittianismus“ schonungslos aufdeckten und im Sinne des französischen Syndikalisten Georges Sorel nach einer neuen Elite verlangten, die mit der Macht vertraut sei und die Gesellschaft aus ihrem materialistischen Morast herausführen würde, dienten ihnen dabei als Ausgangspunkt. Etwa zur gleichen Zeit entstand 1910 eine neue nationalistische Partei, die sich zu Monarchie, Antiparlamentarismus und Imperialismus bekannte und deren Führer Enrico Corradini (1865–1931) viele der Themen vorwegnahm, die ein Jahrzehnt später die faschistische Bewegung unter Benito Mussolini prägen sollten. Das parlamentarische System, das in Italien offenbar unfähig gewesen war, eine dauerhaft funktionierende Demokratie zu etablieren, stand damit bereits am Vorabend des Ersten Weltkrieges vor ihrem Ende. Neue extremistische Entwicklungen kündigten sich an, die insbesondere unter der Jugend großen Anklang fanden und bei denen nur noch unklar war, ob ihr Weg eher nach links oder eher nach rechts führte.

8. Großbritannien zwischen Empire und inneren Reformen

a) Die Situation nach der Jahrhundertmitte

Während die kleineren Staaten West- und Nordeuropas, aber auch Spanien, Portugal und Italien in der zweiten Hälfte des 19. Jahrhunderts noch um die Durchsetzung einer parlamentarisch-demokratischen Ordnung rangen und dabei trotz mancher Erfolge nicht selten Rückschläge erlitten, ließ die Entwicklung der beiden westeuropäischen Großmächte Großbritannien und Frankreich bereits erkennen, welche politischen Anforderungen sich aus den Gegebenheiten einer zunehmenden Modernisierung von Wirtschaft und Gesellschaft ergaben. Für Großbritannien bedeutete insbesondere der Krim-Krieg, der in der europäischen Politik allgemein eine große Zäsur darstellte, einen wichtigen Einschnitt. Nach diesem ersten Zusammenprall der Großmächte seit dem Kampf gegen Napoleon, aus dem in Deutschland und Italien die Erkennntnis abgeleitet wurde, daß eine nationale Einigung nun um so dringlicher sei, kam es in Großbritannien zu einer allgemeinen Ablehnung weiterer militärischer Interventionen, sofern diese nicht unmittelbar dem Erhalt des Empires dienten. Zu hart waren im Empfinden der britischen Öffentlichkeit die militärischen Auseinandersetzungen am Schwarzen Meer gewesen; zu unerträglich schienen die Opfer, die von der britischen Armee für eine vermeintlich fremde Sache gebracht worden waren. Schon die polnischen Aufständischen, die sich 1863 gegen die russische Vorherrschaft auflehnten, hofften daher vergeblich auf Unterstützung aus London. Zwar erfuhren sie manch verbalen Zuspruch – auch von der Regierung Palmerston, deren Erklärungen sich mühelos als Beistandsversprechen deuten ließen. Aber an der offiziellen britischen Politik der Nichteinmischung, die seit dem Krim-Krieg von allen Parteien gleichermaßen befürwortet wurde, änderte sich dadurch nichts. Im Juli 1864 wurde dieses Verhalten während einer Unterhausdebatte sogar in den Rang einer Doktrin erhoben, als Sprecher beider Seiten des Hauses sich in der „Kontinentalpolitik" – womit das kontinentale Europa gemeint war – entschieden zum Prinzip der Nichteinmischung bekannten und die weitreichenden nationalen Entwicklungen auf dem Kontinent, besonders in Italien und Deutschland, einhellig als „politisches Durcheinander" interpretierten, von dem man sich besser fernhielt, um nicht selbst darin verwickelt zu werden.

Ohnehin ließen die Anforderungen im Empire nach dem Krim-Krieg wenig Raum für die Probleme anderer Staaten: In Indien war 1857/58 eine Meuterei der Eingeborenentruppen der British East India Company – der Sepoys – niederzuwerfen, der zu blutigen Unruhen und zahlreichen Morden an Europäern sowie zeitweilig zur Kontrolle etwa eines Drittels des gesamten indischen Gebietes durch die Rebellen führte. In Afrika erhob sich der Stamm der Zulus, dessen Kämpfer der britischen Armee empfindliche Niederlagen zufügten, ehe sie sich der technischen Überlegenheit der Briten beugen mußten. In China schritt Premierminister Palmerston nach Zusammenstößen mit chinesischen Behörden über die Anerkennung diplomatischer und kommerzieller Rechte gemeinsam mit Frankreich zu militärischen Aktionen, um die westlichen Forderungen mit Gewalt durchzusetzen. Im südlichen Pazifik mußten Australien und Neuseeland gesetzgeberisch in das britische Empire inkorporiert werden. Und schließlich war auch die „irische Frage" weiter ungelöst.

Ein besonderes Kapitel stellten schließlich aus britischer Sicht die Vorgänge in Nordamerika dar, wo sich nach der Wahl Präsident Abraham Lincolns zum Präsidenten der USA im November 1860 ein Bürgerkrieg zwischen den Nord- und Südstaaten anbahnte. Die Sezession des Südens war für Großbritannien nicht nur ein wirtschaftliches Problem, weil dadurch die Einfuhr von Rohbaumwolle für die Fabriken von Lancashire und Yorkshire praktisch zum Erliegen kam, sondern auch eine emotionale Angelegenheit. Mit Leidenschaft wurde die Frage debattiert, ob London die Sezession durch eine diplomatische Anerkennung der Konföderation billigen sollte. Regierung und Bevölkerung sprachen sich zwar letztlich für den Norden aus.

Dennoch kam es während des amerikanischen Bürgerkrieges, der 1861 begann und bis 1865 andauerte, immer wieder zu Konflikten mit der Union, weil britische Fabriken auch die Südstaaten mit Waffen belieferten. Die britische Regierung sah sich deshalb zu größter Vorsicht gezwungen, um nicht selbst in kriegerische Verwicklungen zu geraten, bei denen vor allem ein amerikanischer Angriff gegen Kanada gedroht hätte.

Die relative Zurückhaltung Großbritanniens in Europa nach 1856 war deshalb verständlich. Hinzu kamen innenpolitische Probleme, wie die bereits beschriebene Diskussion um eine Wahlrechtsreform, aber auch eine fortdauernde Debatte über die Aufhebung der Getreideschutzzölle, die schon in den vierziger Jahren begonnen hatte, die Abschaffung der Papiersteuer zur Reduzierung der Buch- und Zeitungspreise, die Planung und Einführung eines effektiven Postspar- und Versicherungswesens sowie eine systematische Senkung der direkten und indirekten Steuern zur Förderung der Privatwirtschaft, die vor allem ein Anliegen der Liberal Party darstellte, die nach dem Krim-Krieg entstand. Eine moderne konservative Partei dagegen ließ noch auf sich warten, bis Benjamin Disraeli 1868 von den Tories als Parteiführer anerkannt wurde. Dann aber formte sich das britische Parteiensystem sehr rasch neu, das danach bis zum Aufstieg der Labour Party zu Beginn des 20. Jahrhunderts im wesentlichen unverändert bleiben sollte.

b) Die Erneuerung des Parteiensystems

Die Notwendigkeit zur Erneuerung der britischen Parteien ergab sich in erster Linie aus der Modernisierung der britischen Gesellschaft, die um die Mitte des 19. Jahrhunderts auch die Politik vor neue Aufgaben und Herausforderungen stellte und ihre Anpassung an die veränderten Rahmenbedingungen erzwang. Die Schwäche der bisherigen, individualistisch geprägten Parlamentsaristokratie hatte sich nicht zuletzt bei der Diskussion um die Getreideschutzzölle gezeigt, als Whigs und Tories – ähnlich dem späteren „trasformismo" in Italien – zu losen Koalitionen mit wechselnder Mitgliedschaft und ohne tiefere Identität und inneren Zusammenhalt geneigt hatten. Doch während in Italien der „trasformismo" zum Grundprinzip parlamentarischen Verhaltens erhoben wurde und nach 1870 gleich zweimal – zunächst im Vorfeld der Unruhen von 1898, dann in den Jahren vor dem Ersten Weltkrieg – maßgeblich zur Zerstörung der italienischen Demokratie beitrug, ohne daß man aus dieser Erfahrung entsprechende Lehren gezogen hätte, reagierte die politische Klasse in Großbritannien darauf mit einer Erneuerung der Parteien. Die Reform war jedoch ebenso eine Folge neuer Persönlichkeiten, die in den fünfziger und sechziger Jahren die britische Politik bestimmten und zu denen neben Benjamin Disraeli in erster Linie William Ewart Gladstone gehörte.

Gladstone wurde 1858 Vorsitzender der neuen Liberal Party, deren Ursprünge bis in die Zeit nach der Wahlrechtsreform von 1832 zurückreichten, deren eigentlicher Zusammenschluß aus Vertretern der Whigs, die auch als „Radikale" bezeichnet wurden, und konservativen Freihändlern sich aber erst in den fünfziger Jahren allmählich vollzog. Ideengeber und eigentlicher Begründer des modernen britischen Liberalismus war John Bright, der sich in den vierziger Jahren gemeinsam mit Richard Cobden für die Aufhebung der Getreidezölle eingesetzt hatte und Führer der sogenannten „Manchester-Schule" war, die vor allem auf eine weitere Ausdehnung des Freihandels, Steuersenkungen, eine kostengünstigere Außenpolitik und die Erweiterung des Wahlrechts zugunsten einer stärkeren Vertretung bevölkerungsreicher Bezirke abzielte. Bright selbst, ein begnadeter Redner, begründete die positive Interpretation der liberalen Philosophie des *laissez-faire* mit der moralischen Notwendigkeit einer politischen und gesellschaftlichen Reform im Sinne einer allgemeinen Verbesserung der Lebensverhältnisse in einer freiheitlichen politischen Ordnung mit freier Wirtschaftsverfassung. Indessen schien er ungeeignet, eine moderne politische Partei zu führen, weil er mehr kategorischer Theoretiker als umgänglicher Praktiker war und oft das in der Politik nötige Fingerspitzengefühl vermissen ließ.

Der populäre Gladstone hingegen, 1809 als Sohn eines Geschäftsmannes in Liverpool geboren, war Berufspolitiker und ein versierter parlamentarischer Taktiker, der sich neben dem politischen Tagesgeschäft auch theologischen und humanistischen Studien widmete. Er hatte 1832 als Konservativer begonnen und ab 1852 verschiedenen Regierungen unter Aberdeen, Palmerston und Russell als Schatzkanzler gedient, bevor er zum Führer der Liberalen aufstieg. Seine Ernennung zum Parteivorsitzenden war daher keine große Überraschung. Insgesamt war er bis 1894 – vier Jahre vor seinem Tod – über mehr als ein halbes Jahrhundert lang nahezu ununterbrochen politisch tätig. Wie Bright, so galt auch Gladstone als glänzender Redner, der nicht nur in Parlamentsdebatten, sondern auch im außerparlamentarischen Raum brillierte und praktisch als erster englischer Politiker die „Öffentlichkeit" entdeckte. Doch seine politischen Kampagnen waren derart ungewohnt, daß sie nicht nur den Traditionalisten, sondern auch der Königin mißfielen. Tatsächlich erinnerten seine von moralischen Postulaten erfüllten Artikel und Flugschriften an die „Botschaft der Evangelikalen", und die Massenkundgebungen, in denen er 1876 und 1879 die Außenpolitik seines konservativen Kontrahenten Disraeli bekämpfte, glichen „politischen Gottesdiensten" (Peter Wende). Gleichzeitig war Gladstone allerdings ein durchaus moderner Politiker, der im Gegensatz zu seinen konservativen und aristokratischen Vorgängern mit seinem Bemühen, die öffentliche Meinung einzubeziehen, nicht nur die eigene Machtbasis, sondern auch die Grundlagen demokratischer Staatspraxis verbreiterte und vor allem seit den späten sechziger Jahren zur zentralen Integrationsfigur der britischen Liberalen wurde.

Die Konservativen taten sich dagegen zunächst schwer, die parteipolitische Neuorientierung, deren Notwendigkeit sich ebenfalls bereits mit der Wahlrechtsreform von 1832 angebahnt hatte, zu vollziehen. Sir Robert Peel unternahm zwar schon 1834 mit seinem *Tamworth Manifesto* einen ersten Versuch, die Tories aus der ideologischen Sackgasse ihres starren Traditionalismus herauszuführen, indem er die „Anpassung an veränderte Verhältnisse als fortan oberstes Prinzip konservativer Politik" proklamierte. Doch die von ihm selbst als Premierminister zwischen 1841 und 1846 eingeleiteten Reformen im Bereich der Wirtschafts- und Sozialpolitik mit dem krönenden Abschluß der Aufhebung der Kornzölle – das heißt dem Übergang Großbritanniens zum Freihandel und damit der Beendigung des alten merkantilistischen Systems, das sich nach der Entwicklung Englands vom Agrar- zum modernen Industriestaat überlebt hatte – spalteten die Konservativen in die Minderheit der sogenannten „Peelites", die der Politik des Premierministers folgten (unter ihnen der junge William Gladstone), und eine protektionistische Mehrheit agrarischer Interessenvertreter unter dem Herzog von Derby. Tatsächlich gelang es Peel nur mit Hilfe der liberalen Opposition, das Gesetz über die Aufhebung der Getreidezölle durchzubringen.

Auch in den fünfziger Jahren konnte von einer klaren Parteibildung bei den Konservativen noch nicht die Rede sein. So zählte das Unterhaus 1850 neben 297 Abgeordneten des politisch aktiven Kerns der Whigs, die auch als „Radikale" bezeichnet wurden und sich allmählich zur Liberalen Partei entwickelten, 217 konservative Anhänger der Schutzzollpolitik, 104 liberalkonservative Peelites, 21 unabhängige Radikale und 18 irische Nationalisten. Von einem Zweiparteiensystem war man damit in Großbritannien noch ebenso weit entfernt wie von eindeutiger Parteizugehörigkeit und straffer Fraktionsdisziplin. Im Mittelpunkt stand nach wie vor der prinzipiell fraktionslose Abgeordnete als „Private Member" des Unterhauses, der sich an zwei Abenden in der Woche den Regierungsangelegenheiten widmete und ansonsten mit „private bills", wie Petitionen und anderen Wahlkreisaufgaben oder eigenen Geschäften, befaßt war. In gewisser Weise galt dies auch für die Whigs und die aus ihnen hervorgehenden Liberalen. Aber die Konservativen waren aufgrund ihrer Spaltung von 1846 doppelt betroffen.

Die Spaltung wirkte jedoch nicht nur lähmend. So kam es ebenfalls bereits in den fünfziger Jahren zu einer ersten Konsolidierung der Tories, nachdem sie endlich Benjamin Disraeli (1804–1881) als ihren Führer akzeptiert hatten. Disraeli war eine schillernde und auffallende Persönlichkeit spanisch-jüdischer Abstammung, der allerdings von seinen Kollegen lange mit Mißtrauen betrachtet worden war, weil er als opportunistisch, unenglisch und unzuverlässig galt. 1846 hatte er sich mit seinem Kampf gegen Peel und die Aufhebung der Kornzölle schon früh einen Namen gemacht. Doch erst sein brillantes und erfolgreiches Auftreten im Unterhaus in den fünfziger Jahren verhalf ihm zu der Anerkennung, die notwendig war, um ihn 1868 endgültig als Parteiführer zu qualifizieren. So gelang es ihm nicht nur, die eigenen politischen Freunde davon zu überzeugen, ihren überholten Traditionalismus zu überwinden und in grundsätzlicher Fortführung der Politik Peels, die er zuvor selbst heftig attackiert hatte, den Weg zu einem modernen Konservativismus einzuschlagen, sondern auch die konservativen Regierungen der Jahre 1852, 1858/59 und 1866 bis 1868 davon abzuhalten, die Freihandelsgesetzgebung rückgängig zu machen. In dem 1866 gebildeten Kabinett, das er selbst gemeinsam mit dem Herzog von Derby leitete, brachte er 1867 sogar das Kunststück fertig, seine liberalen Gegenspieler mit einer erneuten Wahlrechtsreform zu übertrumpfen, sie also, wie Zeitgenossen schadenfroh kommentierten, „beim Baden zu überraschen und ihnen die Kleider zu stehlen“. Zwar kam die Vergrößerung der Wählerschaft bei den Wahlen im folgenden Jahr zunächst den Liberalen zugute, so daß sich die Charakterisierung, mit der Lord Derby die Reform bei ihrer Verabschiedung bedacht hatte – „a leap into the dark“ – für die Konservativen auf unangenehme Weise bewahrheitete. Doch für Disraeli bildete die Wahlniederlage von 1868 nur einen weiteren Anstoß, die Reform der Parteiarbeit voranzutreiben. Der bereits 1867 von jüngeren Gefolgsleuten der Partei gegründeten *National Union of Conservative and Constitutional Associations,* die der Partei den Zugang zu neuen Wählerschichten der unteren Mittelklasse und der Arbeiterschaft öffnen sollte, folgte 1870 die Einrichtung des *Central Conservative Office,* das von nun an für die Koordination der Parteiorganisation außerhalb des Parlaments zuständig war und für die Aufstellung von Kandidatenverzeichnissen zu sorgen hatte. Die Struktur der Konservativen Partei nahm damit ebenfalls konkrete Formen an.

Gladstone und Disraeli leisteten somit auf ganz unterschiedliche Weise einen wichtigen Beitrag zur Weiterentwicklung des britischen Parteiensystems in der zweiten Hälfte des 19. Jahrhunderts: Gladstone vor allem als politischer Rhetoriker innerhalb und außerhalb des Parlaments sowie als zentrale Integrationsfigur der Liberalen, Disraeli als Motor bei der Überwindung traditioneller, aristokratischer Haltungen mit dem Ziel der Durchsetzung eines modernen Konservativismus und Organisator der Parteiarbeit der Konservativen auf allen Ebenen. Für Großbritannien bedeutete diese Ausprägung zweier großer Parteien zugleich die Voraussetzung für das Wechselspiel liberaler und konservativer Kabinette, das bis in den Ersten Weltkrieg hinein die britische Politik bestimmte und nicht nur für eine klare Rollenverteilung zwischen Regierung und Oppositon, sondern auch für ein hohes Maß an Stabilität der britischen Demokratie sorgte.

c) Reformen unter Gladstone und Disraeli

Nach der schon beschriebenen Erweiterung des Wahlrechts 1867 und der Herausbildung eines modernen Parteiensystems war es vor allem die Reformpolitik des ersten Kabinetts Gladstone, die das Gesicht Großbritanniens in den siebziger Jahren veränderte. Die erste Amtsperiode Gladstones – das sogenannte „Great Ministry“ (Große Kabinett) – dauerte von 1868 bis 1874. Es war eine Periode voller gesetzgeberischer Aktivität. Allerdings hatte Gladstone, gemeinsam mit John Bright, auch bereits die Wahlrechtsreform des Jahres 1867 eingeleitet, indem er im Juni 1866 als Unterhausführer im Kabinett Russell eine Gesetzesvorlage eingebracht hatte, die allerdings von den Konservativen und einigen Liberalen unter Robert Lowes niedergestimmt worden war, der meinte, eine Ausdehnung des Wahlrechts werde Großbritannien in die Katastrophe stürzen. Die Regierung Russell war danach gestürzt, und Disraeli hatte sich vor dem Hintergrund befürchteter Unruhen in der Bevölkerung und der Hoffnung, politischen Kredit für die Konservativen zu gewinnen, die Vorlage Gladstones und Brights zu eigen gemacht. Die neuen Wähler schienen sich jedoch der eigentlichen Urheber der Reform bewußt zu sein, brachten 1868 die Liberalen mit einer beachtlichen Mehrheit wieder an die Macht und ermöglichten damit Gladstone den Aufstieg zum Premierminister.

Innerhalb kurzer Zeit wurden nun wichtige Reformvorhaben im Bereich der zivilen Verwaltung und der Justiz, in der Armee und im Erziehungswesen auf den Weg gebracht. Mit einem weiteren Wahlgesetz, der „Ballot Act" von 1872, wurde zudem die alte Forderung der Chartisten nach geheimen Wahlen erfüllt. Eine Militärreform führte zu den ersten grundlegenden Veränderungen in der Armeeverwaltung seit Waterloo; die Notwendigkeit dazu hatte sich bereits im Krim-Krieg gezeigt. Eine 1870 beschlossene Reform des Beamtentums machte die Besetzung der meisten Beamtenstellen von offenen, wettbewerbsmäßigen Prüfungen abhängig. Ein im selben Jahr verabschiedetes Erziehungsgesetz gab der Volkserziehung Auftrieb, wenngleich auch die neue „Education Act" noch keine Grundschulpflicht bei Schulgeldfreiheit vorsah, wie sie in einigen Ländern des Kontinents bereits eingeführt war, sondern ein kunstvolles Gewebe von Kompromissen darstellte, das im Kern – nicht zuletzt aus Furcht vor staatlichem Diktat – am Prinzip der Freiwilligkeit festhielt und damit die liberale Tradition wahrte. Im allgemeinen wurde dabei von den Eltern erwartet, daß sie für die Unterrichtung ihrer Kinder zahlten. Kostenloser Schulbesuch war nur auf besonderen Beschluß der örtlichen Schulbehörde in bestimmten, besonders armen Bezirken oder im Einzelfall bei besonders bedürftigen Schülern, deren Eltern für die Erziehung ihrer Kinder keine Mittel aufbringen konnten, möglich. Eine gebührenfreie Grundschulerziehung wurde erst 1891 verwirklicht.

Das Mißtrauen der Liberalen gegenüber einer Ausdehnung der staatlichen Macht kam auch in ihrem Argwohn gegenüber einer Staatsreligion zum Ausdruck. So wurde zwar sowohl den privaten als auch den staatlichen Schulen gestattet, Religionsunterricht anzubieten. Der Unterricht mußte aber zumindest in den staatlichen Schulen bekenntnisfrei sein, und die Eltern konnten in beiden Fällen die Befreiung ihrer Kinder vom Religionsunterricht aus Gewissensgründen beantragen. Religionsprüfungen, die Voraussetzung für den Zugang zu den Universitäten gewesen waren und nur Mitgliedern der Anglikanischen Kirche die Immatrikulation erlaubt hatten, wurden ebenfalls 1870 abgeschafft. So gut wie keine Reformbestrebungen zeigte die Regierung Gladstone dagegen auf dem Gebiet der Fabrikordnung und des Arbeitsschutzes sowie allgemein in den Beziehungen zwischen Arbeitgebern und Arbeitnehmern. Hier wirkte sich die Ideologie der „Manchester-Schule" reformhemmend aus, die Eingriffe in das Wirtschaftsleben mit liberalen Prinzipien für nicht vereinbar hielt. Ansonsten jedoch verstanden es die Liberalen, sich besonders während des ersten Kabinetts Gladstone immer wieder als Partei der Reformen zu präsentieren.

Dies bedeutete allerdings nicht, daß nur die Liberalen eine progressive Politik betrieben. Vielmehr bewiesen die Konservativen, die von 1874 bis 1880 mit Disraeli als Premierminister die Regierung stellten, daß sie durchaus zu Reformen fähig waren – und zwar gerade in den von den Liberalen vernachlässigten Bereichen. In erster Linie galt dies für Maßnahmen des Arbeitsschutzes, der staatlichen Gesundheitsfürsorge und der Wohnungspolitik. Während die Liberalen somit stärker die Bedeutung des Individuums im Prozeß fortschreitender Freiheit betonten, knüpften die Konservativen offenbar an die traditionelle Idee der paternalistischen Fürsorgepflicht des Grundherrn für die ihm anvertrauten Menschen an und hoben nun die Verantwortung des Staates für das Wohl des Ganzen hervor. Da beide Parteien jedoch, bei aller unterschiedlichen Akzentuierung ihrer Politik im einzelnen, von gemeinsamen Grundwerten einer im wesentlichen liberal geprägten Wirtschafts- und Gesellschaftsordnung ausgingen und keine gegensätzlichen, einander ausschließenden Alternativen verfolgten, führten diese Differenzen in der politischen Praxis nicht zu unüberbrückbaren Spannungen und Konflikten. Vielmehr erscheinen die verschiedenen Reformkonzeptionen sogar als historischer Glücksfall, weil sie komplementäre Entwicklungen begünstigten, die vom jeweils anderen politischen Lager ausdrücklich akzeptiert wurden. Diese Konsens- und Kompromißfähigkeit basierte nicht allein auf dem sprichwörtlichen britischen Pragmatismus, sondern auch auf der Tatsache, daß Liberale und Konservative weder Klassenparteien noch Interessenvertreter einer bestimmten Gruppe oder Region darstellten. Früher als in allen anderen europäischen Ländern hatten sich Liberale und Konservative damit in Großbritannien als klassen- und interessenübergreifende „Volksparteien“ – im Sinne der „middle classes“, also der mittleren Schichten der Bevölkerung – etabliert, auch wenn die Abgeordneten noch für lange Zeit keinen repräsentativen Querschnitt der Wählerschaft bildeten und die Entwicklung sich mit dem Aufstieg der Labour Party zu Beginn des 20. Jahrhunderts noch einmal in die entgegengesetzte Richtung bewegen sollte.

d) Die irische Frage

Seit dem Neujahrstag 1801 war Irland durch die zuvor vom Unterhaus in London unter der Führung von William Pitt d. J. verabschiedete „Act of Union“, durch die das irische mit dem englischen Parlament vereinigt wurde, ein integraler Bestandteil des englischen Staates. Zwar hatte die englische Herrschaft über Irland bereits im 12. Jahrhundert mit dem Eroberungszug Heinrichs II. 1171/72 begonnen. Sie war jedoch lange Zeit auf die Küstenregion im Osten der Insel beschränkt geblieben und hatte den Alltag nur wenig verändert. Selbst die Reformation fand hier nicht statt, so daß die Iren ihren katholischen Glauben behielten. Man konnte allerdings darüber streiten, ob dies einen Vorteil bedeutete, denn die Regierung in London wandte ihre gegen die englischen Katholiken gerichteten Strafgesetze bald auch auf die katholischen Iren an und führte damit deren politische Entrechtung herbei. Dem folgte schließlich noch die wirtschaftliche Entrechtung durch Übereignung von mehr als drei Vierteln des irischen Bodens an Engländer, die überdies die fruchtbaren Gebiete erhielten, während die Iren selbst sich zumeist mit weniger guten Böden und kleinen Ackerflächen begnügen mußten und oft am Rande des Existenzminimums dahinvegetierten. Unabhängigkeitbestrebungen wurden indessen von der Londoner Regierung stets blutig unterdrückt, wie in den Jahren 1597 bis 1603 durch Elisabeth I., 1649 bis 1651 durch Oliver Cromwell und 1690 durch Wilhelm III. von Oranien.

Auch die irische Nationalbewegung, die Ende des 18. Jahrhunderts unter Führung von Daniel O'Connel entstand und durch die Vereinigung Irlands mit Großbritannien 1801 beträchtlichen Zulauf erhielt, änderte daran nur wenig. Nach fast dreißigjährigem Kampf erreichte sie 1829 lediglich den Erlaß einer „Act of Emancipation", durch die irische Katholiken zum Unterhaus zugelassen wurden, so daß eine parlamentarische Vertretung Irlands möglich wurde. Formal wurde damit die politische Entrechtung der Iren aufgehoben. Deren Lebensbedingungen blieben jedoch unverändert schlecht: Die meisten Grundbesitzer in Irland stammten weiterhin aus England, die wie eh und je den größten Teil der Böden besaßen, während zahllose irische Bauern sich immer noch von dem Ertrag kleinster Flächen ernähren mußten, die ihnen von den Pächtern englischer Grundbesitzer ohne jede Pachtsicherheit und mit dem ständigen Risiko einer fristlosen Exmittierung unterverpachtet wurden. Da der Ertrag schon in guten Jahren kaum reichte, eine Familie zu versorgen, kam es bei Mißernten regelmäßig zu Hungersnöten. Besonders dramatisch war die Situation in den Jahren 1845 bis 1849, als durch die Vernichtung der Kartoffelernte Zehntausende von Iren verhungerten und Hunderttausende in die USA auswanderten. Eine Industrie, in der Erwerbslose einer rasch wachsenden Bevölkerung ein Auskommen hätten finden können, gab es in Irland ebensowenig wie eine katholische Universität, die zur Verleihung von akademischen Graden berechtigt gewesen wäre, oder überhaupt ein funktionierendes Bildungswesen, so daß die Zukunft in einem ebenso düsteren Licht erschien wie die Gegenwart. Die Iren blieben daher – aus vielen Gründen – unzufrieden und aufsässig. Sie fühlten sich wie seit Jahrhunderten von London bevormundet, ja unterdrückt.

Als Gladstone 1868 das Amt des Premierministers antrat, galt seine erste Aufmerksamkeit der „irischen Frage". Er hielt die politischen, wirtschaftlichen und religiösen Beschwerden der Iren gegen England prinzipiell für berechtigt und erklärte bei seinem Amtsantritt spontan: „Meine Mission ist es, Irland zu befrieden!" Tatsächlich nahm er der anglikanischen Kirche in Irland durch ihre Entstaatlichung die Möglichkeit, von den katholischen Iren die Zehntsteuer einzutreiben. In der viel schwierigeren Frage der Landverpachtung setzte er die Zustimmung des Parlaments zu einer „Land Act" durch, das die irischen Pächter vor willkürlicher Exmittierung schützen und ihre Situation allgemein verbessern sollte. Pachtherren, die durch unnötige Härte aufgefallen waren, sollten mit „sozialer Isolation" bestraft werden, indem ihnen die Ernteeinbringung und andere Dienstleistungen verweigert wurden – eine Politik, die bald unter dem Namen „Boycott" von sich reden machte, benannt nach Captain Boycott, der das erste Opfer einer Verweigerung der Ernteeinbringung wurde. Das Versprechen, für ausreichende höhere Bildungseinrichtungen auf der Insel zu sorgen, konnte Gladstone jedoch ebensowenig in die Tat umsetzen wie seine Absicht, Irland größere politische Eigenständigkeit zu geben. Zwei Gesetzesvorlagen zur *Home Rule*, die Gladstone auf Betreiben der von Charles Stewart Parnell geführten Irischen Nationalpartei in den Jahren 1886 und 1893 im Unterhaus einbrachte, wurden von der Mehrheit des Parlaments niedergestimmt.

Die irische Frage blieb damit trotz einiger Fortschritte ungelöst, so daß die Irische Nationalpartei während des Ersten Weltkrieges durch die radikalere Sinn Féin unter Führung von Eamon De Valera verdrängt wurde, der die völlige Unabhängigkeit Irlands forderte. Der Kampf der Iren ging also weiter und wurde immer wieder auch mit gewaltsamen Mitteln ausgetragen. Nach zahlreichen Morden und Anschlägen der Sinn Féin, die entsprechende britische Reaktionen auslösten, kam es 1919 sogar zu einem blutigen Kleinkrieg zwischen der britischen Armee und den irischen Separatisten, der erst am 11. Juli 1921 mit einem Waffenstillstand beendet wurde. Die völlige Loslösung Irlands von Großbritannien ließ allerdings auch danach noch auf sich warten. Ein am 6. Dezember 1921 geschlossener Friedensvertrag sah zunächst einmal die Teilung der Insel vor, wobei der Norden bei Großbritannien verblieb. Gegner dieser Einigung, darunter De Valera selbst, griffen daher 1922 und 1923 erneut zu den Waffen, ohne letztlich das Inkrafttreten des Friedensvertrages verhindern zu können, der in mehreren Schritten am 29. Dezember 1937 zur Annahme einer Verfassung und zur Gründung der unabhängigen Republik Irland (Eire) führte. Die letzten britischen Stützpunkte in der neuen Republik wurden 1938 geräumt.

e) Vom Liberalismus zum „Massenzeitalter"

Der Erfolg des Liberalismus, der Großbritannien im letzten Drittel des 19. Jahrhunderts neben einem modernen Parteiensystem und einer stabilen Demokratie auch eine effiziente Wirtschaft und eine funktionierende staatliche Bürokratie bescherte, hatte allerdings unbeabsichtigte Nebenwirkungen, deren negative Konsequenzen kaum vorherzusehen gewesen waren. Nicht nur die Klärung der irischen Frage ließ allzu lange auf sich warten, weil das gewachsene englische Selbstbewußtsein sich mit dem gestiegenen irischen Separatismus nicht abfinden mochte. Auch die an sich positiven inneren Reformen in Großbritannien führten zu Veränderungen, die nach der Ära des Liberalismus praktisch eine neue Epoche einleiteten: das Massenzeitalter, das der schon erwähnte spanische Philosoph und Publizist José Ortega y Gasset Jahrzehnte später in seinem Buch *Aufstand der Massen* beschrieb. Es gebe eine Tatsache, erklärte er in dem Band, der 1930 in Madrid erschien, „die das öffentliche Leben Europas in der gegenwärtigen Stunde – sei es zum Guten, sei es zum Bösen – entscheidend bestimmt: das Heraufkommen der Massen zur vollen sozialen Macht". Das Problem, so Ortega y Gasset, bestehe nun darin, daß „die Massen ihrem Wesen nach ihr eigenes Dasein nicht lenken können noch dürfen und noch weniger imstande sind, die Gemeinschaft zu regieren". Es sei damit klar, „daß Europa heute in einer der schwersten Krisen steht, die über Völker, Nationen,

Kulturen kommen kann" – ausgelöst durch die liberale Demokratie und den Aufstieg der Technik.

Hermann Hesse nannte Ortega y Gassets Buch einen „Warnungsruf des Geistigen an die Dumpfen, des Aristokraten an die Fahnenträger der kollektiven Ideale, einen Protest der Persönlichkeit gegen die Masse", und reihte sich damit in eine lange Kette von Kritikern der modernen Zivilisation ein, die Georg Wilhelm Friedrich Hegel bereits zu Beginn des 19. Jahrhunderts in apokalyptischem Ton mit der Bemerkung „Die Massen rücken vor" eröffnet hatte. Der französische Soziologe August Comte (1798–1857), Vater der modernen Soziologie, hatte dazu behauptet, „ohne eine neue geistige Macht" werde „unser Zeitalter, das ein Zeitalter des Umsturzes ist, einer Katastrophe zutreiben". Und Friedrich Nietzsche (1844–1900) sah am Ende des Jahrhunderts gar „die Flut des Nihilismus" steigen. Bolschewismus und Faschismus, Schöpfungen des frühen 20. Jahrhunderts, waren für Ortega y Gasset jedoch keine passenden Antworten auf das Massenzeitalter, sondern nur „Rückfälle in die Barbarei". Vielmehr müsse sich der Sieg des Liberalismus, den dieser im 19. Jahrhundert errungen habe, „beständig wiederholen". Sonst werde „alles – Liberalismus und Antiliberalismus – mit der Vernichtung Europas enden".

Tatsächlich hatten die Erfolge der liberalen Bewegung in Großbritannien – wie übrigens zuvor schon in den USA – die Entstehung einer neuen politischen Kultur begünstigt, die sich durchaus zutreffend mit dem Begriff „Massenzeitalter" charakterisieren ließ. Das Aufkommen von Massenparteien, die Beseitigung des Analphabetentums und die Entwicklung einer populären Massenpresse hatten dazu geführt, daß sich mehr Menschen als je zuvor am politischen Leben der Nation beteiligten und auf die Entscheidungen ihrer Regierungen einen wachsenden Einfluß ausübten. Der Nationalismus gedieh, nicht zuletzt gefördert durch Geschichtsunterricht und Geschichtsbücher, die die nationale Geschichte der Staaten betonten. Wahlkämpfe und politische Kampagnen, die mit bunten Plakaten, einfachen Slogans und lauten Reden die Öffentlichkeit zu mobilisieren versuchten, taten ein übriges, den politischen Stil zu verändern. Die zunehmende Rolle und Bedeutung der Staaten, die sich zumeist als „Nationen" definierten, äußerte sich aber auch in der wachsenden Zahl von Staatsbediensteten, die allein im britischen Fall von 43 000 im Jahre 1841 auf 321 000 im Jahre 1911 stieg. Das Ergebnis war einerseits ein Demokratisierungsprozeß bei Regierungsbildungen und politischen Entscheidungen, andererseits aber auch ein starker Anstieg der interventionistischen Bedeutung der Staatsgewalt, die in immer mehr Bereiche der Gesellschaft regelnd und kontrollierend eingriff, sowie ein starker Anstieg des Nationalismus. Viele Kämpfe und Konfrontationen, die das 20. Jahrhundert kennzeichnen und bestimmen sollten, wurden so bereits am Ende des 19. Jahrhunderts sichtbar. Die Demokratien Westeuropas – einschließlich Großbritanniens – blieben davon nicht verschont; ihre liberalen Institutionen und Errungenschaften trugen den Keim ihres eigenen Zerfalls – ganz im Sinne der späteren Zivilisations- und Ideologiekritik Ortega y Gassets – vielmehr bereits in sich. Nur die Antworten, die darauf gegeben wurden, fielen in den einzelnen Ländern höchst verschieden aus.

9. Die Dritte Republik in Frankreich

a) Die Auswirkungen des Krieges von 1870/71

Nur wenige Dinge sind so geeignet, eine Regierung zu destabilisieren, wie ein verlorener Krieg. Mit der Einschließung der französischen Armeen bei Sedan, der Ergreifung Napoleons III. am 2. September 1870 und der Gefangennahme einer erheblichen Zahl hoher Offiziere wurden die Weichen für die Entwicklung Frankreichs neu gestellt. Das französische Volk hatte das Vertrauen in die alten Führungseliten verloren, das kaiserliche Regime brach zusammen. In Paris bildete sich eine neue republikanische Regierung unter General Trochu, der sich gemeinsam mit seinem Innenminister Léon Gambetta bemühte, dem Kampf in letzter Minute noch eine Wende zu geben. Überall strömten Bewaffnete zusammen, denen es jedoch an einer gefestigten Struktur mangelte, da sich ein großer Teil der Berufsarmee in deutscher Gefangenschaft befand. Militärisch war es danach praktisch unmöglich, Paris zu retten, das seit September 1870 von den Deutschen belagert wurde. Gambetta selbst verließ die Hauptstadt im Korb eines Heißluftballons, um die Verteidigung von außen zu organisieren. An der Loire versammelte er neue „Streitkräfte" – in Wirklichkeit meist unausgebildete Rekruten –, die sich im Herbst und Winter 1870/71 tapfer gegen den gut organisierten, übermächtigen Feind wehrten, ohne einen wirklichen Erfolg erzielen zu können. Währenddessen wurde Paris von den Deutschen mit riesigen Distanzgeschützen der Firma Krupp beschossen, die mit ihren großen Kalibern vor allem die Vororte in Schutt und Asche legten.

Nachdem im Januar 1871 alle Vorräte aufgebraucht und sämtliche Bäume entlang den Champs Elysées und im Bois du Boulogne gefällt worden waren, um Brennmaterial zu gewinnen, war die Kapitulation nicht mehr zu vermeiden. Ein Friedensschluß wurde von den Deutschen allerdings von der Bildung einer neuen Regierung abhängig gemacht, die legitimiert war, für ganz Frankreich zu sprechen. Im Februar 1871 wurden deshalb Wahlen für eine Nationalversammlung abgehalten, die Adolphe Thiers zum neuen Chef der Exekutive bestimmte. Den ersten schweren Fehler beging die Nationalversammlung indessen bereits im März 1871, als sie den preußisch-deutschen Truppen einen triumphalen Einmarsch in die französische Hauptstadt gestattete und damit bei der Pariser Bevölkerung auf völliges Unverständnis stieß. Noch schlimmer war die abrupte Aufkündigung der seit der Belagerung bestehenden Stundung von Zinsen, Schulden und Schuldscheinen sowie vor allem die Entscheidung der Nationalversammlung, alle Zahlungen an Mitglieder der Nationalgarde einzustellen. Da die Mehrheit der Pariser Arbeiter infolge der Belagerung und des anhaltenden wirtschaftlichen Niedergangs arbeitslos war, konnten sie auf ihren Gardelohn nicht verzichten. Seine Streichung kam einem Entzug der Existenzgrundlage gleich.

Die Atmosphäre war somit bereits zum Zerreißen gespannt, als die Nationalversammlung am 18. März 1871 eine Truppe der Kavallerie entsandte, um die Waffen aus dem Arsenal der Nationalgarde auf dem Butte Montmartre zu entfernen und potentiellen Revolutionären das Handwerkszeug zu nehmen. Dies brachte das Faß zum Überlaufen: Revolutionserprobt, wie die Pariser nun einmal waren, setzten sie sich entschieden zur Wehr. Schon im Belagerungswinter 1870/71 hatten Aktivisten verschiedener Couleur politische Clubs gegründet, aus denen heraus nun der Widerstand organisiert wurde. Ihre Führer leiteten den Aufstand, der von Anfang an gewaltsame Züge trug. Die Kavallerietruppen der Nationalversammlung auf dem Butte Montmartre wurden zurückgeschlagen, ihre Kommandeure getötet. Die Nationalgarde marschierte in die Stadtmitte und besetzte das Rathaus. Die Streitkräfte der Regierung flohen mit den meisten Mitgliedern der Nationalversammlung aus der Stadt, in der eine mehrheitlich von der Arbeiterschaft getragene „Commune", angeführt von einem am 26. März gewählten Generalrat mit neunzig Mitgliedern, die Macht übernahm.

Der Name „Commune" ging auf die Kommune von Paris zurück, die am 14. Juli 1789 mit ihrem Sturm auf die Bastille König Ludwig XVI. gestürzt hatte. Die jetzigen Aufständischen, die im ersten Anlauf einen ebenso leichten Sieg errungen hatten wie ihre Vorgänger damals, führten nicht nur deren Revolutionskalender wieder ein, sondern übten sich auch – wenigstens ansatzweise – in den Praktiken des „Tugendregimes" von Robespierre und dessen „jakobinischer Eloquenz". Wenn Karl Marx die Commune in seiner bereits am 30. Mai 1871 beendeten Flugschrift *Der Bürgerkrieg in Frankreich* als ersten Versuch zur Errichtung der Diktatur des Proletariats und als Urbild eines sozialistischen Staates der Zukunft stilisierte, so hatte dies, wie bei Legenden üblich, mit der Realität wenig zu tun. In Wirklichkeit waren die neunzig Mitglieder des Generalrats weder durch eine gemeinsame Philosophie noch durch einen Aktionsplan geeint. Der eklatante Mangel an Professionalität, der die Commune kennzeichnete, machte es ihr unmöglich, die Lage zu stabilisieren und sich damit auch selbst zu legitimieren. Von einer Politik des Generalrates konnte überhaupt keine Rede sein. Maßnahmen zur Sicherung der politischen, wirtschaftlichen und militärischen Macht wurden praktisch nicht getroffen. In ökonomischer Hinsicht gelang es dem Generalrat lediglich, sich auf die Wiedereinführung des Moratoriums für Zinsen und Schuldzahlungen sowie auf die Abschaffung der Nachtarbeit in Bäckereien zu einigen; die militärischen Vorbereitungen zur Abwehr des sicher zu erwartenden Gegenschlages der Nationalversammlung, die im nahen Versailles bereits auf ihre Stunde wartete, beschränkten sich auf wenig koordinierte Aktionen der zwar bewaffneten, aber führungslosen und militärisch unerfahrenen Arbeiterschaft, die nur von der Nationalgarde unterstützt wurde. Weder die Übernahme der Bank von Frankreich noch die Eroberung von Versailles – um nur diese Beispiele zu nennen – scheinen den Führern der Commune, wie Friedrich Engels später beklagte, je in den Sinn gekommen zu sein.

Adolphe Thiers gewann dadurch Zeit, die erst kurz zuvor aus Paris geflohenen Streitkräfte der Nationalversammlung neu zu ordnen und sie auf den Bürgerkrieg gegen die Commune einzuschwören. Bereits Anfang April konnte er mit 150 000 Mann – unter ihnen viele gut ausgebildete Soldaten, die inzwischen aus deutscher Kriegsgefangenschaft entlassen worden waren, sowie in der Schweiz internierte Militärangehörige, die nun ebenfalls nach Frankreich zurückströmten – die Offensive beginnen. Paris wurde, wie zuvor schon von den Deutschen, erneut eingeschlossen. Die Belagerung dauerte mehr als sechs Wochen, ohne daß es zu ernsthaften Versuchen kam, den Belagerungsring zu durchbrechen. Die militärische Führung der Commune, soweit man davon überhaupt sprechen konnte, erwies sich als ebenso unfähig wie verantwortungslos. Nicht einmal die Stadtwälle von Paris, die als natürliche Befestigungswerke hätten dienen können, waren durchgängig besetzt. Thiers' Truppen hatten dadurch leichtes Spiel: Am 16. Mai drangen sie durch einen unverteidigten Abschnitt des Stadtwalls in die Stadt ein. Danach änderte sich die Lage dramatisch. Da die Arbeiter sich in ihren Quartieren festgesetzt hatten, mußten sie in brutalem Straßen- und Häuserkampf Mann für Mann niedergerungen werden. Entsprechend hoch waren die Verluste auf beiden Seiten; die Szenen der Kämpfe sind kaum zu beschreiben. Militärisch hatten die Kommunarden den Streitkräften der Nationalversammlung indessen wenig entgegenzusetzen. Bei ihrem Vormarsch ließen sich die Soldaten auch nicht durch die Drohung der Aufständischen aufhalten, im Falle einer Niederlage die in ihrer Gewalt befindlichen 480 Geiseln, unter ihnen der Erzbischof von Paris, zu töten. Am 28. Mai brach der organisierte Widerstand zusammen, als die letzten Bewaffneten im Feuer von Regierungsgeschützen auf dem Friedhof von Père Lachaise starben – nicht jedoch, ohne unmittelbar vor ihrem eigenen Tod noch ihre Androhung der Geiselerschießung wahrzumachen.

Die Ermordung der Geiseln war für Thiers und die Nationalversammlung nur ein weiterer Grund, die Anhänger der Commune auch nach deren militärischer Niederlage mit unerbittlicher Konsequenz zu verfolgen. Die Rache war umfassend und erbarmungslos. Schon das Tragen einer Uniform der Nationalgarde, von Armeestiefeln oder eines Mantels mit abgetrennten Schulterstücken konnte zur Festnahme und Hinrichtung ohne Gerichtsverfahren führen. Wer auch nur im entferntesten eine Ähnlichkeit mit den Anführern der Commune besaß, sich wie diese kleidete oder benahm, war praktisch schon tot. Schnellexekutionen, Massenverfahren und Deportationen ließen Paris zur Hölle werden. Allein in der ersten Woche nach dem Ende des letzten organisierten Widerstandes wurden nach vorsichtigen Schätzungen über 20 000 Menschen hingerichtet. Weitere 10 000 wurden in Eilverfahren zu Gefängnisstrafen verurteilt oder verbannt. Erst 1879 kam es zu einer Amnestie, die nicht nur das Kapitel der Commune endgültig abschloß, sondern auch die Freilassung vieler Beteiligter bewirkte, die – oft zu Unrecht – immer noch in Gefängnissen einsaßen.

Die Exzesse der Commune ebenso wie die Art und Weise ihrer Liquidierung schockierten ganz Europa. Der von Thiers verbreiteten Behauptung, die Ereignisse in Paris seien auf eine von der „International Workingmen's Association" gesteuerte Verschwörung zurückzuführen, wurde vor allem im Mittelstand Glauben geschenkt, so daß sich die Opposition gegen den Sozialismus und andere Formen der Arbeiterorganisation verschärfte. Sowohl die Entwicklung einer Gewerkschaftsbewegung als auch die Herausbildung einer erfolgreichen Sozialistischen Partei wurden dadurch in Frankreich um mindestens ein Jahrzehnt verzögert. Das harte Durchgreifen, mit dem Thiers seine innenpolitische Position wiederhergestellt und sogar im Ausland an Profil gewonnen hatte, bedeutete jedoch zugleich eine Stärkung seiner Stellung als Bevollmächtigter für die Verhandlungen über einen Friedensvertrag mit Deutschland. Als die Friedensgespräche begannen, konnte von Verhandlungen allerdings kaum die Rede sein: Die deutsche Delegation diktierte Bedingungen, die für Frankreich nur schwer zu akzeptieren waren. Dazu zählte unter anderem eine Kriegsentschädigung von fünf Milliarden Franc, die Frankreich innerhalb von drei Jahren an das Deutsche Reich zu überweisen hatte, ferner die Stationierung deutscher Besatzungstruppen in Frankreich bis zur Begleichung der letzten Rate der Reparationsleistungen, vor allem jedoch die Abtretung des gesamten Elsaß und des größten Teils von Lothringen mit seinen ertragreichen Eisenerzvorkommen und seiner blühenden Textilindustrie. Der Friedensvertrag, der schließlich am 10. Mai 1871 in Frankfurt am Main unterzeichnet wurde, bedeutete deshalb eine Bürde, die das deutsch-französische Verhältnis auf Generationen hinaus, bis in die Zeit nach dem Zweiten Weltkrieg, schwer belasten sollte.

b) Zwischen Monarchie und Republik

Die Konfusion der französischen Innenpolitik nach der Niederlage der französischen Armee gegen die preußisch-deutschen Truppen im Krieg von 1870/71 machte eine Neuordnung des Regierungssystems zu einer ebenso schwierigen wie langwierigen Angelegenheit. Seit 1789 hatte Frankreich praktisch jede mögliche Regierungsform erlebt, und auch nach 1871 schien von einer Restauration der Monarchie bis zur Gründung einer neuen Republik alles denkbar – sogar, wenn man die Erfahrung der Commune hinzunimmt, eine „Diktatur des Proletariats". Die Dritte Französische Republik, die schließlich aus der militärischen Niederlage und dem Bürgerkrieg hervorging und immerhin siebzig Jahre lang bestand, war deshalb keineswegs eine Selbstverständlichkeit. Vor allem die Rückentwicklung zu einer Monarchie war eine Option, die nicht von vornherein zu verwerfen war.

Ernsthafte Bewerber für den Thron, die den französischen Monarchisten Auftrieb gaben, standen durchaus bereit. Die besten Chancen besaß der Comte de Chambord, der legitime Thronanwärter des Hauses Bourbon, ein Enkel Karls X. Sein Thronanspruch wurde nach langwierigen und erschöpfenden Verhandlungen, die bereits kurz nach der Wiederherstellung des Friedens begonnen hatten, im Laufe des Jahres 1873 von einer Versammlung der Monarchisten einstimmig anerkannt. Der Kandidat der Orleanisten, der Comte de Paris, ein Enkel Louis Philippes, galt zwar ebenfalls als anspruchsberechtigt, jedoch nicht in direkter Linie. Da der Comte de Chambord keine Erben hatte, einigte man sich schließlich auf den Kompromiß, dem Comte de Paris die Thronfolge nach dem Tode Chambords zu versprechen. Für den bonapartistischen Kandidaten, einen Sohn des verstorbenen Kaisers, ließ die Versammlung indessen keine Sympathien erkennen; er fiel bei der Entscheidung über die Thronanwärterschaft glatt durch.

Der Comte de Chambord mit Sitz in einem der größten Schlösser an der Loire, das in den Jahren 1519 bis 1538 unter Franz I. mit 440 Innenräumen und einem bizarren Dach im Renaissancestil erbaut worden war, verscherzte sich bei der französischen Bevölkerung durch eine Reihe unüberlegter Maßnahmen jedoch sofort alle Sympathien. So zog er das Lilienbanner der Bourbonen der „tricouleur" vor, die dem Volk inzwischen liebgeworden war, und verhielt sich auch sonst, als die Öffentlichkeit auf ihn aufmerksam wurde, politisch äußerst unklug, indem er aus seinen konservativen Auffassungen, die teilweise absolutistische Züge trugen, kein Hehl machte. An eine Thronbesteigung war unter diesen Umständen nicht zu denken. Chambord vertat damit nicht nur für sich, sondern auch für die französischen Monarchisten eine Chance, die nicht wiederkehren sollte. Die monarchistische Karte war verspielt.

Währenddessen hatte Adolphe Thiers seine lange politische Karriere, die bereits vor der Revolution von 1830 begonnen hatte, im August 1871 mit der Annahme des Titels „Präsident der Französischen Republik" gekrönt. Seit 1821 galt er als einer der Wortführer des französischen Liberalismus. Unter dem Bürgerkönig Louis Philippe war er 1836 und 1840 zweimal Ministerpräsident gewesen und hatte danach als gemäßigter Republikaner das Kaiserreich Napoleons III. bekämpft. Jetzt schien es, als sei er berufen, die Politik Frankreichs nach Krieg und inneren Unruhen neu zu ordnen. Zwar war er nie sonderlich populär gewesen; seine Feinde bezichtigten ihn nicht nur eines übermäßigen Ehrgeizes, sondern auch der Unredlichkeit. Doch niemand konnte ernsthaft seine Fähigkeiten in Zweifel ziehen, die er auch energisch einzusetzen verstand, um nach Lösungen für anstehende Probleme zu suchen. Seit der Niederlage gehörte dazu vor allem die Befreiung von den deutschen Besatzungstruppen, deren Präsenz von der französischen Bevölkerung als ständige Mahnung für die Schmach von 1871 empfunden wurde. Thiers setzte deshalb alles daran, die im Friedensvertrag vereinbarte Kriegsentschädigung von fünf Milliarden Franc möglichst vorfristig zu bezahlen, um den Abzug der Truppen zu erreichen. Auch wenn es noch bis September 1873 dauern sollte, bis die gesamte Summe – sechs Monate vor dem Fälligkeitstermin der letzten Rate – beglichen war und die letzten deutschen Truppen erst am 16. Oktober 1873 französischen Boden verließen, wirkte der Abzug ermutigend auf die Bevölkerung. Außerdem rückte Frankreich dadurch wieder in eine gleichrangige Position unter den europäischen Mächten auf.

Eine zweite Maßnahme, die ebenfalls dazu angetan war, das angeschlagene französische Selbstbewußtsein zu stärken, war das Gesetz zur Reorganisation des Militärs, das im Juli 1872 auf Betreiben Thiers' von der Nationalversammlung verabschiedet wurde. Es bewirkte ein derart rasches Wiederaufleben der französischen Streitkräfte, daß die Entwicklung in den Jahren 1874 und 1875 bei der Regierung in Berlin bereits mit Sorge verfolgt wurde. Thiers selbst profitierte davon allerdings nicht mehr. Er hatte es verstanden, die Entscheidung über die definitive Regierungsform, die geeignet war, nicht nur die Nationalversammlung, sondern auch die Nation zu spalten, immer wieder zurückzustellen und sich zunächst auf andere, dringlichere Aufgaben zu konzentrieren. Aufgrund seines hohen persönlichen Prestiges war ihm die Nationalversammlung, in der es eine monarchistische Mehrheit gab, in dieser Taktik auch gefolgt. Als jedoch bei verschiedenen lokalen Wahlen deutlich wurde, daß mit der Vernichtung der Commune keineswegs auch der Geist des Republikanismus am Ende war, sondern sich sogar im Aufwind befand, erschien es den Monarchisten nicht ratsam, noch länger zu warten. Im Mai 1873 entzogen sie Thiers, der sich inzwischen ebenfalls zum Republikanismus bekannte, ihr Vertrauen, und der Präsident, der nun in der Nationalversammlung keine Mehrheit mehr besaß, mußte zurücktreten. Zu seinem Nachfolger wählte die Versammlung den Verlierer von Sedan, Marschall de MacMahon. Zwar hatte er mit seiner Niederlage entscheidend zum Sturz Napoleons III. beigetragen, doch seine monarchistische Gesinnung stand nicht in Zweifel – und außerdem, so durften die Anhänger eines neuen Königtums erwarten, hatte er etwas wiedergutzumachen. Ihre Hoffnung, daß er Frankreich wieder zu einem König verhelfen würde, erfüllte sich jedoch nicht. Der Marschall versagte erneut – diesmal allerdings nicht aufgrund eigener Fehler, sondern weil der Comte de Chambord eine derart unglückliche Figur abgab, daß offenbar selbst die Monarchisten in der Nationalversammlung glaubten, es sich nicht leisten zu können, ihn auf den Thron zu hieven.

Statt dessen wandte sich die Versammlung nun ihrer eigentlichen Bestimmung zu, für die sie im Februar 1871 überhaupt nur gewählt worden war: der Ausarbeitung einer neuen Verfassung. Hintergrund war eine wachsende Unzufriedenheit unter der Bevölkerung mit dem bestehenden Regierungsprovisorium und der immer noch ungeklärten Thronfolge, die teils in Republikanismus, teils in Bonapartismus umzuschlagen drohte. Nach zweijährigen ausgedehnten Beratungen wurden 1875 von der Versammlung mehrere grundlegende Gesetze verabschiedet, die allerdings die Frage der Staatsform immer noch offen ließen. Zwar deutete manches darauf hin, daß eine neue Republik im Entstehen begriffen war. Doch endgültig wurde darüber erst nach dem Sturz Marschall MacMahons im Januar 1879 entschieden.

c) Die Verfassung von 1875

Die 1875 verabschiedeten Gesetze sahen zunächst einmal nur vor, daß Frankreich künftig von einem „Präsidenten der Republik" in einem Zweikammersystem mit einer Deputiertenkammer und einem Senat regiert werden sollte. Der Präsident, dessen Position auf den ersten Blick sehr stark erschien, wurde für sieben Jahre von beiden Häusern des Parlaments gewählt und war nicht absetzbar. Er brachte Gesetze ein und machte sie nach ihrem Inkrafttreten bekannt, besaß die Befehlsgewalt über das Militär und das Recht zur Besetzung ziviler und militärischer Positionen, konnte die Kammer auflösen und mit Zustimmung des Senats Neuwahlen anordnen sowie – als klassische Befugnis eines Staatsoberhauptes – Verurteilte begnadigen. Der Senat, als eine Art „Oberhaus", bestand aus 300 Mitgliedern, von denen ein Viertel der bisherigen Nationalversammlung entstammten und auf Lebenszeit ernannt waren, während der Rest durch Wahlmännergremien aus den Departements für die Dauer von neun Jahren gewählt wurde. Nach einer Gesetzesänderung im Jahre 1884 waren Ernennungen auf Lebenszeit jedoch nicht mehr möglich, so daß nun alle Senatoren jeweils für neun Jahre gewählt wurden. Die Wahl der Abgeordneten in der Deputiertenkammer erfolgte von vornherein durch allgemeines Wahlrecht der Männer für vier Jahre. Die Kammer kontrollierte das Kabinett und damit die Landespolitik, wobei die Minister zwar vom Präsidenten ernannt, aber von der Mehrheit der Kammer vorgeschlagen wurden. Das parlamentarische Verfahren erinnerte an das englische Vorbild. Änderungen der Verfassung waren nur in gemeinsamen Sitzungen von Deputiertenkammer und Senat möglich, die außerdem alle sieben Jahre zusammentreten sollten, um den Präsidenten neu zu wählen.

Die Verfassung von 1875 bot somit einen Rahmen, der eine starke Stellung des Präsidenten mit einer parlamentarischen Kontrolle durch die demokratisch legitimierte Kammer und einer Interessenvertretung der Departements im Senat verband. Wer dabei letztlich die Oberhand gewinnen würde, das Parlament oder der Präsident, ob man also von einer „Republik" oder einem „Präsidialsystem" sprechen sollte, mußte sich in der politischen Praxis erst noch erweisen. Als die Nationalversammlung im Dezember 1875 aufgelöst wurde und die Republikaner als Sieger aus den Neuwahlen hervorgingen, bei denen sie in der Kammer eine starke Mehrheit erhielten und im Senat die absolute Mehrheit nur knapp verfehlten, versuchte MacMahon jedenfalls sogleich, die neue Macht des Präsidenten auszuspielen. Seine Überzeugung, daß der Republikanismus den Ruin Frankreichs bedeute, ließ ihn dabei im Frühjahr 1877 auch zu zweifelhaften Methoden greifen, um durch Manipulation der Wahlmännergremien in den Departements zu verhindern, daß die Republikaner nach der Deputiertenkammer auch noch den Senat eroberten. MacMahon mußte jedoch rasch erkennen, daß die Vollmachten, die er als Präsident besaß, nicht ausreichten, um die demokratische Mehrheitsbildung zu steuern und praktisch einen Umsturz von oben herbeizuführen. Mit seiner Entscheidung, das republikanische Kabinett, das die Wahlmanipulationen nicht zugelassen hatte, am 16. Mai 1877 geschlossen zum Rücktritt zu zwingen, obwohl es das Vertrauen der Kammer besaß, und ein rein monarchistisches Ministerium unter dem Herzog von Broglie zu bilden, warf er lediglich dem Parlament den Fehdehandschuh hin und beschwor eine Verfassungskrise herauf. Zwar stimmte der Senat seiner Forderung zu, die Kammer aufzulösen und Neuwahlen auszuschreiben. Aber die Rechnung, sich von der Bevölkerung ein umfassendes Mandat zur Bestätigung seiner Autorität als Präsident zu sichern, ging nicht auf. Obwohl Broglie sogleich die Verfolgung der republikanischen Presse, die Entlassung von republikanischen Bürgermeistern, Stadträten, Beamten des öffentlichen Dienstes und Wahlbeamten, die Auflösung republikanischer Clubs und eine mächtige Propagandakampagne zugunsten der monarchistischen und klerikalen Kandidaten einleitete, um das Wahlergebnis zu beeinflussen, gewannen die Republikaner im Oktober 1877 erneut eine solide Mehrheit. MacMahon und Broglie hatten sich verkalkuliert, die Republik hatte gesiegt.

Entscheidenden Anteil daran hatte Léon Gambetta, der 1870 die Seele des Widerstands gegen die Deutschen gewesen war und durch die Erhebung von Provinzialabgaben die Wiederaufnahme des Krieges und die Ehrenrettung Frankreichs nach der Niederlage von Sedan ermöglicht hatte. Besonders bei den Arbeitern und im unteren Mittelstand war er deswegen beliebt, zumal er sich auch weiterhin energisch für die Rückgewinnung der verlorenen Provinzen einsetzte. Als entschiedener Anhänger einer demokratischen, auf der Unterstützung des Volkes basierenden Republik stürzte er sich 1877 in den Wahlkampf, reiste unermüdlich durch das Land und rief zur Bildung eines vereinigten republikanischen Blocks auf, der sowohl die Anhänger des ehemaligen Ministerpräsidenten Adolphe Thiers als auch diejenigen des Sozialisten Louis Blanc und der Literaturlegende Victor Hugo umfassen sollte, der 1870 aus seinem Exil auf der englischen Kanalinsel Jersey zurückgekehrt war, wohin es ihn 1851 als erbitterten Gegner Napoleons III. verschlagen hatte, und der sich jetzt neben seiner dichterischen Arbeit an dem Zyklus *La légende des siècle* auch politisch wieder zu Wort meldete. Gambetta war entschlossen, die autoritären Pläne MacMahons zu durchkreuzen, und hatte damit Erfolg: Der Präsident mußte nach dem Wahlerfolg der Republikaner im Oktober 1877 ein Kabinett akzeptieren, das nicht anders aussah als jenes, das er im Mai entlassen hatte. Und als die Republikaner ein Jahr später auch bei Senatswahlen eine Mehrheit errangen, war die Niederlage MacMahons total, seine Position unhaltbar. Im Januar 1879 trat er zurück.

Zum Nachfolger MacMahons wählten Senat und Deputiertenkammer den unscheinbaren Jules Grévy, einen aufrichtigen Republikaner, dessen persönlicher Ehrgeiz sich ebenso in Grenzen hielt wie seine Fähigkeit, eigene politische Ziele durchzusetzen. Gerade durch seine Zurückhaltung trug er jedoch viel dazu bei, der Dritten Republik in Frankreich eine solide Basis zu verschaffen und die politische Kultur der Demokratie im Bewußtsein der Franzosen zu verankern.

d) Die Anfangsjahre der Dritten Republik

Die Republikaner genossen ihren Triumph. Als erstes wurde 1880 Paris wieder zur Hauptstadt Frankreichs erklärt. Zehn Jahre zuvor, während des Aufstandes der Commune, war die Nationalversammlung nach Versailles ausgewichen, dem Symbol der französischen Monarchie, das auch nach dem Inkrafttreten der Verfassung von 1875 unter MacMahon als Hauptstadt beibehalten worden war. Und so, wie man 1870 bewußt versucht hatte, mit der Wahl von Versailles ein Zeichen gegen die Anarchie der jakobinischen Erhebung zu setzen, bedeutete die Rückkehr der Hauptstadt nach Paris jetzt ein Signal für die Stabilisierung der neuen Republik. Entsprechendes galt für die symbolische Kraft des 4. Juli – dem Tag des Sturms auf die Bastille 1789 –, der zum Nationalfeiertag erhoben wurde, und der „Marseillaise", des Kampfliedes der Revolution, das man zur Nationalhymne erklärte.

Ebenso bedeutend wie diese bewußtseinsbildenden Akte waren jedoch die unter dem neuen Präsidenten eingeleiteten gesetzgeberischen Maßnahmen, welche die bürgerlichen Freiheiten des einzelnen garantierten, das Versammlungsrecht schützten, Einschränkungen der Pressefreiheit aufhoben, die Lokalverwaltung der strikten Kontrolle der Zentralregierung entzogen und die Gründung von Gewerkschaften erlaubten. 1881 und 1885 wurde zudem eine umfassende Reform im Erziehungswesen durchgeführt, die den Einfluß der Kirche, den diese unter Napoleon III. errungen hatte, verminderte. 1885 wurden auch die Scheidungsbestimmungen wieder in den Code civil aufgenommen, die daraus auf Druck der Kirche unter Napoleon III. entfernt worden waren. Der Vorwurf des „Antiklerikalismus", der deshalb gegen die französischen Republikaner – ebenso wie gegen ihre liberalen Kollegen in Belgien, England und Deutschland – erhoben wurde, war also nicht ganz unberechtigt, besaß hier aber einen besonderen Hintergrund, weil die französischen Bischöfe und Priester sich zuvor kurzsichtig und politisch instinktlos auf die Seite MacMahons gestellt hatten.

Der Antiklerikalismus, der bereits 1880 mit der Vertreibung der *Societas Jesu*, also der Jesuiten, aus Frankreich begann, wurde nicht zuletzt durch Jules Ferry (1832–1893) betrieben, der auch einen großen Teil der Reformgesetzgebung anregte und in der Deputiertenkammer durchsetzte. Als Unterrichtsminister (1879 bis 1883) und – teilweise zusätzlich – als Ministerpräsident (1880/81 und 1883 bis 1885) bekämpfte er vor allem den Einfluß der geistlichen Orden im Schulwesen, um die bürgerliche Jugend, die in der Zukunft das Rückgrat der Republik bilden müsse, vor klerikaler Indoktrination zu schützen. Zu seinem Programm gehörten unter anderem Maßnahmen gegen katholische Schulen und Lehrorden sowie Gesetze, die den kostenlosen Grundschulbesuch der staatlichen Schulen vorsahen (1881) und die Grundschulerziehung in irgendeiner Schule zur Pflicht machten (1882). Die Gesamtzahl der Schulbesucher wurde dadurch stark erhöht, das Analphabetentum auf unter zehn Prozent der Bevölkerung reduziert. Auch für Eltern, die in der Lage waren, die Gebühren für kirchliche Schulen aufzubringen, wurde es nun attraktiv, ihre Kinder auf staatliche Schulen zu schicken. Der beherrschende Einfluß der Kirche auf die lesekundige Bevölkerung ging zurück.

Die Reformmaßnahmen in den Anfangsjahren der Dritten Republik beschränkten sich jedoch nicht auf das Erziehungswesen, sondern betrafen auch andere Bereiche, insbesondere die Verbesserung der Infrastruktur und die Außen- und Kolonialpolitik. So legte der Minister für Öffentliche Arbeiten, Charles de Freycinet (1828–1893), im Zivilberuf ein Ingenieur und

Verwaltungsfachmann, der 1870 bereits Gambetta bei der Rekrutierung und Organisation der Widerstandsarmee gegen die Deutschen beigestanden hatte, 1878 einen Plan für einen umfassenden Ausbau der Straßen und Schienenwege sowie des Kanalsystems und der Häfen vor. Der Plan, der danach schrittweise in die Tat umgesetzt wurde, führte bis 1914 zu einer Verdoppelung des französischen Schienennetzes sowie zur Standardisierung des französischen Kanalsystems mit dem Ziel, Güterumladungen möglichst überflüssig zu machen. Auch Flüsse wurden zunehmend schiffbar gemacht, so daß sie sich zu Verkehrsadern entwickelten, auf denen sich die beförderte metrische Tonnage von 1886 bis 1913 ebenfalls verdoppelte. Währenddessen wurden in Übersee zugleich die Fundamente für das neue französische Kolonialreich gelegt. Der führende Kopf war dabei wiederum Jules Ferry, der die Deputiertenkammer immer wieder veranlaßte, Kredite zur Unterstützung kolonialer Vorstöße zu bewilligen. So drang bereits 1879 eine französische Kolonialarmee von Senegal aus ins Innere Afrikas vor, 1881 wurde mit Billigung der anderen Kolonialstaaten Tunesien für Frankreich gewonnen. Der schmerzliche Verlust Ägyptens an Großbritannien 1882 wurde bald durch beträchtliche Zugewinne an anderer Stelle ausgeglichen: Die Eroberung von Tongking, Laos und Kambodscha führte in den Jahren 1883 bis 1885 zur Errichtung eines französischen Protektorats in Indochina; im Senegal bauten französische Ingenieure den Hafen von Dakar aus, von wo aus bis 1897 weite Gebiete in der Sahara und Zentralafrika für Frankreich in Besitz genommen werden konnten, darunter 1884 Französisch-Guinea und Französisch-Äquatorialafrika; und in Ostafrika wurden erste Schritte zur Annexion Madagaskars unternommen. Frankreich stieg damit zu einer der führenden Kolonialmächte auf – und zwar weitgehend ungestört und im Einvernehmen mit den anderen europäischen Mächten, zwischen deren Kolonien in Afrika 1888 sogar feste Grenzen vereinbart wurden, die Frankreichs imperiale Ansprüche festschrieben.

Neben diesen unbestreitbaren Erfolgen, die der Republik zu einem Gefühl neuer Größe und Zuversicht verhalfen, verblaßten die Konflikte und Probleme, die es ebenfalls gab – vor allem mit Großbritannien und Italien, aber auch mit Deutschland – und von denen an anderer Stelle noch die Rede sein wird. Die Stimmung in der französischen Hauptstadt in den achtziger Jahren war optimistisch und von einem Geist des Aufbruchs geprägt: Paris wurde zum intellektuellen und künstlerischen Zentrum nicht nur Europas, sondern der gesamten Welt. Nichts war mehr zu spüren von der Peinlichkeit der Niederlage von 1871; nichts kündete mehr von der düsteren Atmosphäre der Commune und dem Bürgerkrieg, der notwendig gewesen war, die Erhebung zu beenden. Nichts deutete aber auch – zumindest an der Oberfläche – darauf hin, daß Frankreich in manchen Bereichen, die nicht zu den unwichtigen zählten, langsam aber sicher ins Hintertreffen geriet: in der Wirtschaft, vor allem im Wachstum der Industrie, beim Militär, in der Bevölkerungsentwicklung. Besonders der industrielle Sektor bereitete große Sorgen, da es kaum Fortschritte gab. So führte die fortbestehende Dominanz der Landwirtschaft dazu, daß noch 1914 über die Hälfte der Franzosen auf dem Lande lebten. Selbst der französische Weinanbau geriet in eine lange andauernde Existenzkrise, als in den siebziger Jahren zunächst die Weinstökke von der Reblaus befallen wurden und um die Jahrhundertwende, als die Plage einigermaßen überwunden war, italienische und spanische Konkurrenten mit Macht und guten Produkten auf den Markt drängten.

Die Kritiker der Republik erhielten Auftrieb, als in den achtziger Jahren nicht nur die wirtschaftlichen Probleme immer sichtbarer wurden, sondern auch das parlamentarische Leben Frankreichs zunehmend von Zersplitterung und Zerfall gekennzeichnet war. Wie in Großbritannien und besonders in Italien, so erwies sich auch in Frankreich die Bildung von Parteien mit einem Minimum an Fraktionsdisziplin als schwierig. Demokratie wurde von den einzelnen Abgeordneten als Chance für das Ausleben politischer Individualität begriffen. Eine systematische Behandlung politischer oder sozialer Probleme war dadurch ab Mitte der achtziger Jahre praktisch unmöglich. Feinden der Republik, die sich vor allem unter den Aristokraten, im Klerus, in der höheren Beamtenschaft und im Offizierkorps der Armee fanden und die im allgemeinen zu den Monarchisten zählten, wurde es daher leicht gemacht, gegen die bestehende Ordnung zu opponieren. Eine Gefahr für die Republik war jedoch vor allem die Verschmelzung aristokratischer und bürgerlicher Ideen – das Grundthema in Marcel Prousts *Auf der Suche nach der verlorenen Zeit* –, die sich daraus ergab, daß gesellschaftlich ehrgeizige Angehörige des gehobenen Mittelstandes sich mit der extrem rechten Opposition verbanden. Dazu stießen außerdem noch Vertreter nationalistischer Bewegungen, die Revanche für die Niederlage von 1870/71 und den Verlust von Elsaß-Lothringen forderten.

Auch die Arbeiterschaft stand nicht automatisch auf der Seite der Republik, wie man vielleicht hätte vermuten können. Eine 1879 gegründete neue marxistisch-revolutionäre „Arbeiterpartei“ lehnte jede Art von Zusammenarbeit mit den etablierten bürgerlichen Parteien ab und erhob den Umsturz der bestehenden Gesellschaft nach dem Vorbild der Pariser Commune zu ihrem Ziel. Die Partei stützte sich vor allem auf die Gefolgschaft der gebildeteren Arbeiter, unter denen der marxistische Sozialismus in den siebziger Jahren an Einfluß gewonnen hatte, nachdem Paul Lafargue, der Schwiegersohn von Karl Marx, und andere Intellektuelle die grundlegenden Werke von Marx und Engels ins Französische übersetzt hatten. Die verurteilten Anhänger der Commune waren zwar durch eine Amnestie 1880 in die Gesellschaft zurückgekehrt, doch die Wunden des Bürgerkrieges, in dem vor allem Arbeiter gekämpft und ihr Leben verloren hatten, waren dadurch keineswegs geheilt. Die optimistische Aufbruchstimmung der achtziger Jahre in Paris galt deshalb für die meisten Arbeiter nicht. Sie waren unzufrieden mit den Arbeitsbedingungen, den langen Arbeitszeiten und den niedrigen Löhnen und machten ihrem Unmut zunehmend durch Unruhen und Arbeitsniederlegungen Luft. Bei einem Streik im Kohlengebiet von Valenciennes kam es 1884 sogar zu Gewaltausbrüchen, die Émile Zola zu seinem Roman *Germinal* inspirierten. Weitere Streiks gab es 1886 in Decazeville und Vierzon, nach 1890 stieg die Zahl der Arbeitsniederlegungen steil an.

Die Republik befand sich nun unter dem Druck rechter und linker Kräfte zugleich, während ihre Fähigkeit, für die anstehenden Probleme sachgerechte Lösungen zu finden, aufgrund der Zersplitterung des Parteiensystems und der politischen Eliten sowie der Führungsschwäche der Regierung immer mehr nachließ.

e) Die Entwicklung nach 1885

Es ist fraglich, ob die Schwierigkeiten, vor denen Frankreich Mitte der achtziger Jahre stand, tatsächlich so ernst waren, daß sie einen Zerfall der Republik nach sich ziehen mußten. Abgesehen von den wirtschaftlichen Problemen, die nicht zu bestreiten waren, ließ der Zustand des Landes durchaus den Schluß zu, daß man die Krise von 1870/71 einigermaßen erfolgreich gemeistert hatte. Dennoch wurden ab 1885 Forderungen nach einem „starken Mann" immer lauter, der die von den Republikanern angeblich geschaffene Unordnung im Innern beseitigen und Frankreich nach außen in einen siegreichen Krieg gegen Deutschland führen sollte.

Als General Georges Boulanger, ein Wortführer der Revanche und des Chauvinismus, 1886 zum Kriegsminister aufstieg, schien dieser Mann gefunden. Boulanger, der es genoß, auf seinem schönen Rappen „Tunis" durch die Straßen von Paris zu reiten, war nicht nur eine glänzende Erscheinung, sondern wegen seiner Volksnähe und seines extravaganten Auftretens in der Öffentlichkeit auch sehr beliebt. Nach seinem Amtsantritt setzte er zudem durch eine Verbesserung der Zustände in den Kasernen ein Zeichen, das bei der Armee und in der Bevölkerung sogleich verstanden wurde: Der republikanische Schlendrian, der Frankreichs Militär, wie viele glaubten, in den Abgrund getrieben hatte, wich vermeintlich einem neuen Geist, der für die Zukunft nur Gutes zu verheißen schien. Boulangers irrational wachsende Popularität, die auch als „Boulangisme" bezeichnet wurde, erhöhte sich noch auf dramatische Weise, als Bismarck während einer Rede im Berliner Reichstag den Boulangismus als friedensgefährdend kritisierte – eine Werbung, wie sie sich der „General Revanche" nicht besser hätte wünschen können, da das französische Militär und weite Teile der französischen Öffentlichkeit nur auf eine zweite Chance warteten, mit Deutschland die Waffen zu kreuzen und die Niederlage von 1870/71 zu korrigieren.

Und das Schicksal spielte Boulanger weiter in die Hände: Die Entdekkung, daß der Schwiegersohn des Präsidenten Grévy seine Position dazu verwendet hatte, um gegen Schmiergelder die Wahl zur Deputiertenkammer 1885 zugunsten der Mitglieder des Ordens der Ehrenlegion zu beeinflussen, zwang den Präsidenten im Dezember 1887 zum Rücktritt. Wenn Boulanger das politische Vakuum, das dadurch entstand, genutzt hätte, um seinen eigenen Machtanspruch geltend zu machen, hätte ein Umsturz tatsächlich gelingen können. Doch Boulanger zögerte. Obwohl er bereits 1887 als Kriegsminister abgesetzt und in die Provinz abgeschoben worden war, bevor man ihn 1888 ganz aus der Armee entfernte – eine dreifache Warnung, die er leichtfertig mißachtete –, glaubte er wohl, die Präsidentschaft werde ihm aufgrund seiner Popularität, die durch seine Entmachtung nicht gelitten hatte, sondern eher noch gestiegen war, vom Parlament binnen kurzem ohnehin auf legalem Wege übertragen. So ließ er die Monate, in denen der Coup mit guten Aussichten auf Erfolg möglich gewesen wäre, ohne ernsthafte Anstrengung, die Macht aus eigener Kraft zu erobern, verstreichen. Die Republikaner indessen nutzten die Zeit, ihre Unstimmigkeiten zu beenden und Boulanger der Verschwörung gegen den Staat anzuklagen. Als der General im Frühjahr 1889 schließlich aufgefordert wurde, vor dem Senat zu erscheinen, um sich zu rechtfertigen, verlor er die Nerven und floh nach Belgien, wo er zwei Jahre später Selbstmord beging.

Die Stärkung, welche die Republik durch das Scheitern des Boulangismus erfahren hatte, währte allerdings nicht lange. Zwar war es im Kampf gegen den „Boulangisme" sogar zu einem Bündnis der republikanischen Mitte mit einer neuen, reformerischen Arbeiterpartei – dem „Bund der Arbeitersozialisten Frankreichs" – unter Führung von Paul Brousse und den Gebrüdern Joffrin und Benoit Malon gekommen, die sich bereit erklärten, „den schwachen Kern unserer republikanischen Institutionen gegen militärische Bedrohungen zu verteidigen und zu bewahren". Aber dieser vielversprechende Ansatz wurde schon bald wieder zunichte gemacht, als die öffentliche Meinung in Frankreich durch zwei Ereignisse aufgewühlt wurde, die den Eindruck entstehen ließen, die politische Klasse des Landes sei gänzlich korrupt, verdorben und unaufrichtig: den Bestechungsskandal beim Bau des Panama-Kanals und die Dreyfus-Affäre.

Im ersten Fall ging es darum, daß – wie eine Artikelserie von Edouard Drumont enthüllte, die 1892 unter dem Titel „Die interne Geschichte von Panama" in der Zeitung *La Libre Parole* erschien – Politiker, aber auch Vertreter der Presse bestochen worden waren, um den Bau eines Kanals durch den Isthmus von Panama zu vollenden. Das Projekt, das Ferdinand de Lesseps, der Erbauer des Suez-Kanals, seit den späten siebziger Jahren vorangetrieben hatte, war durch schlechtes Wetter, eine Gelbfieber-Epidemie und viele Todesfälle ins Stocken geraten und 1888 nur noch durch zusätzliche Unterstützung, darunter eine neue Großanleihe mit Rückendeckung der französischen Regierung, zu retten gewesen. Der Stützungsversuch war gelungen – allerdings nur mit Hilfe unlauterer Methoden, die nun von Drumont schonungslos offengelegt wurden: Ein Abgrund von Intrigen und unsauberen Geschäftspraktiken tat sich auf. Schlimmer noch: Ein Großteil der politischen und publizistischen Elite des Landes war betroffen und wurde nachhaltig diskreditiert. Außerdem kam es zu einem Anwachsen des Antisemitismus in Frankreich, da die extreme Rechte ihre Kritik an der Republik mit dem Vorwurf gegen das „internationale Judentum" verband, der eigentliche Drahtzieher der ganzen Angelegenheit im Hintergrund zu sein.

Damit war der Boden für die Dreyfus-Affäre bereitet, die Anfang Oktober 1894 begann, als eine Putzfrau im Büro des deutschen Militärattachés Schwarzkoppen in Paris einen zerrissenen und zerknitterten Zettel aus einem Papierkorb holte und ihn an das „Deuxieme Bureau", die Spionageabwehrabteilung des französischen Generalstabs, schickte. Die Prüfung ergab, daß es sich um ein sogenanntes „Bordereaux“ handelte, in dem die Sendung geheimer militärischer Dokumente angekündigt wurde – vermutlich eine Informationsliste über die französische Armee –, die der anonyme Autor des Anschreibens den Deutschen zu verkaufen versprach. Man brauchte nicht lange, um den vermeintlichen Verfasser ausfindig zu machen: Bereits am 15. Oktober 1894 wurde Hauptmann Alfred Dreyfus, der als französischer Artillerieoffizier seinen Dienst im Generalstab versah und erst vor kurzem Gelegenheit gehabt hatte, eine Reihe französischer Militäranlagen zu besichtigen, unter der Beschuldigung verhaftet, Landesverrat begangen zu haben. Er wurde von Major du Paty de Clam verhört, von einem Kriegsgericht für schuldig befunden und am 4. Januar 1895 in der École Militaire degradiert und auf die Teufelsinsel vor der Küste von Französisch-Guayana im Atlantik verbannt, obwohl er bis zuletzt seine Unschuld beteuerte und obwohl niemand erklären konnte, warum er – ein glänzender Offizier mit besten Karriereaussichten (der erste Jude, der je zum französischen Generalstab zugelassen worden war), dazu finanziell unabhängig und glücklich verheiratet – Spionage betrieben haben sollte. Tatsächlich gab es keinen direkten Beweis für seine Schuld, und die graphologischen Untersuchungen waren ebenso zweifelhaft wie die Zeugenaussagen, die zur Verurteilung führten. Offenbar benötigte man jedoch einen Schuldigen um jeden Preis – und Dreyfus hatte das Pech, in die Maschinerie der französischen Militärgerichtsbarkeit geraten zu sein. Der Antisemitismus, der zu dieser Zeit in Frankreich wesentlich stärker ausgeprägt war als in Deutschland, sowie die Vorverurteilung durch Öffentlichkeit und Presse taten ein übriges, Dreyfus die Chance auf einen fairen Prozeß zu nehmen. Auch seine Kameraden standen ihm nicht bei.

Der eigentliche Skandal begann allerdings erst, als zwei Jahre später der wirkliche Verräter entdeckt wurde: Major Graf Walsin-Esterházy, Bataillonskommandeur im 74. Infanterieregiment in Rouen, ein Offizier mit Neigung zu kostspieligen Vergnügungen und zwielichtigem Umgang. Man war ihm auf die Spur gekommen, nachdem der neue Leiter des Deuxieme Bureau, Oberst Georges Picquart, bemerkt hatte, daß weiterhin Geheimmaterial an die deutsche Botschaft verkauft wurde. Der Forderung Picquarts, Esterházy zu verhaften und Dreyfus zu rehabilitieren, wurde jedoch nicht entsprochen. Mit größter Charakterlosigkeit, die ihren Eindruck noch im Ersten Weltkrieg hinterlassen sollte, unterdrückten Kriegsministerium und Generalstab die Revision und hielten an der Schuld von Dreyfus fest. Statt dessen wurde Picquart, der im Laufe seiner Untersuchungen auch festgestellt hatte, daß der vorherige Chef des Deuxieme Bureau die Beweise gegen Dreyfus gefälscht hatte, auf einen abgelegenen Posten nach Algerien versetzt.

Erst das Drängen republikanischer Abgeordneter, denen Picquart vor seiner Abreise nach Nordafrika noch Beweismaterial gegen Esterházy zugespielt hatte, brachte die Sache wieder ins Rollen. Einer von ihnen rief im September 1898 sogar öffentlich zu einem Aufstand der Armee gegen die Republik auf und bewirkte damit, daß insbesondere der von Jean Jaures und

Alexandre Millerand geführte sozialistische Flügel der Republikanischen Partei zu der Überzeugung gelangte, etwas unternehmen zu müssen. Der wachsende politische Druck bewog schließlich den Kassationsgerichtshof, das ursprüngliche Urteil des Militärgerichts gegen Dreyfus zu annullieren und ein neues Verfahren anzuordnen. Auch Esterházy kam nun vor ein Kriegsgericht, wurde dort jedoch trotz der erdrückenden Beweise, die gegen ihn vorlagen, freigesprochen – und zwar ausschließlich, wie man vermuten konnte, um dem Gericht und den Militärbehörden die Peinlichkeit zu ersparen, ihren Irrtum zugeben zu müssen. Der Dichter Émile Zola schrieb daraufhin an den Präsidenten der Republik, Felix Faure, einen anklagenden Offenen Brief, der am 13. Januar 1898 in der Tageszeitung *L'Aurore* unter der Überschrift „J'accuse...!" veröffentlicht wurde. Zola sprach darin „von dem schmählichsten, von dem unauslöschlichsten Schandfleck", der nicht nur die Präsidentschaft Faures, sondern ganz Frankreich bedrohe. Der Freispruch Esterházys sei „die äußerste Schändung aller Wahrheit, aller Gerechtigkeit". Wörtlich hieß es in dem Brief weiter: „Männer, die tief in Schuld und Verbrechen stecken, werden zu Unschuldigen proklamiert, und einen Mann fleckenlosen Lebens greift man in seiner Ehre an. Wenn eine Gesellschaft so tief sinkt, ist sie dem Verfall ausgeliefert."

Zola wurde nach diesem Brief wegen Beleidigung des Kriegsgerichts zu einer Geldstrafe und einem Jahr Gefängnis verurteilt und floh nach England, bis der Schuldspruch ein Jahr später aufgehoben wurde. Sein Brief und der Prozeß gegen ihn erregten aber so viel Aufsehen, daß der frühere Chef des Deuxieme Bureau erneut vernommen wurde, seine Fälschungen zugab und kurz darauf Selbstmord beging, während Graf Esterházy ironischerweise dem Beispiel Zolas folgte und ebenfalls nach England floh. Dreyfus indessen wurde in einem neuen Prozeß vor einem Kriegsgericht am 9. September 1899 mit einer Mehrheit von fünf gegen zwei Stimmen wiederum schuldig gesprochen. Allerdings billigte das Gericht ihm diesmal „mildernde Umstände" zu, so daß man seine Deportation auf die Teufelsinsel, wo er bereits fünf Jahre verbracht hatte, in zehn Jahre Haft umwandelte. Kriegsminister Gallifet bat überdies nur wenige Tage später, am 19. September 1899, den Präsidenten der Republik um die Begnadigung von Dreyfus. Zur Begründung führte General Gallifet an, der Präsident möge „durch eine Maßnahme edler Menschlichkeit das Beispiel der Befriedung setzen, nach der die öffentliche Meinung ruft und die das Wohl der Republik verlangt". Dreyfus erhielt danach seine Freiheit zurück, doch seine Ehre wurde nicht wiederhergestellt. Erst knapp sieben Jahre später, am 12. Juli 1906, hob der Kassationsgerichtshof das Urteil des Kriegsgerichts auf, nachdem Dreyfus selbst, seine Familie und seine zahlreichen Fürsprecher in der Öffentlichkeit, darunter Georges Clemenceau, der noch im selben Jahr französischer Ministerpräsident wurde, unbeirrbar auf ein endgültiges Urteil gedrängt hatten.

Die Rehabilitierung von Dreyfus, der nun auch wieder, mit dem Rang eines Majors, in die Armee aufgenommen und – als eine Art Wiedergutmachung für das an ihm begangene Unrecht – zum „Ritter der Ehrenlegion" ernannt wurde, änderte allerdings nichts daran, daß die Affäre über viele

Jahre hinweg die Dritte Republik schwer erschüttert hatte. Sie bot nicht nur Stoff für große Werke der Literatur, wie die *Insel der Pinguine* von Anatole France, *Jean Barois* von Roger Martin du Gard oder *Jean Santeuil* und *Auf der Suche nach der verlorenen Zeit* von Marcel Proust, sondern verdeutlichte auch die Sonderstellung des Militärs und die Spaltung der französischen Gesellschaft, in der noch keineswegs alle Institutionen von republikanischem und demokratischem Geist durchdrungen waren. Andererseits offenbarte der Ausgang dieser schwersten Krise der Dritten Republik aber ebenfalls die Selbstreinigungskräfte, über die diese Gesellschaft und ihr politisches System verfügten. Es sei behauptet worden, resümierte daher André Maurois in seiner *Geschichte Frankreichs*, „daß eine Ungerechtigkeit, wie sie die Affäre Dreyfus darstellt, in keinem anderen Lande möglich gewesen wäre, daß aber auch in keinem anderen Lande der einmal begangenen Ungerechtigkeit mit so viel Mut der Kampf angesagt worden wäre und daß sie in keinem anderen Lande so großzügig wiedergutgemacht worden wäre".

Tatsächlich gelangte die französische Politik nach der Affäre wieder in ruhigeres Fahrwasser, in dem die Republik gefestigt erschien und neue Persönlichkeiten, wie Georges Clemenceau und Raymond Poincaré, von sich reden machten. Die Republik wurde nun auch von den französischen Sozialisten gestützt, die bereits in der Dreyfus-Affäre mit den republikanischen Parteien der Mitte zusammengearbeitet hatten und diese Kooperation – zumindest in Krisenzeiten – auch nach der offiziellen Aufkündigung des Bündnisses im Jahre 1905 fortsetzten, als sich die verschiedenen sozialistischen Parteien Frankreichs zur französischen Sektion der Arbeiter-Internationale (SFIO) zusammenschlossen und zu einer revolutionären Klassenpartei erklärten.

Politisch suchte man Lehren aus der Dreyfus-Affäre zu ziehen, indem man reaktionäre Offiziere aus der Armee entfernte und eine Heeresreform durchführte, die vor allem Änderungen im Rekrutierungssystem beinhaltete. Die Dauer des Wehrdienstes wurde 1905 von drei auf zwei Jahre verkürzt, um Ausnahmen bei der Rekrutierung abzuschaffen und eine völlige Gleichheit der Wehrdienstzeit ohne Befreiungsmöglichkeit zu erreichen. Zugleich wurde das Disziplinarrecht der Armee liberalisiert. Ziel der Reform war es, den Einfluß der Berufssoldaten auf die französische Jugend zu verringern und eine Unterminierung ihrer Werte durch reaktionäre Offiziere zu verhindern. Zwar bestanden durchaus Zweifel, ob es vor dem Hintergrund internationaler Spannungen klug war, die Leistungsfähigkeit der Armee aus politisch-ideologischen Gründen herabzusetzen und die nationale Sicherheit von einer rein defensiven Strategie mit einem hohen Anteil eilig zu mobilisierender Reservisten abhängig zu machen, zumal die Deutschen sich zur gleichen Zeit auf eine „attaque brusque" – einen offensiven Blitzkrieg mit einem großen Präsenzheer – vorbereiteten. Doch die Erinnerung an den Fall Dreyfus, die den Argwohn gegen das professionelle Militär in Frankreich wachhielt, ließ den Bedenken keinen allzu großen Raum. Lediglich die Wehrdienstzeit wurde 1913 wieder auf drei Jahre verlängert, um die französische Armee auch für Offensivoperationen ausbilden zu können, wie es zur Begründung hieß. Wie groß die Skepsis gegenüber dem Berufssoldatentum indessen auch weiterhin war, kam bereits im Abstimmungsergebnis der Deputiertenkammer zum Ausdruck, die nur eine knappe Mehrheit für die Wehrdienstverlängerung erbrachte.

Die militärischen Probleme Frankreichs wurden noch dadurch vergrößert, daß das Bevölkerungswachstum seit 1871 stark zurückging. So nahm die Bevölkerung in Frankreich von 1871 bis 1914 nur noch geringfügig von 36,6 auf 40 Millionen zu, während sie in Deutschland im gleichen Zeitraum von 41 auf über 67 Millionen wuchs. Der Vorteil wesentlich größerer Mannzahlen, den Frankreichs Armee im Vergleich zu den Truppen Preußens und der anderen deutschen Staaten bisher immer genossen hatte, war damit passé. Da unter den Militärs jedoch weiterhin die irrationale Phobie der erdrükkenden Masse herrschte, schien das Problem nur durch eine Erhöhung der Einberufungszahlen und eine weitere Verlängerung der Dienstzeiten zu lösen, die jedoch politisch nicht durchsetzbar war. Hinzu kam, daß Frankreich auch wirtschaftlich gegenüber anderen europäischen Staaten, insbesondere Deutschland und Großbritannien, immer mehr absank. So entfielen nach dem Verlust Elsaß-Lothringens nur noch 7 Prozent der Weltproduktion von Gußeisen auf Frankreich, aber 22 Prozent auf Deutschland. Die Kohleförderung betrug 1913 in Deutschland 279 Millionen Tonnen und in Großbritannien sogar 290 Millionen Tonnen, während in Frankreich im gleichen Jahr nur 41 Millionen Tonnen gefördert wurden, so daß bei einem Bedarf von mindestens 60 Millionen Tonnen erhebliche Mengen importiert werden mußten. Selbst in der Landwirtschaft, die vor dem Ersten Weltkrieg immer noch den größten Teil der französischen Wirtschaft ausmachte, blieben die Erträge pro Hektar geringer als in Deutschland oder Dänemark. Lediglich in der Automobilindustrie erlangte Frankreich eine führende Position. Allerdings waren dazu umfassende Importe notwendig.

Diese strukturellen militärischen, demographischen und ökonomischen Defizite wurden im ersten Jahrzehnt des 20. Jahrhunderts jedoch weitgehend durch die äußere politische Ruhe überlagert und zugedeckt. Die Stärkung der republikanischen Mitte unter Einbeziehung der revisionistischen Sozialisten erweckte den Eindruck, als sei Frankreich nach Beilegung der Dreyfus-Affäre endgültig auf dem Weg zu einer stabilen Demokratie. Zwar setzten links von den Sozialisten die Syndikalisten, angetrieben von Georges Sorel, ihrem berühmtesten Ideologen, der die „direkte Aktion“ predigte, ihre Agitation in kleineren militanten Gewerkschaften fort, und fanden extrem rechte Kräfte ein neues Sammelbecken in der „Action Française“, die aus der Dreyfus-Affäre entstand und unter ihrem Anführer, dem Publizisten Charles Maurras (1868–1952), die Republik, wie Gordon A. Craig schrieb, „als Brutstätte der Freimaurerei, des Judentums, der Protestanten und Ausländer“ bekämpfte und zur Wiedereinsetzung eines Königs aufrief, der Frankreich „wieder berühmt machen und der traurigen Komödie der Demokratie ein Ende bereiten“ sollte. Doch diese extremistischen Tendenzen blieben zunächst Randerscheinungen. Die Popularität von Sorel und Maurras ebenso wie die modische Bedeutung der voluntaristischen und spiritualistischen

Philosophie Henri Bergsons, die darauf hindeuteten, daß in Frankreich vornehmlich in der jüngeren Generation nicht nur ein gewisser Überdruß in bezug auf das herrschende System, sondern auch – wie in anderen europäischen Ländern und besonders in Italien – eine Affinität zu einem Kult der Gewalt bestand, wirkten sich politisch noch kaum aus. Revolutionär und gewaltbereit zu sein, war eben in erster Linie eine französische Tradition und galt, vor allem unter den tatenarmen Intellektuellen der Pariser Cafés, als *très chic*. Die Dritte Republik wurde davon bis zum Ersten Weltkrieg kaum tangiert. Sie bewahrte sich ihre innere Stabilität und wurde damit am Ende des 19. und zu Beginn des 20. Jahrhunderts neben Großbritannien zur zweiten europäischen Großmacht, die – wie zahlreiche kleinere Staaten im westlichen Teil Europas – den „liberalen Westen" repräsentierte.

IV.
Der konservative Osten

Im Gegensatz zu den Ländern Westeuropas, wo die Liberalisierung der Gesellschaften und die Demokratisierung der politischen Systeme in der zweiten Hälfte des 19. Jahrhunderts nahezu überall große Fortschritte machten, blieben die Strukturen in Ost- und Ostmitteleuropa weithin von Beharrung und Stagnation geprägt. Dies galt für Deutschland und Österreich-Ungarn ebenso wie für Rußland und den europäischen Teil der Türkei. Nirgendwo gab es Anzeichen einer wirkungsvollen, erfolgversprechenden politischen Modernisierung. Überall herrschten die gleichen rückständigen Regime – nur in Nuancen unterschieden durch rudimentäre Parlamentarisierung, partielle Bindung des Monarchen an eine Verfassung oder Ansätze einer beginnenden Rechtsstaatlichkeit. Das bereits an anderer Stelle konstatierte ökonomische und soziale Gefälle, das Westeuropa einen Entwicklungsvorsprung bescherte, die Entstehung starker, selbstbewußter bürgerlicher Schichten ermöglichte, einem liberalen Staatsverständnis zum Durchbruch verhalf und die Herausbildung parlamentarischer Ordnungen begünstigte, führte im Osten Europas zu einem Konservativismus, der schon deshalb kurzfristig nicht zu überwinden war, weil praktisch alle Voraussetzungen für eine dem Westen ebenbürtige Modernisierung der östlichen Gesellschaften fehlten. Im Deutschen Reich unter Bismarck und danach unter Kaiser Wilhelm II. wäre dies noch am ehesten denkbar gewesen. Doch hier wirkten besondere Traditionen und Entwicklungen – wie das Scheitern der liberalen Bewegung 1848/49 und die von preußisch-konservativer Seite erfüllte Hoffnung auf Lösung der nationalen Frage – einem politischen Schulterschluß mit dem demokratischen Westen entgegen. In den übrigen Ländern gab es, von wenigen Ausnahmen abgesehen, nicht einmal diese geringe Chance.

10. Das Deutsche Reich unter Bismarck und Willhelm

a) Bismarcks konservative Revolution

Beinahe drei Jahrzehnte lang, vom September 1862 bis zum März 1890, diktierte ein Mann als preußischer Ministerpräsident, Kanzler des Norddeutschen Bundes und Reichskanzler die preußische und deutsche Politik in der zweiten Hälfte des 19. Jahrhunderts: Otto von Bismarck. Am 1. April 1815 als Sohn eines altmärkischen Landedelmannes in Schönhausen geboren, war er ein ostelbischer Junker, wie er im Buche stand, allerdings ohne die provinziellen Begrenztheiten, die bei Vertretern des preußischen Landadels nicht ungewöhnlich waren. Erst spät, als Zweiunddreißigjähriger, hatte er 1847 seine politische Laufbahn als Abgeordneter der Junkerpartei im preußischen Vereinigten Landtag begonnen. 1848 bekämpfte er als unerbittlicher und unnachgiebiger Interessenvertreter seines Standes die Revolution und wurde 1851 als preußischer Bundestagsgesandter nach Frankfurt am Main entsandt, wo er alsbald mit dem Problem des preußisch-österreichischen Dualismus im Deutschen Bund konfrontiert wurde und seine Überzeugung entwickelte, daß Österreich eines Tages werde ausscheiden müssen, um eine „kleindeutsche Lösung" unter Führung Preußens zu ermöglichen. Nach Ausbruch des Krieges zwischen Österreich und Italien wurde er 1859 wegen seiner anti-österreichischen Einstellung vom Prinzregenten Wilhelm abberufen und nach St. Petersburg versetzt – „kaltgestellt", wie Bismarck selbst meinte – und 1862 schließlich als Gesandter nach Paris beordert, bevor König Wilhelm I. ihn wenig später zum preußischen Ministerpräsidenten berief, als sich in Berlin der Konflikt um die Heeresreform zwischen Krone und Landtag immer mehr zuspitzte und eine neue Revolution nicht länger ausgeschlossen schien.

Die Beurteilung Bismarcks durch seine Zeitgenossen war zunächst durchweg negativ, seine Berufung zum Ministerpräsidenten mindestens umstritten. So hieß es in der *Kölnischen Zeitung* vom 26. September 1862, Bismarck sei „jedenfalls unter den Junkern unserer östlichen Provinzen ein seltener Vogel, ein Mann von Geist und Bildung, dem es weder an persönlicher Liebenswürdigkeit fehlt noch an Beredsamkeit und Unternehmungsgeist, kein unfähiger, aber noch weniger ein ungefährlicher Mann". Der Sozialist Ferdinand Lassalle schrieb in einem Brief an Sophie von Hatzfeld am 27. September 1862 unter Anspielung auf Bismarcks Geburtsort Schönhausen kurz und bündig: „Gegen Bismarck-Schönehose ist hier alle Welt natürlich wütend und oppositionslustig bis zur Krawatte. In der Tat bleibt er, Sie mögen sagen, was Sie wollen, ein durchaus reaktionärer Bursche und Junker, von dem nur reaktionäre Versuche zu erwarten sind."

Tatsächlich war Bismarck ein Konservativer, der seine Herkunft aus dem preußischen Adel sowie seine monarchische und militärische Denkweise nie verleugnete. Im Gegensatz zu Cavour war er auch nicht in der Lage, sich „organisch dem Entwicklungsgang der modernen Zeit einzufügen", wie Hans Herzfeld etwas gewunden, aber durchaus zutreffend bemerkte. Als Vertreter einer realitätsbezogenen staatlichen Interessenpolitik, der als verbindlich nur die Räson des eigenen Staates ansah, lehnte Bismarck allerdings – anders als manche seiner politischen Weggefährten – jede dogmatische Neigung ab, lediglich konservative Tendenzpolitik zu treiben. Auch zu einer schrankenlosen Machtpolitik, wie andere Regime sie zu seiner Zeit und auch später immer wieder praktizierten, war er nicht bereit. Vor allem die Entscheidung über Krieg und Frieden blieb für ihn eine Gewissensangelegenheit, die nicht zuletzt in religiöser Überzeugung wurzelte. Das Streben nach Hegemonie und Weltgeltung als Selbstzweck lag jenseits der Grenzen seiner politischen und moralischen Grundauffassungen. Daran ändern auch isolierte, aus dem Zusammenhang gerissene und daher oft mißverständliche Einzeläußerungen nichts, die – wie das berühmte Wort, die großen Fragen der Geschichte würden durch Blut und Eisen, nicht durch parlamentarische Reden und Mehrheitsbeschlüsse entschieden – den Eindruck einer einseitig militärischen, antidemokratischen und antiliberalen Natur erwecken.

In Wirklichkeit fand sich Bismarck in der Innenpolitik mit dem Verfassungsstaat des 19. Jahrhunderts wenigstens in Gestalt der konstitutionellen Monarchie ab. Verfassungsüberlegungen und Ideen einer Parlamentarisierung wurden von ihm als Instrumente der preußischen Politik zur Erreichung ihrer deutschen Ziele durchaus genutzt: Eine Ausweitung Preußens auf Deutschland war ohne ein Verfassungsversprechen und die Einrichtung eines nationalen Parlaments nicht möglich; umgekehrt konnten eine geschickt formulierte Verfassung und ein mit den richtigen Kräften besetztes Parlament der preußischen Führung in einem geeinten Reich die notwendige Form und Richtung geben. Dabei bestand für Bismarck kein Zweifel, daß nicht der 1848/49 gescheiterte aufklärerische Liberalismus oder ein zumindest liberal verbrämter Nationalismus, sondern preußischer Obrigkeitssinn und monarchische Herrschaftstradition die politische Ordnung in Deutschland nach der Reichsgründung bestimmen würden. Ein positives inneres Verhältnis zur Konstitutionalisierung und Parlamentarisierung wurde von ihm weder angestrebt noch jemals erlangt; Liberalismus und Demokratie blieben für ihn zeitlebens Erscheinungen einer Welt, mit der ihn nichts verband.

Die Entscheidung, das neue Deutsche Reich als einen preußisch dominierten, monarchischen Obrigkeitsstaat zu konstruieren, bedeutete eine „konservative Revolution“, die in scharfem Kontrast zu den Entwicklungen des Vormärz und der Erhebung von 1848 stand. Sie fand ihren formalisierten Ausdruck zunächst in der Verfassung des Norddeutschen Bundes von 1867 und dann in der Reichsverfassung von 1871 und bezog ihre innenpolitische Legitimation sowohl aus dem außenpolitischen Erfolg der Reichsgründung mit preußischen Waffen gegen den Widerstand Dänemarks, Österreichs und Frankreichs als auch aus der Zufriedenheit der überwiegenden Mehrheit der Deutschen mit einem Status quo, der ihnen nach einer Phase staatlicher Zersplitterung und politischer Zurücksetzung ein neues Gefühl der Macht und Bedeutung verlieh und die Werte von Liberalität und Demokratie ganz offensichtlich verblassen ließ. Schon die Verfassung des Norddeutschen Bundes war ein Musterbeispiel für den Versuch, die Einführung einer parlamentarischen Regierungsweise zu verhindern. Sie war geprägt durch die beherrschende Stellung des preußischen Königs und des Bundeskanzlers – also Bismarcks selbst –, dem in Artikel 17 die Verantwortung für die gesamte Leitung der Politik übertragen wurde, und spiegelte zugleich durch die starke Akzentuierung des Bundesrates den deutschen Föderalismus mit seiner Vielzahl von Regierungen wider. Beides zusammen erschwerte nicht nur eine Parlamentarisierung auf Bundesebene, sondern schloß sie praktisch aus.

In der im April 1871 verkündeten Reichsverfassung wurde diese Tendenz noch verstärkt. Der Historiker Theodor Mommsen sprach deshalb in einem Brief an den Münchner Ökonomen Lujo Brentano sogar von einem „pseudokonstitutionellen Absolutismus", den die Deutschen als „rückgratloses Volk innerlich akzeptiert" hätten. Das Reich umfaßte nun Preußen, die drei Königreiche Bayern, Sachsen und Württemberg, nicht weniger als achtzehn Kleinstaaten sowie drei freie Städte und das sogenannte „Reichsland" Elsaß-Lothringen. Es gab ein Zweikammerparlament mit einem Bundesrat als Vertretung der Bundesstaaten und einem durch allgemeines Stimmrecht der Männer gewählten Reichstag als Volksvertretung. Doch der Reichstag besaß kaum Vollmachten, ungleich weniger jedenfalls als das Unterhaus in Großbritannien und die Deputiertenkammer in Frankreich, und war kaum in der Lage, den Kanzler und die Minister wirksam zu kontrollieren, da die Minister nur dem Kanzler verantwortlich waren und der Kanzler sich nur dem Kaiser gegenüber zu verantworten hatte. Im Bundesrat, der sich aus Delegierten zusammensetzte, die von ihren Regierungen ernannt wurden, besaß Preußen faktisch eine Vetoposition, da ohne preußische Zustimmung weder Verfassungsänderungen noch Änderungen im Militär- und Zollwesen oder bei den Verbrauchssteuern möglich waren.

Die maßgebliche Figur in dieser Verfassungskonstruktion war der preußische König, der zusätzlich den Titel „Deutscher Kaiser" trug. Er ernannte – nicht nur formal, sondern in alleiniger Souveränität – den Reichskanzler und andere hohe Staatsbeamte, initiierte durch den Kanzler die von ihm gewünschten Gesetze, bestimmte über die deutsche Außenpolitik, entschied über Krieg und Frieden, übernahm in Kriegszeiten das Oberkommando über die Armee und berief die beiden gesetzgebenden Organe ein oder vertagte sie. Bei dieser Machtfülle des Kaisers war es beinahe unerheblich, daß das Erziehungswesen, Polizei und Justiz sowie der größte Teil der Finanzverwaltung und zahlreiche andere Bereiche weiterhin von den Organen der Einzelstaaten bestimmt wurden und daß die süddeutschen Königreiche nicht nur eine förmliche Unabhängigkeit in der Außenpolitik behielten, sondern auch weiter jeweils ihre eigene Armee besaßen, die nur in Kriegszeiten dem Reich unterstellt wurde. Ebenso unerheblich war es, daß es nicht einmal eine Reichsarmee gab, sondern das preußische Heer praktisch als Nationalarmee fungierte, und daß die Ernennung der Offiziere in den Armeen der einzelnen Königreiche durch den jeweiligen Monarchen erfolgte. Tatsächlich waren die Bundesstaaten in so vielfältiger Weise mit dem Reich verbunden und von Preußen abhängig, daß man sich diesen Föderalismus leisten konnte, ohne die Zentralgewalt und die Sonderrolle Preußens zu beeinträchtigen. Diese Rolle zeigte sich vor allem im Kriege, wenn der Generalstab des preußischen Heeres den Oberbefehl über alle deutschen Streitkräfte übernahm.

Der Reichstag war in dieser Konstruktion keine gänzlich unwichtige und damit überflüssige Institution, sondern eine Einrichtung, die ein weithin – gerade auch im Ausland – beachtetes Forum bot, um deutsche Politik öffentlich zu präsentieren. Darüber hinaus stellte er, mehr noch als der

Hohenzollernkaiser und der ebenfalls preußisch verwurzelte Reichskanzler, ein bedeutendes Symbol für die deutsche Einheit dar, das partikularistischen Kräften im Innern entgegenwirkte. Doch mit einem echten Parlamentarismus wie in Großbritannien und Frankreich hatte dies wenig zu tun. Zwar erfolgte die Wahl des Reichstages, wie schon in der Verfassung von 1849 vorgesehen, durch das allgemeine, gleiche und – gegen den Wunsch Bismarcks – geheime Stimmrecht, und natürlich wurde auch über Gesetzentwürfe der Regierung beraten und abgestimmt, deren Verhalten sich mit dem Budgetrecht theoretisch sogar beeinflussen ließ. Aber praktisch wurde die Reichspolitik allein von den Wünschen der herrschenden Schicht Preußens bestimmt. Die Prärogative des preußischen Königs, Preußens Gewicht im Bundesrat und das faktische Machtmonopol Preußens, ausgeübt durch seine Armee, ließen den Abgeordneten des Reichstages wenig Raum für eigene Wege.

In Preußen selbst indessen sorgte das Dreiklassenwahlrecht für eine feudal-konservative Zusammensetzung des Abgeordnetenhauses. Das 1849/50 eingeführte Wahlrecht, das erst durch die Revolution von 1918 beseitigt wurde, teilte die Urwähler nach der Steuerhöhe in drei Klassen ein, wobei auf jede Klasse ein Drittel der Gesamtsumme der Steuerbeträge entfiel, so daß die wenigen Höchstbesteuerten genauso viele Wahlmänner wählten wie die größere Zahl der mittleren Schichten und die große Masse der gering Besteuerten. Aufgrund der konservativen Grundorientierung der preußischen Politik, die sich daraus ergab, konnte Bismarck stets sicher sein, die Unterstützung der preußischen Delegation im Bundesrat zu erhalten, wenn er sich dem Drängen des Reichstages nach Reformen widersetzte. Der Schlüssel zu einer Verfassungsreform und zu einer Liberalisierung der politischen Ordnung in Deutschland lag somit in Preußen, so daß die Demokratisierung des preußischen Wahlrechts im Kaiserreich zum primären Ziel aller Reformer wurde. Bis zum Ersten Weltkrieg ließen sich in dieser Hinsicht jedoch keine nennenswerten Fortschritte erzielen. Preußen blieb das „konservative Bollwerk“ (Henning Köhler), als das es von Bismarck konzipiert war – mit einem bewußt schwach gehaltenen Reich, in dem den Einzelstaaten, darunter Preußen, ein hohes Maß an Zuständigkeiten zugebilligt wurde.

Vor diesem Hintergrund werden die Schwierigkeiten des Reichstages verständlich, über die verfassungsmäßig zugestandenen Rechte bei der Gesetzgebung und der Haushaltsbewilligung die Politik der Regierung zu beeinflussen. Erst nach der Jahrhundertwende mehrten sich die Anzeichen, daß die Parlamentarisierung des Reiches voranschritt. Unter Bismarck war man davon aber noch weit entfernt. Vor allem zu Beginn seiner Zeit als preußischer Ministerpräsident gab er zu erkennen, wie gering er die Bedeutung des Parlaments einschätzte. Sein Denken war und blieb obrigkeitsstaatlich orientiert, und das Reich, das er schuf, folgte den Strukturen, die in seinem Denken angelegt waren und die er bereits seit 1862 systematisch in die Tat umsetzte.

b) Die Rolle der Parteien

Nachdem sich das preußische Abgeordnetenhaus 1862 geweigert hatte, Mittel für eine Heeresreform zu bewilligen, und damit eine – an anderer Stelle bereits beschriebene – Regierungskrise auslöste, agierte Bismarck, der vom König in der Stunde der Not zu Hilfe gerufen und zum Ministerpräsidenten ernannt wurde, bis 1866 in Preußen ohne, ja gegen das Parlament. Sein Verhalten in dieser Zeit war antiliberal und teilweise ungesetzlich: Er knebelte die Presse, wenn sie seine Politik kritisierte, drohte liberalen Beamten, die seine Entscheidungen unterliefen oder behinderten, mit Maßregelung und verwies sogar auf das Regreßedikt, um politische Gegner notfalls persönlich haftbar zu machen. Vor allem jedoch: Er regierte ohne Budget und verstieß damit nicht nur gegen die – an sich konservative – preußische Verfassung vom 31. Januar 1850, sondern mißachtete auch ein klassisches Gesetz aller bestehenden konstitutionellen Ordnungen. Als das Abgeordnetenhaus am 27. Januar 1863 über eine von Rudolf Virchow entworfene Adresse an den König beriet, welche die budgetlose Regierung Bismarcks als verfassungswidrig bezeichnete, den Mißbrauch der Regierungsgewalt gegenüber der Presse und die Behandlung der liberalen Beamten verurteilte und die Wiederherstellung eines verfassungsmäßigen Zustandes forderte, begründete Bismarck sein Vorgehen im Konflikt zwischen Krone und Parlament mit einer sogenannten „Verfassungslücke", die es seiner Meinung nach der Regierung nicht nur erlaubte, sondern ihr sogar zwingend gebot, im Falle eines durch das Parlament nicht genehmigten Haushalts die bestehenden Steuern nach Artikel 106 der Verfassung zu erheben, um die Handlungsfähigkeit des Staates zu erhalten.

Das Argument war fadenscheinig und verfassungsrechtlich nicht haltbar. Bismarck selbst räumte dies später indirekt ein, als er das Abgeordnetenhaus am 1. September 1866 ersuchte, die Budgets für die Jahre 1862 bis 1865 nachträglich gutzuheißen und der Regierung „Indemnität", also Straffreiheit, zu erteilen. Das Ersuchen war im Grunde genauso eine Zumutung wie die Mißachtung des Parlaments in den Jahren zuvor. Doch die Abgeordneten stimmten dem Indemnitätsentwurf der Regierung – wenige Monate nach dem Sieg preußischer Truppen bei Königgrätz am 3. Juli 1866 – mit 230 gegen 75 Stimmen zu. Der Verfassungskonflikt, der seit 1862 die preußische Innenpolitik belastet und das Verhältnis zwischen Regierung und Parlament getrübt hatte, wurde damit beigelegt. Doch der Schaden, der in diesem Streit der parlamentarisch-demokratischen Entwicklung in Deutschland, weit über Preußen hinaus, zugefügt worden war, ließ sich nicht durch ein Gesetz aus der Welt schaffen. Die Art und Weise, in der Bismarck mit den Abgeordneten verfahren war, wirkte lange nach und war symptomatisch für sein Verhältnis zum Parlament, vor allem aber zu den Parteien.

Wie er das allgemeine Wahlrecht „gewissermaßen als ein Erbteil der Entwicklung der deutschen Einheitsbestrebungen" hinnahm – wie er am 28. März 1867 im Norddeutschen Reichstag erklärte –, so duldete Bismarck auch die politischen Parteien als etwas historisch Vorgegebenes, mit dem man sich arrangieren mußte. Die Parteien als etwas Eigenständiges oder gar als notwendige Strukturelemente beim Aufbau eines neuen, westlich orientierten parlamentarisch-demokratischen Staates zu begreifen, lag ihm jedoch fern. Derartige Phänomene politischer Massenmobilisierung waren ihm in seinem Innersten fremd. In dieser Hinsicht entstammte er nicht nur einer anderen Epoche, sondern er dachte und handelte auch wie der letzte Kämpfer einer teils schon versunkenen, teils im Versinken begriffenen Zeit nahezu unbeschränkter, absolutistischer monarchischer Herrschaftsgewalt. Zumindest in der Innenpolitik war und blieb Bismarck ein ganz und gar auf die Staatsräson fixierter Minister seines Königs. Wo es sich nicht vermeiden ließ, zollte er wohl dem Zeitgeist den notwendigen Tribut; doch gleichzeitig stemmte er sich, geprägt von seinem starken individuellen Konservativismus, mit aller Vehemenz, die ihm zu Gebote stand, gegen ihn, solange er nur konnte – zunächst im Verfassungskonflikt mit den Abgeordneten des preußischen Landtages, nach 1871 dann im Kulturkampf gegen den „Ultramontanismus“ der katholischen Kirche und ihrer politischen Vertreter, schließlich in der Auseinandersetzung mit der Sozialdemokratie und den internationalistischen Tendenzen der Arbeiterbewegung. Die Verelendung des deutschen Parteiensystems nach hoffnungsvollem Beginn 1848 ist also wesentlich Bismarck anzulasten. Sie führte nicht nur das Land, sondern auch ihn selbst in den achtziger Jahren immer tiefer in eine Sackgasse. Sein Scheitern – nicht nur wegen des persönlichen Ehrgeizes Kaiser Wilhelms II., sondern auch wegen der Arbeiterfrage – ist nicht zuletzt diesem Umstand zuzuschreiben.

Die Struktur der Parteien im Reichstag war ein Spiegelbild der Gesellschaft und der politischen Wirklichkeit im Reich. Im wesentlichen existierten sechs bedeutende Parteien, deren Spektrum von den extrem Konservativen auf der Rechten bis zu den Sozialisten auf der Linken reichte. Darüber hinaus gab es zahlreiche Splitterparteien, die teils eine regionale oder ethnische Klientel vertraten – wie die Welfen, die Dänen, die Elsaß-Lothringer oder die Polen aus Posen –, teils aber auch ideologisch motiviert waren, wie die 1889 auf dem Bochumer Antisemitentag gegründete *Antisemitische Deutsch-soziale Partei*, die auf ihrem Hamburger Parteitag am 10./11. September 1899 den Beschluß faßte, die „Judenfrage“ müsse „im Laufe des 20. Jahrhunderts zur Weltfrage werden und als solche von den anderen Völkern gemeinsam und endgültig durch völlige Absonderung und (wenn die Notwehr es gebietet) schließliche Vernichtung des Judenvolkes gelöst werden“.

Die *(Deutsche) Konservative Partei*, die ihren stärksten Rückhalt in den ostelbischen Gebieten besaß, war die Partei des Preußentums, der Aristokratie und des Grundbesitzes, weitgehend agrarisch geprägt, protektionistisch und in deutlicher Distanz zur industriellen Entwicklung, dazu antiliberal und reformfeindlich, dafür loyal gegenüber der Monarchie mit einer starken Verpflichtung zum Dienst am Staat. Davon unterschieden war die ebenfalls konservative *Deutsche Reichspartei*, die sich in Preußen *Freikonservative Partei* nannte. Im Gegensatz zu den Konservativen bemühten sich die Freikonservativen allerdings um eine „Union von Roggen und Stahl“, suchten also Großgrundbesitz und Großindustrie miteinander zu verbinden, unterstützten nahezu bedingungslos die Politik Bismarcks und stellten zahlreiche Minister und Diplomaten, ohne allerdings bei den Wählern jemals einen wirklichen Durchbruch zu erzielen; ihre Partei erreichte selten mehr als 30 der 397 im Reichstag zu vergebenden Sitze und war damit nur halb so stark wie ihre konservative Schwesterpartei. Das katholische *Zentrum* hingegen, stets mit etwa 100 Abgeordneten vertreten, mit Schwerpunkten im Rheinland und in Bayern, war klassenmäßig weniger gebunden als die Konservativen, sondern repräsentierte einen gewissen Querschnitt der katholischen Bevölkerung, wobei eine traditionelle Staatsauffassung und konservative gesellschaftliche Moralvorstellungen mit progressiven Forderungen einer Sozialreform in der Tradition Adolf Kolpings und Bischof Wilhelm Emmanuel Freiherr von Kettelers verknüpft wurden.

Stärkste Kraft im Reichstag war jedoch die *Nationalliberale Partei*, die 1874 nicht weniger als 155 Sitze auf sich vereinigen konnte, danach aber kontinuierlich an Boden verlor und sich in den achtziger Jahren in der Größenordnung der Konservativen bewegte, während die Linksliberalen, die bei den Wahlen zunächst als *Fortschrittspartei*, ab 1910 als *Fortschrittliche Volkspartei*, gelegentlich aber auch unter anderen Bezeichnungen antraten, sich durchgängig in diesem Rahmen bewegten. Die Nationalliberalen setzten sich zumeist aus Angehörigen des gebildeten, wohlhabenden Mittelstandes und der höheren Bürokratie zusammen, unterstützten Bismarck und das neue Reich und wiesen in ihrer Programmatik viele Gemeinsamkeiten mit den Liberalen in anderen Ländern auf. Sie kämpften für die kapitalistische Marktwirtschaft, die Trennung von Kirche und Staat und damit für die Säkularisierung des öffentlichen Lebens sowie für industriellen und materiellen Fortschritt. Die Linksliberalen unter Eugen Richter und später Friedrich Naumann stimmten in ihrer gesellschaftlichen Basis sowie in vielen inhaltlichen Punkten mit den Nationalliberalen überein, unterschieden sich von diesen aber durch ihre Kritik am Bismarckschen Obrigkeitsstaat und durch ihren Kampf für einen stärkeren Ausbau der Demokratie und der parlamentarischen Regierungsform. Bemühungen der Linksliberalen um einen Zusammenschluß mit den Sozialisten scheiterten, so daß die *Sozialdemokratische Partei* seit den siebziger Jahren bis zum Ersten Weltkrieg als wichtigste Interessenvertreterin der Arbeiterschaft zur größten Partei Deutschlands mit zuletzt 110 Sitzen aufstieg.

Vordergründig ähnelten die meisten dieser Parteien ihren west- oder nordeuropäischen Ebenbildern bis ins Detail. Profil und Programmatik, Wählerbasis und Persönlichkeitsstruktur der Parteiführungen ließen sich durchaus vergleichen. Insofern trug die ökonomische und soziale Entwicklung Deutschlands, die sich in der zweiten Hälfte des 19. Jahrhunderts und vor allem nach der Reichsgründung vollzog, offenbar auch hier zur Herausbildung eines Parteiensystems bei, das gute Chancen für eine mittel- oder längerfristige politische Modernisierung und Demokratisierung bot. Verschieden waren allerdings zwei Punkte: die starke agrarische Verankerung der Konservativen im spezifisch ostelbischen Milieu der Gutsherrschaft und ihr überproportional hoher Anteil bei der Gestaltung der Reichspolitik sowie die Spaltung der liberalen Bewegung, die 1867 ausgerechnet zu einem Zeitpunkt erfolgte, als es nach der bei Königgrätz militärisch herbeigeführten Richtungsentscheidung über die Gründung des Reiches maßgeblich um dessen innere Ausgestaltung ging. Da Bismarck daran keinen unwesentlichen Anteil hatte, war seine bemerkenswerteste außenpolitische Leistung – zumindest in dieser Sichtweise – zugleich begleitet von seinem größten innenpolitischen Versagen. Ein Zufall war dies jedoch nicht. Denn die wichtigsten Träger des neuen Reiches waren genau dort beheimatet, wo die Demokratie im 19. Jahrhundert ihren bei weitem schwersten Stand hatte: im konservativen Osten.

c) Kampf gegen Ultramontanismus und Sozialdemokratie

Wie in Großbritannien und Frankreich, so war auch in Deutschland die Trennung von Kirche und Staat im letzten Drittel des 19. Jahrhunderts ein wichtiges Anliegen der Politik. Während dabei in Großbritannien schon die „Education Act" von 1870 zu bedeutenden Fortschritten geführt hatte, gelang die Zurückdrängung des kirchlichen Einflusses in Frankreich erst 1905 und 1907 in zwei Etappen mit der Aufkündigung des Konkordats von 1802 und dem fast völligen Widerruf aller kirchlichen Privilegien, die bis zu diesem Zeitpunkt noch bestanden. In Deutschland, wo die Katholiken durch die Reichsgründung in die Minderheit geraten waren, wurde Bismarck ebenfalls von Anfang an mit dem Konfessionsproblem konfrontiert. So legte der Bischof von Mainz, Wilhelm von Ketteler, bereits im Februar 1871 einen Programmentwurf für die Zentrumsfraktion im Deutschen Reichstag vor und plädierte darin nicht nur für ein „festes nationales Bündnis" mit dem katholischen Österreich, „dem deutschen Ost-Reiche", sondern forderte auch ein Monopol für die „anerkannten christlichen Konfessionen", die ihre Angelegenheiten selbst ordnen und verwalten sollten. Insbesondere lag dem Bischof daran, Garantien dafür zu erhalten, daß die Kirchen „im Besitze und Genuß der für ihre Kultus-, Unterrichts- und Wohltätigkeitszwekke gestifteten Anstalten und Fonds" verblieben. Allerdings ging es ihm dabei offenbar weniger um soziale Einrichtungen als um den konfessionell gebundenen Unterricht, wie man der Forderung nach „Freiheit des höheren, des mittleren und des niederen Unterrichts, unter gesetzlich geregelter Staatsaufsicht, und Einrichtung der Staatsschule nicht nach der Willkür der Staatsbehörden, sondern nach den realen, geistigen und sittlichen Verhältnissen des Volkes" entnehmen konnte.

Für Bismarck ergab sich aus diesen politischen Ansprüchen des Katholizismus vor allem deshalb ein Problem, weil das Vatikanische Konzil unter Papst Pius IX. erst ein Jahr zuvor die Lehre von der „Unfehlbarkeit des Papstes" als Dogma verkündet und damit die päpstliche Obergewalt noch einmal verankert hatte. Glaubens- und Morallehren, die der Papst ex cathedra aussprach, konnten danach innerhalb der katholischen Kirche nicht mehr in Frage gestellt werden, sondern waren für alle Glieder der Kirche verbindlich. Wenn nun die Zentrumspartei forderte, „das Recht der Religionsgesellschaften gegen Eingriffe der Gesetzgebung zu schützen", wie es entsprechend dem Programmentwurf von Ketteler in den von der Zentrumsfraktion des Reichstages Ende März 1871 verabschiedeten „Grundsätzen für ihre Tätigkeit" hieß, so konnte dies nur zu einer „Priesterherrschaft" neben der „Königsherrschaft" führen, wie Bismarck meinte, ja sogar zu einer indirekten Mitregierung des Papstes. Eine solche Entwicklung war aus Sicht des Kanzlers nicht zu tolerieren. Noch 1871 begann er deshalb seinen Kampf gegen den „Ultramontanismus", wie man damals in Deutschland den eng an Rom – also „jenseits der Berge" – angelehnten politischen Katholizismus zu bezeichnen pflegte. Dieser Kampf wurde um so dringlicher, als das Zentrum aus den ersten Reichstagswahlen am 3. März 1871 mit 58 Mandaten als zweitstärkste Fraktion hervorging und noch Zuwachs aus der Partei der bayerischen „Patrioten" und der „Katholischen Volkspartei" in Baden erhielt, so daß die Gefahr bestand, daß es „zum Kern einer oppositionellen Mehrheit" (Karl Buchheim) wurde, wenn es ihm glückte, auch in nichtkatholischen Bereichen Fuß zu fassen.

Nun handelte Bismarck, hierin von Kaiser Wilhelm I. rückhaltlos unterstützt, sofort: Bereits im Juli 1871 wurde die katholische Abteilung im preußischen Kultusministerium aufgelöst. Im Dezember gleichen Jahres wurden nach italienischem Vorbild und auf Anregung Bayerns „Kanzelparagraphen" als Reichsgesetz erlassen, die als Zusatz zum Strafgesetzbuch den Geistlichen unter Strafandrohung untersagten, in Ausübung ihres Berufes „Angelegenheiten des Staates in einer den öffentlichen Frieden gefährdenden Weise" zu erörtern. 1872 wurde die geistliche Schulaufsicht in Preußen durch eine staatliche ersetzt, und dem Jesuitenorden wurde verboten, im Deutschen Reich Niederlassungen zu errichten. 1873 griff man dann mit den „Mai-Gesetzen" auch direkt in das kirchliche Leben ein: Ausbildung wie Anstellung der Geistlichen wurde staatlicher Kontrolle unterworfen, die kirchliche Vermögensverwaltung gewählten Gemeindevertretungen übergeben. Ab 1875 waren nur noch standesamtliche Eheschließungen vor dem Gesetz gültig; die kirchliche Trauung wurde auf einen religiös-symbolischen Akt reduziert und durfte erst nach der standesamtlichen erfolgen. Papst Pius IX. seinerseits reagierte 1875 mit der Feststellung, daß die Geistlichen die neuen Gesetze nicht befolgen müßten, und bedrohte jeden, der ihnen zur Durchsetzung verhalf, mit Exkommunizierung.

Die staatlichen Maßnahmen, besonders in Preußen, wo bis 1880 ein Viertel aller katholischen Pfarrstellen unbesetzt war, richteten sich gegen die Eigenständigkeit und Unabhängigkeit der Kirchen – der protestantischen wie der katholischen – oder suchten doch wenigstens deren Einfluß zu mindern. Allerdings war es sicher übertrieben und sogar falsch, von einer „Verfolgung der Gläubigen in Deutschland", also einer neuen Christenverfolgung, zu sprechen, wie Pius IX. es tat, da weder der Glaube noch dessen Ausübung in Frage gestellt wurden. Ebensowenig, so Bismarck in einer Rede im preußischen Herrenhaus am 10. März 1873, handelte es sich hierbei „um den Kampf, wie unsern katholischen Mitbürgern eingeredet wird, einer evangelischen Dynastie gegen die katholische Kirche". Es gehe vielmehr „um den uralten Machtstreit, der so alt ist wie das Menschengeschlecht, um den Machtstreit zwischen Königtum und Priestertum ..., um den Machtstreit, der die deutsche Geschichte des Mittelalters bis zur Zersetzung des Deutschen Reiches erfüllt hat unter dem Namen der Kämpfe der Päpste mit den Kaisern, der im Mittelalter seinen Abschluß damit fand, daß der letzte Vertreter des erlauchten schwäbischen Kaiserstammes unter dem Beil eines französischen Eroberers auf dem Schafott starb und daß dieser französische Eroberer im Bündnis mit dem damaligen Papst stand". – Gemeint war natürlich der Staufer Konradin, Herzog von Schwaben, gegen dessen Wahl zum König Papst Alexander IV. 1256 Einspruch erhoben hatte und der 1267 nach Italien gezogen war, um seine Ansprüche geltend zu machen, dort aber 1268 durch den vom Papst zu Hilfe gerufenen Karl von Anjou bei Tagliacozzo geschlagen, auf der Flucht gefangengenommen und nach einem Scheinprozeß enthauptet worden war. Bismarck wählte also, ebenso bewußt wie geschickt, einen historischen Vergleich, um noch einmal die politischen Dimensionen des Problems – einschließlich seiner französischen Komponente – deutlich zu machen. Zentral in dieser politischen Auseinandersetzung war für Bismarck die Frage, wie er vor dem preußischen Herrenhaus am Ende seiner Ausführungen noch einmal hervorhob, „wie weit die Priesterherrschaft und wie weit die Königsherrschaft gehen soll". Diese Abgrenzung müsse so gefunden werden, „daß der Staat seinerseits dabei bestehen kann. Denn in dem Reiche dieser Welt hat er das Regiment und den Vortritt."

Die Liberalen bezeichneten den Kampf gegen den Ultramontanismus, in dem sie ganz auf der Seite Bismarcks standen, etwas hochtrabend als Kampf „für die Freiheit der Kultur und des Humanismus" – eine Definition, die von Rudolf Virchow bald auf die mißverständliche Kurzformel „Kulturkampf" reduziert wurde. Bismarck indessen ging es weniger um kulturelle oder zivilisatorische Anliegen als um politische Ziele: Er lehnte sowohl die föderativen Bestrebungen des Zentrums, die seiner Regierungsgewalt entgegenstanden, als auch das von Ketteler geforderte „feste nationale Bündnis mit Österreich" entschieden ab und erblickte in solchen Vorstellungen einen scharfen Gegensatz der Zentrumspartei zu der vom protestantischen Preußen getragenen kleindeutschen Reichsidee. Diese Erkenntnis, zunächst nicht viel mehr als ein Verdacht, wurde für Bismarck zur Gewißheit, als die Vertreter des Zentrums damit begannen, Welfen, Polen, Elsässer und Lothringer, überhaupt Minderheiten, Unzufriedene und Partikularisten zu sammeln und hinter sich zu scharen: eine „Mobilmachung der Reichsfeinde gegen das neue Reich", wie Bismarck sofort behauptete.

Aber die Gegenmaßnahmen erzielten nicht die gewünschte Wirkung. Denn nicht nur die Katholiken, sondern ebenfalls viele Protestanten waren empört. So wurde die Einführung der staatlichen Schulaufsicht und der Zivilehe außer vom Zentrum auch von den Konservativen abgelehnt. Zudem vergiftete der „Kulturkampf" mit zunehmender Dauer immer mehr das politische und geistige Klima in Deutschland, wie sogar die Liberalen besorgt feststellten, obwohl sie in der Sache eigentlich mit Bismarck übereinstimmten. Vor allem jedoch war der Kampf politisch erfolglos: Weder wurde die Zentrumspartei zerstört, wie Bismarck gehofft hatte (die Zahl ihrer Sitze stieg im Abgeordnetenhaus des Preußischen Landtages zwischen 1870 und 1879 von 58 auf 97 und im Reichstag zwischen 1871 und 1878 von 63 auf 94), noch gelang es, die Spaltung des Katholizismus, die sich nach der Verkündung des Unfehlbarkeitsdogmas vorübergehend angedeutet hatte, zu vertiefen. Bismarck hatte eine Niederlage erlitten. Er nutzte daher 1878 das Ableben von Pius IX., der in den siebziger Jahren ein immer schärferer Gegner geworden war, zur Wiederannäherung an die katholische Kirche, und Pius' Nachfolger, Leo XIII., half leise, aber wirkungsvoll, den Ausgleich mit dem Zentrum zustande zu bringen. Schritt für Schritt wurden nun in den achtziger Jahren die rabiatesten der Kampfgesetze zurückgenommen, ohne allerdings auf staatliche Schulaufsicht, Zivilehe und Anzeigepflicht bei der Ernennung von Geistlichen zu verzichten.

Die Verstimmungen, die der „Kulturkampf" im Verhältnis der Konfessionen und in den Beziehungen zwischen Staat und Kirche ausgelöst hatte, wurden damit jedoch keineswegs beseitigt. Das Verhältnis der Regierung zum Zentrum blieb gespannt – noch weit über das Ende des Kaiserreiches hinaus. Die Säkularisierung des Reiches machte zwar Fortschritte, wurde aber – anders als in den meisten west- und nordeuropäischen Ländern und besonders in Großbritannien und Frankreich – mit einer Belastung für das Parteiensystem erkauft. In gewisser Weise galt dies auch für den zweiten innenpolitischen Kampf, den Bismarck in den siebziger Jahren begann: die Kampagne gegen die Sozialdemokratie. Hier hatten August Bebel und Wilhelm Liebknecht in Konkurrenz zum „Allgemeinen Deutschen Arbeiterverein" (ADAV) von Ferdinand Lassalle mit ihrer Gründung der „Sozialdemokratischen Arbeiterpartei" in Eisenach 1869 und deren Umbenennung in „Sozialdemokratische Arbeiterpartei Deutschlands" 1870 noch vor der Gründung des Deutschen Reiches einen Anspruch angemeldet, der auf die Bildung einer nationalen politischen Organisation der deutschen Arbeiterklasse mit entsprechender, angemessener Machtbasis abzielte. Zwar sollte es vorerst auch beim Anspruch bleiben, weil die Machtbasis auf sich warten ließ (unter den 382 Abgeordneten des Reichstages von 1871 waren nur zwei Sozialdemokraten – eben Bebel und Liebknecht). Doch Bismarck spürte, daß mit zunehmender Industrialisierung die Entstehung einer starken Arbeiterpartei unvermeidlich sein würde, wenn man ihr nicht durch Sozialreformen von oben entgegenwirkte und damit zumindest ihren Zuwachs bremste. Bereits 1863/64 hatte er deswegen mit Lassalle über die Einführung des allgemeinen Wahlrechts und die Einrichtung staatlicher Sozialhilfe verhandelt, um die Sozialisten für ein soziales Königtum zu gewinnen und sie vom Gedanken einer Koalition mit den Liberalen abzubringen.

Im Mai 1875 erhielt das Problem eine neue, noch gefährlichere Dimension, als Lassalleaner und Sozialdemokraten sich auf einem Kongreß in Gotha zur „Sozialistischen Arbeiterpartei Deutschlands" zusammenschlossen. Das Gothaer Programm der neuen Partei war, wie zuvor schon das Eisenacher Programm der Sozialdemokratischen Arbeiterpartei von 1869, marxistisch und revolutionär: eine glatte Kampfansage an die äußere und innere Ordnung des Reiches. Bismarck betrachtete die Sozialdemokraten deshalb als „Reichsfeinde", obwohl sie ihm beim Kampf gegen den Ultramontanismus keine Schwierigkeiten bereitet hatten. Dabei handelte es sich, wie von ihm vorausgesehen, längst nicht mehr um eine zu vernachlässigende Splittergruppe. 1874 hatten immerhin 352 000 Deutsche sozialdemokratisch gewählt und ihrer Partei damit zu neun Sitzen im Reichstag verholfen. Jetzt würden es bald noch mehr werden. Die Gefahr war also aus der Sicht Bismarcks groß. Dennoch zögerte er lange – durch den „Kulturkampf" in Anspruch genommen und zugleich vorgewarnt –, bis er sich nach einem Attentat auf den Kaiser am 11. Mai 1878 entschloß, mit einem Ausnahmegesetz gegen die Sozialdemokratie vorzugehen.

Das „Gesetz zur Abwehr sozialdemokratischer Ausschreitungen", wie der Entwurf vom 20. Mai 1878 in seiner Überschrift lautete, wurde allerdings bei der Abstimmung im Reichstag am 24. Mai überraschend abgelehnt, weil die Liberalen ihre Zustimmung verweigerten. Ein zweites Attentat auf den Kaiser wenige Tage später, am 2. Juni, gab Bismarck jedoch die Gelegenheit, das Parlament aufzulösen und im neugewählten Reichstag im Herbst ein neues Ausnahmegesetz einzubringen. Zwar hatte sich weder beim ersten noch beim zweiten Attentat eine Verbindung des Attentäters zur Sozialistischen Partei nachweisen lassen. Dennoch erklärte Bismarck zur Begründung des Gesetzes am 9. Oktober im Reichstag, man befinde sich „im Stadium der Untergrabung und des Umsturzes, im Stadium der Negation". Die Überschrift war dementsprechend verschärft worden. Sie lautete jetzt: „Gesetz gegen die gemeingefährlichen Bestrebungen der Sozialdemokratie". Nach Zustimmung des Reichstages, der sich immer noch unter dem Eindruck öffentlicher Entrüstung nach den beiden Anschlägen auf den Kaiser befand, trat das Gesetz am 21. Oktober 1878 in Kraft.

Sozialdemokratische, sozialistische und kommunistische Vereine wurden nun auf der Grundlage des sogenannten „Sozialistengesetzes" aufgelöst, ihre Druckschriften verboten, die bekanntesten Funktionäre verfolgt und des Landes verwiesen. Die bereits in den Reichstag gewählten Sozialistenführer allerdings genossen Immunität und blieben unbehelligt. Auch sonst gingen die Maßnahmen oft ins Leere oder verkehrten sich ins Gegenteil, wie August Bebel in seinen Erinnerungen *Aus meinem Leben* berichtet: „Die fortgesetzten Ausweisungen und die Schikanierung der Ausgewiesenen durch die Polizei hatten aber einen Erfolg, den unsere Staatsretter nicht vorausgesehen. Durch die Verfolgungen aufs äußerste erbittert, zogen sie von Stadt zu Stadt, suchten überall die Parteigenossen auf, die sie mit offenen Armen aufnahmen, und übertrugen jetzt ihren Zorn und ihre Erbitterung auf ihre Gastgeber, die sie zum Zusammenschluß und zum Handeln anfeuerten. Dadurch wurde eine Menge örtlicher geheimer Verbindungen geschaffen, die ohne die Agitation der Ausgewiesenen kaum entstanden wären." Tatsächlich blieb die Sozialdemokratie als politische Kraft nicht nur erhalten, sondern erhielt nach kurzzeitiger Schwächung (ihre Stimmenzahl bei Reichstagswahlen sank vorübergehend von 437 200 im Jahre 1878 auf 321 000 drei Jahre später) einen kontinuierlichen Zulauf. Bis zur Aufhebung des Sozialistengesetzes 1890 konnte sie die Zahl ihrer Mandate verdreifachen. Gemessen an

Wählerstimmen, war die Sozialistische Arbeiterpartei 1890 sogar die stärkste Partei im Reichstag und hatte sowohl die Nationalliberalen als auch das Zentrum überflügelt. 1 427 300 Deutsche wählten in jenem Jahr sozialdemokratisch – viereinhalb mal mehr als 1878.

Die Maßnahmen gegen das Anwachsen der Sozialdemokratie waren also ähnlich erfolglos wie vorher diejenigen gegen den Ultramontanismus und das Zentrum, das diesmal auf seiten Bismarcks stand. Andererseits machten die Unterdrückungsmaßnahmen die Integration der Arbeiterpartei in das politische Gefüge des Kaiserreiches noch schwieriger, als es angesichts der feindseligen Haltung weiter Kreise des ostelbischen Landadels, der Großindustrie und des konservativen Bürgertums ohnehin der Fall war. Bismarck hatte das zwar beabsichtigt: Die Sozialdemokraten sollten nicht eingebunden, sondern ausgegrenzt und politisch vernichtet werden. Aber die Folgen dieser Strategie waren verheerend. Während in England, Frankreich und anderen Ländern Westeuropas die Führungsschichten das erforderliche Maß an Anpassungsbereitschaft bewiesen, um auf die Auswirkungen der Industrialisierung und die daraus resultierenden gesellschaftlichen Veränderungen mit angemessenen Reformen – einschließlich einer politischen Mitbestimmung der neu entstehenden Klassen und Gruppen – antworten zu können, reagierte die konservative politische Führung in Deutschland lediglich mit abwehrender Erstarrung. Dabei ging es nicht nur um die Integration der Arbeiterschaft, die im Kaiserreich materiell, wenn auch nicht politisch, letztlich durchaus gelang. Wichtiger war das strukturelle Defizit, das im Kampf gegen die Sozialdemokratie zutage trat: die Unfähigkeit der herrschenden Eliten, den historischen Prozeß der Modernisierung von Wirtschaft und Gesellschaft auf die Sphäre der Politik zu übertragen.

d) Das Versagen der Liberalen

Diejenigen, die auch in Deutschland an vorderster Front einer politischen Modernisierung hätten stehen müssen, waren die Liberalen, die vor allem in Großbritannien und Frankreich, doch selbst in Italien, eine führende Rolle bei den notwendigen staatlichen Veränderungen spielten. Ein derartiges Engagement der liberalen Bewegung für politische Reformen gab es in Deutschland indessen nicht. Das Versagen der Liberalen bei der Entwicklung von Demokratie und Parlamentarismus gehört hier zur Tragik einer Geschichte, die im Vormärz noch mit großen Hoffnungen begonnen hatte und in der zweiten Hälfte des Jahrhunderts in Stagnation und Scheitern endete.

Ausgangspunkt dieses Scheiterns war das Dilemma, in das die deutschen Liberalen nach der Revolution von 1848 gerieten, in der sie sich als unfähig erwiesen, die von ihnen geforderte verfassungsmäßige Sicherung liberaler Freiheiten und demokratischer Rechte im Rahmen einer konstitutionellen Monarchie mit der Verwirklichung der deutschen Einheit zu verbinden. Sie erreichten tatsächlich weder das eine noch das andere, sondern versagten auf beiden Feldern gleichzeitig: Die Verfassungsberatungen in der Frankfurter Paulskirche zogen sich über ein Jahr lang hin – allzu lange, wie sich zeigen sollte –, so daß der durch die Märzereignisse 1848 verunsicherte preußische König Friedrich Wilhelm IV. schon im Herbst 1848 seine Position wieder festigen und das Angebot eines parlamentarisch fundierten konstitutionellen Kaisertums hochmütig zurückweisen konnte. Und hinsichtlich der deutschen Einigung faßte das Frankfurter Vorparlament zwar am 4. April 1848 den Beschluß, das von Dänemark beanspruchte Schleswig „unverzüglich in den deutschen Bund aufzunehmen" und damit die schleswig-holsteinische Frage auf nationaler Ebene und in nationalem Sinne zu lösen. Doch den Frankfurtern fehlten die Mittel, dem Beschluß militärisch Nachdruck zu verleihen, so daß man auf die Hilfe insbesondere der preußischen Armee angewiesen war. Preußen aber ließ sich am 26. August 1848 auf Druck der europäischen Großmächte, die weder eine preußische Kontrolle der Ostsee-Zugänge noch eine Unterstützung des deutschen Einigungsstrebens auf Kosten eines Nachbarstaates wünschten, zum Waffenstillstand von Malmö bewegen, der keine Lösung für die in Schleswig und Holstein lebenden Deutschen enthielt, obwohl der Krieg gegen Dänemark auf dem Schlachtfeld siegreich geführt worden war. In der Frankfurter Nationalversammlung war man über die Entscheidung Preußens zwar empört, mußte sie aber tatenlos hinnehmen, da man selber nicht in der Lage war, eine andere Entwicklung herbeizuführen. Wer also mit Blick auf Frankfurt meinte, die Revolution habe gesiegt, wurde nun eines anderen belehrt: Noch immer lag die reale Macht dort, wo sie auch vor dem März 1848 schon gelegen hatte – bei den souveränen Einzelstaaten und den Fürsten.

Der Ausgang des Konflikts um Schleswig-Holstein beschädigte das Ansehen der Revolution – und damit der Liberalen – nachhaltig, stürzte sie sogar in eine existentielle Krise, als die radikale Linke sich in ihrer Entrüstung (allerdings nicht nur wegen des „Verrats" an Schleswig-Holstein) am 18. September 1848 in Frankfurt gegen die Nationalversammlung erhob – bis hin zum Sturm auf die Paulskirche und zur Ermordung zweier Abgeordneter der Rechten, Felix Fürst Lichnowsky und General Hans von Auerswald. Das passive Bürgertum zog sich danach verängstigt in den Schoß der alten Ordnung zurück, überließ die Revolution chancenlos sich selbst und akzeptierte resigniert die Ruhe der Reaktion, während die treibenden Kräfte der liberaldemokratischen und republikanischen Bewegung in die Schweiz, nach Frankreich, England oder Amerika flohen, um der drohenden Verhaftung in Deutschland zu entgehen. Allein die USA nahmen mehr als 3 000 deutsche „48er" auf, von denen einige, wie der spätere amerikanische Innenminister Carl Schurz, wertvolle Beiträge zur demokratischen Entwicklung ihrer neuen Heimat leisteten.

In Deutschland dagegen blieben die beiden liberalen Hauptforderungen – eine verfassungsmäßige Ordnung auf freiheitlicher Grundlage und staatliche Einheit – unerfüllt. Und 1866, als Bismarck unter dem Eindruck der preußischen Siege über Dänemark und Österreich geschickt vom Verfassungskonflikt ablenkte und plötzlich die lange ersehnte nationale Einigung in den Bereich des Möglichen rücken ließ, wurden die Probleme der Liberalen nicht geringer, sondern noch größer: Jetzt rangen sie nicht mehr nur mit der Wiedergewinnung ihres Selbstwertgefühls nach der Niederlage von

1848, sondern auch mit ihrer eigenen inneren Geschlossenheit, weil ein großer Teil von ihnen meinte, nur gemeinsam mit Bismarck lasse sich beides verwirklichen – die Einheit *und* die Freiheit – und sich als „Nationalliberale" von der Fortschrittspartei abspalteten. Im Gründungsprogramm der neuen „Nationalliberalen Partei" vom 12. Juni 1867 konnte man dazu lesen, „daß die nationale Einheit nicht ohne die volle Befriedigung der liberalen Ansprüche des Volkes erreicht und dauernd erhalten und daß ohne die tatkräftige und treibende Macht der nationalen Einheit der Freiheitssinn des Volkes nicht befriedigt werden kann". Deshalb laute der Wahlspruch der neuen Partei: „Der deutsche Staat und die deutsche Freiheit müssen gleichzeitig mit denselben Mitteln errungen werden." Ziel der Nationalliberalen sei es, „einen monarchischen Bundesstaat mit den Bedingungen des konstitutionellen Rechtes in Einklang zu bringen".

In den Reihen derjenigen, die in der alten Fortschrittspartei verblieben, wurden die Selbstgewißheit und der Optimismus, die aus diesen Sätzen sprachen, nicht geteilt. Im Gründungsprogramm vom 6. Juni 1861 hatte sich die Fortschrittspartei zwar auch für die nationale Einheit ausgesprochen, zugleich jedoch „die strenge und konsequente Verwirklichung des verfassungsmäßigen Rechtsstaates" als „erste und unbedingte Notwendigkeit" bezeichnet und sich für die klassischen liberalen Werte wie Demokratisierung, Rechtsgleichheit und die Trennung von Kirche und Staat eingesetzt. Diese zentralen liberalen Prinzipien, so meinten die Fortschrittlichen, dürften nicht der Bismarckschen Machtpolitik geopfert werden – nicht einmal um der Einheit willen. Doch damit standen sie ziemlich allein, während Bismarck von Erfolg zu Erfolg eilte und sich dabei von keiner Gruppierung, auch nicht von den Konservativen, jemals völlig vereinnahmen ließ. Zwar benutzte er sie. Doch er spielte sie auch gegeneinander aus, wie auf internationalem Parkett die Staaten, und übertrug die außenpolitischen Gesetze der Machtpolitik auf die Innenpolitik – wobei es ihm gleichgültig zu sein schien, daß eine geistige Auseinandersetzung über Ziele und Inhalte seiner Politik immer weniger stattfand, daß das Parteileben verödete und zunehmend wirtschaftlichen Interessengruppen anheimfiel, und daß „unpolitisches Spießertum" entstand: eine „kritiklose Loyalität der kleinbürgerlichen Massen" und „blinde Staatsgläubigkeit", wie Gerhard Ritter bemerkt hat.

Was dies bedeutete, erfuhren nicht zuletzt die Nationalliberalen spätestens 1878, als Bismarck am Ende des „Kulturkampfes" und am Beginn seiner Kampagne gegen die Sozialdemokratie auf eine neue, härtere Linie einschwenkte. In einer Reichstagsrede am 24. Februar 1881 erklärte er dazu ebenso pragmatisch wie zynisch: „Es gibt Zeiten, wo man liberal regieren muß, und Zeiten, wo man diktatorisch regieren muß; es wechselt alles, hier gibt es keine Ewigkeit." In dieser Polarisierung der politischen Situation waren die Nationalliberalen gezwungen, sich zu entscheiden, und näherten sich in den achtziger Jahren immer mehr den Konservativen an. Als sich am 23. März 1884 in Heidelberg Mitglieder der nationalen und liberalen Partei in Baden, der Deutschen Partei in Württemberg, der nationalliberalen Richtung in Bayern, der hessischen Fortschrittspartei und der Nationalliberalen

Partei der Provinz Hessen-Nassau „zur Besprechung über die politische Lage" versammelten, verabschiedeten sie anschließend eine Erklärung, in der sie die „Aufrechterhaltung der Ordnung und eines gesicherten Rechtszustandes" als „die erste Pflicht des Staates" bezeichneten und in vorauseilendem Gehorsam versprachen, „bereitwillig der Reichsregierung die zur Abwehr staatsgefährlicher Umtriebe erforderlichen Machtmittel (zu) gewähren". Natürlich wurde auch „die Verlängerung des Sozialistengesetzes für dringend geboten" erachtet.

Ob solche Formulierungen noch mit liberalem Geist vereinbar waren, schien zumindest fraglich. Jedenfalls hatten bereits am 30. August 1880 nicht weniger als 25 nationalliberale Abgeordnete aus Protest gegen Bismarcks Innenpolitik und die Haltung der eigenen Partei die nationalliberalen Fraktionen des Reichstages und des preußischen Abgeordnetenhauses verlassen und sich später mit der Fortschrittspartei zur „Deutschen Freisinnigen Partei" zusammengeschlossen, in der bald Eugen Richter zur führenden Figur wurde. Im Programm der Freisinnigen vom 5. März 1884 konnte man danach, in alter liberaler Tradition, ganz andere Forderungen lesen: „Entwicklung eines wahrhaft konstitutionellen Verfassungslebens in gesichertem Zusammenwirken zwischen Regierung und Volksvertretung ... Wahrung der Rechte des Volkes: Erhaltung des geheimen, allgemeinen, gleichen und direkten Wahlrechtes; Sicherung der Wahlfreiheit, insbesondere auch durch Bewilligung von Diäten; Presse-, Versammlungs-, Vereinsfreiheit; volle Gewissens- und Religionsfreiheit." Wäre man in Deutschland diesen Vorstellungen gefolgt, hätte das nicht nur die Aufhebung des Sozialistengesetzes bedeutet, sondern auch zu einer parlamentarisch-demokratischen Erneuerung und einer Wiederbelebung des verkümmerten geistig-politischen Lebens im Deutschen Reich geführt. Doch die Freisinnigen waren, wie zuvor die Fortschrittspartei, als politische Kraft zu schwach, um sich gegen Bismarck durchsetzen zu können. Den zerplitterten deutschen Liberalen mangelte es – mindestens seit 1867 – nicht nur an Einigkeit; es fehlte ihnen auch ein Gladstone, der als Integrationsfigur der englischen Whigs und später der britischen Liberalen von 1832 bis 1898 über sechs Jahrzehnte lang in einer wichtigen Phase der britischen Demokratieentwicklung Maßstab und Kontinuität verkörperte. Die Kraft, die in anderen europäischen Ländern – keineswegs nur in Großbritannien – zum entscheidenden Träger der Demokratisierung wurde und auch in Deutschland notwendig gewesen wäre, um Bismarck und den rückwärtsgewandten Konservativen eine ebenbürtige Alternative entgegenzusetzen, war hier praktisch nicht vorhanden. Statt dessen führte ein direkter Weg vom Scheitern der Liberalen 1848 zu ihrer Spaltung 1867 und ihrem Versagen nach 1871.

e) Vom „Persönlichen Regiment" zur Verfallsmonarchie

Nach dem Sturz Bismarcks 1890 wurden die Verhältnisse jedoch nicht besser, sondern schlimmer. Nun mischte sich das Vermächtnis struktureller und politischer Defizite mit der problematischen Persönlichkeit eines Kaisers, der die Entwicklungsstörungen Deutschlands in den vierziger und fünfziger Jahren nicht mehr aus eigener Anschauung kennengelernt hatte, sondern in einer Zeit raschen, scheinbar unwiderstehlichen Aufschwungs herangewachsen war: Reichsgründung, Industrialisierung, Deutschlands Aufstieg zu einer der führenden europäischen Großmächte hatten den Weg Wilhelms II. begleitet und sein Denken geprägt: keine Niederlagen, nur Siege. Auch sein eigener Aufstieg war ein solcher rascher Sieg. Denn eigentlich wäre die Reihe zunächst an seinem Vater gewesen. Doch Friedrich III. starb nur 99 Tage nach seiner Thronbesteigung einen frühen Tod an Krebs.

Wilhelm II. war deshalb, als er 1888 zum Deutschen Kaiser und König von Preußen gekrönt wurde, erst 29 Jahre alt. Viele Jahre des Wartens und der Vorbereitung, die seine Ungeduld und sein forsches Temperament hätten zügeln können, blieben ihm auf diese Weise erspart. Plötzlich war er ganz allein ganz oben, wirkte wie „ein Parvenu", wie ein Mitglied einer der ältesten Familien Preußens eisig bemerkte: ohne Augenmaß, großspurig, neureich – wie ein Mann, der, da er einen verkürzten Arm besaß, der Kompensation durch Pracht und Prunk bedurfte, in dieser Hinsicht dem neuen Reich nicht unähnlich: ein typischer Vertreter des Geistes seiner Zeit. Denn nicht nur Wilhelm, sondern auch das Reich, dem er nun vorstand, war ein Emporkömmling – zu schnell zu groß geworden, so daß die alten, auf ein kleineres Maß geschneiderten Kleider nicht mehr passen wollten. Viele Deutsche, die, von Bismarck in sie hineingezwungen, darin noch immer umherliefen, hätten sie am liebsten längst fortgeworfen und durch bequemere, großzügigere, auch stattlichere ersetzt. Als Wilhelm sie ihnen jetzt anbot, griffen sie daher gerne zu. „Drang nach Größe" war das Stichwort, das die neue Epoche des Wilhelminismus kennzeichnete. Das Erreichte war zur Selbstverständlichkeit geworden; nun wollte man mehr. Bismarcks Politik der Saturiertheit, der klugen Selbstbeschränkung, Bewahrung und Konsolidierung war nichts, womit man die Leute noch begeistern konnte. Nach der Einigung des Reiches und der Anerkennung und Respektierung Deutschlands auf europäischer Bühne sollte deutsche Politik sich nun weltweit bewähren, „mit Volldampf voraus" – wie Wilhelm zu sagen pflegte – Deutschland als Weltmacht etablieren.

Kritisch, auch spöttisch, beschrieb Theodor Fontane den Ehrgeiz des jungen Kaisers in einem Brief an Georg Friedländer vom 5. April 1897, in dem es hieß: „Er hat eine Million Soldaten und will auch hundert Panzerschiffe haben; er träumt (und ich will ihm diesen Traum hoch anrechnen) von einer Demütigung Englands. Deutschland soll obenan sein, in all und jedem. Das alles – ob es klug und ausführbar ist, laß ich dahingestellt sein – berührt mich sympathisch, und ich wollte ihm auf seinem Turmseilwege willig folgen, wenn ich sähe, daß er die richtige Kreide unter den Füßen und die richtige Balancierstange in Händen hätte. Das hat er aber nicht. Er will, wenn nicht das Unmögliche, so doch das Höchstgefährliche, mit falscher Ausrüstung, mit unausreichenden Mitteln." Nach Ansicht Fontanes bedeutete die Zäsur, die Wilhelm II. zu setzen suchte, keinen Fortschritt, sondern einen Rückfall in vergangene Zeiten: „Was mir an dem Kaiser gefällt, ist der totale Bruch mit dem Alten, und was mir an dem Kaiser *nicht* gefällt, ist das im Widerspruch dazu stehende Wiederherstellenwollen des Uralten..." Und dies, so meinte Fontane, sei nicht nur problematisch, sondern gefährlich: „Preußen – und mittelbar ganz Deutschland – krankt an unsren Ost-Elbiern. Über unsren Adel muß hinweggegangen werden; man kann ihn besuchen wie das ägyptische Museum und sich vor Ramses und Amenophis verneigen, aber das Land *ihm* zu Liebe regieren, in dem Wahn: *dieser Adel sei das Land* – das ist unser Unglück... Wir brauchen einen ganz andren Unterbau. Vor diesem erschrickt man; aber wer nicht wagt, nicht gewinnt. Daß Staaten an einer kühnen Umformung, die die Zeit forderte, zu Grunde gegangen wären – *dieser* Fall ist sehr selten. Ich wüßte keinen zu nennen. Aber das Umgekehrte zeigt sich hundertfältig."

Tatsächlich krankten Preußen und Deutschland keineswegs nur an den ostelbischen Junkern, wie Fontane etwas überspitzt formulierte. Vielmehr gab es eine Fülle ungelöster innerer Probleme und nicht behobener struktureller Mängel. Das Deutsche Reich war in den neunziger Jahren ein kompliziertes, von inneren Gegensätzen bedrohtes Staatswesen, das *von oben* geschaffen, nicht *von unten* gewachsen war: Das Parteiensystem war ungeordnet und unzureichend in die staatliche Verwaltung einbezogen. Die Arbeiterschaft war auch nach der Nichtverlängerung des Sozialistengesetzes 1890 nicht in den Staat integriert und von der politischen Verantwortung abgeschnitten; ihre Sozialistische Arbeiterpartei, die sich seit dem Erfurter Parteitag vom 14. bis 20. Oktober 1891 nun „Sozialdemokratische Partei Deutschlands" nannte, bekämpfte das monarchische Prinzip, sprach – gut marxistisch – von einem „Klassenkampf zwischen Bourgeoisie und Proletariat, der die moderne Gesellschaft in zwei feindliche Heerlager trennt", und forderte im Erfurter Programm „die Abschaffung der Klassenherrschaft und der Klassen selbst" sowie „Selbstbestimmung und Selbstverwaltung des Volkes in Reich, Staat, Provinz und Gemeinde". Die Armee genoß nach den Siegen von 1864, 1866 und 1870/71 ein übersteigertes Ansehen, führte oft ein unkontrolliertes Eigenleben und prägte – bis hin zum Reserveoffizier-Dünkel – Leben und Umgangsformen in der Gesellschaft. Die Parlamentarisierung, die schon unter Bismarck zu wünschen übrig gelassen hatte, kam unter Wilhelm II. noch mehr zum Erliegen; eine wirkliche Kontrollfunktion übte das Parlament in keiner Phase seines „persönlichen Regiments" aus – zum Teil auch deshalb nicht, weil die Öffentlichkeit das Vorgehen des Kaisers stützte und seine Sprüche über Deutschlands Größe und Macht mit Beifall quittierte. Und die Rolle des Kanzlers schließlich wurde von Wilhelm II. auf diejenige eines Hausmeiers Seiner Majestät reduziert: Weder der militärische Graf Leo von Caprivi (1890–1894) noch der tatterige, ruhebedürftige Fürst Chlodwig zu Hohenlohe-Schillingsfürst (1894–1900), noch der theatralische Bernhard von Bülow (1900–1909), noch der verwaltungserfahrene und gewissenhafte, aber außenpolitisch unprofilierte Theobald von Bethmann Hollweg (1909–1917) widersetzten sich hierhin genügend dem Kaiser – diesem „schmetternden Trompeter, der sich um die Fahrsicherheit der Karosse keine Gedanken machte" (Rudolf Stadelmann). In der Tradition ihres großen Vorgängers hätten sie es eigentlich tun müssen. Aber sie waren eben nicht Bismarck. Dieser hatte mit Wilhelm I. ebenfalls seine Schwierigkeiten gehabt, jedoch letztlich immer die Fäden der Politik in der Hand behalten, damit deren Beständigkeit garantiert und durch sein diplomatisches Geschick nach 1871 wesentlich zur Erhaltung des Friedens beigetragen. Dazu waren seine Nachfolger jedoch offenbar nicht imstande.

Das großsprecherische Gehabe Wilhelms II. ruhte deshalb auf bröckelnden, wackligen Fundamenten. Zwar nahm Deutschland inzwischen den dritten Platz unter den größten Industrienationen der Welt ein – mit einer führenden Rolle der chemischen Industrie und der Elektroindustrie, einem regen Kultur- und Wissenschaftsbetrieb und zahlreichen Glanzleistungen vor allem in den Naturwissenschaften sowie einer schnell wachsenden Urbanisierung, durch die bald mehr als 60 Prozent der Bevölkerung in städtischen Zentren lebten. Doch dieses industrielle und intellektuelle Potential des Reiches war nicht viel wert, wenn die staatsmännische Weisheit fehlte, es richtig zu verwalten. Besorgt mußte man sich fragen, wer eigentlich das Land regierte, wenn der Kanzler es nicht durfte und der Kaiser es nicht konnte. Die wilhelminische Politik krankte an vielem, vor allem aber an Wilhelm selbst. Dies galt nicht nur in der Außenpolitik, wo das positive Erbe Bismarcks schon nach wenigen Jahren verspielt war, sondern auch in der Innenpolitik, wo die problematischen Tendenzen, die bereits unter Bismarck bestanden hatten, sich immer mehr verstärkten.

Das von Reichskanzler Caprivi zwischen 1891 und 1894 initiierte Sozialreformprogramm, das unter anderem die Gründung von Schiedsgerichten zur Schlichtung von Arbeitskonflikten, die Verbesserung der gesetzlichen Gesundheitsbestimmungen und Sicherheitsvorkehrungen in den Fabriken sowie die Einschränkung der Kinderarbeit beinhaltete, schien wohl darauf hinzudeuten, daß unter Wilhelm II. ein Neubeginn versucht wurde. Allerdings zeigte sich bald, daß die Reformen nur dazu dienen sollten, die Arbeiterschaft für den kaiserlichen Staat einzunehmen und den Aufstieg der Sozialdemokratie zu bremsen. Als sich abzeichnete, daß das Programm seinen Zweck nicht erreichte, wurde es Mitte der neunziger Jahre ebenso schnell wieder aufgegeben, wie es begonnen worden war. Unter Caprivis Nachfolger Hohenlohe-Schillingsfürst und mehr noch unter Bülow setzte sich nun das „persönliche Regiment" Wilhelms II. immer stärker durch, bei dem die Kompetenzverteilung in der Politik verwischt und lebenswichtige Entscheidungen von pseudoabsolutistischen Zufallskonstellationen abhängig gemacht wurden. Das Militär, besonders der Generalstab, ging ohnehin längst eigene Wege. Jetzt kamen noch die persönlichen Adjutanten des Kaisers, die Chefs des zivilen und militärischen Kabinetts, ja sogar seine Reisebegleiter und andere Geheimkamarillas ins Spiel, die ein Gewicht erlangten, das sie bei funktionierenden Regierungsinstitutionen niemals hätten erreichen dürfen.

Hier rächte sich nicht zuletzt das innenpolitische Vermächtnis, das Bismarck dem Reich hinterlassen hatte: die Besetzung wichtiger Positionen in Armee und staatlicher Verwaltung mit Kandidaten aus dem gehobenen

Mittelstand, deren christliche Religion, konservative politische Grundhaltung und feudalistische Gesinnung außer Frage standen und die darin ein getreues Abbild der konservativ-ostelbischen Führungsschicht des Landes waren. Das Auswahlverfahren, das in den achtziger Jahren vor dem Hintergrund des Kulturkampfes und des Kampfes gegen die Sozialdemokratie praktiziert wurde, gefährdete nicht nur die traditionelle Unabhängigkeit der preußischen Bürokratie, indem es politische und gesellschaftliche Konformität belohnte, sondern förderte auch die sogenannte „Feudalisierung des gehobenen Mittelstands". Dieser ging damit in einer Art „Feudal-Plutokratie" auf und verlor seine Fähigkeit, die Führung des gesamten Mittelstandes zu übernehmen. Der untere Mittelstand wiederum, gefangen zwischen der neuen Feudal-Plutokratie und der organisierten Arbeiterschaft, wurde dadurch in eine politische Randexistenz abgedrängt: orientierungslos, unsicher und zugänglich für einfache Lösungen und Parolen, wie sie der Antisemitismus und später der Nationalsozialismus bereithielten. Ähnliche Tendenzen gab es zwar auch in anderen Ländern, wie in Italien. Aber im Deutschen Reich lieferte die Verfallsmonarchie des Wilhelminismus dafür eine Basis, wie sie nirgendwo sonst in Europa bestand.

Somit war Deutschland – um noch einmal mit Gordon A. Craig zu sprechen – im Jahre 1914 „trotz seiner konstitutionellen Formen noch ein absolutistischer Staat". Er blieb es, „weil die Mehrheit des deutschen Volkes mit dem Status quo zu sehr zufrieden war, als daß sie einen starken Drang verspürt hätte, ihn zu ändern". Erst als die Niederlage Deutschlands im Ersten Weltkrieg zur Gewißheit geworden und das Reich in der Revolution von 1918 versunken war, wich die Selbstzufriedenheit einem bösen Erwachen. Doch da war es für Korrekturen zu spät, und die Weimarer Republik sah sich gezwungen, mit den Überresten eines Staates zu leben, dessen politische Eliten es bei guter Konjunktur ein halbes Jahrhundert lang versäumt hatten, die Voraussetzungen für eine neue, zeitgemäße Ordnung zu schaffen. Mehr noch: Wie sich bald zeigte, sollte an diesem Versäumnis nicht nur das Kaiserreich zerbrechen, sondern auch die folgende Republik, die angesichts der Strukturmängel der überkommenen Gesellschaft kaum eine Chance des Überlebens besaß.

11. Rußland zwischen Reaktion und Revolution

a) Agrarprobleme und Industrialisierungsdefizit

Wie für Großbritannien, so bedeutete der Krim-Krieg auch für Rußland eine wichtige Zäsur. Die russische Außenpolitik hielt sich danach aus europäischen Angelegenheiten zunächst heraus und konzentrierte sich auf die Erschließung neuer Territorien im Osten und Süden des Reiches. Im Osten, wo diese Entwicklung bereits vor dem Krim-Krieg mit der von Nikolai Murawjow, dem Generalgouverneur Ostsibiriens, angeführten Expedition entlang des Amur und der Gründung der Stadt Chabarowsk 1854 in der nördlichen Mandschurei auf Kosten Chinas begonnen hatte, wurde die Expansion nach dem Krieg, wiederum zu Lasten Chinas, am Pazifischen Ozean fortgesetzt und bereits 1860 mit der Gründung von Wladiwostok im wesentlichen abgeschlossen – vom späteren Streit um die südliche Mandschurei einmal abgesehen. Der Bau der Transsibirischen Eisenbahn in den Jahren 1894 bis 1904 rundete die Erwerbungen ab, die damit nicht nur politisch, sondern auch verkehrstechnisch an den europäischen Teil des Reiches angebunden wurden. In Zentralasien eroberten russische Truppen 1864 die gesamte Westküste des Kaspischen Meeres und begannen einen Feldzug gegen die moslemischen Chanate Chiwa, Buchara und Kokand im heutigen Usbekistan. Obwohl die wirtschaftlichen Versprechungen, mit denen diese Expansionen gerechtfertigt wurden, sich nicht erfüllten, waren sie bei der russischen Bevölkerung im allgemeinen populär, weil sie nach der Niederlage im Krim-Krieg das Gefühl vermittelten, daß Rußland immer noch zum Kreis der Großmächte zählte und mit den westlichen Kolonialmächten Schritt zu halten vermochte.

Tatsächlich lenkten die territorialen Eroberungen – wie begrenzt und problematisch sie im einzelnen sein mochten – von der düsteren Realität der Innenpolitik wenigstens zeitweilig ab. Hier hatte ein Ukas Zar Alexanders II. – wie an anderer Stelle bereits beschrieben – am 3. März 1861 zwar zur Befreiung der Bauern aus ihrer bis dahin bestehenden Leibeigenschaft geführt, so daß die Herrschaft Alexanders II. (1855–1881) nach der Despotie Nikolaus' I. unter der dreifachen Parole „Autokratie, Nationalität, Orthodoxie" einen gewissen Fortschritt darstellte. Doch die Hoffnung, daß Rußland in absehbarer Zeit in der Lage sein werde, das Modernisierungsdefizit gegenüber Westeuropa zu überwinden und die Rückständigkeit seiner politischen, militärischen und gesellschaftlichen Strukturen zu beseitigen, erfüllte sich nicht. Auch wenn der „liberale Zar" neben der Bauernbefreiung noch eine Unterrichts- und Gerichtsreform durchführte, den Druck auf die Presse und das Kulturleben lockerte, den Bau von Eisenbahnen in großem Stil förderte und die Einrichtung lokaler Organe der Selbstverwaltung – sogenannte „Semstwa" – als Vorstufe einer künftigen Konstitutionalisierung zuließ, änderte sich an den autokratischen Strukturen des Landes wenig. Wohl demonstrierte Alexander seinen Willen, Rußland den Anschluß an die moderne Welt zu ermöglichen. Allerdings zeigte er sich außerstande, die Beharrungskräfte der alten Ordnung zu überwinden und die schieren Dimensionen des russischen Problems zu bewältigen.

Insbesondere die Bauernbefreiung erreichte das angestrebte Ziel nicht. Da die Reform lediglich vorsah, Parzellen mit wechselnder, vielfach nicht ausreichender Größe an die Bauern zu vergeben und die Übergabe außerdem an die Bedingung einer in 49 Jahresrenten bis zur Höhe des sechsfachen Bodenwertes abzutragenden Entschädigung an den Gutsherrn zu knüpfen, wurde die große Zahl der abhängigen Bauern, die auf die freie Überlassung des gesamten Herrenbesitzes gehofft hatten, enttäuscht. Die viel zu kleinen Ackerflächen und die langfristig hohe Verschuldung der Kleinbauern machten eine leistungsfähige landwirtschaftliche Bewirtschaftung des freien Bodens unmöglich. 47 Millionen Bauern waren zwar aus ihrer rechtlichen Abhängigkeit vom Gutsherrn befreit, lebten dafür nun aber meist am Rande des Existenzminimums. Auch die Tatsache, daß die traditionelle Bindung an die Gesamtwirtschaft des Dorfes in der Form der *Mir*-Gemeinde aufrechterhalten wurde – von konservativen Slawophilen wie von Vertretern sozialistischer Ideen als „besonderer Ausdruck russischen Wesens im Gegensatz zum Westen" gepriesen –, erwies sich als Modernisierungsfessel. Die Umstellung des russischen Dorfes auf neuere Wirtschaftsformen wurde dadurch zusätzlich erschwert. Im ländlichen Raum gärte es deshalb weiter, zumal die Bevölkerung stark wuchs und der unproduktive Agrarsektor immer weniger in der Lage war, die Menschen ausreichend zu ernähren. Die „Landfrage" blieb damit ein beherrschendes Thema der russischen Innenpolitik, das auch in den Revolutionen des frühen 20. Jahrhunderts eine bestimmende Rolle spielte und für den gewaltsamen Verlauf der Erhebungen von 1905 und 1917 mitverantwortlich war.

Auch in der russischen Industrie konnte man von einem Aufschwung kaum sprechen. Im Donez-Becken und in Rostow entstand zwar eine Kohle- und Eisenindustrie, und in Baku expandierte die Erdölförderung. Diese industriellen Zentren waren jedoch von den Orten, wo die Produkte benötigt wurden, so weit entfernt, daß ein leistungsfähiges Transportsystem notwendig gewesen wäre, um Hersteller und Verbraucher miteinander zu verbinden. Daran aber mangelte es. Die Flüsse waren nur teilweise schiffbar, und Straßenverbindungen oder ausgebaute Kanäle, auf denen Frachten über weite Strecken hätten befördert werden können, gab es nicht. So wurde schließlich in den sechziger und siebziger Jahren zumindest das Eisenbahnwesen stark erweitert, um das Transportproblem zu lösen, doch die Schienen- und Lokomotivtechnik war noch zu unausgereift, um große Entfernungen zuverlässig und schnell zu überbrücken. Dennoch galt Rußland als industrielles Wachstumsgebiet, so daß vor allem Frankreich und Belgien gegen Ende des Jahrhunderts erhebliche Summen investierten. Um 1900 waren immerhin bereits 269 ausländische Firmen in Rußland aktiv.

Die Investitionen führten dazu, daß bisher wenig beachtete Industriezweige, wie die chemische Industrie und die Elektroindustrie, in Rußland eine Grundlage erhielten. Westlich des Ural wurde zudem eine beachtliche Schwerindustrie aufgebaut. Der Erfolg dieser Unternehmungen beruhte großenteils auf der rücksichtslosen Ausbeutung der Arbeitskräfte, die ausreichend zur Verfügung standen, weil verarmte Kleinbauern nach ihrer „Befreiung" in großer Zahl in die Städte abwanderten und dort das Heer der billigen Lohnarbeiter verstärkten. Die Löhne waren allerdings so niedrig, daß ein Arbeiter seine Familie nicht ernähren konnte. Frau und Kinder mußten daher mithelfen, den Lebensunterhalt zu verdienen. Arbeitszeiten von mehr als 14 Stunden waren keine Seltenheit. Staatliche Schutzmaßnahmen gab es nicht. Zusammenschlüsse von Arbeitern, die zu „Mißstimmungen" zwischen Arbeitgebern und Arbeitnehmern hätten führen können, wurden 1875 ausdrücklich verboten, Streiks durch das Militär niedergeschlagen, Betriebe, deren Arbeiter als besonders renitent galten, vom zaristischen Geheimdienst überwacht.

Trotz dieser rigiden Maßnahmen zugunsten der Unternehmer war ein nennenswerter volkswirtschaftlicher Wandel jedoch nicht erkennbar. So lag der Anteil Rußlands am Welthandel gegen Ende des 19. Jahrhunderts nur bei etwa vier Prozent und damit nicht wesentlich höher als in der ersten Jahrhunderthälfte. Auffällig war dabei die Entwicklung der Handelsstruktur, die sich immer mehr zugunsten der Getreideexporte verlagerte. Sie hatten bis 1840 nur 15 Prozent des Gesamtwertes ausgemacht, betrugen nach 1871 aber mehr als 50 Prozent. Diese Abhängigkeit von Getreideexporten machte Rußland nicht nur anfällig für Entscheidungen fremder Regierungen – wie um die Jahrhundertwende, als ein neues deutsches Zollgesetz Getreideeinfuhren praktisch ausschloß und damit die seit 1898 bestehende russische Wirtschaftskrise verschärfte –, sondern sie demonstrierte auch eine grundlegende Strukturschwäche der russischen Ökonomie: Die Notwendigkeit, den Import moderner Industriegüter in immer größerem Maße mit der Ausfuhr von Agrarprodukten finanzieren zu müssen, war sichtbares Zeichen einer rückständigen Wirtschaftsordnung, die weder in der zentralen Frage der Bauernbefreiung noch bei der Produktion exportfähiger Industriewaren Fortschritte erkennen ließ.

b) Die polnische Frage

Ein Grund für die Tatsache, daß Rußland seine Rückständigkeit gegenüber Westeuropa nicht zu verringern vermochte, bestand darin, daß der anfängliche Reformeifer Alexanders II. bereits nach dem polnischen Aufstand von 1863 weitgehend erlahmte. Die polnische Rebellion war eigentlich nichts Ungewöhnliches. Immer wieder hatten die Polen seit dem 18. Jahrhundert versucht, die russische Fremdherrschaft abzuschütteln. Sie wehrten sich dabei nicht nur gegen den Machtanspruch des Zaren, sondern auch gegen die Ordnungspolitik der anderen europäischen Großmächte. Auf dem Wiener Kongreß von 1815 hatten die führenden Staatsmänner des Kontinents nahezu ganz Polen – mit Ausnahme Galiziens, das an Österreich gefallen war, Posen und Westpreußen, die man Preußen zugeschlagen hatte, sowie Krakau, das sich bis 1846 als Freistaat behaupten konnte – erneut unter russische Herrschaft gestellt. Lediglich das Herzogtum Warschau war als „Königreich Polen" („Kongreßpolen") unter Zar Alexander I. in Personalunion mit eigener Verfassung, Verwaltung und Armee ausgestattet worden. Nach einem Aufstand der Bevölkerung 1831/32 waren diese Privilegien als Insignien einer gewissen Autonomie allerdings schon bald wieder verlorengegangen; auch Kongreßpolen geriet danach unter direkte russische Herrschaft. Nikolaus I. hatte anschließend in Polen mit harter Hand regiert, einen permanenten Ausnahmezustand verhängt und gewaltsam eine gewisse Ruhe hergestellt. Wie künstlich dieser Zustand war, zeigte sich indessen in Galizien und Posen, wo es 1846 und 1848 zu Aufständen gegen die Besatzungspolitik Österreichs und Preußens kam.

Alexander II. war also vorgewarnt, als er nach dem Tode Nikolaus' I. den Thron bestieg. Er bemühte sich deshalb um eine Entspannung der polnischen Frage und hob als ersten Schritt nach dem Ende des Krim-Krieges den Ausnahmezustand auf. Um wieder ein kulturelles Eigenleben der Polen zu ermöglichen, ließ er 1857 in Warschau die Gründung einer Medizinischen Akademie – wenn auch noch nicht die Errichtung einer Universität – zu. Eine „Agrarische Gesellschaft", die bald über 3 000 Mitglieder zählte, durfte ab 1858 Pläne für die Landzuteilung an die Bauern diskutieren. Und nach einer Amnestie wurden zahlreiche politische Häftlinge aus dem Gefängnis entlassen oder durften aus ihrer sibirischen Verbannung nach Polen zurückkehren. Schließlich verzichtete Alexander II. auch darauf, Polen – ebenso wie das Baltikum – in die russische Agrarreform einzubeziehen, weil er hoffte, daß eine eigenständige polnische Reform unter dem Marquis Alexander Wiełopolski zu einer weiteren Befriedung der polnischen Verhältnisse beitragen werde. Wiełopolski war schon im Frühjahr 1846 durch seinen *Brief eines polnischen Edelmannes an Fürst Metternich* hervorgetreten, in dem er eine bewußte Hinwendung des polnischen Adels zu Rußland angekündigt hatte. Jetzt sollte daraus im Schulterschluß mit Alexander II. eine polnisch-russische Versöhnung werden, um die Beziehungen substantiell zu verbessern.

Wiełopolskis Idee eines Ausgleichs mit Rußland fand besonders in Kongreßpolen und in Galizien zahlreiche Anhänger. Andererseits gab es jedoch auch erbitterte Gegner, die sich teils als „Demokraten", teils als „Rote" – entsprechend der Farbe der polnischen Nationalflagge – bezeichneten. Sie hielten enge Verbindung zur „Demokratischen Gesellschaft der polnischen Emigranten", unter denen Ludwik Mieroslawski die Theorie eines „permanenten Aufstandes" vertrat und im September 1861 im piemontesischen Cuneo sogar eine Rekrutenschule für Aufständische gründete. Der Freiheitskampf Garibaldis und die Einigung Italiens erschienen dabei als leuchtendes Vorbild. Die Verschwörer rekrutierten sich in erster Linie aus den Reihen polnischer Studenten in Petersburg, Dorpat und Kiew. Aber auch kleine Beamte und Handwerker schlossen sich ihnen an. Wichtigstes Zentrum der Bewegung war die Medizinische Akademie in Warschau. Religiös-nationale Feiern, wie der Jahrestag der Schlacht bei Grochów am 25. Februar 1861, wurden zum Anlaß genommen, Kundgebungen abzuhalten oder Massendemonstrationen zu veranstalten, bei denen es immer wieder zu blutigen Zwischenfällen mit zahlreichen Todesopfern kam.

Die „Roten" beließen es aber nicht bei Umzügen, sondern schmiedeten auch Pläne für eine militärische Aktion. Bereits 1862 wuchs ihre Organisation so sehr an, daß ihr „Nationales Zentralkomitee" beschloß, Anfang 1863 den Kampf zu wagen. Wiełopolski suchte dem Aufstand zwar noch durch die zwangsweise Aushebung von 10 000 namentlich bestimmten jungen Männern zuvorzukommen, also ihre Beteiligung an der Revolte durch die Einberufung zur russischen Armee zu verhindern. Das Zentralkomitee, das rechtzeitig von Wiełopolskis Absicht erfuhr, führte die Auszuhebenden jedoch kurzerhand aus den Städten aufs Land, wo sie nicht mehr auffindbar waren, und setzte den Termin für den Beginn der Auflehnung auf den 22. Januar fest. Der Guerillakrieg, bei dem zuletzt etwa 300 000 russische Soldaten gegen kleine Trupps von insgesamt nicht mehr als 30 000 Aufständischen kämpften, die nur mit Jagdgewehren und Sensen bewaffnet waren, dauerte 15 Monate und versetzte den Reformabsichten Alexanders II. den Todesstoß. Nicht nur seine Versöhnungspolitik mit Polen scheiterte. Auch seine Bemühungen, mit den Westmächten, vor allem mit Großbritannien und Frankreich, ins Gespräch zu kommen, wurden durch die blutige Niederschlagung des Aufstandes zunichte gemacht, der mit Massendeportationen von mindestens 60 000 zumeist jungen Männern endete.

Die wichtigste Folge der polnischen Rebellion war aus russischer Sicht allerdings der zunehmende innere Druck, dem sich Alexander II. jetzt ausgesetzt sah. Nachdem zunächst auch in Kreisen der russischen „Westler" durchaus Sympathien für die Erhebung bestanden hatten und revolutionäre Gruppen in Rußland sogar bereit gewesen waren, den Aufständischen zu Hilfe zu kommen, war die Stimmung schon im Frühjahr 1863 umgeschlagen, als man im Ausland begonnen hatte, das russische Vorgehen zu verurteilen und die polnischen „Liberalen" zu unterstützen. In der russischen Öffentlichkeit herrschte nun die Meinung vor, daß man nicht nur den Polen, sondern auch ihren westlichen Fürsprechern und Bundesgenossen mit Festigkeit begegnen müsse. Im Mai 1863 wurde deshalb Michail Murawjow zum Generalgouverneur der polnischen Gouvernements ernannt. Er war seit langem für seine harte Haltung bekannt und erwarb sich jetzt durch sein grausames Vorgehen den Beinamen „Henker". Auch der polnische Adel wurde – ebenso wie die Intelligenz und die Geistlichkeit – nach dem Rücktritt Wiełopolskis im Sommer 1863 systematisch unterdrückt. Zugleich bereitete ein Sonderbeauftragter des Zaren, Nikolai Miljutin, eine auf das Königreich Polen zugeschnittene Agrargesetzgebung vor, um die nationalistische Schicht der polnischen Grundbesitzer zu schwächen. Die Warschauer Medizinische Akademie mußte ihre Türen schließen. Schulen, Gerichtshöfe, Eisenbahnen und Banken wurden russifiziert.

Die Ereignisse markierten den Beginn einer Rückkehr zur großrussischen Nationalisierungspolitik, die bald auch in anderen Randgebieten Rußlands, wie Finnland, dem Baltikum und der Ukraine, praktiziert wurde. In Rußland selbst führten die nationale Erregung über den polnischen Aufstand und die Reaktion des Auslandes zur Entstehung einer neuen Form des Panslawismus, die sich zunehmend durch nationalistische und reaktionäre Töne auszeichnete und eine Annäherung an das westlich-liberale Europa weiter erschwerte. Die polnische Frage aber verlor mit der öffentlichen Hinrichtung des „Diktators" Romuald Traugutt am 5. August 1864 für lange Zeit ihre europäische Bedeutung. Traugutt, ein russischer Oberstleutnant und Veteran des Krim-Krieges, hatte im Sommer 1863 erfolgreich eine Partisanenabteilung in Wolhynien geführt und sich im November 1863 zum Führer der polnischen Aufständischen aufgeschwungen. Mit seinem Tod war die polnische Erhebung, die im Januar 1863 begonnen hatte, beendet. Die äußere Ruhe, die damit einkehrte, war allerdings trügerisch. Das polnische Nationalbewußtsein und der Wille zur Erhaltung der nationalen Substanz sowie zur Wiederherstellung des polnischen Staates blieben erhalten und wurden künftig vor allem von Gruppierungen des Mittelstandes getragen. Unter ihnen trat besonders die Nationaldemokratische Partei mit ihrem Vorsitzenden Roman Dmowski hervor, der 1902 in den *Gedanken eines modernen Polen* das Programm eines „egoistischen Nationalismus" entwickelte und auch die Delegation leitete, die im Januar 1919 auf der Pariser Friedenskonferenz in Versailles die Bildung eines unabhängigen polnischen Staates erreichte.

c) Von Alexander II. zu Nikolaus II.

Die innere Erregung, in die Rußland durch den polnischen Aufstand geraten war, wurde für alle Welt sichtbar, als am 4. April 1866 ein junger Mann namens D. W. Karakosow einen Schuß auf Alexander II. abgab. Die Kugel verfehlte ihr Ziel, doch der Mordanschlag gilt seither weithin als Erklärung, warum die sozialreformerischen Tendenzen des Zaren sich ins Reaktionäre verkehrten. In Wirklichkeit war das Attentat allerdings nur der Ausdruck einer schon länger schwelenden innenpolitischen Krise, deren Ursache vor allem im Mißerfolg der Agrarreform zu suchen war. Der Unmut darüber zeigte sich nicht nur in einer neuen, aggressiven Form des Panslawismus, sondern auch in einer Welle der Opposition an den Universitäten, wo sich unter der Bezeichnung *Semlja i Volja* („Land und Freiheit") die schon erwähnte radikalsozialistisch gefärbte Bewegung der *narodniki* entwickelte: Angehörige der gebildeten Jugend, die aus den Städten aufs Land zogen, um die Bauern zu unterrichten und ihnen politisches Bewußtsein zu vermitteln. Darüber hinaus breiteten sich aber auch nihilistische Strömungen aus, die Iwan Turgenjew in *Väter und Söhne* eindrucksvoll beschrieben hat. Die Nihilisten verneinten skeptisch alle überlieferten Werte, um schließlich vielfach – wie manche enttäuschten Narodniki – zum Mittel des Terrors zu greifen. Alexander II., bereits frustriert über die Wirkungslosigkeit seiner Reformen und das Scheitern seiner Verständigungsbemühungen in Polen, sah sich daher nach dem Attentat Karakosows endgültig veranlaßt, zu einer Politik der Repression zurückzukehren, auch wenn dadurch die innenpolitischen Probleme nicht gelöst, sondern nur die Gegensätze verschärft wurden.

Ein Rest von Reformbestrebungen erhielt sich in den siebziger Jahren nur noch bei der Armee, die von Kriegsminister Miljutin neu geordnet und 1871 mit der Einführung der allgemeinen Wehrpflicht auf eine breitere gesellschaftliche Grundlage gestellt wurde. Die Reform, die nach dem Krim-Krieg und den preußisch-deutschen Siegen in den Jahren 1864 bis 1871 notwendig erschien, um Rußlands militärisches Gewicht im Kreis der Großmächte zu erhalten, litt jedoch ebenfalls unter der mangelnden Lösung der Agrarfrage. Da die Masse der Rekruten der rückständigen und unruhigen Bauernbevölkerung entstammte, war eine wirksame Modernisierung der Armee kaum möglich. Hier wie in anderen Bereichen wurde die Kluft zum industrialisierten Westen am Ende des Jahrhunderts sogar immer größer, nachdem in der kurzen Reformphase zu Beginn der sechziger Jahre zumindest die Hoffnung bestanden hatte, daß sie geschlossen werden könne. So schränkte Erziehungsminister Graf Dimitrij Tolstoj, der dieses Amt von 1866 bis 1880 bekleidete, die akademische Freiheit an den Universitäten wieder stark ein und beschnitt die naturwissenschaftlichen Fächer in den Lehrplänen der höheren Schulen, um die russische Jugend gegen die neuen Erkenntnisse der modernen Wissenschaft abzuschirmen. Unterstützt wurde er dabei vom Zaren, der vor allem in seinen späteren Jahren zunehmend unter den Einfluß der Ultrakonservativen geriet, die ihn in der Überzeugung bestärkten, daß innerhalb der Jugend des Landes „destruktive Auffassungen" um sich griffen.

Alexander II. konnte deshalb am Ende nichts mehr dazu beitragen, die Probleme Rußlands zu lösen, so daß er folgerichtig 1881 den inneren Spannungen auch selbst zum Opfer fiel: Als sein Wagen auf dem Rückweg von einer Militärparade von zwei Bomben getroffen wurde, erlitt der Zar so schwere Verletzungen, daß er wenige Stunden später an den Folgen des Attentats starb. Sein Sohn und Nachfolger Alexander III. (1881–1894) reagierte auf die Ermordung seines Vaters mit größter Härte. Nicht nur die Attentäter aus den Reihen der Narodniki wurden gejagt und getötet, sondern auch andere Revolutionäre, die mit dem Anschlag direkt nichts zu tun hatten. Die bereits bestehende Pressezensur wurde nochmals verschärft, die Lehrfreiheit der Universitäten gänzlich aufgehoben. Bibliotheken und Lesesäle wurden unter staatliche Aufsicht gestellt. Zugleich unternahm Alexander III. zusätzliche Anstrengungen, die Politik der „Russifizierung", die bereits unter seinem Vater neu begonnen hatte, zu intensivieren. Betroffen waren unter anderem Polen, Deutsche, Litauer, Letten, Esten, Finnen, Rumänen, Ukrainer, Georgier, Armenier, verschiedene türkische und mongolische Stämme sowie etwa fünf Millionen Juden. Während Alexander II. der Kultur und den Sitten dieser Völker immerhin noch ein Mindestmaß an Achtung und Respekt entgegengebracht hatte, zielte die Politik Alexanders III. darauf ab, ihnen die russische Denkweise und Sprache aufzuzwingen. Vor allem konzentrierte er sich dabei auf die Deutschen in den baltischen Provinzen. Aber auch den Armeniern, Wolgatataren, Georgiern und den anderen Nationalitäten im Kaukasus und in Zentralasien erging es nicht besser. Besonders intensiv wurde die Russifizierung in jenen Gebieten vorangetrieben, in denen nationalistische oder revolutionäre Parteien und Bewegungen aktiv waren.

Wesentliche Veränderungen ergaben sich ebenfalls für Finnland, das 1809 unter russische Herrschaft geraten war. Bis zum Ende der Regierungszeit Alexanders II. hatte sich Finnland den Status eines Großherzogtums mit eigener Verfassung, eigenem Parlament, eigener Armee, eigener Währung und eigenem Postwesen bewahrt. Mit Alexander III. und dem wachsenden russischen Nationalismus wurden jedoch erste Schritte unternommen, auch die finnischen Institutionen zu russifizieren. Bei den Juden hingegen, die aufgrund einer früheren Siedlungsbeschränkung vorwiegend in Polen und Litauen ansässig waren, ging es nur in zweiter Linie um Assimilierung durch Russifizierung. Im Vordergrund standen bei ihnen Behinderung und Verfolgung. Die Dekrete, die Alexander II. erlassen hatte, um den jüdischen Mitbürgern das Leben in Rußland zu erleichtern, wurden von Alexander III. wieder aufgehoben. Der Judenhaß, der in der russischen Bevölkerung weit verbreitet war, erhielt freien Lauf und wurde von staatlicher Seite als Ventil genutzt, um die Juden zu Sündenböcken für die Mängel der russischen Politik und Gesellschaft stempeln zu können. Hunderttausende russischer Juden kehrten daher in den achtziger und neunziger Jahren ihrem Land den Rücken. Viele von ihnen gingen nach Deutschland oder in die großen Städte Westeuropas, die weitaus meisten aber nach Amerika.

Als Alexander III. 1894 eines natürlichen Todes starb, gelangte mit seinem Sohn Nikolaus II. ein Mann auf den Thron, der der Macht, über die er nun verfügte, in keiner Weise gewachsen war. Von Anfang an stand der neue Zar unter dem Einfluß seiner Ratgeber, die ihn darin bestärkten, den russischen Absolutismus, der auch die Quelle ihrer eigenen Macht darstellte, zu erhalten. In späteren Jahren waren es besonders seine Frau und deren Günstlinge, auf die Nikolaus II. hörte. Zu ihnen zählte nicht zuletzt Grigorij Jefimowitsch Rasputin, ein Bauernsohn und Wanderprophet aus dem sibirischen Tjumen, der 1907 an den Zarenhof gelangte und hier durch seine angebliche Fähigkeit, dem an der Bluterkrankheit leidenden Thronfolger durch übersinnliche Kräfte helfen zu können, an Einfluß gewann. Zwar wurde Rasputin 1916 von Angehörigen der Hofgesellschaft ermordet, nachdem seine Machtgier und Ausschweifungen immer mehr zu einer Belastung für die Monarchie geworden waren. Aber der Schaden, den er allein durch die Aushöhlung der Führungsautorität des Zaren angerichtet hatte, war kaum noch gutzumachen.

Dabei hatten 1894 besonders die gemäßigten Liberalen, die sich seit dem Tode Alexanders II. politisch zurückgehalten hatten, gehofft, daß der neue Zar an die Reformpolitik seines Großvaters anknüpfen würde. Doch Nikolaus II. mangelte es dafür an Persönlichkeit und politischer Kraft. Er ließ auf Drängen seiner Berater sogar die Sitzungen der traditionellen „Semstwa" polizeilich verbieten, als führende Mitglieder dieser lokalen Regierungsorgane begannen, eine Erweiterung ihrer Kompetenzen zu fordern, um eine zentrale Einrichtung zu errichten, die in der nationalen Regierung eine gewisse Rolle spielen könnte. Die russischen Oppositionellen waren deshalb selbst zum Handeln gezwungen, wenn sie eine Liberalisierung oder gar Demokratisierung der russischen Politik wünschten. Unklar war lediglich, mit welchen Methoden und mit welchem Ziel der notwendige Wandel herbeigeführt werden sollte: ob als Reform oder Revolution.

d) Reformer und Revolutionäre

„Wir sind um mindestens zweihundert Jahre zurückgeblieben; wir haben nichts, einfach gar nichts, keine bestimmte Einstellung zur Vergangenheit; wir philosophieren nur, klagen über Langeweile oder trinken Schnaps. Es ist ja so klar: Um ein Leben in der Gegenwart zu beginnen, müssen wir zuerst unsere Vergangenheit sühnen und mit ihr Schluß machen; und sühnen können wir sie nur durch Leid, nur durch außerordentliche, unablässige Arbeit." Mit diesen Sätzen, dem „ewigen Studenten" Trofimow in den Mund gelegt, entließ Anton Tschechow im Januar 1904 bei der Erstaufführung seiner Komödie *Der Kirschgarten* das Publikum im Moskauer Künstlertheater am Ende des Zweiten Aktes in die Pause. Was Trofimow sagte, war von russischen Intellektuellen seit den sechziger Jahren des 19. Jahrhunderts immer wieder erklärt worden: Jeder, der in der Lage war, über die Grenzen des eigenen Landes hinauszublicken, wußte, daß Rußland hinsichtlich des materiellen Fortschritts und der Entwicklung seiner politischen Institutionen weit hinter den größeren Nationen der westlichen Welt zurückgeblieben war. Die Frage war nur, wie man mit der Vergangenheit „Schluß machen" sollte, um „ein Leben in der Gegenwart zu beginnen", wie Tschechow in seinem letzten Lebensjahr schrieb, kurz bevor er am 2. Juli 1904 während eines Kuraufenthalts in Badenweiler im Schwarzwald starb.

Anhänger des Zarismus hofften auch zu Beginn des 20. Jahrhunderts noch immer, daß die notwendigen wirtschaftlichen und sozialen Verbesserungen durch administrative Maßnahmen ohne grundlegende Veränderungen des bestehenden Systems möglich seien. Andere, vor allem Universitätsprofessoren, Beamte, Angehörige der freien Berufe und Vertreter des wachsenden Wirtschaftsbürgertums, hielten eine Systemveränderung zwar für notwendig, glaubten aber, diese durch eine allmähliche Ausweitung der politischen Rechte im Rahmen einer allgemeinen Parlamentarisierung und Wahlrechtsreform nach dem Vorbild der liberalen Länder Westeuropas erreichen zu können, während eine kleinere, wenig homogene Gruppe von Revolutionären einen gewaltsamen Umsturz der bestehenden Gesellschaft anstrebte. Reformer wie Revolutionäre sahen sich allerdings mit einem bemerkenswerten Beharrungsvermögen der organisierten Reaktion konfrontiert. Stärker noch als in Deutschland setzten diese Kräfte alles daran, jeden Versuch einer Erneuerung und Modernisierung im Keim zu ersticken. Sie konnten sich dabei – wie im Deutschen Reich – auf die Apathie der großen Mehrheit der Bevölkerung stützen, die teilnahmslos beiseite stand und sich nicht nennenswert engagierte. Doch während sich die Passivität der Bevölkerung in Deutschland aus der relativen Zufriedenheit mit der bestehenden Situation ergab, war sie in Rußland eine Folge existentieller Not und mangelnder Bildung. Weder bei den verarmten Kleinbauern noch unter den rechtlosen und unorganisierten Industriearbeitern bestand offenbar ein Bedürfnis nach politischer Diskussion. Die Vertreter der Reaktion erhielten dadurch weitgehend freie Hand, zumal die Reformer sich durch ihre Bereitschaft zum Kompromiß mit dem zaristischen System selbst diskreditierten. Am Ende hatten nicht nur die Zaristen, sondern auch die Reformer verspielt, so daß nur noch der Weg der Revolution übrig blieb.

Unter den Revolutionären ragten zwei Gruppierungen hervor, die bald die weitere Entwicklung in Rußland bestimmen sollten: die *Russische Sozialdemokratische Arbeiterpartei*, die sich bereits Anfang der achtziger Jahre zu Beginn der Regierungszeit Nikolaus' II. im Untergrund gebildet hatte, sowie der *Bund der russischen Sozialdemokraten im Ausland*. Führer der Sozialdemokraten in Rußland war Gregorij Plechanow (1857–1918), ein ehemaliger Narodnik, der inzwischen das Vertrauen der Populisten in die russische Landbevölkerung nicht mehr teilte, sondern den notwendigen Wandel mittels einer gut strukturierten und diszipliniert geführten politischen Arbeiterpartei herbeiführen wollte. In der Schweiz, wohin er vorübergehend emigriert war, hatte er wesentliche Grundsätze des Marxismus übernommen. Nun betonte er, Rußland müsse erst den Kapitalismus durchschreiten, bevor es auf einen Übergang zum Sozialismus hoffen könne. In zahllosen Schriften, in denen er seine auf Rußland angewandten marxistischen Ideen verbreitete, trug er maßgeblich dazu bei, „eine ganze Generation russischer Marxisten heranzuziehen", wie Lenin später erklärte. Mitte der neunziger Jahre existierten allein in St. Petersburg bereits etwa zwanzig marxistische Gruppen, die allerdings nur im Untergrund operierten und politisch nicht sehr erfolgreich waren. Ihr erster gemeinsamer Kongreß, den sie 1898 in Minsk abhielten, um die Möglichkeit einer Parteiorganisation auf nationaler Ebene zu erörtern, war nur schwach besucht und führte lediglich zu dem Ergebnis, daß mehrere Delegierte verhaftet und zahlreiche lokale Gruppen zerschlagen wurden.

Es war deshalb nur logisch, daß die revolutionäre Opposition ihre politische Tätigkeit zunehmend nach Westeuropa verlagerte, wo der „Bund der russischen Sozialdemokraten im Ausland" weitgehend unbehelligt eine Parteistruktur aufbauen und Konferenzen veranstalten konnte. Zentren der russischen Exilarbeit waren Brüssel und London, wo auch die entscheidenden ideologischen Weichenstellungen der nächsten Jahre erfolgten. In Erinnerung ist besonders der zweite Parteikongreß des Bundes, der 1903 in Brüssel abgehalten werden sollte, nach einem Verbot der belgischen Polizei aber in London stattfand. Hier kam es zu einer Meinungsverschiedenheit zwischen zwei Fraktionen des Bundes, die für die weitere Entwicklung der internationalen Arbeiterbewegung grundlegende Bedeutung erlangte. Die eine Gruppierung wurde von einem der älteren Mitarbeiter Plechanows, Ju. O. Martow, angeführt, die andere von Wladimir Iljitsch Uljanow, besser bekannt unter seinem Kampfnamen „Lenin". Bei der Diskussion, die schließlich zur Spaltung des Bundes führte, stimmten zwar alle Delegierten der Auffassung Plechanows zu, daß nach der Beseitigung des Zarentums in Rußland kurzfristig eine kapitalistische Gesellschaft entstehen würde, bevor der Sozialismus sich endgültig durchsetzen könne. Strittig war jedoch die Dauer der Übergangsphase. Während Lenin sie so kurz wie möglich halten wollte, trat die Gruppe um Martow für eine längere Übergangsperiode zum Sozialismus ein. Außerdem plädierte Martow dafür, in dieser Phase mit dem dann etablierten bürgerlichen Regime zusammenzuarbeiten, während Lenin jegliche Kooperation kategorisch ablehnte. Da Lenin die Mehrheit der Delegierten von seinen Auffassungen zu überzeugen vermochte, wurden die Angehörigen seiner Fraktion danach als *Bolschewiki* („Mehrheitler") bezeichnet, während die Mitglieder der unterlegenen Martow-Gruppe als *Menschewiki* („Minderheitler") in die Geschichte eingingen.

Ein Streitpunkt zwischen Bolschewiki und Menschewiki war ebenfalls die Frage, wie die Arbeiterpartei in Rußland organisiert sein sollte. Lenin hatte dazu 1902 in seiner programmatischen Streitschrift *Was tun?* die Forderung aufgestellt, die sozialistische Bewegung müsse von einer Elite professioneller

Revolutionäre geführt werden, während die Menschewiki sich auf die klassischen Instrumente einer demokratischen Parteiorganisation und einer Gewerkschaftsbewegung stützen wollten, um die Macht zu erringen. Als Vorbild diente den Menschewiki nicht zuletzt das Beispiel Großbritannien, wo sogar die konservative Regierung Disraeli den englischen Gewerkschaften eine neue Freiheitscharta gewährt hatte, während das russische Strafgesetz aus dem Jahre 1875 schwere Strafen für jedermann vorsah, der Vereinigungen organisierte, die geeignet waren, Konflikte zwischen Arbeitgebern und Arbeitnehmern zu schüren. Allerdings schien der Kampf um mehr Arbeitnehmerrechte auch in Rußland nicht völlig aussichtslos, da Teile der Regierung, insbesondere des Finanzministeriums, die Überzeugung hegten, daß eine auf Zusammenarbeit mit der Arbeiterbewegung angelegte Politik den Arbeitsfrieden stärken und damit die Produktivität steigern würde.

So wurde 1885 nach einem Streik in der Textilindustrie in Moskau das Recht der Unternehmer eingeschränkt, bei Disziplinvergehen Geldstrafen zu verhängen. Und die Wirtschaftspolitik des Verkehrs- und Finanzministers Sergej Juljewitsch Graf Witte führte nach 1892 nicht nur zur Heranziehung ausländischen Kapitals und einer verstärkten Industrialisierung Rußlands, besonders durch den Eisenbahnbau (Transsibirische Eisenbahn), sondern in den Jahren 1896 und 1897 auch zu einer fortschrittlicheren Arbeitergesetzgebung. Der ängstliche Nikolaus II. verstand es jedoch, auch diese Hoffnungen auf eine innere Reform Rußlands zu enttäuschen. Da er Gewerkschaften als politische Gefahr für sein Regime betrachtete, zögerte er nicht, Truppen einzusetzen, um Arbeiterunruhen niederzuschlagen, und Agenten in die Fabriken einschleusen zu lassen, die illegale Organisationsversuche ausspionieren und mögliche Agitatoren ermitteln sollten. Zwar waren Streiks weiterhin keine Seltenheit. Ihre Forderungen galten aber vor allem nach der Jahrhundertwende immer weniger der Durchsetzung gezielter Arbeitnehmerforderungen und immer mehr der allgemeinen politischen Machtdemonstration der Arbeiterschaft gegen die zaristische Herrschaft. Wie unruhig die Verhältnisse in Rußland nun waren, zeigt die Tatsache, daß zwischen 1901 und 1904 zwei Gouverneure, ein Erziehungsminister und zwei Innenminister bei Attentaten ums Leben kamen. Zwar schlug der zaristische Geheimdienst mit unbarmherziger Härte zurück. Doch die revolutionäre Situation war dadurch nicht mehr zu beseitigen.

e) Das Verfassungsexperiment von 1905

Die Revolution, die Rußland 1905 erfaßte, kündigte sich somit lange an. Auslöser war nicht nur die Wirtschaftskrise, die das Land seit der Jahrhundertwende fest im Griff hielt und viele Fabriken zwang, ihre Tore zu schließen und die Arbeiter zu entlassen, sondern auch der Krieg gegen Japan, in den sich der Zar durch seine Berater hatte treiben lassen, um das japanische Vorgehen gegen die Mandschurei zu unterbinden. Der Krieg begann in der Nacht vom 8. auf den 9. Februar 1904 mit einem Überfall der japanischen Flotte auf die russische Marine in den Häfen von Port Arthur und Wladiwostok. Die russischen Schiffe lagen hell beleuchtet und ahnungslos auf Reede. Schnelle japanische Torpedoboote versenkten oder beschädigten ein russisches Schiff nach dem anderen. In Port Arthur rätselte man zunächst vergeblich über den Grund für die Explosionen in der Bucht vor dem Hafen, denn die russische Regierung hatte versäumt, den Befehlshabern ihrer Pazifikflotte den Abbruch der diplomatischen Beziehungen mit Japan und den Beginn des Krieges mitzuteilen. Als man bemerkte, was geschah, war es zu spät. Port Arthur wurde belagert und am 2. Januar 1905 von den Japanern nach schweren eigenen Verlusten erobert. Acht russische Generale, vier Admirale, 57 Stabsoffiziere, 30 000 Soldaten, vier Schlachtschiffe und 50 Festungsgeschütze fielen den Siegern in die Hand.

Der Fall von Port Arthur wirkte wie ein Fanal. Alle Welt sprach plötzlich von Revolution. Besonders die von den russischen Emigranten beeinflußte Presse in Paris und London behauptete, die Zarenherrschaft gehe ihrem Ende entgegen. Sogar Tag und Stunde der Erhebung wurden bereits genannt: der 22. Januar, zwei Uhr nachmittags. Tatsächlich legten an diesem Tag Arbeiter in mehreren Fabriken St. Petersburgs ihre Arbeit nieder und formierten sich zu einem Protestmarsch auf das Winterpalais, der Residenz des Zaren. Sie trugen keine roten Fahnen, sondern Zarenbilder und Ikonen, sangen nicht die Internationale, sondern Kirchenlieder. Angeführt wurde die Prozession von Georgij A. Gapon, dem Geistlichen des Transportgefängnisses der Stadt. Er war der Sohn eines Popen, ein kleiner, dunkler und schmächtiger Phantast, der im Gefängnis oft mit Verschwörern in Berührung kam und ihren Ideen nicht ganz fernstand, diese zumindest genau kannte. Mit Zustimmung der Geheimpolizei verfolgte er nun das Ziel, die Arbeiter mit dem Zaren zu versöhnen. Die Bittschrift, die er an der Spitze des Demonstrationszuges bei sich führte, um sie dem Zaren zu übergeben, begann mit den Worten:

„Herr! Wir Arbeiter, unsere Kinder, unsere Frauen und unsere hilflosen Witwen sind gekommen, Herr, um Wahrheit und Schutz bei Dir zu suchen. Wir sind verarmt, man unterdrückt uns, man bürdet uns unerträgliche Arbeit auf, man verhöhnt uns, man anerkennt in uns keine Menschen, man behandelt uns wie Sklaven, die ihr Los ertragen und schweigen müssen. Wir haben auch Entsetzliches ertragen, aber man stößt uns immer tiefer in den Abgrund der Armut, der Rechtlosigkeit und der Unwissenheit. Despotismus und Willkür würgen uns, und wir ersticken. Wir haben keine Kraft mehr, o Herr! Die Grenze der Geduld ist da; für uns ist der furchtbare Augenblick gekommen, wo der Tod besser ist als die Fortdauer unerträglicher Qualen..."

Die Bittschrift zählte alle Probleme auf, die sich den Menschen in den Fabriken und auf dem Lande stellten. Sie verlangte Amnestie, öffentliche Freiheiten, Trennung von Staat und Kirche, Achtstundentag, Normalarbeitslohn und allmähliche Überleitung von Grund und Boden in Volksbesitz sowie die Wahl einer Verfassunggebenden Versammlung durch allgemeine Abstimmung. Danach hieß es abschließend:

„Dies, o Herr, sind unsere hauptsächlichsten Bedürfnisse, deretwegen wir zu Dir gekommen sind. Befiehl und schwöre, daß Du sie erfüllst, und Du wirst Rußland glücklich und glorreich machen, wirst Deinen Namen unserm Herzen und den Herzen unserer Nachkommen einprägen für ewige Zeiten. Läßt Du es nicht zu, erhörst Du nicht unser Flehen, so werden wir *sterben* auf diesem Platz, vor Deinem Palaste. Wir haben keinen Weg mehr vor uns und kein Ziel. Wir haben nur zwei Wege: entweder zur Freiheit und zum Glück oder ins Grab. Weise uns, o Herr, einen von diesen, wir werden ihn gehen ohne Widerrede, wenn es auch der Weg zum Tode ist. Möge unser Leben das Opfer für Rußland sein, das zu viel gelitten. Uns tut das Opfer nicht leid, wir bringen es gern."

Doch der Zar, dem die Schrift überreicht werden sollte, hatte das Winterpalais längst verlassen. Sein Vertreter, Großfürst Wladimir, alarmierte ein Garderegiment und einige Hundertschaften Kosaken, die sich, zusammen mit einigen Polizisten, der vorrückenden Menge entgegenstellten, die dem Geistlichen folgte, der ihnen mit erhobenem Kreuz voranschritt. Dann eröffnete die Garde das Feuer. Die Zahl der Toten wurde offiziell nie festgestellt; die Zahl der Verwundeten betrug über 1 000, darunter viele Frauen und Kinder. Gapon flüchtete und entkam über die Grenze, erbat zunächst vergeblich Hilfe von den deutschen Sozialdemokraten und landete schließlich bei Lenin in dessen Wohnung in Genf. Maxim Gorki, der noch am 21. Januar bei Graf Witte vorstellig geworden war, um einen Zusammenstoß zwischen dem Militär und den Arbeitern zu verhindern, notierte am folgenden Tag in sein Tagebuch:

„22. Januar 1905. Vom frühen Morgen an war ich auf der Straße, sah, wie sie schossen und die Leute niedermähten, sah die armselige Gestalt des in sich zusammengesunkenen Führers und ‚Helden der Stunde' Gapon [...] Alles wurde an diesem verfluchten, aber lehrreichen Tag zerschlagen..."

Einem Freund schrieb Gorki noch am gleichen Abend, schon wieder in besserer Stimmung: „Das ist der Anfang vom Ende des blutdürstigen Zaren..."

Tatsächlich riefen die illegalen Arbeiterorganisationen nun zum Generalstreik auf, der nicht nur in St. Petersburg, sondern auch in den anderen großen Städten Rußlands weitgehend befolgt wurde. Ein großer Teil der verarmten Kleinbauern schloß sich dem Streik an. Sogar die Armee, die sich von der Regierung schlecht behandelt fühlte und nach der Niederlage gegen Japan verunsichert war, ließ Sympathien für die Arbeiter und Bauern erkennen. Als am 15. Juni die Besatzung des Panzerkreuzers „Potemkin" vor Odessa meuterte und sich zehn Tage später den rumänischen Behörden in Küstendsche ergab, erschien dies als weiteres Indiz für den Zerfall der Autorität des Zaren. Doch es sollte noch bis zum Herbst 1905 dauern, bis sich in einer zweiten Phase der Revolution ein gewisser Erfolg einstellte. Diesmal machten die Setzer der Druckerei Saytin in Moskau den Anfang, die am 2. Oktober in Streik traten, der sich in den folgenden Tagen wie ein Flächenbrand ausbreitete. Am 24. Oktober wurden in Jekaterinoslaw die ersten Barrikaden errichtet. Am 27. Oktober erreichte die Revolution mit Versammlungen in den Hörsälen der Universitäten und an vielen anderen Orten des Landes ihren Höhepunkt. Am selben Tag erschien die erste

Nummer der *Nachrichten des Arbeiter- und Delegiertenrates* – der Zeitung der Revolution.

Nun endlich handelte auch der Zar: Noch am 27. Oktober unterzeichnete er das lange hinausgezögerte *Manifest der Konstitution.* Rußland sollte eine Verfassung erhalten – mit festgeschriebenen Grundfreiheiten für seine Bürger, Wahlrecht und einer gesetzgebenden Versammlung, der *Duma.* Dem Zaren selbst sollte ein Ministerrat mit neuen Kompetenzen zur Seite gestellt werden. Die alleinige Entscheidungsgewalt des Zaren würde dadurch beendet, die russische Politik einem Vertrauensgremium des Parlaments übertragen. Der russische Absolutismus, so schien es, dankte ab. Die Revolution hatte gesiegt. Die Macht des Zaren war gebrochen. – Doch in Wirklichkeit verfolgten der Zar und seine Berater nur eine Taktik von Zuckerbrot und Peitsche: Durch das Konstitutionsversprechen, vor allem die Einberufung der Duma, wurde ein Großteil der Aufständischen veranlaßt, den radikaleren revolutionären Gruppen den Rücken zu kehren und sich auf die Errichtung eines gemäßigten konstitutionellen Regierungssystems einzustellen. Als der Zar den Petersburger Sowjet, der sich am 27. Oktober gebildet hatte, und alle anderen Räte im Lande auflösen ließ und mit Gewalt gegen revolutionäre Zellen und Attentäter vorging, stieß er kaum noch auf Widerstand, obwohl dabei auch viele gemäßigte Gruppierungen zerschlagen wurden. Ebenso nahm die Bevölkerung es hin, daß der Zar, noch bevor die erste Duma zusammentrat, das Parlamentsversprechen weitgehend entwertete, indem er per Dekret einen „Reichsrat" – praktisch ein zweites parlamentarisches Organ – bildete, dessen Mitglieder nicht gewählt, sondern ernannt wurden und der allen Gesetzen der Duma zustimmen mußte, bevor sie zur Billigung an den Zaren weitergeleitet werden konnten. Als die Duma sich schließlich konstituierte, sah sie sich darüber hinaus mit der Ankündigung des Zaren konfrontiert, daß bestimmte „organische Gesetze" von ihrer Beratung ausgeschlossen seien. Dies galt sowohl für alle Militärfragen, die der Prärogative des Zaren unterworfen und für „unantastbar" erklärt wurden, als auch für das Recht der Regierung, notfalls ohne Etat zu handeln. Die Möglichkeiten des Parlaments, über Finanzbewilligungen die Politik der Regierung zu kontrollieren, wurden dadurch entscheidend eingeschränkt. In Preußen hatte Bismarck zwischen 1862 und 1864 zwar ebenfalls zeitweilig ohne Etat regiert. Er hatte jedoch zu keinem Zeitpunkt das Haushaltsrecht des Landtages grundsätzlich in Frage gestellt und am Ende sogar um Indemnität ersucht, um sein Verhalten nachträglich vom Parlament billigen zu lassen.

Der Zar ging also im entscheidenden Punkt über das preußische Beispiel hinaus und gab seine prinzipielle Ablehnung einer Parlamentarisierung auch dadurch zu erkennen, daß er eine Verantwortlichkeit der Minister gegenüber der Duma nicht zugestand. Rußland war somit auch nach dem scheinbaren Erfolg der Revolution von 1905 von einer demokratischen Entwicklung noch weit entfernt. Wie wenig das Verfassungsexperiment gelungen war, zeigte sich schließlich darin, daß der Zar die Duma bereits nach zwei Monaten mit der Begründung wieder auflöste, er sei „grausam enttäuscht", daß ihre Mitglieder „sich in Sphären jenseits ihrer Zuständigkeit verirrt" hätten. Während der Sitzungsperiode der zweiten Duma von März bis Juni 1907 ließ die Regierung unter Verletzung des parlamentarischen Rechts der Immunität sogar 16 Abgeordnete wegen angeblich revolutionärer Umtriebe verhaften. Auch das Wahlrecht wurde 1907 durch ein Dekret des Zaren wieder eingeschränkt. Federführend bei dieser harten Politik war neben Nikolaus II. vor allem Ministerpräsident P. A. Stolypin, der sich 1905 als Provinzialgouverneur bei der Niederschlagung von Bauernaufständen in Saratow einen Ruf als Nationalist und Konservativer erworben hatte und daraufhin 1906 vom Zaren zum Regierungschef ernannt worden war.

Stolypin zeichnete sich schon in seinem ersten Amtsjahr als besonders hartnäckiger Verfolger der Revolutionäre aus, nachdem diese zuvor seine Sommerresidenz in die Luft gesprengt hatten, wobei 32 Menschen ums Leben gekommen und sein Sohn und seine Tochter verletzt worden waren. Stolypin nahm auch die Russifizierungspolitik wieder auf, die während der Revolution 1905 ausgesetzt worden war, nachdem sie seit Alexander III. zu einer weitgehenden Unterdrückung von Nationalitäten und nationalen Autonomiebestrebungen geführt hatte. Ein gutes Beispiel war Finnland, wo 1899 die Gesetzgebungskompetenz des finnischen Landtages durch ein Dekret Nikolaus' II. stark eingeschränkt und der Oberaufsicht des russischen Staatsrates unterworfen worden war. Danach waren in rascher Folge das finnische Postsystem russifiziert, die finnische Armee aufgelöst und die Finnen zum Wehrdienst in russischen Einheiten verpflichtet worden – wenn auch mit dem Ergebnis, daß die Finnen sich durch passiven Widerstand recht erfolgreich zur Wehr gesetzt hatten. Unter Stolypin wurde die Russifizierungspolitik nun jedoch so energisch fortgesetzt, daß kein Zweifel mehr an der russischen Absicht bestehen konnte, den Finnen die Autonomie ganz zu nehmen.

Stolypin war allerdings kein blinder Reaktionär, sondern ein durchaus pragmatischer Politiker, der auch mit liberalen Kräften in der Duma zusammenarbeitete, wenn es seiner Politik diente. So initiierte er eine Reihe von Gesetzen, die den Kleinbauern halfen, ihre Situation zu verbessern. Die Lösung von der *Mir*-Gemeinschaft wurde erleichtert und Gemeindeland neu verteilt, um verstreute und unrentable Parzellen zu konsolidieren. Immerhin ein Zehntel der Ländereien des europäischen Rußland wurden auf diese Weise bis 1915 zusammengelegt. 2,5 Millionen Familien konnten sich von den Gemeinden lösen, um selbständige Bauern zu werden. Im internationalen Vergleich blieb die russische Landwirtschaft zwar auch danach noch rückständig. Die Reformen bedeuteten jedoch den ersten ernstzunehmenden Schritt zur Lösung der Agrarfrage seit dem Dekret zur Bauernbefreiung. Von den Reaktionären wurde Stolypin für diese Politik allerdings heftig angegriffen, so daß schon bald Gerüchte über seine bevorstehende Entlassung kursierten. Tatsächlich wurde er nicht entlassen, sondern im September 1911 bei einem Theaterbesuch in Kiew von einem Sozialrevolutionär, der sich gleichzeitig als Polizeispion betätigte, erschossen. Danach gab es kaum noch Versuche, Mißstände in der russischen Innenpolitik zu beseitigen. Vielmehr konzentrierte sich die Regierung, die nun wieder ganz unter den Einfluß der Reaktion geriet, beinahe vollständig auf die Außenpolitik. Vor allem der Balkan bot dafür lohnende Ziele. Zum einen konnte man hier hoffen, mit Hilfe des Panslawismus großrussische Ziele durchzusetzen. Zum anderen war die Lage instabil genug, um einen neuen Anlauf zur Kontrolle der Meerengen unternehmen zu können.

12. Der Vielvölkerstaat Österreich-Ungarn

a) Die habsburgische Doppelmonarchie

Das konstitutionelle Gefüge des habsburgischen Reiches war nach den Niederlagen gegen Frankreich im italienischen Feldzug 1859 und gegen Preußen im Krieg von 1866 bedenklich angeschlagen. Nur die Person des Monarchen blieb überraschend unbeschädigt. Obwohl Kaiser Franz Joseph nominell den Oberbefehl über die Armee ausübte und 1859 sogar faktisch die Kommandogewalt besessen hatte, wurde die Schuld an den Niederlagen nicht ihm, sondern anderen zugeschoben: den konservativen Politikern, die Österreich in die Konflikte hineingeführt hatten, und dem Hochadel, der das Offizierkorps dominierte. Nach 1866 wurde deshalb der Anteil bürgerlicher Offiziere in der Armee erhöht, und in der Umgebung des Kaisers stiegen Persönlichkeiten zu Ratgebern auf, die als liberal und fortschrittlich galten: Aus dem ehemaligen „Grafenministerium" wurde ein „Bürgerkabinett" (Theodor Schieder).

Das erzwungene Ausscheiden Österreichs aus dem Deutschen Bund verstärkte zugleich die Notwendigkeit, die Beziehungen zu Ungarn auf eine neue Grundlage zu stellen, um dem erschütterten Reich wieder mehr Festigkeit zu verleihen. Wie die politische Gleichstellung Ungarns aussehen sollte, war zunächst umstritten. Das Konzept einer föderalistischen Gliederung innerhalb eines gemeinsamen habsburgischen Staatsverbandes konkurrierte mit dem dualistischen Prinzip zweier selbständiger Königreiche unter einem gemeinsamen Kaiser. Da die Deutschen und Magyaren als die beiden vorherrschenden Volksgruppen befürchteten, im Falle einer föderalistischen Struktur könnten die jeweiligen Minderheiten in den beiden Landesteilen ebenfalls ein Mitspracherecht geltend machen, setzte sich am Ende die Idee einer „Doppelmonarchie" durch. Auf österreichischer Seite wurden die Gespräche darüber von Ministerpräsident Friedrich Graf Beust geführt. Für Ungarn verhandelte Gyula Graf Andrássy, der wegen seiner Teilnahme am ungarischen Unabhängigkeitskampf 1848/49 von Österreich zum Tode verurteilt worden war, bis 1857 in der Verbannung gelebt hatte und nun neben dem Rechtsanwalt und Führer der liberalen Reformer Ferencz Deák zum wichtigsten politischen Repräsentanten Ungarns aufstieg.

Die Vereinbarung über die neue Binnenstruktur Österreich-Ungarns, die 1867 schließlich zustande kam, wurde als „Ausgleich" bekannt. Jeder der beiden Landesteile erhielt ein gewisses Maß an Autonomie und wurde separat regiert. Dazu gehörte auch die Unterhaltung einer eigenen Landwehr zusätzlich zur kaiserlichen Armee, die ab 1867 den Titel „kaiserlich und königlich" (k.u.k.) führte. Die Ministerien für Außenpolitik, Reichsfinanzen und Militär, die ebenfalls mit dem k.u.k.-Titel versehen wurden, vertraten das Reich gemeinsam. Die Kompliziertheit der staatsrechtlichen Konstruktion kam schon in der Titelfrage zum Ausdruck: Dabei stand die Abkürzung „k.k." – „kaiserlich-königlich" – für die Behörden der österreichischen Reichshälfte, das einfache „k." („königlich") für die Einrichtungen der ungarischen Reichshälfte und „k.u.k." – also „kaiserlich *und* königlich" – für gemeinsame Institutionen und ausländische Vertretungen. Bei den Staatsfinanzen wurden die Anteile der beiden Monarchien an den Gesamtausgaben des Staates alle zehn Jahre entsprechend den jeweiligen wirtschaftlichen Verhältnissen neu berechnet. Bei Inkrafttreten des Ausgleichs 1867 entfielen auf Ungarn nur 30 Prozent der Belastungen; aufgrund des höheren Wirtschaftswachstums wurde der ungarische Beitrag später schrittweise auf 36,4 Prozent angehoben.

Die inneren Angelegenheiten Österreichs und Ungarns lagen in den Händen autonomer Regierungen. In Österreich wurden dazu in den siebzehn Provinzen regionale Landtage gebildet, die in einem in Wien tagenden Reichsparlament vertreten waren. Dieses Organ besaß zwei Kammern: ein *Herrenhaus* und einen *Reichsrat*. Das Herrenhaus setzte sich aus dynastischen Aristokraten, führenden Kirchenvertretern und anderen vom Kaiser ernannten Honoratioren zusammen. Die Mitglieder des Reichsrates wurden zunächst durch die Provinziallandtage, ab 1873 durch ein indirektes Wahlsystem, das dem Eigentum und der Bildung Vorrang gab, gewählt. Das Reichsparlament war allerdings nicht nur aufgrund seiner undemokratischen Zusammensetzung wenig geeignet, die Politik des Kaisers und seiner Minister wirksam zu kontrollieren. Ihm fehlten auch die dafür notwendigen Kompetenzen. So durften die Abgeordneten zwar den Haushaltsplan einbringen und die Minister befragen. Diese wurden jedoch vom Kaiser ernannt und blieben trotz ihrer verfassungsmäßigen Verantwortlichkeit gegenüber dem Reichsrat in Wirklichkeit vom Kaiser abhängig, der allein über ihren Verbleib im Amt entschied. Zudem konnte der Kaiser das Parlament auflösen oder suspendieren und außerhalb der Sitzungsperioden Gesetze erlassen, die volle Gültigkeit besaßen, sofern sie nicht gegen andere Gesetze verstießen und in der nächsten Parlamentssitzung gebilligt wurden.

Das ungarische Parlament bestand aus einer *Magnatenkammer* und einer *Abgeordnetenkammer*. Von einer demokratischen Vertretung der Bevölkerung konnte auch hier keine Rede sein – in der Magnatenkammer, in der nur die regionalen Fürsten vertreten waren, ohnehin nicht, aber auch nicht in der Abgeordnetenkammer, die lediglich formal als „Volksversammlung" fungierte, die Kontrolle über die Minister ausübte und Gesetzesinitiativen ergriff. Tatsächlich war das Wahlrecht für die Abgeordnetenkammer außerordentlich stark eingeschränkt und so konzipiert, daß das Machtmonopol des magyarischen Bevölkerungsteils, der weniger als die Hälfte der fünfzehn

Millionen umfassenden Gesamtbevölkerung Ungarns ausmachte, jedoch das Parlament und die lokalen Institutionen beherrschte, nicht gefährdet wurde. Nationale Minderheiten waren nicht nur von der politischen Macht ausgeschlossen, sondern auch einem ständigen Assimilierungsdruck ausgesetzt. Die einzige Ausnahme bildeten die Kroaten im südwestlichen Landesteil, die 1848 wesentlich zur Rettung des habsburgischen Kaisertums beigetragen hatten und dafür mit einem eigenen Landtag, eigenen Gerichtshöfen, Schulen, einem eigenen Polizeiwesen und einem separaten, vierzig Mitglieder umfassenden Block in der zentralen Abgeordnetenkammer belohnt worden waren.

b) Die „liberale Phase" bis 1879

Trotz dieser undemokratischen Staatskonstruktion, die sowohl in Österreich als auch in Ungarn ganz auf die Bedürfnisse der monarchischen Herrschaftstradition abgestimmt war, kam es im ersten Jahrzehnt nach Begründung der Doppelmonarchie zu einer „liberalen Phase" in der österreich-ungarischen Politik, die sogar die Entstehung einer starken liberalen Partei ermöglichte. Ausgangspunkt dieser Entwicklung war zum einen die Industrialisierung in Teilen Österreichs und Böhmens, die hier zur Herausbildung eines wohlhabenden Mittelstandes als Träger einer beginnenden Liberalisierung und Demokratisierung des politischen Lebens führte, zum anderen die Schwäche des habsburgischen Staates nach dem Ausgleich von 1867 und der allgemeinen Wirtschaftskrise von 1873. Da vor allem die Schwierigkeiten, die sich aus der Errichtung der Doppelmonarchie ergaben, nicht leicht zu überwinden waren, hielten Ministerpräsident Graf Beust und Kaiser Franz Joseph es zumindest anfänglich für nützlich, nicht allein auf die konservativen Kräfte des Parlaments zu vertrauen, sondern sich auch um die Unterstützung der Liberalen zu bemühen.

Die politischen Vorstellungen der österreichischen Liberalen waren allerdings nicht ohne weiteres mit der Realität des habsburgischen Staates in Einklang zu bringen. Forderungen nach einer wirklichen Konstitutionalisierung sowie nach einer Zentralisierung politischer Entscheidungen und einer Erhöhung der Verwaltungseffizienz im Interesse des kommerziellen Fortschritts paßten schlecht zu dem hier praktizierten monarchischen Absolutismus, der hochgradigen Zersplitterung und Regionalisierung politischer Macht und dem geringen Maß an Modernität in Infrastruktur und staatlicher Bürokratie. Dennoch war die Zusammenarbeit zwischen der konservativ orientierten Krone und den liberalen Kräften des Landes – innerhalb und außerhalb des Parlaments – keineswegs erfolglos, sondern führte zu erstaunlichen Ergebnissen: Verbesserungen in der Rechtsprechung, einer Liberalisierung der Pressegesetze, der Aufhebung von Gesetzen zur Einschränkung der Rechte der Juden, Militärreformen und einer Reihe von Maßnahmen zur Förderung des wirtschaftlichen Wachstums und zur Neuordnung der Staatsfinanzen. Sogar eine Wahlrechtsreform wurde 1873 verabschiedet. Auch wenn danach immer noch nicht mehr als sechs Prozent der Männer wahlberechtigt waren, deutete das neue Wahlgesetz doch zumindest in die richtige Richtung. Ersten Gesetzen zur Begrenzung der Arbeitszeit und zum Arbeitsschutz von Frauen und Kindern folgten schließlich noch Maßnahmen zur Einrichtung einer Unfall- und Krankenversicherung nach dem Vorbild des Deutschen Reiches unter Bismarck.

Zugleich wurde – ebenfalls eine alte liberale Forderung – die Trennung von Kirche und Staat vorangetrieben. Ausgangspunkt dafür war, wie in Deutschland, vor allem im überwiegend protestantischen Preußen, die Politik Papst Pius' IX. Bereits in den sechziger Jahren hatten seine wiederholten aggressiven Äußerungen selbst im katholischen Österreich nur wenig Zustimmung gefunden. Die Verkündung des päpstlichen Unfehlbarkeitsdogmas 1870 aber wurde auch hier als offener Angriff auf die Souveränität des Staates begriffen, und Ministerpräsident Beust zögerte nicht, mit dem Einverständnis des Kaisers das 1855 geschlossene Konkordat über die Zusammenarbeit zwischen Kirche und Staat aufzukündigen. Das Schulwesen wurde der kirchlichen Kontrolle entzogen, die Teilnahme der Schüler am Religionsunterricht zu einer freiwilligen Angelegenheit erklärt und die Zivilehe staatlich anerkannt.

Diese Maßnahmen, die den Beginn einer allmählichen Liberalisierung und Modernisierung der österreich-ungarischen Politik ankündigten, wurden jedoch sogleich wieder aufs Spiel gesetzt, als die „liberale Ära" 1879 abrupt endete. Eingeleitet wurde der Kurswechsel durch eine einsame Entscheidung des Kaisers, der aus bloßer Verärgerung über die Kritik der Liberalen an den Ergebnissen des Berliner Kongresses – insbesondere hinsichtlich der Übernahme der Verwaltungskontrolle über Bosnien und die Herzegowina durch Österreich-Ungarn – beschloß, sich um eine andere Art von parlamentarischer Rückendeckung für seine Politik zu bemühen. Statt weiter mit den Liberalen zu kooperieren, suchte er Tschechen und andere abhängige Nationalitäten durch Zugeständnisse zu bewegen, ihn im Parlament zu unterstützen. Die Entscheidung war mit dem Kabinett nicht abgestimmt und somit eine direkte Folge der Besonderheit des habsburgischen Regierungssystems, das nach wie vor absolutistische oder zumindest pseudoabsolutistische Züge trug. Wie sehr es sich um eine persönliche Entscheidung Franz Josephs handelte, kam auch in der Tatsache zum Ausdruck, daß er einen Jugendfreund, den bisherigen Innenminister Eduard Graf von Taaffe aus dem böhmischen Ellischau, mit der Neubildung der Regierung betraute. Taaffe, der danach von 1879 bis 1893 das Amt des Ministerpräsidenten bekleidete, erwies sich tatsächlich als ein „Kaiserminister" im Sinne Bismarcks, der seinem Land zu dienen hoffte, indem er seinem Monarchen diente und sich als dessen verlängerter Arm begriff. So baute er – dem Wunsch Franz Josephs entsprechend – vor allem das Nationalitätenrecht weiter aus, konnte damit aber trotz mancher Erfolge weder die Minderheiten zufriedenstellen noch die notwendige Modernisierung des Landes vorantreiben. Das Nationalitätenproblem blieb eine Bürde, die den Zusammenhalt des Reiches immer mehr gefährdete.

c) Das Nationalitätenproblem

Klagen der zahlreichen Minderheiten, daß Deutsche und Ungarn in der österreich-ungarischen Monarchie überrepräsentiert seien und zuviel Macht besäßen, waren von Anfang an berechtigt und führten daher immer wieder zu Forderungen nach mehr Mitsprache oder Autonomie. Zwar genossen die Minoritäten – nicht zuletzt aufgrund der Politik Taaffes – in Österreich-Ungarn einen weit höheren Schutz als in den meisten anderen Ländern Europas, etwa in Rußland; alle Bevölkerungsgruppen waren formell gleichberechtigt, und jede von ihnen besaß ein verbrieftes Recht auf Ausübung ihrer Kultur und Sprache. Praktisch jedoch waren der deutsche und magyarische Einfluß dominierend, wobei vor allem die Ungarn, allen voran Graf Andrássy, sich gegen Versuche anderer Ethnien – besonders der Tschechen – wehrten, in größerem Maße an der Macht beteiligt zu werden. Dies galt nicht zuletzt auf dem Balkan – in Dalmatien, Kroatien, Bosnien-Herzegowina und (nach 1878) den von Österreich-Ungarn kontrollierten Gebieten Montenegros und Serbiens –, wo die Nationalitätenfrage niemals wirklich angegangen wurde und schon in den siebziger Jahren vieles darauf hindeutete, daß sich die nichtdeutsche und nichtmagyarische Mehrheit der Völker im habsburgischen Reich bei unveränderter Beibehaltung der Doppelmonarchie zunehmend der Krone entfremdete. Selbst die Kroaten sahen ihre Rechte im Laufe der Jahre über Gebühr beschnitten, während die anderen Volksgruppen, wie die Rumänen, Slowaken und Serben, ohnehin einer konsequenten Magyarisierung unterworfen waren, bei der nationale Unterschiede verwischt sowie Zeitungen, Schulen und andere Institutionen, die geeignet gewesen wären, Sprache und Kultur sowie Sitten und Gebräuche der Nationalitäten lebendig zu erhalten, systematisch unterdrückt wurden.

Aber auch zwischen Österreich und Ungarn und sogar innerhalb der deutsch-slawischen Kronländer – dem als „Zisleithanien“ bezeichneten Gebiet, das sich von der Krain im Süden über Böhmen und Mähren im Norden bis Galizien im Osten erstreckte – gab es Probleme. So gestaltete sich der Ausgleich zwischen den Deutschen und den Ungarn als schwierig, weil das zahlenmäßig, wirtschaftlich und kulturell führende österreichische Deutschtum die politische Leitung beanspruchte, während der ungarische Nationalismus in den siebziger und achtziger Jahren immer mehr zunahm. In Zisleithanien fanden deutschnationale Bestrebungen, Deutsch als Staatssprache einzuführen, um das gesamte Gebiet längerfristig in ein rein deutsches Territorium zu verwandeln, 1890 zwar keine Mehrheit; sie vergifteten aber die politische Atmosphäre und verschärften auch hier den Kampf der Nationalitäten. Besonders das Verhältnis zwischen Deutschen und Tschechen wurde dadurch nachhaltig beschädigt. Dabei war Kaiser Franz Joseph einer Lösung des Problemes 1871 bereits sehr nahe gekommen, als er den Tschechen versprochen hatte, Böhmen die gleiche Autonomie zu gewähren, die Österreich und Ungarn seit dem Ausgleich von 1867 bereits besaßen. Sogar auf die Fahrt nach Prag, wo er zum König von Böhmen gekrönt werden sollte, hatte Franz Joseph sich schon vorbereitet. Doch der Plan wurde von Deutschösterreichern und Magyaren gemeinsam vereitelt: Die einen sorgten sich um ihre dominierende Stellung im Reich, die anderen fürchteten, daß das tschechische Beispiel Schule machen und andere Nationalitäten ebenfalls auf den Gedanken bringen könnte, sich zu „befreien“. Und die Intervention hatte Erfolg: Der Kaiser sagte die Reise nach Prag ab und ließ die Tschechen mit ihrer Enttäuschung über die entgangene Autonomie allein.

Die dadurch im Verhältnis zwischen Wien, Budapest und Prag ausgelöste Verstimmung wurde nie wieder bereinigt und sollte schließlich nicht unwesentlich zum Niedergang der habsburgischen Monarchie beitragen. Ministerpräsident Taaffe gelang es zwar nach 1879, die Feindseligkeit zu mildern, als er mit dem „Eisernen Ring“ ein heterogenes Zweckbündnis von Klerikern, deutschen Konservativen, Slawen und Polen bildete, das nun anstelle der Liberalen, die bisher die Regierung mitgetragen hatten, die Politik des Kaisers im Parlament unterstützte. Doch schon die fragwürdigen Taktiken, mit denen die Koalition zustande gebracht worden war, zeigten, auf welch bröckeligen Fundamenten die neue Politik stand. So räumte man den Polen in Galizien Privilegien gegenüber den Ruthenen ein, den Slowenen wurde gestattet, andere Nationalitäten in der Krain zu unterdrücken, und die Tschechen wurden mit einem neuen Wahlrecht, das ihnen eine Mehrheit im böhmischen Landtag und eine stärkere Vertretung im Reichsparlament verlieh, sowie mit einem Entgegenkommen in der Sprachenfrage geködert.

Es war eine Beschwichtigungsstrategie, deren innere Logik sich nicht aus dem seriösen Bemühen um eine Lösung des Nationalitätenproblems ergab, sondern nur der innenpolitischen Notwendigkeit entsprang, einen Ersatz für die in die Opposition gedrängten Liberalen beschaffen zu müssen. Die Minderheiten wurden nicht politisch integriert, sondern lediglich benutzt. Vor allem die durch den Affront von 1871 ohnehin verstimmten Tschechen fühlten sich dadurch erneut zurückgesetzt. Die Gemäßigten unter ihnen, die mit der Wiener Zentralregierung zusammenarbeiteten, wurden deshalb allmählich durch die *Jungtschechische Partei* verdrängt, deren Führer behaupteten, ein Ausgleich mit einem Staat, der die slawischen Völker diskriminiere, sei prinzipiell unmöglich. Die Jungtschechen präsentierten sich damit in den achtziger Jahren als Vorreiter eines neuen, politischen Panslawismus, der die ältere Vorstellung von der Kulturgemeinschaft aller Slawen ablöste und den Gedanken eines von österreich-ungarischer Herrschaft befreiten „Bundes der slawischen Völker“ entwickelte. Mit ihrem wachsenden Erfolg ermutigten die Jungtschechen auch andere Nationalitäten, ihre Forderungen freimütiger zu formulieren, so daß der politische Panslawismus rasch an Bedeutung gewann. Unterstützung fand er nicht zuletzt bei russischen Theoretikern, deren Schriften von einer künftigen „Emanzipation der Slawen“ durch Rußland kündeten: Ideologische Denkmuster verbanden sich darin mit machtpolitischen Argumenten zu einem expansiven und teilweise aggressiven Politikentwurf.

Das Anwachsen des Panslawismus wiederum ließ viele Deutsche in Böhmen, die hier seit jeher ansässig waren, um ihre Heimat fürchten. Ihre Sorgen wurden nicht geringer, als einer der Nachfolger Taaffes im Amt des Ministerpräsidenten, Graf Badeni, der diesen Posten von 1895 bis 1897 bekleidete, weitere tschechenfreundliche Sprachenverordnungen erließ, die unter anderem allen Beamten die Verpflichtung auferlegten, ihre Bescheide in der Sprache des Bittstellers abzufassen. Die deutschen Beamten in Böhmen wurden damit praktisch gezwungen, Tschechisch zu lernen oder ihren Stuhl zugunsten eines tschechischen Kollegen zu räumen. Die Zahl der tschechischen Beamten im Staatsdienst nahm dadurch drastisch zu. Die neuen Bestimmungen lösten jedoch einen heftigen Abwehrkampf des österreichischen Deutschtums aus, der schließlich ein solches Ausmaß annahm, daß Kaiser Franz Joseph sich 1899 gezwungen sah, Prag unter Kriegsrecht zu stellen und die Verordnungen teilweise wieder aufzuheben. Eine zentrale Rolle bei der Organisation des Widerstandes spielte Georg Ritter von Schönerer, seit 1873 Mitglied des österreichischen Abgeordnetenhauses und seit 1879 einer der Führer der „Deutschnationalen Bewegung". Schönerer bekämpfte den Klerikalismus ebenso wie den Liberalismus, zählte zu den Vätern des Antisemitismus in Österreich (womit er später nicht zuletzt Hitler stark beeinflußte) und setzte auch dem Panslawismus eine eigene Weltanschauung entgegen, in der die rassische Überlegenheit der Deutschen über die Slawen verkündet und im Rahmen einer „Alldeutschen Bewegung" ein Anschluß der deutschen Provinzen Österreichs an das Deutsche Reich der Hohenzollern gefordert wurde.

Von einer Lösung des Nationalitätenproblems war die Wiener Politik nach dem Sprachenstreit und der Konfrontation zwischen Deutschen und Tschechen weiter entfernt als zuvor. Sogar der Reichsrat – das österreichische Parlament – wurde durch die nationalen Gegensätze immer wieder arbeitsunfähig. Diese Paralysierung war doppelt gefährlich, weil zugleich in Ungarn die Bestrebungen zunahmen, einen eigenen, von Österreich unabhängigen Staat zu errichten. Einer der bedeutendsten Exponenten des ungarischen Separatismus war Franz Kossuth, der Sohn von Lajos Kossuth, dem Führer des ungarischen Unabhängigkeitskampfes von 1848/49. Mit der von ihm selbst gegründeten „Unabhängigen Partei" verfolgte Franz Kossuth in der Budapester Abgeordnetenkammer den Austritt Ungarns aus dem österreichisch-ungarischen Staatsverband und begann hier 1902 auch seinen eigenen Sprachenkampf, als er beantragte, die deutsche Kommandosprache in den ungarischen Regimentern durch Ungarisch zu ersetzen. Der Konflikt war in seinen Auswirkungen mit dem Prager Vorbild nicht ganz vergleichbar, da die Wogen der Erregung weniger hoch schlugen. Doch indem Kossuth mit seiner Initiative die Einheit der k.u.k. Armee in Frage stellte, erreichte er zumindest das Ziel, seiner Unabhängigkeitsbewegung zu größerer öffentlicher Aufmerksamkeit zu verhelfen.

Tatsächlich errang die von Kossuth geführte Parteienkoalition 1905 bei Wahlen zur ungarischen Abgeordnetenkammer einen derart überwältigenden Sieg, daß die Pläne der Separatisten Wirklichkeit zu werden drohten. Kaiser Franz Joseph bildete deshalb eine Notstandsregierung, in der alle politischen Lager – einschließlich der Liberalen – vertreten waren und die einzig dem Ziel dienen sollte, eine Spaltung des habsburgischen Reiches zu verhindern. Die Empfehlung der neuen Regierung, anstelle des bisherigen eingeschränkten Wahlrechts, das der ungarischen Oligarchie und den Separatisten in die Hände gespielt hatte, ein allgemeines Wahlrecht der Männer einzuführen, wurde vom Kaiser und seinen konservativen Beratern allerdings nur widerwillig befolgt. Denn allgemeine Wahlen, so fürchtete man im Schloß Belvedere, der Wiener Residenz des Monarchen, würden nicht nur den Minderheiten ein ungebührlich hohes Maß an politischer Mitsprache ermöglichen und damit das österreichische Deutschtum weiter schwächen, sondern auch einer liberalen Aufweichung des klerikal-konservativen Absolutismus in Österreich Tür und Tor öffnen.

Dennoch wurde die Änderung des Wahlrechts 1907 unter Max Wladimir Freiherr von Beck, dem politischen Berater des Thronfolgers Erzherzog Franz Ferdinand und von 1906 bis 1908 Ministerpräsident seines Landes, trotz aller Bedenken verwirklicht. Stärkste Kraft im österreichischen Parlament wurde danach die Christlich-soziale Partei, das Sammelbecken der Konservativen, gefolgt von der Sozialdemokratischen Partei. Eine deutsche Mehrheit im Reichsrat gab es nun nicht mehr. Immerhin wurde damit der Weg einer liberalen Staatsreform nach westeuropäischem Vorbild frei. Von einer konsequenten Modernisierung konnte indessen auch danach keine Rede sein. Vor allem der Kaiser blieb zögerlich. Da Kossuth 1910 bei erneuten Wahlen zur ungarischen Abgeordnetenkammer durch Stefan Tisza (1861–1918) besiegt wurde, dessen Partei sich der Erhaltung des Ausgleichs von 1867 verschrieben hatte, konnte Franz Joseph sich in seiner passiven Haltung sogar bestätigt fühlen: Der Bestand seines Reiches schien vorerst gesichert. Niemand ahnte zu diesem Zeitpunkt, daß das Ende bereits viel näher war, als selbst die schärfsten Gegner der Monarchie zu hoffen wagten.

d) Die Entwicklung der Parteien

Die Zuspitzung des Nationalitätenproblems wirkte sich auch auf die Parteien aus, die sich in den achtziger und neunziger Jahren immer mehr zum Spiegelbild der ethnischen Gegensätze im habsburgischen Vielvölkerstaat entwickelten. Prominentestes Opfer waren die Liberalen, die zumindest innerhalb des österreichischen Deutschtums bis 1879 eine maßgebliche Rolle gespielt und als Hoffnungsträger einer schrittweisen Modernisierung und Parlamentarisierung der österreich-ungarischen Politik gegolten hatten. Als der Liberalismus in den achtziger Jahren zunehmend von der bereits erwähnten Deutschnationalen Bewegung unter Ritter von Schönerer und der ebenfalls schon genannten, seit 1888 von Dr. Karl Lueger geführten Christlich-sozialen Partei verdrängt wurde, schwanden nicht nur die Möglichkeiten einer Lösung der Nationalitätenfrage, sondern auch die Chancen einer grundlegenden Reform des habsburgischen Staates.

Die Christlich-soziale Partei, die sich nach Einführung des allgemeinen Wahlrechts der Männer 1907 mit den Konservativen zusammenschloß und damit zur größten Fraktion im Reichsrat aufstieg, war anfangs eine äußerst vielschichtige und schillernde Gruppierung, die fortschrittliche Sozialtheorien mit fanatischem Antisemitismus verband. Anders als die Deutschnationale Bewegung, konzentrierte sich die Christlich-soziale Partei nicht auf die

Interessenvertretung der Deutschösterreicher – schon gar nicht mit dem Ziel eines Anschlusses an das Deutsche Reich. Sie verstand sich vielmehr als Sprachrohr der christlich-katholischen Kleinbürger, die, vornehmlich in den Städten, keineswegs in erster Linie monarchisch, sondern durchaus demokratisch und sozialreformerisch dachten. Unter Karl Lueger unterstützten die Christlich-Sozialen deshalb sogar die Legalisierung der Gewerkschaften und die Einrichtung einer Unfall- und Krankenversicherung für Arbeiter. Das Motiv dafür war allerdings nicht linker Sozialismus, sondern ein fürsorgerischer, patriarchalischer Konservatismus. Wie unter Bismarck und Wilhelm II. in Deutschland, sollten auch in Österreich soziale Reformen dazu verhelfen, die politischen Ansprüche der sozialistischen Arbeiterbewegung einzudämmen.

Immerhin gelang es damit den Christlich-Sozialen, breite Wählerschichten zu mobilisieren, während die Deutschnationale Bewegung Ritter von Schönerers mehr durch ihre Aggressivität als durch ihre Massenbasis von sich reden machte und deshalb bald in der Christlich-sozialen Partei aufging. Deren eigentlicher Aufstieg begann jedoch erst, als Karl Lueger 1888 den Vorsitz übernahm. Lueger, im Privatberuf ein populärer Anwalt, der sich schon als Verteidiger vor Gericht als begabter Redner und geschickter Taktierer erwiesen hatte, war 1885 in den Reichsrat gewählt worden und ließ seither keine Gelegenheit aus, seine Bekanntheit zu steigern. Vor allem nutzte er den in der Bevökerung unterschwellig vorhandenen Antisemitismus, um durch populistische Äußerungen gegen Juden beim Kleinbürgertum Punkte zu sammeln. In unzähligen Reden trug er skrupellos immer wieder dazu bei, den Judenhaß in Österreich zu verbreiten und ihn praktisch salonfähig zu machen. Lueger war damit das österreichische Gegenstück zum Berliner Hof- und Domprediger Adolf Stoecker, der mit seiner 1878 gegründeten „Christlichsozialen Arbeiterpartei" die deutsche Arbeiterschaft in christlichem und monarchisch-nationalistischem Sinne zu beeinflussen suchte und dem Antisemitismus am Hof Wilhelms II. Stimme und Gehör verschaffte. Doch während Stoecker 1898 recht sang- und klanglos aus der preußischen und deutschen Politik ausschied und 1909 vereinsamt in Gries bei Bozen starb, stieg Lueger 1897 im zweiten Anlauf – der erste war 1895 gescheitert – sogar zum Bürgermeister von Wien auf. Die liberale *Neue Freie Presse* bemerkte dazu im Vorfeld seiner Wahl mit dem Ausdruck des Bedauerns, „daß in diesem Falle Wien die einzige Großstadt der Welt sein wird, deren Regierung in den Händen antisemitischer Fanatiker liegt". Auch wenn die kommunalpolitischen Leistungen Luegers, durch die Wien zu einer modernen Metropole umgeformt wurde, nicht zu bestreiten sind, bleibt sein Beitrag zur Entwicklung eines radikalen Antisemitismus in Österreich problematisch und unheilvoll. Wie Ritter von Schönerer, so übte auch Lueger großen Einfluß auf den jungen Adolf Hitler aus, der sich nicht zuletzt unter dem Eindruck der politischen Karriere Luegers entschloß, ebenfalls die jüdische Frage als „Leiter zur Macht" zu benutzen.

Die Sozialdemokratische Partei, die nach 1907 im Reichsrat die zweitstärkste Fraktion bildete, war aus den Arbeiterbildungsvereinen hervorgegangen, die seit 1867 – zuerst in Wien – im habsburgischen Reich existierten. Bereits 1869 war auch die erste Arbeiterzeitung, die *Volksstimme*, erschienen. Die Gründung der Sozialdemokratischen Partei erfolgte 1874, ohne daß die Partei zunächst nennenswerte Erfolge bei den Wählern verbuchen konnte. Dies lag nicht nur am Wahlsystem, das an Herkunft und Besitz gebunden war, sondern auch an der inneren Zerstrittenheit und teilweisen Radikalität der Sozialdemokraten selber. Zahlreiche terroristische Gewalttaten, die 1883 und 1884 aus ihren Reihen verübt wurden, fügten dem Ansehen der Partei schweren Schaden zu. Außerdem war der Industrialisierungsgrad in Österreich-Ungarn noch immer so niedrig, daß man von einer breiten Arbeiterbewegung ohnehin nicht sprechen konnte. Die in „Gemäßigte" und „Radikale" gespaltene Partei befand sich daher auf einem absoluten Tiefpunkt, als Dr. Victor Adler, ein Armenarzt, 1888 ihren Vorsitz übernahm.

Adler hatte in seinem Beruf das Elend der armen Arbeiter kennengelernt und sich erst 1886 der sozialdemokratischen Bewegung angeschlossen. 1889 führte er die beiden Flügel der Partei wieder zusammen, die er nun zur *Sozialdemokratischen Partei Österreichs* (SPÖ) vereinigte. Nach der Wahlrechtsreform von 1907 gelang der SPÖ vor allem in Wien der Durchbruch, wo sie bald auch die konservative Mehrheit der Christlich-sozialen Partei Karl Luegers brechen konnte, deren Wählerhochburgen sich nun in die ländlichen Bereiche Österreichs sowie nach Galizien verlagerten. Die österreichischen Sozialdemokraten waren zwar marxistisch inspiriert, befürworteten jedoch einen gemäßigten gesellschaftlichen Wandel mit parlamentarischen Mitteln. Insofern hielten sie auch bis 1918 an der Idee der österreich-ungarischen Doppelmonarchie fest – allerdings verbunden mit der Forderung nach mehr Konzessionen an die Nationalitäten, um das Kernproblem der ethnischen und nationalen Gegensätze zu lösen. Dabei blieb ihnen die Erfahrung nicht erspart, wie kompliziert – oder sogar unlösbar – sich das Nationalitätenproblem im Vielvölkerstaat Österreich-Ungarn im Zeichen des heraufziehenden Nationalismus darstellte. Die Konservativen waren daran schon in den achtziger und neunziger Jahren des 19. Jahrhunderts gescheitert. Jetzt zeigte es sich, daß das erweiterte allgemeine und gleiche Wahlrecht das Problem ebenfalls nicht zu lösen vermochte. Die Auseinandersetzung der nationalen Gruppen im Parlament nahm an Heftigkeit sogar noch zu. Ein Kompromiß schien kaum noch möglich.

e) Reich zwischen Glanz und Verfall

Wien war die Hochburg des habsburgischen Reiches – nicht nur industrielles Zentrum, sondern auch kulturelle Metropole mit einer Hofgesellschaft und allem Glanz, zu dem eine absolutistische Monarchie fähig war. Zum Rest des Landes, selbst zu Budapest, bestand ein extremes Mißverhältnis. Wien, so berichteten die Besucher, sei nie reizvoller oder anregender und fröhlicher gewesen als in den letzten Jahren vor dem Ersten Weltkrieg. In den sechziger Jahren des 19. Jahrhunderts hatte man die Reste des mittelalterlichen Stadtwalls abgerissen und statt dessen die majestätische Ringstraße, eine neue

Brücke über die Donau und eine Reihe architektonischer Meisterwerke errichtet, darunter das neue Opernhaus, das österreichische Parlamentsgebäude und das Burgtheater. Kunst und Literatur blühten auf. Um die Jahrhundertwende nahm die „Wiener Sezession" in der Kunst einige Aspekte des Expressionismus und Surrealismus vorweg. In der Literatur traten besonders die Dramatiker Arthur Schnitzler und Hugo von Hofmannsthal hervor. In der klassischen Musik gelangten Komponisten aus Wien ein weiteres Mal, wie schon im 18. Jahrhundert, zu Weltruhm: Anton Bruckner, Gustav Mahler, Johannes Brahms, Hugo Wolf und Richard Strauß. Johann Strauß, Karl Millöcker und Franz Lehar schufen mit der Wiener „Operette" sogar ein eigenes, populäres Genre, das später im amerikanischen „Musical" seine Fortsetzung fand. In der Wissenschaft machten sich Wiener Professoren vor allem in der Medizin einen Namen: Theodor Billroth in der aseptischen Chirurgie und Theodor Meinest in der Hirnchirurgie, hauptsächlich jedoch Sigmund Freud in der Psychoanalyse und Psychotherapie.

Neben dieser reichen und – wie es schien – vitalen Kultur, zu der auch die Hofgesellschaft im Schloß Belvedere gehörte, waren indessen erste Anzeichen des Verfalls nicht zu übersehen: ein alternder Kaiser, der es immer mehr an Weisheit fehlen ließ; ein Thronfolger, Rudolf, der einzige Sohn Franz Josephs, der sich in eine außereheliche Liebesaffäre verstrickte und sich und seine Geliebte 1889 in Meyerling tötete; ein zweiter Thronfolger, Großherzog Franz Ferdinand, ein Neffe des Kaisers, der zwar als tüchtiger Soldat, aber politisch als unerfahren galt; die Bürokratie, oft als „die beste Europas" bezeichnet, die jedoch mit der Zeit nicht Schritt gehalten hatte und immer noch am Adel und an Privilegien orientiert war; und schließlich die Armee, deren Moral und innere Einheit nicht nur durch die Niederlagen von 1859 und 1866, sondern auch durch die Querelen um den Gebrauch der magyarischen Sprache in den ungarischen Regimentern erschüttert wirkten.

Die Nachricht, die im Mai 1913 durch die Zeitungen ging – als erstes vom Prager „rasenden Reporter" Egon Erwin Kisch genüßlich im *Prager Tagblatt* als „Dementi" kolportiert –, daß Oberst Alfred Redl, Stabschef des Prager Corps der k.u.k. Armee, nicht nur seit über zehn Jahren als Spion für die Russen tätig gewesen sei, sondern auch in homosexuellen Kreisen verkehre und daß solcher Umgang bei höheren Offiziersgraden nicht außergewöhnlich sei, traf deshalb ins Herz der habsburgischen Monarchie. Die Einbuße an öffentlichem Vertrauen in die Struktur des militärisch fundierten, aristokratisch regierten Staates war ebenso groß wie die Beeinträchtigung des Rufs seiner Streitkräfte unter den Verbündeten. Alle Merkmale staatlicher und gesellschaftlicher Erosion trafen hier zusammen: die augenscheinliche Führungsschwäche der politischen Klasse, die mangelnde Disziplin und Selbstkontrolle des höheren Offizierkorps, der Verfall moralischer Werte. Nun rächte es sich, daß man die ohnehin problematische Doppelstruktur des österreich-ungarischen Staates nicht mit einer starken, politisch und moralisch einigenden Zentralgewalt verbunden hatte. Selbst die lösbare Aufgabe einer Wehrstrukturreform, die den Skandal beim Prager Corps vielleicht nicht hätte verhindern können, wohl aber geeignet gewesen wäre, seine Folgen einzudämmen, war unter diesen Umständen unbewältigt geblieben. Sie war gescheitert an den inneren Widersprüchen einer monarchischen Ordnung, in der nicht zuletzt der Kaiser persönlich sich als ständiger Hemmschuh bei der Einführung technischer Neuerungen erwies und als militärischer Laie bereits die Erhöhung der Mannzahlen durch Einführung der allgemeinen Wehrpflicht als Reform begriff.

Alle diese Probleme wurden noch verstärkt durch die prekären Beziehungen zu den kleineren Staaten Südosteuropas und zum Osmanischen Reich. In Wien war man überzeugt, von der Donau als Handelsweg abhängig zu sein, und bekundete deshalb zwangsläufig Interesse an der Politik Serbiens, Bulgariens und Rumäniens. Entsprechendes galt für den Besitz der Halbinsel Istrien und der Küste Dalmatiens, die dem Habsburgerreich nicht nur einen direkten Zugang zum Mittelmeer boten, sondern auch als „Gegenküste" für den Fall einer Auseinandersetzung mit Italien benötigt wurden. Jede Bewegung auf dem Balkan, die sich zu einer Bedrohung der wirtschaftlichen und strategischen Interessen Österreich-Ungarns auswachsen konnte, wurde deshalb von der Wiener Regierung bereits im Keim erstickt. Besonders herzliche Beziehungen bestanden dabei zu Serbien, das lange Zeit als stabilisierender Faktor auf dem Balkan galt. Einige Kreise in Wien ließen sich dadurch allerdings nicht davon abhalten, die Ansicht zu vertreten, die Interessen Österreichs könnten nur durch die Vereinigung aller Serben und Kroaten in Serbien, Montenegro, Dalmatien, Istrien, Bosnien, der Herzegowina und der ungarischen Provinz Kroatien-Slawonien in einem gemeinsamen jugoslawischen Staat innerhalb der Habsburger Monarchie nach dem Muster der beiden Königreiche Österreich und Ungarn gewahrt werden. Ob dieser Plan jemals eine Realisierungschance besaß, ist fraglich, da die Bildung eines autonomen Jugoslawien von den Magyaren ebenso bekämpft wurde wie die Aufwertung Böhmens. Spätestens 1903 war das Thema ohnehin erledigt, als es nach einem Dynastiewechsel in Belgrad zu einer drastischen Verschärfung des serbischen Chauvinismus und in der Folge zu einer dramatischen Verschlechterung der serbisch-habsburgischen Beziehungen kam. In Wien suchte man nun nach aggressiveren Mitteln zur Lösung der südslawischen Frage und geriet dadurch automatisch in Konflikt mit Rußland, das sich – unter dem Druck des Panslawismus – auf die Seite Serbiens stellte. Der erste gefährliche Zusammenstoß datiert aus dem Jahre 1908, als sich in der sogenannten „bosnischen Annexionskrise" bereits jene Konstellation abzeichnete, die sechs Jahre später zum Ersten Weltkrieg führte, der den Zusammenbruch Österreich-Ungarns einleitete und das Ende der habsburgischen Monarchie bedeutete.

V.
Modernisierung und Globalisierung

Im Jahre 1900 bemerkte der französische Schriftsteller Charles Péguy, Europa habe sich in den drei Jahrzehnten seit 1870 mehr verändert als zuvor seit der Geburt Jesu Christi. Tatsächlich war die Entwicklung im letzten Drittel des 19. Jahrhunderts in weiten Teilen Europas von großen ökonomischen und sozialen Umbrüchen gekennzeichnet – trotz einer langen Wirtschaftskrise, die 1873 begann und bis in die Mitte der neunziger Jahre andauerte. Die „zweite industrielle Revolution" mit wichtigen technologischen Erfindungen und einer zunehmenden Mechanisierung der Produktion beeinflußte die Arbeit und den Alltag der Menschen nachhaltig. Das Wachstum der Städte explodierte, Verbesserungen in der Ernährung und medizinischen Versorgung ließen die durchschnittliche Lebenserwartung ansteigen, das Analphabetentum wurde durch Massenerziehung praktisch beseitigt. Verbesserte Transportmittel und eine effizientere Militärtechnik ermöglichten zugleich die Inbesitznahme und Kontrolle überseeischer Kolonien sowie weltweite Kommunikation. Modernisierung und Globalisierung bestimmten somit den Geist der Zeit, der alle Bereiche von Politik, Wirtschaft und Gesellschaft durchdrang.

13. Die Dynamik des Kapitalismus nach 1870

a) Die zweite industrielle Revolution

Die zweite industrielle Revolution, die nach 1870 den größten Teil West- und Mitteleuropas sowie die USA, aber auch einige Gebiete Süd- und Osteuropas erfaßte, war vor allem auf den dramatischen Aufschwung der chemischen Industrie, der Elektrizitätswirtschaft und der Stahlindustrie zurückzuführen. In der Stahlproduktion löste bereits die Entdeckung des sogenannten „Bessemer-Verfahrens" zur Stahlherstellung durch den englischen Erfinder Henry Bessemer (1813–1898) im Jahre 1856 einen wahren Boom aus. Große Mengen preiswerten Stahls konnten nun in derart konstanter Qualität produziert werden, daß völlig neue Möglichkeiten bei der Herstellung von Maschinen, aber auch von Schiffen entstanden. Das bisher verwendete Eisen wurde dadurch praktisch vom Markt verdrängt, zumal weitere Erfindungen in den folgenden Jahrzehnten nochmals zur Qualitätsverbesserung und Verbilligung der Stahlproduktion beitrugen. Stahl wurde zum Gradmesser der Industrialisierung und zum Maßstab der wirtschaftlichen Leistungsfähigkeit und Macht (Tabelle 3). Bereits drei Jahre nach Erfindung des Bessemer-Verfahrens lief das erste britische Handelsschiff aus Stahl vom Stapel eines Trockendocks, kurz darauf auch das erste Kriegsschiff. Die im Vergleich zu ihren Vorgängern aus Eisen wesentlich größeren, stabileren und schnelleren Stahlschiffe veränderten nicht zuletzt die Seekriegsführung und entwickelten sich am Ende des Jahrhunderts ebenfalls zu einem wichtigen Faktor der deutsch-britischen Rivalität beim Kampf um die maritime Vorrangstellung in Europa und Übersee.

Tabelle 3: Jährliche Stahlproduktion (in Millionen Tonnen)

Jahr	Großbritannien	Deutschland	Frankreich	Rußland
1875–1879	0.90	–	0,26	0.08
1880–1884	1.82	0.99	0.46	0.25
1885–1889	2.86	1.65	0.54	0.23
1890–1894	3.19	2.89	0.77	0.54
1895–1899	4.33	5.08	1.26	1.32
1900–1904	5.04	7.71	1.70	2.35
1905–1909	6.09	11.30	2.65	2.63
1910–1913	6.93	16.24	4.09	4.20

Quelle: Carlo M. Cipolla (Hrsg.), The Fontana Economic History of Europe, Bd. 3, Teil 2, London 1976, S. 775.

Eine große Veränderung bedeutete die Erfindung der Glühbirne durch den Amerikaner Thomas Edison im Jahre 1879. Bis dahin war Elektrizität wenig mehr als eine wissenschaftliche Kuriosität gewesen. Doch jetzt begann eine rasante Entwicklung von Wechselstromgeneratoren, Transformatoren, Kabeln und Isolierungen, die eine umfassende Nutzung der Elektrizität ermöglichten. Die ersten Kraftwerke, die Strom produzierten, nahmen 1881 in England ihren Betrieb auf. Bereits zwei Jahrzehnte später gehörten Straßenbeleuchtung und elektrische Straßenbahnen zum Alltag europäischer Städte. Auf der Pariser Weltausstellung im Jahre 1900 zählte ein „Palast der Elektrizität" zu den größten Attraktionen. Allerdings erreichte die Elektrizität außerhalb des industriellen Sektors und des Verkehrsbereichs vorerst nur die eleganten Hotels und Kaufhäuser sowie reiche Villenviertel, während die meisten Privatwohnungen noch ohne Strom blieben. Erst nach 1918 setzte sich die neue Technologie auf breiterer Basis durch.

In der Industrie und beim Aufbau öffentlicher Verkehrssysteme zeigte sich die Überlegenheit der Elektrizität gegenüber herkömmlichen Formen der Energie, wie Wasserkraft, Kohle und Gas besonders deutlich. Nicht zuletzt in den kleineren Werkstätten erwies sich Elektrizität als nützliche und relativ billige Kraftquelle. In Deutschland war der rasche Aufstieg der Elektroindustrie – vor allem mit dem Unternehmen von Werner von Siemens, der 1867 den ersten Dynamo erfand – sogar mitverantwortlich dafür, daß das Deutsche Reich die industrielle Vorherrschaft Großbritanniens in Europa herausfordern konnte. Bis zur Jahrhundertwende waren bereits wichtige elektrische Haushaltsgeräte, wie Kühlschränke, Ventilatoren und Staubsauger, im Handel erhältlich, auch wenn sie noch nicht allgemein erschwinglich waren.

Nicht minder bedeutend als der Beginn der Elektrifizierung war die Erfindung des Benzinmotors durch Karl Benz im Jahre 1885. Durch die Verbindung mit einem Räderfahrwerk entstand das erste Automobil. Zwar kosteten allein die Reifen eines solchen Fahrzeugs anfangs mehr als das Jahreseinkommen eines Arbeiters. Doch die Möglichkeiten, die sich dadurch für die Entwicklung des Verkehrs boten, waren unübersehbar. Sie wurden noch größer, als Rudolf Diesel 1897 den ersten funktionsfähigen ölbetriebenen Motor konstruierte, der sich auch für schwere Fahrzeuge und damit für den Antrieb von Lastkraftwagen eignete. Bereits am Ende des Jahrhunderts war die Entwicklung von Vier-Zylinder-Motoren so weit vorangeschritten, daß sie serienmäßig produziert werden konnten. Mit der Automobilindustrie erhielt zugleich die Herstellung von Glas, Stahl, Aluminium, Gummi und Werkzeugen großen Auftrieb. Gleiches galt für die Petroleumindustrie. Bis zur Jahrhundertwende waren allerdings nur die Ölvorkommen in Rumänien einigermaßen erschlossen, wo seit 1857 auch die erste Raffinerie in Europa stand. Mit der Entdeckung reicher Ölfelder in Persien 1908 nahm diese Industrie jedoch ebenfalls einen raschen Aufschwung.

Die Verdrängung der Kutschen und Pferde durch Automobile vollzog sich indessen nicht ohne Widerstand. Viele mißtrauten der neuen Technik und suchten nostalgisch am Althergebrachten festzuhalten. So veranlaßten englische Landadelige das britische Parlament zu Beginn der neunziger Jahre, die *Red Flag Act* zu erlassen, derzufolge ein Auto nicht schneller als zwei Meilen pro Stunde fahren durfte und neben dem Fahrer stets von drei Personen begleitet sein mußte, die nur dem Zweck dienten, rote Flaggen zu schwenken, um Reiter, Kutschen und Fußgänger vor den Gefahren der neuen Transportmaschinen zu warnen. Der Fortschritt war dadurch allerdings nicht aufzuhalten: Eine Gesetzesnovelle hob den Begleitzwang bereits 1896 wieder auf und setzte die erlaubte Höchstgeschwindigkeit auf 14 Meilen pro Stunde herauf. Die Tatsache, daß die meisten Fahrzeuge, etwa von British Rolls Royce, kostspielige Einzelanfertigungen waren, die der Normalbürger sich nicht leisten konnte, setzte dem Absatz aber weiterhin Grenzen. Auch diese Barriere wurde schließlich überwunden, als Henry Ford 1903 im amerikanischen Detroit mit der Massenherstellung seines „T-Modells" begann, von dem am Ende insgesamt 15 Millionen Fahrzeuge zu einem so niedrigen Stückpreis produziert wurden, daß sie sogar für Arbeiter erschwinglich waren.

In Frankreich folgte Louis Renault dem amerikanischen Beispiel und führte hier ebenfalls die Fließbandarbeit bei der Automobilherstellung ein. Binnen weniger Jahre, von 1906 bis 1912, stieg die Zahl der Automobile danach allein in Paris um das Dreifache. Sie dienten als Taxen und Lastkraftwagen, fanden jedoch zunehmend auch Verbreitung im privaten Bereich, zumal das Straßennetz immer besser ausgebaut wurde. Vom wachsenden Privatverkehr profitierten vor allem die Küstenbadeorte am Mittelmeer, am englischen Kanal sowie an Nord- und Ostsee. Auch die Alpen wurden als Feriengebiet immer beliebter. Von Massentourismus konnte zwar noch keine Rede sein, da in erster Linie das wohlhabende Bürgertum sich den Luxus von Urlaubs- und Erholungsreisen gönnte. Doch die Veränderung der Lebensbedingungen durch Fortschritt und Technik war unübersehbar. Dazu trug auch die Entdeckung des Telefons durch Alexander Graham Bell und des Grammophons durch Thomas Edison im Jahre 1876 bei, ebenso die Erfindung des Rollfilms und des handlichen Kodak-Photoapparats durch George Eastman 1884 bzw. 1888 sowie der drahtlosen Übertragung der Stimme durch Guglielmo Marconi zu Beginn der neunziger Jahre, mit der das Radio seinen Siegeszug antrat. Auch die ersten Stummfilme, die 1895 gezeigt wurden, waren sogleich ein großer Erfolg.

Die zweite industrielle Revolution vollzog sich jedoch – ebenso wie die erste – in den verschiedenen Teilen Europas ungleichmäßig. Am auffälligsten war der Entwicklungssprung in Deutschland, wo vor allem die Kohle-, Eisen- und Stahlindustrie sowie die Textilindustrie und die chemische Industrie aufblühten. Bereits 1890 war Deutschland – neben den USA – in der metallurgischen Produktion an Großbritannien vorbeigezogen. Zur Jahrhundertwende produzierten die deutschen Fabriken mehr Stahl als Großbritannien und Frankreich zusammengenommen. Die deutsche chemische Industrie war die modernste der Welt. Ursache für diesen Boom war nicht nur die Tatsache, daß die deutschen Fabriken erst relativ spät im Industrialisierungsprozeß errichtet worden waren und sich daher – besonders im Vergleich zu den oftmals veralteten britischen Anlagen – auf dem neuesten Stand der Technik befanden, sondern auch das Engagement deutscher Banken bei der Wirtschaftsförderung. So erwarben die Banken große Anteile an den Aktiengesellschaften, insbesondere in der Kohleförderung, der Elektroindustrie und bei den Eisenbahnen, und wurden damit selbst zu Unternehmern. Außerdem förderten sie den Zusammenschluß der Firmen zu Kartellen, die wiederum die Produktion und die Preise kontrollierten und damit ein hohes Maß an Sicherheit für die Schwerindustrie garantierten. Ein wichtiger Faktor waren auch die deutschen Universitäten als Zentren moderner Forschung, die in dieser Zeit den entsprechenden Einrichtungen anderer europäischer Länder deutlich voraus waren.

Das hohe Wirtschaftswachstum des Deutschen Reiches und die Verdoppelung seines Außenhandels während der letzten drei Jahrzehnte des 19. Jahrhunderts lösten nicht nur in Frankreich, sondern insbesondere in Großbritannien große Sorge aus. Zwar war die Royal Navy noch immer allen anderen Flotten ihrer Zeit überlegen, und London behauptete mit etwa 45

Prozent aller Investitionen in der Welt seinen Platz als internationales Finanzzentrum. Doch eine Kommission des britischen Parlaments stellte bereits 1896 fest, daß „der industrielle Ruhm Englands" zunehmend verblasse und daß dies „hauptsächlich das Werk Deutschlands" sei. Auch wenn der Bericht stark übertrieben war, trug er doch dazu bei, die seit 1890 rasch wachsende antideutsche Stimmung in Großbritannien zu schüren. Der Erste Weltkrieg warf seine Schatten voraus.

b) Bevölkerungswachstum und Migration

Zwischen 1870 und 1914 wuchs die Bevölkerung Europas um die Hälfte von 290 auf 435 Millionen Menschen, von denen eine immer größere Zahl in Städten lebte. Um 1900 gab es bereits neun europäische Städte mit mehr als einer Million Einwohnern. Die Zahl der deutschen Großstädte mit mehr als 100 000 Einwohnern stieg von acht im Jahre 1870 auf 41 im Jahre 1900. Die bei weitem größte europäische Metropole war London mit mehr als vier Millionen Einwohnern. London war damit größer als die nächsten sieben englischen Städte und das schottische Edinburgh zusammengenommen. Etwa ein Fünftel der britischen Bevölkerung lebte in London, oft in Slums oder Reihenhäusern, die, Rücken an Rücken gebaut, kaum Luft zum Atmen ließen. Besonders das East End galt als unregierbar – „ebenso unerforscht wie Timbuktu", wie man damals im Londoner Stadtrat sagte –, mit häufigen Unruhen und hohen Kriminalitätsraten, die dem literarischen Genre des im Londoner Nebel angesiedelten Kriminalromans zu bemerkenswerter Blüte verhalfen. Sherlock Holmes, eine Schöpfung von Conan Doyle, wurde bereits in den achtziger Jahren des 19. Jahrhunderts zu einer europäischen Figur.

Bei der Verstädterung nahmen Großbritannien und Deutschland in Europa die Spitzenstellung ein. Aber auch in Frankreich, der Schweiz, Österreich, Serbien, Italien und Spanien führte die wachsende Urbanisierung zu drastischen Veränderungen der Sozialstruktur. Selbst das überwiegend ländliche und weithin menschenleere Schweden blieb nicht verschont. Klassische Fabrikstädte wie Manchester, Saint-Étienne und Essen profitierten davon ebenso wie zahllose andere Orte, in denen sich die zweite industrielle Revolution mit einem starken Anwachsen des Dienstleistungsbereichs bemerkbar machte. 1899 notierte deshalb ein amerikanischer Statistiker, die „Konzentration der Bevölkerung in Städten" sei das „bemerkenswerteste soziale Phänomen des gegenwärtigen Jahrhunderts", während die ländliche Industrie, die sich im Zuge der ersten industriellen Revolution mit Hunderttausenden von ganztägig oder in Teilzeitarbeit Beschäftigten, vornehmlich Frauen, noch weitgehend erhalten hatte, nahezu ganz an Bedeutung verlor. Insbesondere die Textilproduktion konzentrierte sich praktisch ausschließlich auf die industriellen Zentren, so daß den Menschen, die in diesem Bereich tätig waren, keine andere Wahl blieb, als in die Städte abzuwandern.

Tabelle 4: Bevölkerungswachstum zwischen 1871 und 1911 (in Mill.)

	um 1871	um 1911	Zuwachs in %
Deutsches Reich	41.1	64.9	57.8
Frankreich	36.1	39.6	9.7
Österreich-Ungarn*	35.8	49.5	38.3
Großbritannien	31.8	45.4	42.8
Italien	26.8	34.7	29.5
Spanien	16.0	19.2	20.0

* Ohne Bosnien-Herzegowina

Quelle: Colin Dyer, Population and Society in Twentieth Century France, New York 1978, S. 5.

Migration, sowohl auf Dauer als auch saisonal, wurde Teil einer weltweiten Bewegung von Männern und Frauen auf der Suche nach Arbeit und Existenz. Im Deutschen Reich halfen polnische Saisonarbeiter auf den Gütern Ostelbiens bei der Ernte, polnische Emigranten siedelten im Ruhrgebiet, um dort unter Tage oder in den neu entstehenden Fabriken ihren Lebensunterhalt zu verdienen. In Frankreich stieg der Ausländeranteil an der Bevölkerung deutlich an, als immer mehr Italiener ins Land kamen, um hier zu arbeiten. Tausende italienischer „Schwalben" zog es jedes Jahr für vier Wochen als Erntehelfer nach Argentinien, von wo sie ebenso regelmäßig nach der Erntezeit in ihre Heimat zurückkehrten. Viele Industriearbeiter in Frankreich waren zugleich Teilzeitbauern oder reisten zur Erntezeit in die Dörfer zurück, aus denen es sie in die Städte verschlagen hatte, um bei der heimatlichen Ernte zu helfen. In Rußland lebte ein großer Teil der Bauernarbeiter von Moskau und St. Petersburg am Stadtrand. Sie kleideten sich wie Bauern und wurden von den staatlichen Behörden sogar gezwungen, ihre rechtlichen Verbindungen zur Dorfgemeinschaft aufrechtzuerhalten, wo sie auch ihre Steuern entrichteten. St. Petersburg, eine Stadt mit mehr als 1,4 Millionen Einwohnern, bestand auf diese Weise im Jahre 1900 zu zwei Dritteln aus Bauern.

Ein wichtiger Aspekt der europäischen Migration der letzten Jahrzehnte des 19. Jahrhunderts war die Auswanderung nach Übersee. Gründe dafür waren neben dem hohen Bevölkerungswachstum vor allem die lange Wirtschaftskrise sowie in geringerem Maße politische und religiöse Verfolgung. Vor allem Arbeiter und Bauern verließen Europa in Richtung USA, Kanada und Lateinamerika, wo sie sich bessere Chancen für ihr künftiges Leben erhofften. Die meisten Auswanderer kamen anfangs aus Deutschland, Großbritannien und Irland, gefolgt von Rußland und Osteuropa. Aus Rußland flohen zwischen 1871 und 1914 allein mehr als 1,5 Millionen Juden vor der großen Armut und periodisch wiederkehrender antisemitischer Gewalt. Mit dem wirtschaftlichen Aufschwung in den neunziger Jahren ging die Emigration aus Deutschland allmählich zurück, während diejenige aus Irland unverändert hoch blieb und die aus Italien nun stark anschwoll. Insgesamt emigrierten im ersten Jahrzehnt des 20. Jahrhunderts zwischen einer und 1,4 Millionen Menschen pro Jahr. Die meisten von ihnen zog es auf überfüllten Dampfern in die USA: Italiener und Iren nach New York, Boston und Philadelphia, russische und polnische Juden in die New Yorker Lower East Side, die Deutschen nach Chicago, Milwaukee und Philadelphia, die Skandinavier nach Minneapolis und Seattle.

Tabelle 5: Emigration in die Vereinigten Staaten von Amerika 1871–1910

Jahrzehnt	1871–1889	1881–1890	1891–1900	1901–1910
Deutschland	718 000	1 500 000	505 000	341 000
Irland	437 000	656 000	388 000	339 000
England/Schottland/Wales	548 000	807 000	272 000	526 000
Skandinavien	243 000	655 000	372 000	505 000
Italien	56 000	307 000	652 000	2 000 000
Österreich-Ungarn	73 000	363 000	574 000	2 145 000
Rußland/Baltische Staaten	39 000	213 000	505 000	1 597 000

Quelle: Leonard Dinnerstein und David M. Reimers, Ethnic Americans: A History of Immigration and Assimilation, New York 1977, S. 11.

In der Regel waren die Auswanderer besitzlos. Oft verließen ganze Familien ihre Heimat, um in der „neuen Welt" ihr Glück zu suchen. Nicht selten reisten verheiratete Männer aber auch zunächst allein und ließen ihre Familien nachkommen, wenn sie es zu etwas gebracht hatten. Manche hofften, in die Heimat zu ihren Familien zurückkehren zu können, nachdem sie genügend Geld verdient hatten, um sich in Europa eine bessere Existenz aufbauen zu können. In der neuen Welt fügten sich die Emigranten jedoch zumeist bald in die neue Gesellschaft ein, so daß die Neigung zur Rückkehr immer geringer wurde. Viele Auswanderer sahen ihre Heimat und ihre Familien nie wieder. Am ausgeprägtesten war der Wunsch zur Rückkehr bei den Migranten aus Süditalien, von denen beinahe zwei Drittel den Weg zurück fanden. Bei den Deutschen betrug dieser Anteil 20 Prozent, bei den Iren 15 Prozent. Am geringsten war er bei den osteuropäischen Juden, von denen nur 5 Prozent zurückkehrten.

c) Sozialer Wandel und soziale Frage

Mit der zweiten industriellen Revolution nahm die Lohnarbeit in weiten Teilen Europas immer mehr zu. Von einer generellen Verarmung konnte zwar keine Rede sein, weil die Gesundheitsfürsorge sich verbesserte, die Lebenserwartung stieg und die Zunahme des Angestelltensektors zur Herausbildung einer rasch wachsenden Mittelschicht führte, deren Angehörige insgesamt erheblich mehr verdienten und besser lebten als die große Masse der Arbeiter. Dennoch beklagten kritische Zeitgenossen nicht zu Unrecht die Entwurzelung von Familien, eine zunehmende Unmoral in der Gesellschaft und die fortbestehende Armut weiter Bevölkerungskreise, die vielfach mit der Konzentration der Industriearbeit in den großen Städten einhergingen. Allerdings waren die Lebensbedingungen in Rußland, auf dem Balkan oder in Süditalien, wo die Industrialisierung auf sich warten ließ, immer noch sehr viel schlechter als in den industrialisierten Gebieten des Kontinents.

Mehr als die Hälfte der Arbeiter in Großbritannien, Deutschland und Belgien war um 1900 in Firmen mit mehr als 20 Mitarbeitern beschäftigt, nicht wenige von ihnen in Großunternehmen, wie der Essener Rüstungsfabrik Krupp, deren Mitarbeiterzahl von 72 im Jahre 1848 auf 12 000 im Jahre 1873 stieg. Ein immer größerer Prozentsatz der Arbeiter zählte jetzt zudem zum „Proletariat“ und mußte seine ungelernte Arbeitskraft verkaufen, um überleben zu können. Schon in den achtziger Jahren des 19. Jahrhunderts stammte der überwiegende Teil der Industriearbeiter aus Proletarierfamilien und wuchs in dem Gefühl auf, daß es gar keine andere Möglichkeit gab, den Lebensunterhalt zu verdienen. Arbeiterfamilien bereiteten daher auch ihre Kinder auf eine Arbeiterexistenz vor. Der Begriff „Proletarier“ wurde zu einer Frage des Bewußtseins: Klassenbewußte Arbeiter entwickelten Stolz auf ihre Arbeit und die Zugehörigkeit zu ihrer sozialen Gruppe.

Zwischen den Arbeitern selbst bestanden jedoch große Unterschiede hinsichtlich ihrer Qualifikation und Tätigkeit. Während handwerksnahe Arbeiter sich dadurch auszeichneten, daß sie über einen Bestand komplexer Fähigkeiten verfügten, die sie über einen bestimmten Zeitraum hinweg erlernt hatten, war in den Fabriken oft nur die ständige Wiederholung einfacher Handgriffe gefragt, die keine besondere Qualifikation voraussetzte. Andererseits entstanden neue Berufe, die einigen Arbeitern einen höheren Status verschafften. Vor allem galt dies für „Ingenieure“, die in der Lage waren, Arbeitsvorgänge zu planen und zu überwachen oder Maschinen zu warten. In den achtziger Jahren des 19. Jahrhunderts wurden die künftigen Ingenieure meist noch in den Fabriken angelernt. Nach der Jahrhundertwende absolvierten viele von ihnen jedoch bereits ein Studium an einer Universität oder Polytechnischen Hochschule, während andere immer noch aus handwerklichen Berufen hervorgingen oder sich durch praktische Erfahrung und Bewährung für höhere Aufgaben qualifizierten.

Ein Kennzeichen der Zeit war ebenfalls die Beschäftigung von Frauen und Kindern in Fabriken. Die meisten Frauen arbeiteten zwar nach wie vor in kleinen Werkstätten oder zu Hause. Doch selbst im wenig industrialisierten

Habsburgerreich gab es um die Jahrhundertwende bereits über 900 000 Fabrikarbeiterinnen. Sie waren meist nur angelernt, verdienten kaum mehr als die Hälfte ihrer männlichen Kollegen und gehörten zu denjenigen, die zuletzt eingestellt und zuerst entlassen wurden. Zudem standen sie häufig vor dem Problem, neben der Arbeit noch ihre Kinder versorgen zu müssen. Dennoch zogen es viele Frauen vor, in einer Fabrik zu arbeiten, weil sie dadurch – anders als durch die oft unbezahlte Arbeit auf dem Lande oder in einem Haushalt – zumindest ein gewisses Maß an Unabhängigkeit mit eigenem Lohn und festen Arbeitszeiten erzielten. Kinderarbeit war Ende des 19. Jahrhunderts immer noch weit verbreitet und fand nun zunehmend in den Fabriken statt. So stellten Kinder 1874 14 Prozent der Beschäftigten in der britischen Textilindustrie. Im Alter zwischen acht und vierzehn Jahren arbeiteten sie zumeist halbtags, danach wie Erwachsene. Émile Zola setzte ihnen 1885 in seinem Roman *Germinal* in Gestalt der 15jährigen Catherine, die in einer nordfranzösischen Kohlgrube arbeitete, ein bleibendes Denkmal.

Besonders betroffen von den Veränderungen der Arbeitssituation war das Familienleben. Die Konzentration der Fabrikarbeit in den großen Städten bewirkte eine Lockerung der Familienbande, die im ländlichen Raum bestanden und auch in den kleinen Werkstätten noch überdauert hatten. Arbeiterfamilien in den Städten lebten nur noch selten im Kreise der Großfamilie mit Eltern, Großeltern und angeheirateten Familienangehörigen. Kinder, die im Alter von 16 Jahren oder jünger das Land verlassen hatten, um in der Stadt Arbeit zu suchen, ließen ihre Eltern zu Hause zurück. Lange Arbeitstage in der Fabrik untergruben die elterliche Autorität, Trunksucht und häusliche Gewalt nahmen zu. Etwa ein Drittel der Paare in den Städten lebte zusammen, ohne verheiratet zu sein. Oft fehlte das Geld für die Hochzeit, aber viele wollten auch nicht mehr heiraten. Frauen, die in jüngeren Jahren in der Fabrik gearbeitet hatten, blieben für die Zeit der Kindererziehung zu Hause, sofern sie es sich leisten konnten, kehrten danach aber meist in die Fabrik zurück, um das Familieneinkommen aufzubessern. Arbeiterinnen, die erst gar keinen Arbeitsplatz fanden oder entlassen worden waren, sahen sich dagegen nicht selten zur Prostitution gezwungen. Vor allem in den Hauptstädten wie Paris, London oder Berlin betrug die Zahl der Prostituierten am Ende des Jahrhunderts mehrere Zehntausend.

Andererseits war nicht zu übersehen, daß sich der durchschnittliche Lebensstandard im letzten Drittel des 19. Jahrhunderts in allen Industrieländern deutlich verbesserte. So wuchsen die Nettolöhne in Großbritannien, die zwischen 1850 und 1875 bereits um ein Drittel gestiegen waren, zwischen 1875 und 1900 nochmals um die Hälfte; in Deutschland erhöhten sie sich im gleichen Zeitraum um ein Drittel. Die positiven Auswirkungen auf die Lebensbedingungen der Menschen waren um so mehr spürbar, als die Lebensmittelpreise aufgrund einer expandierenden landwirtschaftlichen Produktion und verbesserter Transportmöglichkeiten kontinuierlich sanken. Zwar wandte eine Arbeiterfamilie am Ende des 19. Jahrhunderts immer noch etwa die Hälfte des Einkommens für Nahrungsmittel auf. Dies war jedoch ein Viertel weniger als in den Jahrhunderten zuvor. Selbst Fleisch war nicht länger ein unerschwingliches Luxusgut. In Deutschland stieg der Verbrauch von 60 Pfund im Jahre 1873 auf 105 Pfund 1912. Auch der Zuckerverbrauch verdreifachte sich. Dennoch war die Ernährungslage in den Arbeiterhaushalten alles andere als zufriedenstellend. In beinahe ganz Europa blieben die Arbeiter chronisch unterernährt – und waren deshalb im Durchschnitt mehrere Zentimeter kleiner als Angehörige des Mittelstandes.

Kennzeichnend war in den letzten Jahrzehnten des 19. Jahrhunderts ebenfalls eine bemerkenswert hohe soziale Mobilität. Nirgendwo war der ökonomische Wandel so sichtbar wie in der Expansion der Berufe der unteren Mittelschicht. In Großbritannien etwa wuchs ihr Anteil von rund 7 Prozent 1850 auf 20 Prozent 1900. Angestellte, die bei Banken, der Eisenbahn, Versorgungsunternehmen oder Versicherungsgesellschaften arbeiteten, betrachteten sich selbst als über den Arbeitern stehend und damit als „respektabel". Sie trugen keine blaue Arbeitskleidung, sondern „weiße Kragen", verrichteten „Kopfarbeit" und waren als Zeichner in Architekturbüros, als Kassierer oder Buchhalter tätig, arbeiteten zunehmend aber auch als Regierungsangestellte im öffentlichen Dienst. Besonders dramatisch stieg in allen europäischen Ländern zwischen 1870 und 1914 die Zahl der Lehrer: in Italien um das Fünffache, in Großbritannien sogar um das Dreizehnfache. Frauen aus der Mittelschicht arbeiteten vorwiegend als Verkäuferinnen, Stenotypistinnen und Sekretärinnen. 1901 gab es in Europa zwölfmal mehr Sekretärinnen als zwei Jahrzehnte zuvor. Bei der Post, wo Frauen 1861 erst 8 Prozent der Stellen besetzt hatten, betrug der Frauenanteil 1911 mehr als die Hälfte. Der Beruf der Krankenschwester wurde zu einer respektierten Karriere. Auch Cafés und Restaurants beschäftigten zunehmend Frauen; die Zahl der Kellnerinnen ging bald in die Hunderttausende.

Tabelle 6: Angestellte im öffentlichen Dienst (zivil)

	1881	1901	1911
Großbritannien	81 000	153 000	644 000
Frankreich	379 000	451 000	699 000
Deutschland	452 000	907 000	1 159 000

Quelle: Norman Stone, Europe Transformed 1878–1919, Cambridge, MA 1984, S. 130.

Für Industriearbeiter blieb die Aussicht, in den Mittelstand aufzusteigen, allerdings gering. Sich für höhere Positionen zu qualifizieren, war schwierig genug, eine Wohnung oder ein Haus zu erwerben, praktisch unmöglich. Etwas besser sah es für Handwerker und ausgebildete Arbeiter aus. Doch auch unter ihnen gelang es nur einer kleinen Zahl, eine Beschäftigung zu finden, die den Zugang zur Mittelschicht ermöglichte. Relativ selten war ebenfalls ein Aufstieg durch Heirat. Die meisten Heiratswilligen suchten sich ihren Partner innerhalb der eigenen sozialen Gruppe. Vor allem Männern gelang es kaum, sich „emporzuheiraten". Die besten Chancen hatten noch Arbeiterfrauen, die einen Angestellten heirateten. Der Unterschied im Verdienst war allerdings nicht sehr groß. Oft verdiente ein Arbeiter sogar mehr als ein Angestellter. Und der Stolz auf die „ehrliche Arbeit" mit den eigenen Händen sowie das Bewußtsein der Zugehörigkeit zur Arbeiterklasse war für viele mehr wert als ein scheinbarer Aufstieg, der wenig einbrachte und nicht selten zu sozialer und politischer Orientierungslosigkeit führte.

d) Gewerkschaftsbewegung und staatliche Reformen

Nach den Kursstürzen an der Londoner Börse 1873 und 1882 wurde die Lebenssituation vieler Menschen in Europa schwierig, manchmal bedrohlich. Ungeachtet des allgemeinen Aufwärtstrends der Wirtschaft hielt die Depression bis in die neunziger Jahre an. Ökonomische Unsicherheit und Verarmung führten besonders bei den Industriearbeitern in den großen Städten zu einer sozialen Krise bisher ungekannten Ausmaßes. In seiner Studie *Life and Labor of the People* stellte Charles Booth 1892 fest, daß über 30 Prozent der Londoner Bevölkerung verarmt sei. Beschreibungen häßlicher Slums in rußgeschwärzten industriellen Zentren fanden Eingang in Romane und waren Gegenstand wissenschaftlicher Untersuchungen, die besonders in Großbritannien, Frankreich, Belgien und Deutschland viel gelesen wurden. Sie zeichneten ein düsteres Bild des Arbeiteralltags. Die Kritik an der kapitalistischen Produktionsweise nahm zu. Sozialistische Parteien sowie eine überall in Europa sich ausbreitende Gewerkschaftsbewegung gewannen an Zulauf.

Hauptziele der Gewerkschaften waren die Anhebung der Löhne und die Verbesserung der Arbeitsbedingungen. Bis 1914 waren in Großbritannien drei Millionen Arbeiter gewerkschaftlich organisiert, in Deutschland 1,5 Millionen, in Italien eine Million. Die meisten von ihnen zählten zur Schicht der besser ausgebildeten Fachkräfte in größeren Unternehmen. Nahezu alle waren Männer. Auch die Zahl der Gewerkschaften im Angestelltenbereich nahm zu. In Österreich, einem nur schwach industrialisierten Land mit sechs Millionen Einwohnern, gab es 1913 bereits mehr als 400 000 Gewerkschaftsmitglieder. In Frankreich waren gewerkschaftliche Vereinigungen in der Form von Assoziationen und Selbsthilfeorganisationen seit langem toleriert worden. Nachdem sie 1884 auch vom Gesetz her zugelassen waren, stieg ihre Mitgliederzahl bis zum Beginn des 20. Jahrhunderts auf über eine Million. 1895 wurde in Frankreich die Confédération Générale du Travail (C.G.T.) gegründet, die als Dachorganisation die französischen Gewerkschaften zu einer schlagkräftigen Institution vereinigen sollte. Eine Beteiligung am politischen Leben lehnte die C.G.T. jedoch ab. Sie befürwortete statt dessen revolutionäre Prinzipien, die auf den Umsturz der bestehenden Ordnung abzielten. Typisch für die Gewerkschaftsbewegung in allen Ländern, besonders aber in Frankreich, waren Versammlungen in Sälen und Cafés, Maidemonstrationen und rote Fahnen, heftige politische Debatten, Konsumgenossenschaften und informelle Kontakte, die dazu beitrugen, die Solidarität unter den Arbeitern aufrechtzuerhalten und zu pflegen.

Die Zahl der Streiks wuchs zwischen 1890 und 1914 dramatisch an, vor allem in Westeuropa. Organisierte Arbeitskämpfe gehörten von nun an zum Alltag. Die Arbeiter lernten, für ihre Interessen einzutreten. Lokale Streiks erlangten gelegentlich nationale Bedeutung, wenn es den Gewerkschaften gelang, die Regierung dazu zu bewegen, sich für ihre Ziele einzusetzen. Der Staat seinerseits sah sich oft zum Eingreifen gezwungen, um die soziale Ruhe zu bewahren oder wiederherzustellen. Anlässe für Streiks boten nicht nur Forderungen nach höheren Löhnen, kürzeren Arbeitszeiten oder besseren Arbeitsbedingungen, sondern auch Proteste gegen Vorarbeiter oder der Widerstand gegen die Einführung wissenschaftlicher Management-Methoden, wie sie vom amerikanischen Ingenieur Frederick Taylor empfohlen wurden, um die Arbeitsproduktivität zu erhöhen. Die Festlegung von Stückzahlen, die ein Arbeiter zu produzieren hatte, sowie die Bemessung des Lohns nach der Quantität der geleisteten Arbeit erhöhten den Arbeitsdruck so sehr, daß schon nach kurzer Zeit physische Erschöpfung eintrat und nur junge und gesunde Arbeiter dem Druck überhaupt standhalten konnten. Ältere Menschen wurden dadurch aus dem Produktionsprozeß ausgegrenzt, gesellschaftlich isoliert oder sogar ihrer materiellen Existenz beraubt.

Trotz dieser Entwicklung blieb der gewerkschaftliche Organisationsgrad zunächst gering. Noch zur Jahrhundertwende waren in Großbritannien nicht mehr als 25 Prozent der Arbeiter Mitglieder einer Gewerkschaft, obwohl die *Trade Union Act* 1875 viele Beschränkungen gewerkschaftlicher Tätigkeit aufgehoben hatte. In Frankreich waren es nicht mehr als 10 Prozent, in Italien und Rußland noch weniger. Dies lag vor allem daran, daß in der Regel nur besser qualifizierte Arbeiter in den Städten den Eintritt in eine Gewerkschaft erwogen. Auf dem Lande und unter den weniger Qualifizierten konnte man von einer gewerkschaftlichen Organisierung überhaupt nicht sprechen, so daß die geringen Zahlen in weniger industrialisierten Ländern wie Italien oder Rußland verständlich sind. Außerdem trugen die im 19. Jahrhundert besonders starken Migrationsbewegungen – nicht nur innerhalb eines Landes, sondern auch über Ländergrenzen und sogar über Kontinente hinweg – dazu bei, daß die Gewerkschaften nur schwer in der Lage waren, die Menschen zu erreichen und dauerhaft an sich zu binden. Dies galt ebenfalls für Frauen, die um die Jahrhundertwende etwa 30 Prozent der britischen Arbeiterschaft ausmachten, aber nur 7 Prozent der Gewerkschaftsmitglieder stellten.

Die zunehmende Radikalität und Militanz von Gewerkschaften sowie deren wachsende politische Bedeutung veranlaßten am Ende des 19. Jahrhunderts immer mehr europäische Regierungen, sozialstaatliche Reformen einzuleiten, um der Arbeiterbewegung den Wind aus den Segeln zu nehmen. Den Anfang machte dabei nicht das republikanische Frankreich, sondern das kaiserliche Deutschland. Mit dem Gesetz über die Krankenversicherung der Arbeiter vom 15. Juni 1883, dem Unfallversicherungsgesetz vom 6. Juli 1884 und dem Gesetz über die Invaliditäts- und Altersversicherung vom 22. Juni 1889 suchte Reichskanzler Otto von Bismarck der katholischen Zentrumspartei und vor allem den deutschen Sozialdemokraten die politische Basis unter den Arbeitern zu entziehen. Bereits 1878 hatte Bismarck dazu in einem Gespräch erklärt: „Ob nicht die Hetzer immer mehr verlangen werden, je mehr man dem Arbeiter gibt? Gleichviel! Der Versuch muß gemacht werden! ... Deutschland voranschreitend auch auf der Bahn der sozialen Reform ... wahrlich ein Gedanke ‚des Schweißes der Edlen' wert!"

Wie von Bismarck vorhergesehen, wurde diese Politik von der Sozialistischen Arbeiterpartei Deutschlands scharf kritisiert. Auf ihrem Kopenhagener Kongreß – also ins Ausland abgedrängt – begründeten die deutschen Sozialdemokraten 1883 diese Ablehnung damit, daß sie „nach dem bisherigen Verhalten der herrschenden Klasse weder an ihre ehrlichen Absichten noch an ihre Fähigkeiten" glaubten. Die angebliche Sozialreform werde nur „als taktisches Mittel benutzt, um die Arbeiter von richtigen Wegen abzulenken". Tatsächlich trug Bismarcks Sozialpolitik jedoch viele moderne und richtungweisende Züge, auch wenn sie zunächst hauptsächlich dazu gedacht war, Bismarcks eigene Machtposition und den inneren Bestand des Kaiserreiches zu sichern. So erhielten die meisten deutschen Arbeiter bereits um die Jahrhundertwende medizinische Versorgung und eine Ausgleichszahlung im Krankheitsfall oder bei Unfällen. Nicht weniger als 14,3 Millionen Arbeiter waren 1913 sozialversichert.

Deutschland rangierte damit weit vor den westeuropäischen Ländern und auch vor Großbritannien, wo es eine starke liberale Opposition gegen staatliche Einflußnahme gab. Staatliche „Arbeitshäuser", 1834 durch den *British Poor Law* eingerichtet, waren lange mit einem Stigma belegt. Die ersten viktorianischen Sozialreformen im Jahre 1875 beschränkten sich auf Garantien minimaler Gesundheitsstandards, die Erziehung von Kindern und die Einschränkung von Kinderarbeit. Erst um die Jahrhundertwende akzeptierten – wenn auch in unterschiedlichem Maße – Konservative, Liberale und die 1901 gegründete neue Arbeiterpartei, die 1906 den Namen „Labour Party" erhielt, den Grundsatz, daß die Regierung das Recht und sogar die Pflicht habe, durch staatliche Reformen in das Leben der Menschen einzugreifen. Ein *Workmen's Compensation Law* bestimmte 1897, daß Unternehmer für die Kosten aufzukommen hatten, die durch Unfälle in ihren Betrieben entstanden. Die *Old Age Pension Act* gestand Arbeitern über 70 Jahren eine Art Rente zu, wenn ihr Einkommen unter zehn Schillinge pro Woche fiel. Und die *National Insurance Act* führte 1911 eine allgemeine Versicherung der Arbeiter gegen Unfall, Krankheit und Arbeitslosigkeit ein. Der Unterschied zu Deutschland war jedoch nach wie vor gravierend und spiegelte die weniger zentralisierte Struktur des britischen Staates wider: Auch nach den Reformen erhielt nahezu ein Drittel der britischen Armen keinerlei Unterstützung, und die Hilfe für Arbeiter ohne Beschäftigung war schlecht organisiert und alles andere als großzügig bemessen.

Nicht viel besser waren die Verhältnisse in Frankreich. Zwar setzten Radikale und Sozialisten hier zwischen 1890 und 1904 in der Deputiertenkammer der Dritten Republik eine Reformgesetzgebung durch, die ein Schlichtungsverfahren bei Streiks, ein Verbot von Nachtarbeit für Frauen, eine Haftungsregelung für Arbeitsunfälle sowie eine Begrenzung des Arbeitstages für Frauen und Kinder auf zehn Stunden vorsah. Aber grundsätzlich ging man in Frankreich immer noch von einem Verhältnis der „Solidarität“ zwischen Unternehmern und Arbeitern aus. Interessenunterschiede sollten durch „praktizierte Harmonie“ überbrückt werden. Tatsächliche Verbesserungen, etwa durch den Aufbau eines Rentensystems oder garantierte medizinische Versorgung, waren deshalb in Frankreich – wie in weiten Teilen des übrigen Europa – bis zum Ersten Weltkrieg nur in Ansätzen zu erkennen.

e) Die Suffragetten

Besonders betroffen von der zweiten industriellen Revolution waren die Frauen. Die Zahl der Fabrikarbeiterinnen nahm rapide zu, während sich die häuslichen Bedingungen aufgrund der Probleme isolierter Kernfamilien immer mehr verschlechterten. Zwar unterstützten sozialistische Parteien und Gewerkschaften gemeinhin das Bemühen von Frauen um mehr Lohn und bessere Arbeitsbedingungen. Doch konservative politische Parteien kämpften aus Prinzip gegen das Wahlrecht für Frauen, und selbst gemäßigte Republikaner meinten oft, Frauen verstünden nichts von Politik. Der Biologe T. H. Huxley behauptete sogar unter Berufung auf „wissenschaftliche“ Erkenntnisse, Frauen seien aufgrund ihres kleineren Wuchses und schwächeren Physis weniger intelligent als Männer. Von den meisten Universitäten waren sie auch weiterhin ausgeschlossen. Zudem besaßen sie keine Kontrolle über das Familieneinkommen. In Frankreich durften verheiratete Frauen bis 1907 noch nicht einmal über das selbst verdiente Geld verfügen. Die Männer andererseits suchten Frauen von vielen Berufen fernzuhalten, weil sie die „neue Frau“ fürchteten – ein Begriff, der zur Jahrhundertwende von der italienischen Feministin Maria Montessori geprägt wurde.

Trotz aller Widerstände war die Emanzipation der Frauen jedoch nicht mehr aufzuhalten. Allerdings entwickelte sich die feministische Bewegung in Europa zunächst nur langsam. Sie war am aktivsten in Großbritannien, wo Frauen auf Gemeindeebene bereits seit 1864 und auf Kreisebene seit 1870 das Wahlrecht besaßen. Der erste „Internationale Kongreß für Frauenrechte und Feministische Institutionen“ fand 1889 in Paris statt – nicht zufällig am 100. Jahrestag der Französischen Revolution von 1789. In Deutschland arbeiteten bis 1900 nicht weniger als 850 Vereine und Gemeinschaften für die Durchsetzung von Frauenrechten. Ein „Allgemeiner Deutscher Frauenverein“ wurde schon 1865 in Leipzig gegründet. Daneben entstanden in den achtziger und neunziger Jahren Vereinigungen für Bildungs-, Berufs-, Sittlichkeits- und soziale Fragen. 1894 schlossen sich zahlreiche Einzelvereine zum „Bund deutscher Frauenvereine“ zusammen, der sich 1897 dem „Internationalen Frauenbund“ – der größten und ältesten überstaatlichen Frauenorganisation – anschloß. Neben einer besseren Erziehung und Ausbildung forderten die Frauen vor allem verbesserte Arbeitsmöglichkeiten und gleiche Löhne. Britische Frauengruppen präsentierten dem Parlament Ende des Jahrhunderts eine Petition mit mehr als einer Viertelmillion Unterschriften.

Zunehmend rückte nun auch das Wahlrecht (*suffrage*) in den Blickpunkt der Bemühungen um die Gleichberechtigung der Frauen. Die „Suffragetten" schlossen sich zur „International Women's Suffrage Alliance" zusammen, die in einer Reihe von Ländern Organisationen unterhielt und ihre Forderungen teilweise mit drastischen Mitteln, wie Hungerstreiks ihrer Mitglieder, durchzusetzen versuchte. Eine der militanteren Aktivistinnen der Frauenbewegung, Emmeline Pankhurst (1858–1928) aus Manchester, gründete 1903 die „Women's Social and Political Union", aus deren Reihen auch Anschläge auf Domänen männlicher Vorherrschaft verübt wurden. So gingen in der Londoner Oxford Street Schaufenster zu Bruch, der Rasen eines Golfplatzes wurde mit Säure übergossen, und das Haus des liberalen Politikers David Lloyd George war Ziel eines Bombenwurfs. Als dem britischen Parlament 1910 ein Gesetzentwurf vorlag, der Frauen, die über Besitz verfügten, das Wahlrecht zusprach, schienen die Suffragetten gesiegt zu haben. Doch Premierminister Herbert Asquith ließ eine Beratung des Entwurfs im Unterhaus nicht zu, so daß die Chance auf gleiches Wahlrecht vorerst erneut verspielt war. Ebenso enttäuscht wie empört warf sich daraufhin 1913 die Suffragette Emily Davison mit dem Transparent „Votes for Women" beim britischen Derby auf der Rennbahn von Epson Downs vor ein Pferd König Georges V. Die Vorkämpferin für Frauenemanzipation war auf der Stelle tot, doch der Durchbruch zur Gleichberechtigung ließ – ungeachtet dieses Opfers – weiter auf sich warten. Erst als die Männer 1914 in den Krieg zogen und die Frauen, auf sich allein gestellt, den Beweis führten, daß sie auch ohne Unterstützung der Männer zurechtkamen, wurden jene Fortschritte erzielt, an deren Ende schließlich in den meisten europäischen Staaten die Einführung des Frauenwahlrechts stand.

14. Imperialismus und europäische Expansion

a) Ursachen und Triebkräfte des Imperialismus

Der Begriff „Imperialismus" bezeichnet den Prozeß, durch den ein Staat mit Hilfe überlegener militärischer Macht und fortgeschrittener Technologie die Kontrolle über das Territorium, die Ressourcen und die Bevölkerung eines weniger entwickelten Gebietes erlangt. Er wird in der geschichtswissenschaftlichen Betrachtung in der Regel nur auf die europäische Expansion in Afrika und Asien zwischen den achtziger Jahren des 19. Jahrhunderts und dem Ersten Weltkrieg angewandt und steht in engem Zusammenhang mit der ökonomischen Globalisierung, die im Zuge des Produktionsbooms der zweiten industriellen Revolution eine ständige Suche nach neuen Rohstoffquellen und Märkten mit sich brachte. Der Imperialimus unterscheidet sich daher grundsätzlich vom Kolonialismus zwischen dem 16. Jahrhundert und der Mitte des 19. Jahrhunderts, die ökonomische Ausbeutung und territoriale Kontrolle durch Besiedlung betrieb.

Bemerkenswert erscheint ebenfalls das Ausmaß der europäischen Expansion. Um 1500 kontrollierten die europäischen Mächte lediglich sieben Prozent der Länder des Globus. Bis 1800 hatte sich dieser Anteil auf 35 Prozent vergrößert. 1914 betrug er jedoch 84 Prozent. Allein das britische Empire unterwarf zwischen 1871 und 1900 ein Viertel der Weltbevölkerung – 66 Millionen Menschen – auf einem Gebiet von 4,5 Millionen Quadratmeilen. Frankreich vergrößerte sein Territorium in dieser Zeit um 3,5 Millionen Quadratmeilen. Deutschland, Belgien und Italien gewannen jeweils etwa 1 Million Quadratmeilen hinzu. Und selbst Spanien, das 1898 die Philippinen und Kuba an die USA verlor, eroberte neue Gebiete in Marokko und der westlichen Sahara. Der Imperialismus dieser Zeit war zudem von einem aggressiven Nationalismus begleitet, der schließlich in der Konfrontation des Ersten Weltkrieges gipfelte, aber schon Jahre zuvor – etwa in der Faschoda-Krise von 1898 zwischen Frankreich und Großbritannien – zu bewaffneten Auseinandersetzungen zwischen den europäischen Mächten zu eskalieren drohte.

Die Frage bleibt, was diese imperialistische Politik auslöste. Denn bis in die siebziger Jahre des 19. Jahrhundert hinein hatten nur wenige europäische Staaten ein größeres Interesse gezeigt, Territorien außerhalb Europas zu erwerben. Doch nun wurde der Aufbau eines Weltreiches von allen größeren Mächten als Politik akzeptiert und von der öffentlichen Meinung unterstützt. Die Erweiterung der Produktion und die Akkumulation überschüssigen Kapitals ließen die Überzeugung wachsen, daß die Erschließung neuer Märkte, neuer Rohstoffquellen und neuer Gebiete für Kapitalinvestitionen notwendig sei. Zugleich nährte die allgemeine Rückkehr zum wirtschaftlichen Protektionismus die Befürchtung, daß gewinnbringender Handel unmöglich werden könne, wenn man nicht – nach britischem Vorbild – selbst über eine „imperiale Föderation" verfügte, die einen solchen Handel weiterhin erlaubte.

Dennoch stellt die Behauptung des britischen Liberalen J. A. Hobson aus dem Jahre 1902, daß die internationale Finanzwelt die richtungweisende Kraft in der imperialistischen Außenpolitik gewesen sei, eine unzulässige Vereinfachung dar. Entsprechendes gilt für den 1917 erschienenen Essay *Der Imperialismus als höchstes Stadium des Kapitalismus* von Lenin. In beiden Fällen wird der wirtschaftliche Faktor zu sehr verabsolutiert, während andere Einflüsse, wie die Tätigkeit von Missionsgesellschaften oder das Wirken schwer kontrollierbarer Einzelgänger, die ebenfalls eine bedeutende Rolle spielten, mißachtet werden. Tatsächlich entwickelte sich die Bewegung gegen die Sklaverei, die von protestantischen wie katholischen Kongregationen unterstützt wurde, zu einem der stärksten Bestimmungsfaktoren sowohl der britischen als auch der französischen Politik im tropischen Afrika. Dazu zählte beispielsweise die Arbeit des Missionars und Forschers Dr. David Livingstone, der fast zwanzig Jahre lang den Urwald in Zentralafrika durchquerte, um Beweismaterial für die Aktivität arabischer Sklavenjäger zu sammeln.

Unter den Abenteurern ragten besonders Cecil Rhodes und Carl Peters hervor. Peters war der Verfasser eines Aufrufs der „Gesellschaft für deutsche

Kolonisation", erforschte als noch nicht Dreißigjähriger weite Teile Ostafrikas und schloß Verträge mit Stammeshäuptlingen über Gebiete von insgesamt 60 000 Quadratmeilen, die er für das Deutsche Reich erwarb und 1885 unter den Schutz des Reiches stellen ließ. Rhodes (1853–1902), Sohn eines Geistlichen, war aus Gesundheitsgründen nach Afrika geschickt worden, machte dort in den Diamantenfeldern von Kimberley ein Vermögen und war danach sein Leben lang bestrebt, in Afrika „die Macht Englands auszudehnen". Wie Peters, so glaubte auch Rhodes, die wahren Interessen seines Landes besser zu kennen als seine Regierung, und beide zögerten nicht, ihre jeweilige Regierung unter Druck zu setzen, um ihre Absichten zu verwirklichen. So zog Peters das Deutsche Reich gegen den Willen Bismarcks in den Strudel der Konkurrenz der Kolonialmächte in Afrika; Rhodes, nach dem das spätere Rhodesien benannt wurde, leistete seinem Land einerseits wertvolle Dienste, trug aber zugleich einen großen Teil der Verantwortung für den Burenkrieg. Abenteurer von ihrem Zuschnitt waren nach Auffassung des britischen Premierministers Lord Salisbury „Männer mit Energie und starkem Willen", die versuchten, „die Vorherrschaft der Nation, für die sie leidenschaftlich kämpften, durch Mittel zu erlangen, die fortwährend in Gewalt ausarten mußten".

Allerdings läßt sich nicht behaupten, daß die kolonialen Abenteuer in den Heimatländern der Kolonialmächte mit Distanz oder gar Ablehnung betrachtet wurden. Selbst die Gewerkschaften und die gemäßigten Sozialisten unterstützten im Grundsatz den Imperialismus. So bemängelte der Revisionist Eduard Bernstein zwar die „humanitären Aspekte des Kolonialismus", räumte aber ein, daß das Proletariat als „künftiger Erbe" der Bourgeoisie „ein Interesse an einer vernünftigen geographischen Expansion der Nation" habe. Der Führer der deutschen Sozialdemokraten, August Bebel, bemerkte 1905, es verstehe sich von selbst, daß die Interessen des deutschen Außenhandels geschützt werden müßten, und ergänzte 1911, die „größte Garantie für den Frieden" sei „die Verbreitung internationaler Investitionen".

b) Beginn der Expansion in Afrika

Als der Imperialismus begann, verfügten die Europäer bereits über eine lange Tradition, ferne Länder zu beinflussen und zu unterwerfen. Spanien und Portugal hatten im 15. Jahrhundert mit Eroberungszügen entlang der afrikanischen Westküste begonnen und im 16. Jahrhundert auch Lateinamerika und den Süden und Südwesten Nordamerikas besetzt. Französische Händler, Missionare und Soldaten hatten im 17. Jahrhundert kleine Siedlungen in „Neu-Frankreich", dem heutigen Quebec, errichtet, diese aber nach 1760 an Großbritannien verloren und statt dessen einige Inseln in der Karibik sowie (nach 1830) das heutige Algerien in Besitz genommen. Britische Kaufleute waren im 18. und 19. Jahrhundert nach Afrika und Indien sowie nach Südostasien, China und Japan vorgedrungen. Im 19. Jahrhundert wurden viele der ursprünglichen Kolonien Spaniens und Portugals unabhängig, während die Niederländer Handelsniederlassungen in Westafrika, in der Karibik, im Indischen Ozean und im Pazifik errichteten. Größere Kolonialgebiete besaßen Mitte des 19. Jahrhunderts nur noch Großbritannien und Frankreich. Von einem kolonialen „Reich" im eigentlichen Sinne des Wortes konnte nur im Falle des britischen Empire die Rede sein. Allerdings wurde diese Tatsache von den Briten selbst weniger als Vorzug denn als Last empfunden. Benjamin Disraeli, der später als Premierminister ein energischer Befürworter und Förderer des britischen Imperialismus wurde, sprach 1852 von den Kolonien als einem „Mühlstein um unseren Hals".

Ein wichtiger Schritt zur Revision dieser Haltung war eine Konferenz, die König Leopold II. von Belgien 1876 zur Erörterung afrikanischer Probleme einberief. Das Treffen, an dem alle größeren Mächte Europas teilnahmen, sollte sich besonders mit „Mitteln zur Öffnung des Inneren des Kontinents für Handel, Industrie und wissenschaftliche Unternehmungen der zivilisierten Welt" befassen. Man gründete eine „Internationale Afrikanische Gesellschaft" zur Förderung der Erforschung und Zivilisierung Afrikas, für die ihre Mitglieder beträchtliche Geldmittel zeichneten. Leopold II. selbst finanzierte eine Reihe von Expeditionen, darunter eine lange Erkundungsreise, die der Engländer Henry Stanley 1879 ins Kongo-Becken unternahm. Ursprünglich war Stanley 1869 vom *New York Herald* angeworben worden, um den verschollenen David Livingstone zu suchen, von dem man seit vier Jahren nichts mehr gehört hatte und den Stanley im Januar 1871 am Tanganjika-See ausfindig machte. Jetzt handelte Stanley bei seiner Reise den Kongo hinauf formell im Namen der Afrikanischen Gesellschaft. Tatsächlich aber schloß er die Verträge mit den örtlichen Stammeshäuptlingen über die Ausbeutung ihrer Territorien für König Leopold II. Stanley wurde damit allgemein und zu Recht als Mittelsmann Leopolds betrachtet. Andere Mächte sahen sich durch ihn zum imperialistischen Wettbewerb angeregt.

Bereits 1884 war die Rivalität zwischen den europäischen Mächten in Afrika so stark geworden, daß eine neue internationale Konferenz über afrikanische Probleme einberufen werden mußte, die schließlich von November 1884 bis Februar 1885 in Berlin stattfand. Auch dieses Treffen, auf dem vor allem die umstrittenen Ansprüche im Kongo-Becken geregelt werden sollten, war praktisch eine Werbeveranstaltung für die Chancen, die sich auf dem schwarzen Kontinent boten. Zum einen wurde in Berlin der Handel auf dem Kongo und dem Niger erleichtert. Zum anderen reduzierte man das internationale Recht auf die Formel, daß jede Macht in Afrika Territorium erwerben könne, indem sie Gebiete besetze und lediglich den Akt der Besetzung den anderen Mächten mitteile. Leichter konnte man es künftigen Eroberern kaum machen: Landraub und Ausplünderung wurden durch einen Federstrich im Vorhinein legalisiert.

Nachdem die Kenntnisse über Afrika noch kurz zuvor weitgehend auf die Randgebiete beschränkt gewesen waren, während das Innere auf den Landkarten als großer weißer Fleck erschien, wurde der gesamte Kontinent nun innerhalb von zwanzig Jahren unter den europäischen Mächten aufgeteilt. Euphorisch sprach man dabei in Europa von „Entdeckung" und „Missionierung". Aus afrikanischer Sicht sah dies allerdings anders aus. Als der französische Marineoffizier Savorgnan de Brazza 1880 den Stanley Lake erreichte – einen großen See, den Stanley 1877 „entdeckt" hatte –, entgegnete ihm ein Einheimischer selbstbewußt: „Stanley hat uns nicht entdeckt. Wir waren schon immer hier." Doch Stolz allein nutzte nicht viel. Die fremden Eindringlinge errichteten im Namen der Zivilisation ihre eigene Herrschaft, die auf die Bedürfnisse und Strukturen der traditionellen Stammesgesellschaft ebenso wenig Rücksicht nahm wie auf alte Stammesgrenzen. Die Tragik Afrikas nahm ihren Lauf.

c) Rivalität zwischen Großbritannien und Frankreich

Die britische Afrika-Politik hatte schon in den siebziger Jahren an Konturen gewonnen, als Premierminister Disraeli 1875 dem Khedive von Ägypten, das formal zum Osmanischen Reich gehörte, die Aktien der Suez-Kanal-Gesellschaft abkaufte und Verhandlungen einleitete, die zur englisch-französischen Aufsicht über das ägyptische Finanzwesen führten. Dabei ging es allerdings nicht um Afrika an sich, sondern um die Kontrolle des Seeweges nach Indien. Den Hintergrund bildete die Tatsache, daß es dem französischen Ingenieur Ferdinand de Lesseps 1869 gelungen war, das Mittelmeer durch einen Kanal mit dem Roten Meer zu verbinden. Der Seeweg von London nach Bombay wurde dadurch halbiert, und man mußte nicht mehr das gefährliche Kap der Guten Hoffnung an der Südspitze Afrikas passieren. Welche Bedeutung die britische Regierung diesem neuen Verbindungsweg über Ägypten nach Indien beimaß, wurde 1882 deutlich, als Disraelis Nachfolger, Premierminister Gladstone, nach einer Rebellion gegen den Khedive und der Einnahme Alexandrias durch eine Eingeborenenbewegung unverzüglich den Hafen von Alexandria bombardieren ließ und Truppen entsandte, die Kairo eroberten und dem Khedive einen britischen Ratgeber aufzwangen, dessen Anweisungen bezüglich notwendiger Reformen zu befolgen waren.

Ein zweiter Schwerpunkt der britischen Afrika-Politik war der Süden des Kontinents, wo Disraeli Mitte der siebziger Jahre zunächst einen Krieg gegen die aufständischen Zulus führte und 1877 die formale Annexion der Republik Transvaal verkündete, wo hauptsächlich holländische Buren siedelten, die sich hier im 18. Jahrhundert niedergelassen hatten. Doch die Buren leisteten derart heftigen Widerstand, daß Premierminister Gladstone 1881 nach einer Niederlage britischer Streitkräfte bei Majuba Hill die Unabhängigkeit Transvaals anerkannte. Dafür stießen die Briten zwischen 1885 und 1894 vom Kap der Guten Hoffnung über Betschuanaland, Rhodesien und Njassaland bis an die Grenzen des Kongo vor und dehnten ihre Herrschaft auch im Westen des Kontinents über Nigeria auf das Landesinnere aus. 1890 sicherten sie sich zudem durch Vertrag mit der deutschen Regierung unter Reichskanzler Sansibar und andere Territorien in Ostafrika, wobei sie im Gegenzug die Nordseeinsel Helgoland an Deutschland abtraten. Die britische Hoffnung, eines Tages einen durchgehenden Gebietsstreifen vom Kap der Guten Hoffnung bis zur Nil-Mündung kontrollieren zu können, erfüllte sich jedoch nicht. Dagegen stand nicht nur der Vertrag von 1890, der eine gemeinsame Grenze zwischen Belgisch-Kongo und Deutsch-Ostafrika zog, sondern vor allem der Sudan, der sich in den Händen eines ehemaligen Sklavenhändlers befand, der eine fundamentalistische islamische Revolte gegen die Herrschaft des Khediven von Ägypten über den Sudan anführte, sich selbst als „Mahdi" bezeichnete und mit seinen Derwischen das gesamte Gebiet am Oberlauf des Nils kontrollierte.

Welche Macht vom Mahdi ausging, mußte ein britisches Expeditionskorps unter General Charles Gordon erfahren. Der exzentrische Gordon, der den Beinamen „der Chinese" führte, weil er in den sechziger Jahren die chinesische Regierung bei der Niederschlagung der Taiping-Rebellion unterstützt hatte, wurde 1884 von Gladstone in den Sudan entsandt, um gegen die Mahdisten vorzugehen, die inzwischen einen Heiligen Krieg gegen Ägypten führten. In Khartum wurde Gordon zehn Monate lang von den Mahdisten belagert und schließlich im Januar 1885 zusammen mit 11 000 britischen und ägyptischen Soldaten niedergemetzelt – zwei Tage, bevor Hilfe aus Großbritannien eintraf. Nicht besser erging es den Italienern, die sich ab 1887 unter Führung von Francesco Crispi in die Politik des abessinischen Kaiserreiches einschalteten und 1889 dem Stammeshäuptling Menelik von Schoa als Thronanwärter ihre Unterstützung gewährten. Nachdem Menelik gezwungen worden war, als Gegenleistung den Vertrag von Uccialli zu unterzeichnen, von dem Crispi anschließend behauptete, dieser mache Abessinien zum Protektorat Italiens, kam es von 1893 bis 1895 immer wieder zu Scharmützeln zwischen italienischen Truppen und abessinischen Einheiten sowie den Mahdisten des Sudan, die sich gegen italienische Übergriffe auf ihr Gebiet wehrten. Als Crispi schließlich versuchte, ganz Abessinien zu erobern, wurde seine Streitmacht von 6 000 Soldaten im März 1896 in Adowa von einer Übermacht von Mahdisten und abessinischen Truppen umzingelt und in einem blutigem Gemetzel völlig aufgerieben.

Die Briten, die nach dem Tod von General Gordon das Interesse am Sudan verloren hatten, sahen sich nun einer triumphierenden Armee von Derwischen und Abessiniern gegenüber. Diese Tatsache erschien um so bedrohlicher, als die französische Kolonial-Lobby seit geraumer Zeit Ansprüche auf den oberen Nil geltend machte. Großbritannien hatte sich dadurch bereits im Januar 1895 veranlaßt gesehen, den Sudan für sich zu beanspruchen und unmißverständlich zu erklären, daß französische Aktivitäten im Sudan als „unfreundlicher Akt" gewertet würden. Nach der italienischen Katastrophe von Adowa war die Lage nun noch komplizierter geworden. 1898 wurde deshalb Lord Horatio Kitchener mit einer englisch-ägyptischen Streitmacht von 20 000 Mann von Ägypten aus in Marsch gesetzt, um den britischen Außenposten Faschoda am oberen Nil zu erreichen und die Lage dort unter Kontrolle zu bringen. Doch Kitchener und seine Truppen nahmen auch Rache für Gordons Tod: In einer großen Schlacht am Zusammenfluß von Nil und Atbara wurde die 60 000 Mann starke Armee von Mahdisten im September 1898 bei Omdurman vernichtend geschlagen. Mindestens

11 000 schlecht bewaffnete und wenig organisierte Derwische wurden von den disziplinierten und technisch überlegenen britischen Truppen mit modernen Maschinengewehren buchstäblich niedergemäht.

Zu den Streitkräften Kitcheners gehörte auch das 21. Lancer-Regiment, in dem der junge Leutnant Winston Churchill den entscheidenden Sieg der britischen Einheiten über die Mahdisten miterlebte. Später schilderte er seine Eindrücke von der Schlacht, wobei er die Verluste offenbar übertrieb, um das Grauen des Ereignisses noch deutlicher hervortreten zu lassen:

> „Disziplin und Maschinenausrüstung triumphierten über die höchst verzweifelte Tapferkeit, und nach einem fürchterlichen Blutbad, in dem sicherlich über 20 000 Mann niedergemetzelt wurden, die in Haufen und Schwaden ‚wie Schneewehen' auf dem Erdboden verstreut waren, löste sich die Truppenansammlung der Derwische in Überreste und Spuren auf und strömte in die phantastischen Wunder der Wüste."

Für Kitchener war danach der Weg nach der 200 Meilen südlich gelegenen Hauptstadt Khartum frei. Dort schändeten die britischen Soldaten das Grab des Mahdi und spielten Fußball mit seiner Leiche. In Faschoda trafen sie anschließend auf ein 150 Mann starkes französisches Expeditionskorps unter Hauptmann Marchand, das dort einige Tage zuvor, Ende September 1898, die französische Flagge gehißt hatte. Kitchener forderte die Franzosen höflich, aber bestimmt auf, die, wie er behauptete, britische Einflußsphäre unverzüglich zu räumen, und Marchand blieb keine andere Wahl als die Kapitulation. Zwar war Frankreich inzwischen am Ubangi entlang in die Region des Tschadsees vorgedrungen und hatte seine Besitzungen im Senegal, an der Elfenbeinküste und in Guinea zu einem großen Französisch-Westafrikanischen Reich verschmolzen, das sich im Innern Afrikas bis Timbuktu erstreckte. Aber im Sudan und am oberen Nil gab es keine nennenswerte französische Militärpräsenz. Kitchener und Marchand tauschten deshalb nur formale Protestnoten aus, tranken ein Glas Sherry zusammen und überließen den Rest ihren Diplomaten zu Hause. Dort endete die Faschoda-Krise ebenfalls friedlich, indem Frankreich die britischen und ägyptischen Ansprüche am oberen Nil respektierte und Großbritannien die französischen Besitzungen in Westafrika anerkannte. Der französische Außenminister Théophile Delcassé war Realist genug, es in Faschoda nicht auf einen Konflikt mit Großbritannien ankommen zu lassen, der nur den Deutschen zugute gekommen wäre. Dies bedeute allerdings nicht, so Delcassé, daß er der Regierung in London Recht gebe. „Aber", so der französische Außenminister über die Briten, „wir haben nichts als unsere Argumente, und sie haben die Truppen."

Für Großbritannien bedeutete der militärische und diplomatische „Sieg" von Faschoda indessen einen Triumph, der die britische Politik in Südafrika in der Auseinandersetzung mit den Buren unvorsichtig werden ließ. 1881 hatten die Briten dort ihren Kontrollanspruch über Transvaal in einem etwas undurchsichtigen Abkommen aufgegeben, das die Buren als Zugeständnis der Unabhängigkeit auslegten, von Großbritannien aber als ein Übereinkommen betrachtet wurde, demzufolge der Transvaal zum britischen Empire gehöre und in auswärtigen und sonstigen Angelegenheiten der britischen Aufsicht unterstehe. Als in den späten achtziger Jahren im Transvaal Goldvorkommen entdeckt wurden, die zu den größten der Welt zählten, flammte der Konflikt erneut auf. Während die Burenregierung unter dem energischen und gebieterischen Paul Krüger versuchte, den Zustrom von „Uitlanders“ einzudämmen und sich der wirtschaftlichen und finanziellen Kontrolle der britischen Kap-Kolonie durch den Bau einer eigenen Eisenbahnverbindung nach Lorenzo Marques im portugiesischen Mosambik so weit wie möglich zu entziehen, fühlten sich die Politiker des Kaps und insbesondere Cecil Rhodes durch das Verhalten der Burenregierung provoziert. Natürlich ging es auch um viel Geld, das mit der Ausbeutung der Goldvorkommen zu verdienen war.

1895 kam es zu ersten Kampfhandlungen, als auf Empfehlung von Cecil Rhodes ein von Dr. Leander Starr Jameson angeführter Abenteurertrupp in den Transvaal eindrang, der von den Buren mühelos abgewehrt wurde. Auch wenn sich die britische Regierung sofort distanzierte, erregte die Aktion internationales Aufsehen. Kaiser Wilhelm II. sandte ein Glückwunschtelegramm, das die Burenregierung ermutigte, dem äußeren Druck zu widerstehen. Die Botschaft des Kaisers mit ihrer Implikation, daß der Transvaal ein unabhängiger Staat sei, der das Recht habe, andere Mächte um Beistand zu ersuchen, erfüllte die Briten mit Empörung, bestärkte aber die Buren in ihrer diskriminierenden Politik gegenüber den „Uitlanders“. Dies führte wiederum zu britischen Behauptungen, Krüger beabsichtige, die Briten aus ganz Südafrika zu vertreiben und einen großen Burenstaat zu errichten. 1899 verlangten die Briten deshalb, daß ihre Untertanen zufriedengestellt und ihnen das Wahlrecht zugestanden werden solle. Als die Buren dies verweigerten, war ein Krieg unvermeidlich. Die Kampfhandlungen zwischen den Briten auf der einen und dem Transvaal und dem Oranje-Freistaat auf der anderen Seite begannen im Oktober 1899.

Dieser sogenannte „Burenkrieg“, in dem die Briten nahezu 400 000 Soldaten brauchten, um 60 000 Buren zu besiegen, dauerte nicht weniger als drei Jahre. Die Kämpfe waren auf beiden Seiten kostspielig und verlustreich. Erst 1902 baten die Buren um Waffenstillstand. Danach wurden sie gezwungen, dem König von England Loyalität zu schwören. 1906 gewährte Großbritannien der Republik Transvaal, 1907 auch dem Oranje-Freistaat die Autonomie. 1910 traten die Buren der britischen Südafrikanischen Union – einem Zusammenschluß des Transvaal, des Oranje-Freistaates, der Provinz Natal und der Kap-Provinz – bei. Fast alle Gebiete Afrikas waren nun von europäischen Mächten beherrscht. Nur Abessinien und Liberia blieben unabhängig.

d) Die europäischen Mächte in Asien und im Pazifik

In Asien begann die europäische Suche nach Kolonien und Herrschaftsgebieten sogar noch früher als in Afrika. Wichtigstes Einflußgebiet war hier Indien, das während des Siebenjährigen Krieges (1756–1763) unter britische

Herrschaft gelangt war, nachdem britischen Truppen die Franzosen besiegt hatten. Die britische East India Company, die unmittelbar dem britischen Parlament unterstand, verwaltete von nun an den Subkontinent und regierte mit Hilfe indischer Prinzen in Form einer „indirect rule". Zwischen 1824 und 1826 wurde die britische Herrschaft nach Burma ausgedehnt, bald darauf auch nach Malaya. Als britische Kaufleute, geschützt durch die Royal Navy, in den dreißiger Jahren des 19. Jahrhunderts damit begannen, für die von ihnen gehandelten Güter mit Opium zu bezahlen, das in Indien angebaut wurde, und der chinesische Kaiser 1839 den Handel zu unterbinden suchte, weil die Opium-Sucht vor allem in Südchina dramatische Ausmaße angenommen hatte, entsandten die Briten Kanonenboote nach Kanton und erzwangen im „Opium-Krieg" von 1840 bis 1842 die chinesische Kapitulation. Im Frieden von Nanking wurde China gezwungen, eine Reihe sogenannter „Vertragshäfen", darunter Kanton und Shanghai, für den britischen Handel zu öffnen und die formale Autorität über Hongkong „auf Dauer" an Großbritannien abzutreten. Danach war die britische Kontrolle in Asien gesichert. Zwar kam es immer wieder zu Unruhen und Aufständen, wie bei der Meuterei der Sepoys – der einheimischen Hilfstruppen der Briten – in Indien 1857, doch insgesamt war die britische Präsenz in Asien bis zum Ersten Weltkrieg nirgendwo ernsthaft gefährdet. Dies galt für Indien ebenso wie für Burma und Malaya, aber auch für die Randgebiete Chinas.

In Indonesien kollidierten die britischen Interessen jedoch mit denen der Niederländer, die hier seit dem frühen 17. Jahrhundert aktiv waren, als sie ihre Handelsposten gegen marodierende Seepiraten befestigt hatten. Nachdem die Niederländer mit örtlichen Stammesfürsten Verträge geschlossen hatten, hielten sie Sumatra, Java und Borneo sowie eine Hälfte von Guinea unter ihrer Kontrolle, dessen andere Hälfte unter britischer Herrschaft stand. Frankreich erschien in Südostasien erst in den späten fünfziger Jahren auf der Bildfläche, als französische und spanische Truppen Vergeltung für die Hinrichtung eines spanischen Missionars übten und die Städte Da Nang und Saigon im heutigen Vietnam bombardierten. Zur Annexion Indochinas durch Frankreich kam es jedoch erst im Zuge des Imperialismus in den achtziger Jahren. 1883 eroberte eine französische Expeditionsarmee die Stadt Hanoi, 1887 wurde die „Union von Indochina" errichtet, die Tonking im Norden, das zentrale Annam sowie Cochinchina und Kambodscha im Süden umfaßte. 1893 wurde schließlich auch noch Laos in das Gebiet von Französisch-Indochina eingegliedert.

Im kolonialen Wettrennen um die pazifische Inselwelt der Südsee annektierte Frankreich 1880 zunächst Tahiti und in den folgenden Jahren unter anderem noch Neu-Kaledonien, die Marquesas und die Tuamotu-Inseln. Großbritannien übernahm vor allem die Fidjis, die als Versorgungsplätze für die britische Marine dienten. Deutschland pflanzte seine Fahne über dem Bismarck-Archipel und den Marschall-Inseln auf, besetzte aber auch Samoa, das gleichzeitig von den USA beansprucht wurde. Später kauften die Deutschen den Spaniern noch die Karolinen und die Marianen ab, nachdem Spanien 1898 im Krieg gegen die USA eine bittere Niederlage erlitten hatte.

Die meisten Inseln hatten nur geringe wirtschaftliche Bedeutung, aber man konnte sie als strategische Stützpunkte nutzen, wie dies besonders die Briten taten, die – mit einem gesunden Strategiebewußtsein ausgestattet – ihre natürlichen Zugänge nach Australien zu sichern suchten und sich deswegen neben Fidschi vor allem für Neu-Guinea und die Salomon-Inseln interessierten. Die Aneignung der Salomonen war einer der ersten imperialistischen Coups Disraelis. Das unmittelbar nördlich von Australien gelegene Neu-Guinea wurde indessen auch von den Deutschen und darüber hinaus von den Holländern beansprucht, die bereits ausgedehnte Besitzungen auf Borneo, Celebes und den Molukken-Inseln besaßen und nun ihr indonesisches Gebiet von „Niederländisch-Indien" abrunden wollten. 1885 wurde Neu-Guinea unter den Niederlanden, Großbritannien und Deutschland aufgeteilt.

e) Die Begründung des deutschen Kolonialreiches

In Deutschland hatte das Kolonialfieber bereits mit der Reichsgründung begonnen. Getragen von der Woge nationaler Begeisterung, starteten Abenteurer, Händler und imperialistische Politiker zu einem Wettlauf um Macht und Einfluß in der Welt, um Deutschland jenen Rang zu verschaffen, den vor allem Großbritannien und Frankreich bereits besaßen. Reichskanzler Bismarck warnte zwar vor einer Überdehnung der deutschen Möglichkeiten und empfahl, sich mit dem Erreichten zu begnügen, um die alten Mächte nicht unnötig zu provozieren. Kolonien seien „bloß zu Versorgungsposten gut", seine Karte von Afrika liege in Europa. Doch die imperialistische Bewegung, die in der Primrose League in England ab 1884 wie im Comité de l'Afrique française in Frankreich ab 1891 ihren Ausdruck fand, ging auch an Deutschland nicht vorbei. Nachdem zunächst vor allem hanseatische Kaufleute in außereuropäischen Regionen Niederlassungen errichtet hatten, machte sich mit der Gründung der „Gesellschaft für deutsche Kolonisation" am 28. März 1884 ein systematischer Kolonisierungsgeist breit. Die Gesellschaft setzte es sich zur Aufgabe, Kolonisationskapital zu beschaffen, geeignete Kolonisationsdistrikte aufzufinden und zu erwerben sowie die deutsche Auswanderung in diese Gebiete hinzulenken. In einem von Carl Peters verfaßten Aufruf appellierte sie im April 1884 an die Öffentlichkeit, der Gesellschaft beizutreten und „das Versäumnis von Jahrhunderten gutzumachen". Der Kolonisierungsvorsprung der anderen europäischen Nationen sollte so schnell wie möglich aufgeholt werden.

Die Reichsregierung blieb jedoch vorsichtig. Zwar stellte sie Schutzbriefe aus, um private Investitionen abzuschirmen, wenn sie sich als erfolgreich erwiesen. Aber staatliche Kolonisierung war nicht beabsichtigt. Kostspielige oder politisch riskante Abenteuer sollten vermieden werden. Der konservative Historiker Heinrich von Treitschke kritisierte deshalb 1890 die Regierung mit der Bemerkung, Deutschland sei bei der Verteilung der nichteuropäischen Welt unter die europäischen Mächte „bisher immer zu kurz gekommen". Dabei handele es sich doch „um unser Dasein als Großstaat bei der Frage, ob wir auch jenseits der Meere eine Macht werden können". Sonst eröffne sich die „gräßliche Aussicht, daß England und Rußland sich in die Welt teilen, und da weiß man wirklich nicht, was unsittlicher wäre, die russische Knute oder der englische Geldbeutel". Um dieser Gefahr zu entgehen, forderte Treitschke eine koloniale Aufholjagd, die Deutschlands Gleichstellung unter den kolonialen Großmächten der Zeit herbeiführen sollte. Gefördert durch die Begeisterung des jungen Kaisers Wilhelm II. für ein deutsches Streben nach Weltgeltung, wurde im April 1891 der „Allgemeine Deutsche Verband" gegründet, der 1894 in „Alldeutscher Verband" umbenannt wurde. Ziel des Verbandes war die „Pflege und Unterstützung deutsch-nationaler Bestrebungen in allen Ländern, wo Angehörige unseres Volkes um die Behauptung ihrer Eigenart zu kämpfen haben", wie es in seinem Gründungsaufruf hieß. Hier ging es nicht mehr um Schutzbriefe für Kaufleute oder die Förderung privater deutscher Investitionen im Ausland, sondern um imperialistische Politik. Deutschland sollte aus seiner Begrenzung auf Europa befreit und in den Rang einer Weltmacht erhoben werden. Ein schärferer Kontrast zu Bismarcks zurückhaltender Bewertung des Nutzens kolonialer Politik läßt sich kaum denken.

Für Wilhelm II. war es indessen schon bald keine Frage mehr, ob dieses Ziel erreicht werden könne. Obwohl die deutschen Kolonien dünn besiedelt, wirtschaftlich unergiebig und militärisch nicht zu verteidigen waren, weniger als 30 000 Weiße – Nichtdeutsche mitgezählt – in diesen Gebieten lebten und der Anteil der kolonialen Im- und Exporte am deutschen Außenhandel nie mehr als 0,02 Prozent betrug, erklärte der Kaiser in einer Tischrede am 18. Januar 1896: „Aus dem Deutschen Reiche ist ein Weltreich geworden. Überall in fernen Teilen der Erde wohnen Tausende unserer Landsleute. Deutsche Güter, deutsches Wissen, deutsche Betriebsamkeit gehen über den Ozean. Nach Tausenden von Millionen beziffern sich die Werte, die Deutschland auf der See fahren hat." In immer neuen Reden versuchte Willhelm, seine Zuhörer davon zu überzeugen, „wie mächtig der Wellenschlag des Ozeans an unseres Volkes Tore klopft und es zwingt, als ein großes Volk seinen Platz in der Welt zu behaupten". Bei der Taufe des Linienschiffes „Wittelsbach" am 3. Juli 1900 in Wilhelmshaven erklärte er sogar, der Ozean sei „unentbehrlich für Deutschlands Größe" und beweise, „daß auf ihm in der Ferne, jenseits von ihm, ohne Deutschland und ohne den Deutschen Kaiser keine große Entscheidung mehr fallen darf".

Nicht zufällig bildete eine Schiffstaufe den Anlaß für diese Worte. Denn neben der wirtschaftlichen Expansion und der Kolonialpolitik war es vor allem die Flottenrüstung, die seit den neunziger Jahren die Weltmachtrolle Deutschlands begründen sollte. Ihr Motor war Admiral Alfred von Tirpitz. Als Tirpitz am 31. März 1897 zum Staatssekretär im Reichsmarineamt berufen wurde, verfügte Deutschland nur über sechs Hochseepanzerschiffe erster Klasse und stand damit unter den Seemächten erst an fünfter Stelle, obwohl es inzwischen zur zweitgrößten Handelsmacht der Welt aufgerückt war. Tirpitz war der Ansicht – wie einer seiner engsten Mitarbeiter, Admiral Eduard Capelle, in einer Aufzeichnung vom August 1897 resümierte –, „daß der wirtschaftliche Interessenstreit mit England im nächsten Jahrhundert immer größer werden" würde und daß man „auf alles gefaßt" sein müsse. Gegen England als führende Seemacht der damaligen Zeit müsse die Marine rüsten, an England müsse sie sich messen, meinte daher Tirpitz und traf damit nicht nur den Nerv des flottenbegeisterten Kaisers, sondern auch den patriotischen Stolz der deutschen Öffentlichkeit. Die Flotte wurde zu einem umhegten Paradestück deutscher Macht und Größe, auch wenn sich die Vorstellung, man werde binnen weniger Jahre in der Lage sein, den britischen Vorsprung aufzuholen, bald als Illusion erwies.

Tatsächlich war der Gedanke, Englands Position zur See durch deutschen Flottenbau entscheidend schwächen zu können, ebenso verfehlt wie Deutschlands „Griff nach der Weltmacht" (Fritz Fischer) insgesamt. Nicht die britische, sondern die deutsche Flotte offenbarte – spätestens im Ersten Weltkrieg – ihre Schwäche, als sie kaum in der Lage war, die sicheren Häfen zu verlassen. Aber schon die Absicht, die Tirpitz mit seinem Programm verband, weckte Mißtrauen und provozierte Gegenmaßnahmen. So konnte man bereits am Beginn dieser Entwicklung, ein halbes Jahr nach Tirpitz' Berufung zum Staatssekretär im Reichsmarineamt, in einem Artikel der englischen Zeitung *Saturday Review* vom 11. September 1897 die Forderung lesen, Deutschland sei „auszulöschen". Daß man dafür die lateinischen Worte „Germaniam esse delendam" wählte, die nicht jeder sofort verstand, machte die Sache nicht besser.

Beunruhigung riefen in Großbritannien auch imperiale deutsche Bestrebungen im Nahen Osten hervor. Seit den fünfziger und sechziger Jahren des 19. Jahrhunderts waren deutsche Missionare und Lehrer in Anatolien und Mesopotamien tätig. In den siebziger Jahren kamen Banken- und Handelsvertreter hinzu, die innerhalb des Osmanischen Reiches deutsche Interessen förderten. Der deutsche Versuch, sich in der Türkei und in den angrenzenden Gebieten eine beherrschende Wirtschaftsposition zu sichern, kulminierte schließlich in dem Plan, eine Eisenbahnlinie von Berlin über Konstantinopel nach Bagdad zu bauen. Die Finanzierung sollte ursprünglich durch ein internationales Konsortium erfolgen, in dem Deutschland nur einer unter mehreren Partnern gewesen wäre. Dies änderte sich aber nach einem Besuch Kaiser Wilhelms II. beim Sultan in Konstantinopel 1898. Denn nun drängte die Regierung in Berlin die deutschen Banken, ihre Eisenbahnplanungen fortzusetzen, aber von ihren Vorstellungen bezüglich eines internationalen Konsortiums abzugehen. Diese Tatsache sowie die Schnelligkeit, mit der die Deutschen die Gunst der türkischen Regierung erlangten und dann eine beherrschende Position in der Finanzwelt und im Wirtschaftsleben der Türkei einnahmen, ließ vor allem die Briten und Russen, die um eine Vorrangstellung in Persien rivalisierten, nicht unbeeindruckt. Hinzu kam, daß die Deutschen auch bei der Entwicklung des türkischen Militärs eine prägende Rolle spielten. Der deutsche Imperialismus schien sich im Nahen Osten rasch auszubreiten und die Position der anderen europäischen Mächte in diesem Raum zu gefährden.

Großbritannien wandte sich daher nun Frankreich und wenig später auch Rußland zu. Die Konstellation der Entente, der sich das Deutsche Reich bis zum Ersten Weltkrieg gegenübersehen sollte, formierte sich. Deutschlands Weg in die Isolation begann. Die Selbstüberschätzung und politische Arroganz, die schließlich im Abgrund zweier Weltkriege mündete, wurde vor allem in der Flottenrüstung deutlich. Doch auch auf diplomatischer Ebene geriet Deutschland bereits um die Jahrhundertwende auf jene abschüssige Bahn, an deren Ende das Erbe Bismarcks bald ganz verspielt war. Als um 1905 das Zeitalter des Imperialismus zu Ende ging, brach wenig später auch das von Bismarck geschaffene europäische Sicherheitssystem zusammen. Das ehemals stabile Gleichgewicht der Mächte wich einem prekären Schwebezustand, der schon durch einen geringfügigen Zwischenfall jederzeit zum Einsturz gebracht werden konnte.

15. Die überforderte Diplomatie

a) Das europäische Mächtesystem nach 1871

Das europäische Mächtesystem des 19. Jahrhunderts, dessen Struktur eines auf Ausgleich angelegten Gleichgewichts auf den Wiener Kongreß von 1815 zurückging, unterlag nach 1871 einem bedeutenden Wandel, der langfristig beinahe zwangsläufig seinen Zusammenbruch bewirkte. Am Beginn dieser Veränderung standen der Sieg Deutschlands über Frankreich und die daraus resultierende Notwendigkeit einer Reorganisation der bestehenden Ordnung, die in den meisten Staaten des Kontinents ein Gefühl der Unsicherheit und des Mißtrauens gegenüber ihren Nachbarn schuf. In einer Rede im britischen Unterhaus brachte der jüngere Robert Peel – wie sein Vater ein renommierter Vertreter der Konservativen – die neuen Sorgen auf den Begriff, als er erklärte, es könne „für Europa nicht gut sein, daß ein großer militärischer Despotismus in Deutschland herrscht, aufgebaut auf dem Ruin und der Zerstörung Frankreichs“. Einige Briten sahen nun die Möglichkeit eines deutschen Angriffs auf die Niederlande voraus. Andere befürchteten sogar eine deutsche Invasion Englands.

Eine noch größere Distanz zur neuen Ordnung bestand in Frankreich. Nach der demütigenden Niederlage von 1871 und der erzwungenen Abtretung des Elsaß und Lothringens ließ sich an eine Normalisierung des Verhältnisses zu Deutschland für lange Zeit nicht denken. Auch wenn Frankreich – jetzt die einzige Republik in Europa – durch Deutschland keineswegs „zerstört“ war, wie Peel meinte, saß der Stachel tief. Man hatte nicht nur hohe Reparationsleistungen zu erbringen, sondern konnte es auch schwer verwinden, daß das Deutsche Reich ausgerechnet im Spiegelsaal des Schlosses von Versailles gegründet worden war. Deutschland selbst gab weder Großbritannien noch Frankreich jemals einen konkreten Anlaß für Befürchtungen, solange Bismarck als Reichskanzler die Politik bestimmte. Aber der zunehmende deutsche Machtzuwachs in demographischer, wirtschaftlicher und militärischer Hinsicht ließ sich auch von ihm nicht bestreiten und bildete für alle Nachbarn einen Grund zur Besorgnis. Die Mahnung des britischen

Premierministers Disraeli in einer Rede von 1872, nicht mehr in kontinentalen, sondern in weltweiten Kategorien zu denken und ein starkes Weltreich zu gründen, um nicht das Schicksal jener zu erleiden, deren Horizont auf Europa begrenzt sei, wurde daher nicht nur von den Briten befolgt. Auch Frankreich und sogar Rußland suchten ihre Imperien außerhalb Europas zu vergrößern, um ihre Machtbasis zu verbreitern. Das Risiko eines Zusammenstoßes der Mächte wurde dadurch allerdings nicht geringer, denn in dem Maße, in dem der Wettbewerb um Kolonien an Schärfe gewann, nahm auch das Konfliktpotential zu. Dies galt für die britische Sorge um die Sicherheit der Verbindungswege innerhalb des Empire ebenso wie für die französische Enttäuschung über das Verhalten der Briten in der Faschoda-Krise. Es galt für die Bedrohung, die von den Aktivitäten Rußlands im Mittleren Osten, im Persischen Golf und in Zentralasien für die britischen und französischen Interessen in diesem Raum ausging. Und es galt für die Rivalität der Großmächte bei der Verteilung der Beute nach dem Zerfall des Osmanischen Reiches.

Am gefährlichsten schien sich die Situation jedoch auf dem Balkan zu entwickeln, wo sich Forderungen der habsburgischen und osmanischen Großmachtpolitik mit nationalistischen und panslawistischen Ansprüchen mischten. Rußland, das den Panslawismus im eigenen Interesse förderte, um einen Zugang zum Mittelmeer zu erhalten, geriet dabei von vornherein in einen Gegensatz zu Österreich, das unter ungarischem Einfluß vor allem die wirtschaftliche Präsenz auf dem Balkan forcierte, nachdem es 1866 von Deutschland getrennt worden war. Umgekehrt sah sich Österreich nicht nur durch die von Rußland unterstützte große Agglomeration slawischer Völker bedroht, die durch ihre Initiative von der türkischen Herrschaft befreit werden sollte, sobald sich eine Gelegenheit dazu ergab, sondern auch durch das neu vereinigte Italien, das die österreichischen Provinzen am Brenner – das Trentino – und den Hafen von Triest als italienische Territorien betrachtete, weil die meisten Einwohner dort italienisch sprachen. Auch wenn Österreichs Ambitionen vielleicht nicht so umfassend waren, wie die Russen meinten, gab es keinen Zweifel, daß die Regierung in Wien ein Interesse am Balkan hatte und jede Zunahme des russischen Einflusses und jede durch Rußland angeregte Freiheitsbewegung bekämpfte, die die Sicherheit der slawischen Provinzen Österreich-Ungarns beeinträchtigen konnte. Schon in den frühen siebziger Jahren zeichnete sich daher ein künftiger Konflikt in diesem Gebiet ab. Ähnliches galt für Norditalien, wo sich die italienischen Patrioten nicht mit dem Status quo abfinden mochten.

Das Verständnis für gegenseitige Abhängigkeit sowie das Vertrauen, das in der ersten Hälfte des 19. Jahrhunderts die Harmonie des „Europäischen Konzerts" bestimmt hatten, ließen sich somit nach 1871 nicht wiederherstellen. Alle großen Staaten Europas zogen es statt dessen vor, ihre vitalen Interessen durch eigene Anstrengungen selbst zu schützen oder durch Bündnisse mit anderen Mächten abzusichern. Am Ende dieser Entwicklung standen nicht mehr Staaten gegeneinander, sondern Waffenkoalitionen.

Dazu paßte es, daß mit Ausnahme Großbritanniens alle größeren europäischen Staaten nach 1871 die allgemeine Wehrpflicht einführten. Die Militärausgaben und die Größe des stehenden Heeres und der Reserve stellten die Zahlen des vorhergehenden Zeitabschnitts bald in den Schatten und führten auch hier zu einem Wettbewerb zwischen den Ländern. Die Verlängerung der Wehrdienstzeit und die damit verbundene Erhöhung der Anzahl wehrfähiger Soldaten erschien nun als eine Angelegenheit von internationaler Bedeutung. Nach preußischem Vorbild arbeiteten überall eingerichtete Generalstäbe Kriegspläne für alle denkbaren Eventualitäten aus. Spione suchten die geheimen Pläne der anderen Mächte ausfindig zu machen. Damit wuchs die Bedeutung militärischer Kalkulationen bei politischen Entscheidungen. Es gab nun kaum noch ein Land, in dem die Chefs der Streitkräfte nicht konsultiert wurden, wenn es galt, schwierige außenpolitische Fragen zu behandeln. Über Krieg oder Frieden wurde oft nicht nach zivilen Maßstäben, sondern nach den Grundsätzen militärischer Zweckmäßigkeit entschieden.

Hinzu trat ein alles überbordender Nationalismus – die „bedeutendste Religion dieses Zeitalters" (Gordon A. Craig). Sie war stärker als der Liberalismus, stärker auch als der Sozialismus und das organisierte Christentum. Dieser Nationalismus war aufdringlich, unkritisch, anmaßend. Er wurde von populistischen Politikern und verantwortungslosen Universitätsprofessoren wie Heinrich von Treitschke, Maurice Barrès und Charles Maurras propagiert und in den neu entstehenden Boulevardblättern einem leichtgläubigen Lesepublikum vermittelt. Der nationale Egoismus erschien dabei als höchstes Gut der Politik, der Chauvinismus entwickelte sich zu einem Grundübel seiner Zeit. Ziel allen staatlichen Handelns war danach die ausschließliche Verfolgung einer nationalen Strategie, die absolute Erhaltung der nationalen Integrität und die stetige Erweiterung der nationalen Macht. Ein gemeinsames Europa war unter solchen Bedingungen in der Tat nur noch schwer vorstellbar.

b) Die Kriegspsychose von 1875

Während der „Krieg-in-Sicht"-Krise des Jahres 1875 (so genannt nach dem Titel eines von Bismarck angeregten Artikels der deutschen Zeitung *Post* vom 8. April 1875) schien es für einen Augenblick, als könnten sich die schlimmsten Befürchtungen schon jetzt bewahrheiten. Anlaß war ein neues französisches Heereskadregesetz, mit dem Frankreich seine Rückkehr in den Kreis der Großmächte zu demonstrierten suchte, nachdem sämtliche Reparationsforderungen an Deutschland sechs Monate vor dem vertraglich vereinbarten Termin beglichen worden waren. Die Annahme der Reichsregierung, daß Paris nicht in der Lage sein würde, seine Schulden fristgerecht zu bezahlen, und noch etwa zehn Jahre lang deutsche Truppen auf seinem Territorium würde dulden müssen, bestätigte sich damit nicht. Die Deutschen zogen ab, machten sich aber keine Illusionen über die Einstellung, die die Franzosen ihnen gegenüber hegten. Manche, unter ihnen Generalstabschef Helmut von Moltke, sprachen sogar bereits wieder von Krieg mit dem Ziel, einem sicher zu erwartenden französischen Angriff zuvorzukommen. Ein hoher deutscher Diplomat bemerkte dazu in Gegenwart eines französischen Kollegen, daß sein Volk einen Präventivkrieg für gerechtfertigt halte und ein Teil der deutschen Presse ihn für unumgänglich erachte.

Bismarck übte ebenfalls Druck auf Frankreich aus. Der Artikel in der *Post*, der als Beleg für seine Ermutigung der deutschen Presse, drohende Töne gegenüber Paris anzuschlagen, gewertet werden kann, war dafür ein Beispiel. Doch einen erneuten Waffengang scheint er zu keinem Zeitpunkt ernstlich erwogen zu haben, auch wenn seine Behauptung, er lehne einen Präventivkrieg aus religiösen und politischen Gründen ab, vermutlich nicht den Tatsachen entsprach. Jedenfalls blieb Bismarck in seiner Außenpolitik 1875 so zurückhaltend, wie er es seit 1871 stets gewesen war. Ein Krieg hätte ohnehin große Gefahren mit sich gebracht, ohne konkrete Vorteile zu versprechen. Dies ging auch aus Interventionen der britischen und russischen Regierung in Berlin hervor, die vor einem übereilten deutschen Vorgehen gegen Frankreich warnten. Im russischen Fall erschien sogar der Zar persönlich in der deutschen Hauptstadt, um bei Kaiser Wilhelm I. zur Zurückhaltung zu mahnen.

Für Frankreich bedeutete dieser Verlauf der Krise einen diplomatischen Erfolg, zumal Deutschland dabei sogar von seinen Freunden im Stich gelassen wurde. Insbesondere das Drei-Kaiser-Abkommen zwischen dem Deutschen Reich, Österreich-Ungarn und Rußland aus dem Jahre 1873 blieb den Beweis seiner Tauglichkeit für den Ernstfall schuldig, da Rußland sich bereit zeigte, Frankreich im Falle eines Konflikts mit Deutschland zu unterstützen. Dies ließ aus deutscher Sicht für die Zukunft nichts Gutes ahnen, zumal praktisch zeitgleich auf dem Balkan eine erste größere Krise ausbrach, die das Grundproblem der europäischen Politik nach 1871 deutlich machte. Auslöser war hier im August 1875 der Beginn eines Aufstandes in Bosnien und der Herzegowina, einem Gebiet nordwestlich von Serbien, gegen die türkische Herrschaft. Der Konflikt griff rasch auf andere türkische Gebiete auf dem Balkan über und erfaßte vor allem Bulgarien, wo der Aufstand durch die Kirche, Lehrer und Intellektuelle sowie russische Agenten systematisch vorbereitet worden war. Serbien und Montenegro erklärten der Türkei schließlich den Krieg, wurden jedoch von den türkischen Streitkräften unter Osman Pascha im September und Oktober 1876 so vernichtend geschlagen, daß sie um den Schutz der Großmächte ersuchten. Unter internationalem Druck willigte die türkische Regierung in eine Konferenz ein, die im Dezember 1876 in Konstantinopel stattfand. Die dort entworfene Friedensregelung wurde indessen im Januar 1877 von Sultan Abdul Hamid II. abgelehnt, so daß die Russen meinten, ihren slawischen Brudervölkern auf dem Balkan zu Hilfe kommen zu müssen.

Im Juni 1877 überquerten russische Streitkräfte die Donau und rückten auf Konstantinopel vor. In der kleinen bulgarischen Stadt Plewna sahen sie sich allerdings einer kleinen türkischen Streitmacht von 12 000 Mann gegenüber, die sich hier, wiederum unter Führung von Osman Pascha, verschanzt hatte und die Verbindungswege der Russen bedrohte. Erst im Dezember 1877 gelang es, den türkischen Widerstand zu brechen. Inzwischen war die antitürkische Stimmung im Westen jedoch in Sympathie, wenn nicht gar Enthusiasmus, umgeschlagen, während das Mißtrauen gegenüber den Absichten Rußlands wuchs und Vorbereitungen getroffen wurden, um seine Ambitionen zu zügeln. Als die Russen ihren Vorstoß in Richtung der Dardanellen wieder aufnahmen und die türkische Gegenwehr erlahmte und schließlich zusammenbrach, mußte die russische Regierung plötzlich erkennen, daß Großbritannien und Österreich-Ungarn bereit waren, sich den russischen Plänen zu widersetzen.

Vor dem Hintergrund des Friedens von San Stefano vom März 1878, der vom russischen Botschafter in Konstantinopel, N. P. Ignatjew, einem leidenschaftlichen Panslawisten, der 1881 zum Innenminister seines Landes aufstieg, ausgehandelt – genauer: diktiert – wurde, war dieser westliche Widerstand allerdings verständlich. Denn der Vertrag verlangte nicht nur die Abtretung von Kars, Ardahan, Bayazid und Batum an der Ostküste des Schwarzen Meeres sowie der Dobrudscha an Rußland, sondern sah auch die Gründung eines großbulgarischen Staates vor, der sich vom bulgarischen Kernland am Schwarzen Meer bis nach Makedonien und Saloniki am Ägäischen Meer erstrecken und zwei Jahre lang von russischen Truppen besetzt bleiben sollte. Damit drohte eine Situation, in der Rußland seinen Einfluß von den Dardanellen bis zum Adriatischen Meer ausdehnen konnte. Vor allem Großbritannien fühlte sich dadurch herausgefordert, da nicht zuletzt der Seeweg nach Indien durch das östliche Mittelmeer und den Suez-Kanal bedroht schien. Die Regierung in London erklärte deshalb den gesamten Vertrag für unrechtmäßig und setzte, noch bevor er überhaupt unterzeichnet war, ihre Flotte in Richtung Dardanellen in Marsch.

c) Der Berliner Kongreß

Von einem Krieg auf dem Balkan, in den voraussichtlich auch Österreich-Ungarn hineingezogen würde, konnte sich insbesondere Deutschland nichts versprechen. Da Rußland und Österreich-Ungarn auf entgegengesetzten Seiten standen, würden beide Deutschlands Unterstützung erwarten, die nicht zu leisten war; eine Beistandsverweigerung jedoch hätte zu politischen Konsequenzen geführt, die es unter allen Umständen zu vermeiden galt. Bismarck schlug daher vor, einen internationalen Kongreß zur Beilegung des Konflikts einzuberufen, der im Juni und Juli 1878 in Berlin stattfand. Der deutsche Kanzler versuchte hier, seine Außenpolitik der „Saturiertheit“, die er seit 1871 betrieben hatte, auch anderen nahezubringen. Er wuchs damit in die Rolle eines europäischen Staatsmannes hinein, der zwischen den Mächten vermittelte, um den Frieden zwischen ihnen zu erhalten, und dabei nicht nur Überzeugungskraft und Durchsetzungsfähigkeit, sondern auch ein für viele erstaunliches Maß an Vernunft und Zurückhaltung bewies. Zu den Zielen, die er auf der Konferenz zu verfolgen gedachte, hatte er bereits in einer Rede vor dem Reichstag am 19. Februar 1878 erklärt:

„Die Vermittlung des Friedens denke ich mir nicht so, daß wir nun bei divergierenden Ansichten den Schiedsrichter spielen und sagen: So soll es sein, und dahinter steht die Macht des Deutschen Reiches, sondern ich denke sie mir bescheidener, ja – ohne Vergleich im übrigen stehe ich nicht an, Ihnen etwas aus dem allgemeinen Leben zu zitieren – mehr die eines ehrlichen Maklers, der das Geschäft wirklich zustande bringen will."

Tatsächlich spielte Bismarck seine Rolle durchaus meisterlich, wie Teilnehmer und Beobachter des Kongresses übereinstimmend feststellten. Die langen Vorüberlegungen und zahllosen Vorgespräche zahlten sich nun aus. Umstrittene Fragen wurden meist nach den Vorschlägen des deutschen Kanzlers entschieden. Die ausländischen Unterhändler fügten sich seinem staatsmännischen Geschick. Wie Unteroffiziere habe er sie einschwenken lassen, meinte danach, über sich selbst erstaunt, der russische Bevollmächtigte Graf Schuwalow, und alle hätten sich diese Behandlung gefallen lassen.

Dennoch war der Berliner Kongreß aus deutscher Sicht ein Wagnis, das nicht völlig gelang. Die Tatsache, daß der Kongreß von Bismarck einberufen worden war, um einen Krieg Großbritanniens und Österreich-Ungarns gegen Rußland, in den auch andere europäische Mächte hätten hineingezogen werden können, zu verhindern, war rasch vergessen. Die Kompromisse, die in den Berliner Verhandlungen erreicht wurden, befriedigten kaum jemanden. Zwar wurden Rumänien, Serbien und Montenegro zu unabhängigen souveränen Staaten erklärt und Bulgarien zum autonomen Fürstentum. Doch Serbien mußte auf den erhofften Erwerb Bosniens und der Herzegowina verzichten, die unter österreichische Verwaltung gelangten. Rumänien mußte als Gegenleistung für den Erhalt der Dobrudscha akzeptieren, daß die 1856 erworbenen bessarabischen Provinzen an Rußland fielen, obgleich viele Rumänen, die hier lebten, damit unter fremde Herrschaft gerieten. Bulgarien wurde viel kleiner als 1877 erwartet, wobei die Bulgaren insbesondere jene Gebiete, mit denen die Serben entschädigt wurden, für ihr rechtmäßiges Eigentum hielten. Die Griechen schließlich, die einen vollständigen Zusammenbruch des türkischen Reiches erwartet hatten, der ihnen Epirus und Kreta eingebracht hätte, erhielten keines der beiden Gebiete, und ihre Empörung steigerte sich noch, als sie mitansehen mußten, daß eine wiederhergestellte und in ihrem Bestand garantierte Türkei die Insel Zypern an Großbritannien abtrat. Nahezu jede territoriale Entscheidung von Berlin führte somit zu Enttäuschungen und trug den Keim für künftigen Revisionismus und Krieg auf dem Balkan in sich.

Mehr noch: Die Ergebnisse wurden in erster Linie demjenigen angelastet, der sie durch seine Friedensbemühungen zustande gebracht hatte: Bismarck – und damit Deutschland. Enttäuscht war vor allem Rußland, das von dem Kongreß am meisten profitierte, weil es dadurch nicht nur vor einem Krieg gegen Großbritannien und Österreich-Ungarn bewahrt wurde, den die nach den Härten des türkischen Krieges erschöpfte russische Armee nur hätte verlieren können, sondern mit Bessarabien auch Zutritt zum Balkan erhielt. Nach dem Frieden von San Stefano und der nahezu völligen Vertreibung der Türken vom europäischen Kontinent hatte man sich in St. Petersburg jedoch erheblich mehr versprochen – nicht zuletzt die Schaffung eines panslawistisch nach Rußland orientierten Großbulgariens. Die Tatsache, daß ein solcher russischer Vorstoß bis an das Mittelmeer und die Meerengen des Bosporus und der Dardanellen von keiner der anderen betroffenen Großmächte – Österreich-Ungarn, Großbritannien und der Türkei – akzeptiert worden wäre, sondern sofort Anlaß zu neuer Kriegsgefahr gegeben hätte, fand auf russischer Seite keine Beachtung. In St. Petersburg war man schlicht der Auffassung, das gewaltige Aufgebot an Geld und Menschen im türkischen Krieg habe sich für das Zarenreich nicht ausgezahlt, weil Bismarck es ablehne, sich für den ihm in den Jahren 1866 und 1870 von Rußland erwiesenen Dienst zu revanchieren.

Undankbarkeit wurde den Deutschen also nun von den Russen vorgeworfen. Ohne Umschweife erinnerte auch Zar Alexander II. am 15. August 1879 in einem Brief an Kaiser Wilhelm I. an die Unterstützung, die Rußland bei der Reichsgründung Deutschland gewährt hatte, wenn er schrieb, es ginge „um das Wohl zweier großer Staaten ..., die dazu geschaffen sind, in gutem Einvernehmen miteinander zu leben und von denen der eine dem andern im Jahre 1870 einen Dienst geleistet hat, den Sie nach Ihren eigenen Worten niemals zu vergessen erklärten". Beinahe drohend hieß es in dem Brief dann weiter: „Ich würde mir nicht erlaubt haben, Sie daran zu erinnern, aber die Dinge nehmen eine zu ernste Wendung, als daß ich Ihnen die Befürchtungen verhehlen dürfte, die mich erfüllen, und deren Folgen für unsere beiden Länder unheilvoll werden könnten. Möge Gott uns davor bewahren und Sie erleuchten!"

Der Grund, der den Zaren veranlaßte, so deutliche Worte zu wählen, war eher kümmerlich: Deutsche diplomatische Vertreter in der Türkei hätten eine Haltung eingenommen, „die sich seit einiger Zeit leider in einer für Rußland feindlichen Weise kundgibt". Wie, so fragte Alexander, solle man sich diese Haltung erklären? Die Bevollmächtigten Frankreichs und Italiens stünden in fast allen Fragen Rußland bei, wohingegen diejenigen Deutschlands „das Losungswort erhalten zu haben scheinen, stets die Ansicht der Österreicher, die uns planmäßig feindlich ist, zu unterstützen" – und dies bei Angelegenheiten, die Deutschland in keiner Weise angingen, für Rußland aber von größter Bedeutung seien. Was Bismarck lange befürchtet hatte, aber bisher stets hatte abwenden können, lag nun in der Luft: ein Zusammengehen Rußlands mit Frankreich, vielleicht auch mit Italien. Die europäische Konstellation hatte sich verändert, nicht zu Deutschlands Gunsten, und ausgerechnet ein Friedenskongreß auf deutschem Boden hatte dazu beigetragen.

d) Zweibund und Dreibund

Bismarcks Politik einer grundlegenden Neugliederung des Balkans unter Berücksichtigung des gesamteuropäischen Kräftegleichgewichts war somit unter dem Aspekt der Friedenssicherung vielleicht richtig und unter den gegebenen Umständen sogar die einzig mögliche Strategie gewesen, aber sie hatte das Deutsche Reich und seine Politik in eine zunehmend schwierige Lage manövriert. Denn der Hinweis Zar Alexanders II. auf die „deutschen diplomatischen Vertreter in der Türkei“ – selbst wenn es damit seine Richtigkeit hatte – war ja nur ein Hilfsargument für eine viel grundlegendere Verstimmung: den russischen Unmut über die wachsende Stärke des Bismarckschen Reiches, die auf dem Berliner Kongreß noch einmal unmißverständlich zum Ausdruck gekommen war und die, wenn sie sich mit derjenigen Österreich-Ungarns addierte, eine ernsthafte Bedrohung russischer Interessen auf dem Balkan bedeutete. Der russische Außenminister, Alexander Fürst Gortschakow, hatte sich seit seinem Besuch in Berlin im Mai 1875 wiederholt gereizt über Bismarcks bisweilen arrogante Souveränität geäußert und schürte nun seinerseits die negative Stimmung im deutsch-russischen Verhältnis.

Tatsächlich bestanden die Befürchtungen in St. Petersburg nicht ganz zu Unrecht, denn Bismarck strebte wirklich ein Bündnis mit Österreich-Ungarn an und verhandelte darüber auch bereits seit geraumer Zeit mit Außenminister Gyula Graf Andrássy. Allerdings sollte dieses Bündnis keine radikale Schwenkung der deutschen Politik einleiten, insbesondere keinen Bruch mit Rußland herbeiführen, sondern lediglich die bisher isolierte deutsche Position gegen Rußland stärken. Insofern war es auch nur konsequent, daß Bismarck ein umfassenderes Bündnis zwischen Deutschland, Österreich-Ungarn und Großbritannien, zu dem man in London wegen der gegen Rußland gerichteten britischen Orient-Interessen durchaus geneigt gewesen wäre, ablehnte, da Rußland dann endgültig sofort auf die Seite Frankreichs gewechselt wäre. Das aber wollte Bismarck weiterhin vermeiden. Dennoch ließen sich die Formulierungen des Zweibund-Vertrages mit Österreich-Ungarn, der am 7. Oktober 1879 unterzeichnet wurde, durchaus als rußlandfeindlich interpretieren, auch wenn sie nur „defensiv“ gemeint waren. Insbesondere die in Artikel I des Vertrages enthaltene Erklärung, „einander mit der gesamten Kriegsmacht Ihrer Reiche beizustehen“, wenn ein Angriff von seiten Rußlands erfolge, war kaum mißzuverstehen. Auch die Tatsache, daß der Vertrag geheim gehalten, die Regierung in St. Petersburg also über den Zweibund vorerst im unklaren gelassen wurde, trug nicht gerade zur Vertrauensbildung zwischen Deutschland und Rußland bei.

Dies galt ebenfalls für die Gespräche, die der deutsche Botschafter in London, Graf Münster, mit dem britischen Premierminister Lord Beaconsfield führte. Die Aktivitäten, die Bismarck entfaltete, um der deutschen Politik Rückendeckung für den Fall zunehmender deutsch-russischer Spannungen zu verschaffen, mußten deshalb in St. Petersburg weitere Besorgnis auslösen. Rußland wurde damit vor die Alternative gestellt, entweder den Bruch mit Deutschland zu riskieren und ernsthaft ein Bündnis mit Frankreich anzustreben – oder einzulenken. In Wirklichkeit war die russische Wahlmöglichkeit jedoch begrenzt, da die französische Karte zwar eine Option darstellte, aber eben nicht mehr. Deutschlands Stärke, womöglich im Bündnis mit Österreich-Ungarn, Großbritannien und vielleicht noch Italien, wog ungleich schwerer als die Unzuverlässigkeit und militärische Schwäche des politisch immer noch weithin isolierten Frankreich. Rußland konnte sich also von einer Allianz mit Paris vorerst nichts versprechen und bemühte sich daher zu Beginn der achtziger Jahre um eine Wiederannäherung an Deutschland.

Bismarck war über das russische Einlenken erleichtert und tat alles, um auch in Wien die Bedenken gegen ein neues Bündnis mit Rußland zu zerstreuen. Das daraufhin ausgehandelte Drei-Kaiser-Bündnis vom 18. Juni 1881 war im Kern ein Neutralitätsvertrag, darüber hinaus aber auch ein Abkommen, in dem wesentliche Bestimmungen des Berliner Kongresses nochmals bekräftigt wurden. Vor allem die russischen und österreich-ungarischen Interessensphären auf dem Balkan und gegenüber der Türkei wurden darin noch einmal abgesteckt. In einem Zusatzprotokoll wurden darüber hinaus spezielle Vereinbarungen über die Behandlung strittiger Fragen getroffen, die vor allem Bosnien und die Herzegowina, den Sandschak von Novibazar, Ostrumelien und Bulgarien betrafen und weiteren Konflikten zwischen Rußland und Österreich-Ungarn in diesem Raum vorbeugen sollten. Das Drei-Kaiser-Bündnis hatte zunächst eine Laufzeit von drei Jahren und wurde im März 1884 erneuert.

Aus Sicht Bismarcks war das Bündnis ein Erfolg, da es Deutschland wieder „für einige Jahre" Frieden bescherte und die Gefahr eines russisch-französischen Zusammenspiels vorerst beseitigte. Als zudem Italien 1882 nach der französischen Besetzung von Tunis seine Bereitschaft signalisierte, dem Zweibund zwischen Deutschland und Österreich-Ungarn beizutreten und Frankreich noch weiter zu isolieren, griff Bismarck erneut gerne zu. Der Dreibund-Vertrag, der daraufhin unter dem Datum des 20. Mai 1882 geschlossen wurde, war allerdings ein eher zufällig zustande gekommenes Beiprodukt seiner Bündnispolitik. Italien hatte nie auf der Wunschliste seiner Bundesgenossen gestanden. Von der Zuverlässigkeit und militärischen Schlagkraft des italienischen Partners hielt er nicht viel. Der Dreibund sei „eine strategische Stellung, welche angesichts der zur Zeit seines Abschlusses drohenden Gefahren ratsam und unter den obwaltenden Verhältnissen zu erreichen war", schrieb er, eher beiläufig und lapidar, rückblickend in seinen *Gedanken und Erinnerungen*. Vor allem ging es ihm darum, dem verbündeten Österreich für den Kriegsfall die Sorge um die Deckung seiner italienischen Grenze zu nehmen. Es genüge, soll er in diesem Zusammenhang bemerkt haben, wenn im Kriegsfall ein Korporal mit der italienischen Flagge die Front gegen Westen statt gegen Österreich einnehme. Der Nutzen, den Italien aus dem Dreibund zog, war nicht minder zweifelhaft. Eine berechenbare Politik ließ sich aus den vagen Formulierungen des Vertrages nicht ableiten, und in Paris war die Empörung über die Verbindung Italiens mit dem Hauptgegner Frankreichs so groß, daß man schließlich sogar einen Zollkrieg anzettelte, der Italien an den Rand des wirtschaftlichen Ruins brachte.

e) Der Balkan als Dauerproblem

Mit dem Zweibund von 1879, dem Drei-Kaiser-Bündnis von 1881 und dem Dreibund von 1882 war ein Bündnissystem geschaffen, das die weitere Entwicklung der europäischen Politik maßgeblich bestimmen sollte. Ob die komplizierte Architektur dieser Sicherheitsordnung den zu erwartenden Konflikten gewachsen sein würde, war allerdings zu Beginn der achtziger Jahre noch nicht abzusehen. Einen Vorgeschmack kommender Probleme, die schließlich zur Katastrophe von 1914 führen sollten, erhielt Europa jedoch bereits 1886, als sich die Spannungen zwischen Bulgaren und Serben kriegerisch entluden, Rußland sich auf die Seite der Serben stellte, Österreich-Ungarn durch das russische Vorgehen seine Interessen verletzt und seine Sicherheit bedroht sah und der französische Kriegsminister General Boulanger seine Truppen an der Grenze zu Deutschland verstärkte und nach einem Grenzzwischenfall im April 1887 – der widerrechtlichen Verhaftung eines französischen Grenzbeamten durch deutsche Behörden wegen Spionageverdachts – sogar schon den Krieg beginnen wollte. 1914 kündigte sich also hier gleich mehrfach an: ein Konflikt auf dem Balkan, die Verwicklung Serbiens, Spannungen zwischen Österreich-Ungarn und Rußland, der Versuch Frankreichs, Deutschlands Schwierigkeiten mit seinem österreichischen Verbündeten und dessen Zerwürfnis mit Rußland zu seinem Vorteil zu nutzen, um sich für die Niederlage von 1870/71 zu revanchieren.

Ungeachtet der Bismarckschen Stabilitätspolitik auf dem Berliner Kongreß und trotz der Vereinbarungen im Zusatzprotokoll des Drei-Kaiser-Bündnisses von 1881 blieb der Balkan somit ein gefährliches Pulverfaß, das jederzeit wieder explodieren konnte. Niemand, auch Bismarck nicht, hatte es in der Hand, die Probleme dort in der Weise zu lösen, daß den divergierenden Interessen Rußlands, Österreich-Ungarns, Großbritanniens und der Türkei Rechnung getragen worden wäre. Hinzu kam ein brisantes Spannungsgemisch territorial-politischer, ethnischer, religiöser, nationalistischer und panslawistischer Strömungen, die von verschiedener Seite geschürt wurden, aber von keiner Seite kontrollierbar waren. Hier Frieden zu halten, war praktisch unmöglich. Auch das erst 1884 erneuerte Drei-Kaiser-Bündnis drohte an der Balkan-Frage zu zerbrechen, als Rußland 1886 entschlossen schien, Bulgarien mit Gewalt zu unterwerfen, und die Regierung in Wien schon militärische Vorbereitungen traf, um einem russischen Vorstoß zu begegnen. Nach den Bestimmungen des Zweibund-Vertrages hätte Deutschland Österreich-Ungarn im Falle eines Krieges mit Rußland unterstützen müssen. Bismarck konnte dies den Russen gegenüber jedoch nicht deutlich machen, weil er befürchten mußte, Rußland damit in die Arme Frankreichs zu treiben. Ein Krieg auf dem Balkan wäre vielleicht verhindert worden. Doch Deutschland wäre von Paris und St. Petersburg in die Zange genommen worden – und dies ausgerechnet zu einem Zeitpunkt, da es im Herbst 1886 den Anschein hatte, als sollte die Dritte Republik durch eine Diktatur Kriegsminister Boulangers abgelöst werden, der öffentlich gedroht hatte, die an Deutschland verlorenen Provinzen zurückzugewinnen.

In der Tat hätte ein Bündnis zwischen einem boulangistischen Frankreich und einem panslawistischen Rußland aus deutscher Sicht den Alptraum eines Zweifrontenkrieges in greifbare Nähe rücken lassen. Bismarck hielt es daher für geraten, die Ambitionen des Zaren in Bulgarien zu unterstützen, zugleich aber Druck auf Österreich auszuüben, seine Politik auf dem Balkan zu mäßigen. Er tat dies mit der unmißverständlichen Warnung, daß Deutschland nicht gedenke, sich „wegen dieser Frage ... das Leitseil um den Hals werfen (zu) lassen, um uns mit Rußland zu brouillieren" – „von niemand", wie er hinzufügte, also auch nicht vom verbündeten Wien. Darüber hinaus suchte er der von Frankreich drohenden Gefahr zu begegnen, indem er einerseits die von General Boulanger hochgespielten Grenzkonflikte deeskalierte und damit Paris entgegenkam, andererseits aber eine Vergrößerung des stehenden deutschen Heeres verlangte, um für die Zukunft besser gerüstet zu sein. Als der Reichstag die Zustimmung verweigerte, löste er das Parlament auf und führte einen demagogischen Wahlkampf, der ihm die notwendige Mehrheit für die Bewilligung der neuen Mittel verschaffte. Diese Verstärkung der deutschen Militärmacht wirkte in Paris ernüchternd – zumal sie mit der im Februar 1887 verbreiteten Nachricht einherging, daß der Dreibund ein weiteres Mal erneuert worden war – und führte dazu, daß Boulanger seine Pläne eines Krieges gegen Deutschland vorerst begraben mußte.

Der russische Vorstoß gegen Bulgarien erfüllte allerdings nicht nur Österreich-Ungarn, sondern auch Italien und Großbritannien mit Sorge. Nachdem Bismarck während der Gespräche über die Verlängerung des Dreibundes den Italienern gegenüber andeutet hatte, daß London und Wien bereit sein könnten, ihren Standpunkt bezüglich des Balkans zu unterstützen, kam es im März 1887 zum Abschluß des Mittelmeer-Abkommens zwischen Italien, Österreich-Ungarn und Großbritannien, das im Falle von Uneinigkeiten mit einer vierten Macht gegenseitige Unterstützung vorsah. Das Abkommen richtete sich indessen ebensosehr gegen Frankreich wie gegen Rußland. Der konservative Premierminister Großbritanniens, Lord Salisbury, hoffte, daß eine Zusammenarbeit mit dem Dreibund im Falle einer Bedrohung von französischer oder französisch-russischer Seite in Ägypten die Unterstützung der britischen Position gewährleisten würde, lehnte aber auch ein Anwachsen des russischen Einflusses auf dem Balkan ab.

Für Bismarck reichten diese Sicherungsmaßnahmen gegen die verschiedenen Konfliktmöglichkeiten, die Deutschlands Position bedrohen konnten, jedoch immer noch nicht aus. Vor allem die Gefahr einer russisch-französischen Allianz, die sich im Herbst 1886 zumindest entfernt abgezeichnet hatte, galt es zu bannen. Bismarck knüpfte daher neue Verbindungen mit Rußland, dem er gerade in der Bulgarien-Frage einen Gefallen erwiesen hatte, und schloß am 18. Juni 1887 mit der Regierung in St. Petersburg einen sogenannten „Rückversicherungsvertrag", in dem sich die beiden Partner für den Fall eines Krieges mit einer dritten Großmacht zu „wohlwollender Neutralität" verpflichteten, sofern der Konflikt nicht durch einen russischen Angriff auf Österreich oder einen deutschen Angriff auf Frankreich herbeigeführt worden war. In einem „ganz geheimen" Zusatzprotokoll verpflichtete sich darüber hinaus Deutschland, Rußland beizustehen, in Bulgarien „eine geordnete und gesetzmäßige Regierung" wiederherzustellen, und Rußland moralisch und diplomatisch zu unterstützen, falls der Zar „sich in die Notwendigkeit versetzt sehen sollte, zur Wahrung der Rechte Rußlands selbst die Aufgabe der Verteidigung des Zuganges zum Schwarzen Meere zu übernehmen".

Das war ein weitreichendes Entgegenkommen der deutschen Seite gegenüber russischen Ansprüchen auf dem Balkan und in der Meerengenfrage und damit zugleich ein Affront gegenüber der österreich-ungarischen und britischen Politik in diesem Raum. Bismarck ermutigte daher die Mächte des Mittelmeer-Abkommens noch vor Jahresende zu einem Ergänzungsabkommen, in dem diese sich im Dezember 1887 zu Verteidigern des Friedens und des Status quo im Nahen Osten erklärten. Rußland mußte danach seine Absicht aufgeben, sich die Herrschaft über Bulgarien zu sichern, und tat dies nicht ohne bittere Gedanken über einen Bündnispartner, der mit der linken Hand wieder nahm, was er mit der rechten gegeben hatte. Für Deutschland allerdings war die Gefahr eines Zweifrontenkrieges für den Augenblick beseitigt. Doch weder Österreich-Ungarn noch Rußland konnten mit dem Ergebnis ganz zufrieden sein. Erneut hatte Bismarcks nüchterne Strategie den Frieden bewahrt, aber Mißtrauen gesät. Was den Kanzler tatsächlich bewog, die konservativen Mächte Europas zum Stillhalten zu zwingen, konnte man in einer Denkschrift lesen, die er unter dem Datum des 10. November 1887 Kaiser Wilhelm I. vorlegte, als dieser sich auf eine Unterredung mit Zar Alexander III. vorbereitete:

> „In der Politik haben wir ebensosehr mit den Parteien wie mit den Nationen zu rechnen. Der Kampf geht heute nicht so sehr zwischen Russen, Deutschen, Italienern, Franzosen wie zwischen der Revolution und der Monarchie. Die Revolution hat Frankreich erobert, England berührt; sie ist stark in Italien und Spanien. Nur noch die drei Kaiserreiche vermögen ihr Widerstand zu leisten. Das republikanische Frankreich bedroht in erster Linie Deutschland. Wenn es siegreich wäre, würde sein Sieg die demokratische und republikanische Partei in Deutschland stärken. Darf ein russischer Kaiser das republikanische Frankreich ermutigen, sein Vorschreiten gegen den Osten Europas vorzubereiten, und die deutschen Monarchien mit der französisch-russischen Allianz bedrohen? ... Im ganzen würde der etwaige nächste Krieg viel weniger den Charakter eines Krieges von Regierung gegen Regierung, als den eines Krieges der roten Fahne gegen die Elemente der Ordnung und der Erhaltung haben."

VI.
Das Ende des alten Europa

Die letzten Jahre des 19. Jahrhunderts – das *fin de siècle* – und die Zeit vor dem Ersten Weltkrieg galten in der Erinnerung der Menschen in den meisten Teilen Europas nach 1918 als *Belle Époque.* Die „schöne Zeit" erschien im Rückblick als eine Periode des Friedens, materieller Sicherheit und einer bemerkenswerten kulturellen Blüte. Die Wirtschaftskrise, die Europa seit 1873 in ihrem Bann gehalten hatte, war überwunden. Eine Phase der Prosperität brachte der Mittelklasse und dem Wirtschaftsbürgertum einen bisher ungekannten Wohlstand und der Arbeiterschaft zumindest eine gewisse finanzielle Stabilität. Auf der Weltausstellung in Paris 1889 kündete der 300 Meter hohe, stählerne Eiffelturm weithin sichtbar vom industriellen Fortschritt. Neue Erfindungen, wie das Telefon und das Automobil, versprachen ein noch besseres und bequemeres Leben in der Zukunft. Zugleich geriet das alte Europa, dessen Vormachtstellung lange Zeit unbestritten gewesen war, immer mehr in den Strudel innerer und äußerer Kämpfe, in denen der Glaube an Aufklärung, Vernunft und wissenschaftlich-technischen Fortschritt zerbrach. Besonders unter Künstlern und Schriftstellern griff ein kultureller Pessimismus um sich: ein Aufstand gegen die Idee der Moderne, in dem der Eiffelturm nicht mehr als technische Meisterleistung, sondern als anmaßender neuzeitlicher „Turmbau von Babel" erschien. 1904 notierte deshalb der deutsche Soziologe Max Weber, bisher „unkritisch akzeptierte Ansichten" würden „in Zweifel gezogen", der Weg sei „verloren im Zwielicht". Die Katastrophe des großen Krieges, der 1914 begann, kündigte sich an.

16. Modernisierungskrise und Fin de Siècle

a) Die Krise der Moderne

In seinem von 1911 bis 1914 verfaßten kulturphilosophischen Werk *Der Untergang des Abendlandes* nahm sich Oswald Spengler grundsätzlich des Themas der Krise der Moderne an. In dem – von ihm selbst „gewagt" genannten – Versuch, „Geschichte vorauszubestimmen", bemühte er sich, „das Schicksal einer Kultur, und zwar der einzigen, die heute auf diesem

Planeten in Vollendung begriffen ist, der westeuropäisch-amerikanischen, in den noch nicht abgelaufenen Stadien zu verfolgen". Die erst in den Jahren 1918 bis 1922 publizierte Studie, deren Titel schon 1912, also vor dem Ersten Weltkrieg, feststand und mit dem erklärenden Zusatz „Morphologie der Weltgeschichte" versehen war, begriff die Gegenwart Europas als „Endzustand". Europas Untergang – auch wenn er sich erst in der Zukunft, vielleicht im „Umfang mehrerer Jahrhunderte", vollziehen mochte – wurde darin als unabwendbare geschichtliche Tatsache prophezeit. Spengler verlieh damit der allgemeinen Krise des abendländischen Bewußtseins um die Jahrhundertwende Ausdruck. Wörtlich stellte er fest: „Der Untergang des Abendlandes, zunächst ein örtlich und zeitlich beschränktes Phänomen wie das ihm entsprechende des Untergangs der Antike, ist [...] ein philosophisches Thema, das in seiner ganzen Schwere begriffen alle großen Fragen des Seins in sich schließt."

Dieser Pessimismus, der in einem bemerkenswerten Kontrast zur langen Friedensperiode im überwiegenden Teil des europäischen Kontinents seit 1815 stand und auch dem wachsenden technischen Fortschritt sowie der damit einhergehenden Verbesserung der materiellen Lebenssituation der meisten Menschen in Europa kaum entsprach, ist nur zu erklären, wenn man ihn zu den weitreichenden Folgen des gesellschaftlichen Umbruchs in Beziehung setzt, der sich mit der rasch fortschreitenden Industrialisierung vollzog. Ärzte diagnostizierten um die Jahrhundertwende eine immer größere Zahl psychischer Erkrankungen, wie Hypochondrie, Melancholie und Hysterie. Nervenzusammenbrüche waren an der Tagesordnung und wurden der übergroßen Komplexität der Moderne angelastet, die den Menschen überfordere. Neurasthenie – mit ihren Symptomen einer besonderen Empfindlichkeit gegenüber Licht und Lärm, allgemeiner Ermüdung, Angstzuständen und Verdauungsstörungen – galt als typische Krankheit der Zeit. Alkoholismus griff um sich, ebenso Drogenmißbrauch, vor allem von Opium und seinen Derivaten, wie Morphium und Laudanum, sowie Heroin, Kokain und Haschisch. Mysthizismus und Okkultismus offerierten eine bequeme und vermeintlich risikolose Flucht aus dem Alltag. „Die moderne Gesellschaft ist gepeinigt ohne Ende durch einen nervösen Reizzustand", erklärte deshalb der französische Dichter Émile Zola. Fortschritt, Industrie und Wissenschaft hingen ihm „zum Halse heraus".

Tatsächlich hatte der Fortschritt seinen Preis, und viele – insbesondere Künstler, Schriftsteller und Philosophen – waren nicht länger bereit, ihn zu bezahlen. Massenproduktion ging mit Massenkultur einher und wurde deshalb als Kulturverfall begriffen. Der irische Erzähler und Dramatiker Oscar Wilde sprach von den „profanen Massen", der englische Kunsthandwerker und Designer William Morris vom „Verlust der ästhetischen Kontrolle" des Handwerks in der Welt der Maschinen und der Massenherstellung. Der französische Impressionist Claude Monet, der in den siebziger Jahren des 19. Jahrhunderts im Pariser Vorort Argenteuil lebte, wo er vor allem die Seine mit den neu entstehenden Fabriken im Hintergrund malte, zog deshalb schon bald aus dem urbanen und sich rasch industrialisierenden Paris in das immer noch ländliche Giverny, wo sein Garten mit einem kleinen See ihm ideale Motive bot. Auf der anderen Seite gelangten diejenigen Maler, die sich der neuen Städte als Motive bedienten, zu immer grelleren Farben und – nach dem milden Impressionismus Monets – einem stets rüderen Expressionismus. Der Deutsche Ludwig Meidner (1884–1966), der die Gruppe „Die Pathetiker" gründete und zum expressionistischen „Sturm"-Kreis gehörte, forderte sogar, den sanften Stil und die ländlichen Motive ganz aufzugeben und sich der neuen Realität mit ihren aggressiven Metropolen zu stellen: dem „Bombardement zischender Reihen von Fenstern, tobender Kegel von Licht zwischen Fahrzeugen aller Art und Tausenden hüpfender Kugeln, menschlicher Lumpen, Reklameschildern und Massen bedrohlicher, formloser Farben".

In den Naturwissenschaften wurde das Selbstverständnis immer größeren Wissens und immer eingehenderer Erkenntnis der Zusammenhänge der Welt ebenfalls erschüttert. Die Forscher begannen zu begreifen, daß viele Entdeckungen mehr Fragen aufwarfen, als sie beantworteten. Je tiefer man in die Geheimnisse der Materie, des Lichts und der Energie eindrang, desto weniger schien man zu verstehen. Die Entdeckung der Radioaktivität durch Marie und Pierre Curie, Max Plancks Quantentheorie, vor allem jedoch Albert Einsteins 1905 publizierte Theorie der Relativität, die den Schlüssel zur kontrollierten Freisetzung von Energie aus Atomen enthielt und vierzig Jahre später zur Entwicklung der Atombombe und danach der Wasserstoffbombe führte, stellten zwar große wissenschaftliche Leistungen dar, offenbarten aber auch die Grenzen menschlicher Erkenntnisfähigkeit. Wer versuchte, den religiösen Glauben durch rationales Wissen zu ersetzen, schuf oft nur ein schwer erträgliches Vakuum des Nicht-Verstehens, das in seinen psychologischen Auswirkungen ebenso große Probleme bereitete wie die wachsende Undurchschaubarkeit der alltäglichen Lebenswelt, mit der die Menschen in der modernen Industriegesellschaft konfrontiert waren.

„Sozialwissenschaftler" suchten daher nach Erklärungen und Lösungen für gesellschaftliche Strukturen und Phänomene des sozialen Lebens. Sie adaptierten Modelle aus den Naturwissenschaften, unternahmen empirisch-systematische Analysen beobachtbarer Sozialdaten und begründeten so die „Soziologie" als Wissenschaft von der Gesellschaft. Das grundlegende Werk dazu stammte von Friedrich Tönnies, der 1887 in seinem Buch *Gemeinschaft und Gesellschaft* die Herausbildung der modernen westlichen Zivilisation beschrieb. Max Weber bemühte sich um eine „wertfreie" Gesellschaftswissenschaft und beschäftigte sich unter anderem mit dem Ursprung der kapitalistischen Wirtschaftsform, den er in seiner Untersuchung *Die protestantische Ethik und der Geist des Kapitalismus* im calvinistischen Unternehmertum des 16. und 17. Jahrhunderts zu entdecken glaubte. Mit den Veränderungen der traditionellen Gesellschaft durch Urbanisierung und Industrialisierung befaßte sich der französische Sozialtheoretiker Émile Durkheim, der dabei auch nach einer Erklärung für die hohe Zahl von Morden und Raubüberfällen suchte, die in Frankreich zwischen 1865 und 1890 um bis zu 50 Prozent zunahmen. Er stellte fest, daß das unkontrollierte Wachstum der Städte zu einer Zerstörung moralischer Bindungen führte, die das Individuum in traditionellen Gesellschaften unter Kontrolle gehalten hatten, und daß das Schwinden religiöser Praktiken die Autorität unterminierte und den sozialen Zusammenhalt minderte. Die Folge war eine „soziale und moralische Desintegration", gekennzeichnet durch Klassenkonflikte und gesellschaftlichen Aufruhr. Von hier war es nicht mehr weit bis zum Vorwurf der „Dekadenz", der insbesondere von konservativen Beobachtern angesichts der Aufweichung des überkommenen Wertesystems und der Lockerung der Sitten in den neuen großen Städten Europas erhoben wurde. Manche besorgten Nationalisten befürchteten sogar eine „rassische Degeneration" als Folge zunehmender Kriminalität und Promiskuität. Die „Krise der Moderne" hatte nach den Künstlern und Schriftstellern auch breitere Schichten der Gesellschaft und die Politik erreicht.

b) Massenkultur und Säkularisierung

Einer der Gründe, weshalb um die Jahrhundertwende so viele Angehörige der traditionellen Elite von einem Verfall des Normen- und Wertesystems oder sogar vom Untergang der bisherigen Gesellschaft sprachen, war die Ausbreitung der Massenkultur, die ein wesentliches Merkmal der Entwicklung Europas dieser Zeit darstellte. Die „Demokratisierung" und „Vermassung" der Gesellschaft untergrub nicht nur die Stellung des Adels und – bedingt durch die allgemeine Säkularisierung – des Klerus, sondern behinderte auch den weiteren Aufstieg des Bildungs- und Industriebürgertums. Statt dessen gewann ein neues Massenpublikum an Bedeutung. Die Kultur des Massenkonsums begann: mit Kaufhäusern und Hochglanzwerbung, die die Wunderwerke der Massenherstellung anpries, einer umfangreichen Café- und Kneipenszene, die sich in praktisch allen Städten und Dörfern entwickelte, und neuen Lesegewohnheiten, die nicht mehr in erster Linie durch klassische Literatur, sondern durch Massenzeitungen wie *Le Petit Journal* in Paris und *The Daily Mail* in London (mit einer Auflage von über einer Million täglich) oder populäre Wochenzeitschriften wie *Tit Bits* und *Die Gartenlaube* befriedigt wurden. Fußball, Rugby und Leichtathletik sowie Fahrrad- und schließlich auch Automobilrennen zogen Teilnehmer und Zuschauer in ihren Bann. Sportvereine schossen wie Pilze aus dem Boden. Die um die Jahrhundertwende in großer Stückzahl produzierten Fahrräder wurden so preiswert, daß sie auch für Arbeiter erschwinglich wurden. Längere Fahrten und Ausflüge waren damit nicht länger ein Privileg von Kutschenbesitzern, sondern wurden zu einem gesellschaftlichen Massenphänomen.

Zu den Voraussetzungen der Massenkultur zählten nicht nur die außerordentlichen Verbesserungen in den materiellen Lebensbedingungen, sondern auch der Ausbau des Erziehungssystems. In den meisten Ländern bestand inzwischen die Grundschulpflicht. Der Schulbesuch war großenteils kostenlos. Dementsprechend ging der Analphabetismus zurück: Während noch zur Jahrhundertmitte 40 Prozent der französischen Wehrpflichtigen weder lesen noch schreiben konnten, waren es 1901 nur noch sechs Prozent.

In Italien sank die Zahl der Analphabeten, die 1860 noch 75 Prozent der Männer und 90 Prozent der Frauen umfaßt hatte, bis zur Jahrhundertwende auf jeweils 50 Prozent, 1914 sogar auf 25 Prozent. Selbst in Rußland nahm die Lesefähigkeit von unter zehn Prozent in den sechziger Jahren des 19. Jahrhunderts auf etwa 25 Prozent um 1910 zu. Am deutlichsten war der Fortschritt jedoch in Deutschland, wo die Analphabetenrate bereits zur Jahrhundertwende unter einem Prozent lag. Eine Ausnahme bildete Südosteuropa, wo beispielsweise in Dalmatien an der Ostküste der Adria noch 1871 weniger als ein Prozent der Wehrpflichtigen lesen und schreiben konnte. In Westeuropa dagegen absolvierte inzwischen eine wachsende Zahl von Schülern auch weiterführende Schulen, darunter zum ersten Mal in nennenswertem Umfang Mädchen. Ebenfalls steigend waren die Studentenzahlen, die sich zwischen 1875 und 1912 in Deutschland verdreifachten und in Frankreich sogar vervierfachten. Der relative Anstieg in diesem Bereich wollte allerdings nicht viel besagen, da die absoluten Zahlen vorerst gering blieben. So gab es 1913 an allen britischen Universitäten zusammengenommen noch immer nicht mehr als 13 000 Studenten. Bei 36 Millionen Briten entsprach dies einem Anteil von 0,036 Prozent der Bevölkerung.

Die Bildungsrevolution, die sich damit in der zweiten Hälfte des 19. Jahrhunderts in Europa vollzog, hatte nicht zuletzt Auswirkungen auf die Religion. Die Erziehung, die weniger religiöse als nationale Werte vermittelte, verstärkte die Säkularisierung, die im übrigen auch von den Regierungen gefördert wurde, die – wie in Deutschland – der Kirche zahlreiche Privilegien entrissen. Der regelmäßige Kirchenbesuch ging zurück und lag beispielsweise in London zur Jahrhundertwende bei unter 20 Prozent. Im französischen Marseille, wo 1840 noch die Hälfte der Bevölkerung regelmäßig zur Kirche gegangen war, betrug dieser Anteil 1901 nur noch 16 Prozent. In anderen Regionen Frankreichs lebten die Menschen sogar beinahe völlig getrennt von der katholischen Kirche. Soziologen beschrieben zunehmend „entchristianisierte“ Gebiete, in denen Ehepaare auf die kirchliche Trauung und auch auf die Taufe ihrer Kinder verzichteten. Umgekehrt betrachtete die Kirche vor allem die Arbeiterbezirke in den großen Städten, deren Bevölkerung sich von der Kirche abgewandt hatte, als Gebiete der „inneren Mission“. Das traditionelle Europa erfuhr dadurch einen grundlegenden Wandel, der nicht nur die materiellen Lebensbedingungen, sondern auch das immaterielle Werte- und Normengefüge betraf. Die Kultur des „alten Europa“ wich einer „Zivilisation der Moderne“, deren innere Qualität noch schwer abzuschätzen war, die sich aber anschickte, das 20. Jahrhundert zu bestimmen.

c) „Umwertung aller Werte“

Die politisch-geistige Verwirrung Europas um die Jahrhundertwende fand ihren Ausdruck in kulturellen Trends, die häufig unter dem Begriff des „Modernismus“ zusammengefaßt werden. Modernismus bedeutete eine Serie fundamentaler Brüche mit der Tradition, die über die üblichen intellektuellen Moden weit hinausgingen. Das „Ziel von fünf Jahrhunderten europäischer Anstrengungen" werde damit, meinte ein Kritiker, „offen preisgegeben". Praktisch alle Künste waren davon betroffen, ebenso wichtige Bereiche der Wissenschaft, wie die Psychologie und Anthropologie. Fraglich blieb, ob der Modernismus, der zumeist mit einer Stimmung der Depression einherging, die politischen und sozialen Spannungen der Epoche direkt widerspiegelte oder eher ein theoretisches Konstrukt darstellte.

Beispielhaft für die Infragestellung aller Grundlagen der Gesellschaft war der deutsche Philosoph Friedrich Nietzsche, der als Professor an der Universität Basel lehrte und in seinen Hauptwerken *Also sprach Zarathustra* (1883/84), *Jenseits von Gut und Böse* (1886), *Zur Genealogie der Moral* (1887), *Götzen-Dämmerung* (1889) und *Der Antichrist* (1894) sowie in seiner posthum erschienenen Autobiographie *Ecce Homo* (1908) systematisch die bis dahin als gültig erachteten Werte einer scharfen Kritik unterzog. Bereits im *Zarathustra* lieferte er den Schlüssel zum Verständnis seines Werks, indem er erklärte: „Gott ist tot." In allen Bereichen der Wissenschaft, Philosophie, Moral, Religion und vorherrschenden ästhetischen Auffassungen plädierte er von einem „amoralischen Standpunkt" aus für eine „Umwertung aller Werte". Für Gottfried Benn bedeutete Nietzsche damit „das Erdbeben einer Epoche" – eine Figur, die den Prozeß der Auflösung herkömmlicher Wertvorstellungen beobachtete, ihn durch seine Aussagen aber auch selbst förderte. Mit seiner Feststellung, daß nicht der Glaube, sondern nur das Denken auf die Grundfragen der Existenz eine Antwort zu geben vermöge, entfernte Nietzsche praktisch Gott aus der Geschichte. Wie schwierig es sein würde, die Erkenntnis vom Tod Gottes auszuhalten, wußte allerdings niemand besser als er selbst. In seinen nachgelassenen Fragmenten findet sich dazu der Satz: „Es ist alles glatt und gefährlich auf unserer Bahn, und dabei ist das Eis, das uns trägt, so dünn geworden: Wir fühlen alle den warmen unheimlichen Atem des Tauwinds – wo wir noch gehen, da wird bald niemand mehr gehen können."

Aus soziologischer Sicht könnten Nietzsches Ansichten als bloß intellektueller Kampf gegen den Anstieg des Massenalphabetismus im besonderen und der Massenkultur im allgemeinen interpretiert werden. Doch sie wurden von einer internationalen Phalanx von Künstlern und Schriftstellern gestützt, die sich bemühte, die Barrieren zwischen der sogenannten „Hochkultur" (high culture) und der „Niedrigkultur" (low culture) aufrechtzuerhalten und auf diese Weise ihre eigene Rolle als selbsternannte „Aristokraten der Ideen" zu bewahren. Der Reiz des Modernismus lag deshalb für sie vor allem in der Tatsache, daß der „Mann auf der Straße" damit nichts anzufangen wußte. Auch die große Popularität der Ideen Nietzsches unter den Intellektuellen des frühen 20. Jahrhunderts erklärt sich nicht zuletzt aus der „Panik, welche die Bedrohung durch die Massen hervorrief", wie John Carey in seinem Buch *The Intellectuals and the Masses* bemerkte.

Die moderne Kunst brach nun immer stärker mit der Tradition, die seit der Renaissance gepflegt und durch die Entwicklung der Photographie obsolet geworden war. Die neue Zeit begann hier bereits 1863, als Édouard

Manet im Salon des Refusés in Paris sein Bild *Le Déjeuneur sur l'herbe* ausstellte. In Architektur und Design wich die „Art Nouveau" mit dem Tassel-Haus von Victor Horta 1893 in Brüssel ebenfalls von bestehenden Standards und Praktiken ab. Joseph Olbrich baute 1898 im neuen „Jugendstil" das Secessionshaus in Wien, das die Inschrift trug: „Der Zeit ihre Kunst – Der Kunst ihre Freiheit". In der Musik erforschten Claude Debussy und Maurice Ravel den musikalischen Impressionismus, ehe mit Arnold Schönberg, Paul Hindemith und Anton Webern die Avantgarde jene grundlegenden Harmonien und Rhythmen aufgab, die seit dem Mittelalter die Musik bestimmt hatten. In der Literatur wurde die Ablehnung sozialer und sexueller Normen in den Werken der „Dekadenz" von Charles Baudelaire, Paul Verlaine oder Arthur Rimbaud von einem intellektuellen Radikalismus abgelöst, der die bestehende Ordnung nicht nur partiell, sondern allgemein in Frage stellte. Beispiele dafür waren vor allem die Arbeiten von Marcel Proust, James Joyce und Franz Kafka. Sie sprengten die herkömmlichen Ansichten über die Realität der Welt und die Art und Weise, wie Menschen diese wahrnahmen, und wurden dadurch zu literarischen Partnern von Freud und Einstein. Die Welt des Modernismus veränderte damit die konventionelle Kultur ebensosehr wie Wissenschaft und Technik. Ein neues Zeitalter brach an, in dem es galt, Europa von Grund auf neu zu definieren.

d) Der Vergleich zu Amerika und Japan

Im Gegensatz dazu herrschte bei anderen Mächten dieser Zeit eine bemerkenswerte Selbstsicherheit und Kontinuität. Dies galt besonders für die USA und Japan. In den USA wurde nach dem Bürgerkrieg zwischen den Nord- und Südstaaten, der 1865 zu Ende ging, mit der Besiedlung der „Great Plains" und der Gebirgstäler des Westens die kontinentale Expansion abgeschlossen. Einen wichtigen Beitrag dazu leisteten die Eisenbahnen, deren Bau bereits 1862 durch ein Bundesgesetz gefördert worden war, das privaten Unternehmungen Land, Holz und großzügige Darlehen gewährte. Mit der Begegnung der Schienenstränge der Union Pacific und der Central Pacific in Utah im Mai 1869 war die erste transkontinentale Verbindung hergestellt. Bis 1893 gab es insgesamt fünf Linien. Die Eisenbahnen erleichterten die Besiedlung und den Aufbau der Wirtschaft, schränkten jedoch den Lebensraum der indianischen Ureinwohner immer mehr ein, die diskriminiert und in Reservate zurückgedrängt wurden und bis 1924 warten mußten, ehe sie die amerikanische Staatsbürgerschaft erhielten.

In den Südstaaten machte der Wiederaufbau der Plantagenwirtschaft nach dem Bürgerkrieg zunächst gute Fortschritte. Trotz der generellen Abschaffung der Sklaverei war der Vorkriegsstand bei der Produktion von Baumwolle und Tabak schon 1875 wieder erreicht. Von einer Industrialisierung des Südens nach dem Vorbild der Nordstaaten konnte jedoch keine Rede sein. Prosperität und Lebensstandard blieben deshalb hier unter dem Niveau des Nordens. 1900 betrug das durchschnittliche Jahreseinkommen im Süden 509 Dollar, im Norden 1 165 Dollar. Ein Grund für diese anhaltende wirtschaftliche Rückständigkeit des Südens war auch die bald wieder einsetzende Unterdrückung der Schwarzen durch Segregation und Wahlrechtsentzug, die 1896 vom Obersten Gerichtshof der USA sogar sanktioniert wurde, als er im Fall Plessy gegen Ferguson ein Urteil nach dem Grundsatz „Separate but equal" fällte. Die erneute Rassendiskriminierung und der ökonomische Rückschritt des Südens in den neunziger Jahren des 19. Jahrhunderts änderten jedoch nichts daran, daß die allgemeine Stimmung in den USA optimistisch blieb. Mit dem Wirtschaftsaufschwung zwischen 1865 und 1900 vollzog sich der Übergang von einer agrarischen zu einer industriellen Gesellschaft, wobei sich nicht zuletzt die seit dem Bürgerkrieg betriebene Schutzzollpolitik, die 1890 im „McKinley Tariff" gipfelte, für die amerikanischen Fabrikanten und Unternehmer vorteilhaft auswirkte. Nach der Entdeckung neuer Mineral- und Erdölvorkommen wuchs sich die positive Grundstimmung sogar zu einer allgemeinen Euphorie und Fortschrittsgläubigkeit aus, deren Ursprünge allerdings bis zur Staatsgründung im 18. Jahrhundert zurückreichten und in fast allen Dokumenten der amerikanischen Revolution nachzulesen sind. Zahlreiche technische Erfindungen, der stetige Bevölkerungszuwachs – vor allem durch Einwanderung –, der nicht nur für eine steigende Nachfrage nach Konsum- und Investitionsgütern, sondern auch für die Bereitstellung einer ausreichenden Zahl an Arbeitskräften sorgte, taten ein übriges, um den amerikanischen Elan zu fördern. Besonders in der Stahl-, Erdöl-, Textil- und Maschinenbauindustrie sowie im Transportgeschäft wurden große Gewinne erzielt. Periodisch wiederkehrende Rezessionen – so in den Jahren 1873, 1883 und 1893 – konnten die allgemeine Aufwärtsentwicklung höchstens bremsen, aber nicht aufhalten.

Auch nach der Jahrhundertwende dauerten das Wirtschaftswachstum und der Bevölkerungsanstieg an. Allein zwischen 1900 und 1910 nahm die Bevölkerung von 76 auf 92 Millionen zu. Literarische und publizistische Warnungen vor den Auswirkungen eines ungehemmten *laisser-faire,* die dazu führten, die bis dahin zumeist kritiklose Bewunderung des geschäftlichen Erfolgs und des Reichstums zu relativieren, gaben in der amerikanischen Gesellschaft jedoch nicht Anlaß zu Selbstzweifel und Pessimismus, sondern ließen eine „Progressive Movement" entstehen, die es sich zum Ziel setzte, soziale und politische Mißstände zu beseitigen. Private Initiativen und lokale Reformexperimente sollten dabei durch eine Reformgesetzgebung der Regierung unterstützt werden. Die Erneuerungsbewegung begann 1900 mit der Wahl des Republikaners Robert M. La Follette zum Gouverneur von Wisconsin im agrarischen Mittelwesten und breitete sich von dort über zahlreiche Staaten der USA aus. Als nach der Ermordung von Präsident William McKinley im September 1901 Theodore Roosevelt ins Weiße Haus einzog, griff er viele Ideen der Progressive Movement auf und machte sie zum Anliegen der Bundesregierung. Roosevelts dynamische und optimistische Art wirkte ansteckend, seine Reformpolitik war in vielen Bereichen beispielgebend. Zwar kehrte sein Nachfolger William H. Taft 1909 zu einem eher konservativen Kurs zurück. Doch mit dem Demokraten Woodrow Wilson übernahm im Januar 1913 wieder ein „Progressiver" das Präsidentenamt, der die Reformbewegung erneuerte und ihr zu einem neuen Höhepunkt verhalf.

Schließlich betraten die USA 1898 im Krieg gegen Spanien auch die Bühne der Weltpolitik. Die spanische Flotte auf den Philippinen und auf Kuba wurde vernichtet. Die Marinestützpunkte auf Kuba, Puerto Rico und den Philippinen gingen in amerikanische Hände über, der Archipel von Hawaii, den auch Japan gerne besetzt hätte, wurde von den USA annektiert. Es war ein „hübscher kleiner Krieg", wie der zeitgenössische Journalist Richard Harding Davis bemerkte, bei dem die USA nicht mehr als 2 900 Soldaten verloren, davon etwa 2 500 noch nicht einmal durch Feindeinwirkung, sondern durch Krankheiten. Das Beispiel konnte Schule machen: Kämpfen schien einfach, nahezu kostenfrei. Für den gesamten Spanisch-Amerikanischen Krieg waren nicht mehr als 250 Millionen Dollar aufgewendet worden – ein Spottpreis für die neue Weltmachtposition, die die USA danach einnahmen. Die Eroberung der Philippinen, die sich von 1899 bis 1903 hinzog und den Einsatz von 120 000 amerikanischen Soldaten notwendig machte, forderte allerdings mit 4 200 Gefallenen und 2 800 Verwundeten schon erheblich mehr Opfer. Dafür sollte sich die Kontrolle der Philippinen aber schon bald als nützlich erweisen, weil von hier aus die „Politik der offenen Tür" (*open door*) gegenüber China militärisch untermauert werden konnte, die 1899 mit einer Note von Außenminister John Hay an die anderen Großmächte begann.

Die USA hatten sich damit um die Jahrhundertwende nach der Erschließung des eigenen Kontinents und der wirtschaftlichen Modernisierung im Zeichen von Prosperität und anhaltendem Wachstum auch in der Außenpolitik auf den Weg zu neuen Ufern gemacht. Der jugendliche Elan der neuen Großmacht – nach dem Tod McKinleys vor allem durch den „Haudegen" und „Naturburschen" Theodore Roosevelt verkörpert – wurde dabei weder durch nagende Selbstzweifel noch durch kulturellen Pessimismus gebremst. Während die Künstler und Intellektuellen im alten Europa das *fin de siècle* zur „Krise der Moderne" stilisierten, begann das neue Jahrhundert in den USA mit Optimismus und Zuversicht. Einen größeren Kontrast hätte man sich kaum denken können.

Ähnliches galt für Japan, das sich seit der Mitte des 17. Jahrhunderts unter dem Tokugawa-Regime nahezu vollständig von der geistigen, wissenschaftlichen und technologischen Entwicklung der übrigen Welt abgeschlossen hatte. Erst nachdem ein amerikanisches Ultimatum, das 1853 durch den Kommodore Matthew C. Perry übergeben wurde, die Wiederöffnung des Landes erzwang, um den USA den Zugang zum japanischen Markt zu ermöglichen, setzte eine tiefgreifende Umgestaltung der nationalen Politik ein, die in der sogenannten Meiji-Restauration 1868 ihren staatsrechtlichen Abschluß fand. Danach startete das insulare Japan zu einer ökonomischen und territorialen Expansion, in deren Verlauf es durch glänzende militärische Siege gegen China und Rußland auf sich aufmerksam machte und zu machtpolitischer Bedeutung aufstieg. Im Frieden von Shimonoseki verzichtete China 1895 auf seine Ansprüche in Korea und trat Formosa (Taiwan) sowie die Liaotung-Halbinsel an Japan ab. Rußland erkannte 1905 im Frieden von Portsmouth, der durch den amerikanischen Präsidenten Theodore Roosevelt vermittelt wurde, ebenfalls die japanische Vorherrschaft in Korea an. Zudem erhielt Japan die Insel Südsachalin (Karafuto) als Kriegsbeute.

Danach entwickelte sich Japan nicht nur zu einer Großmacht, sondern auch zu einer Industrienation, deren Führungsschicht, die Meiji-Gruppe, vorwiegend aus ehemaligen Samurai bestand, die sich durch einen hohen Bildungsstand auszeichneten und zahlreiche Industrielle und Bankiers stellten. Die Wirtschaftspolitik blieb bis zum Ersten Weltkrieg fest in der Hand der Regierung, die alle wesentlichen Entscheidungen traf und dabei auf eine industriell-bürgerliche Klasse keine Rücksicht zu nehmen brauchte. Die gesamte Aufmerksamkeit der Innen- und Außenpolitik galt der Stärkung des Reiches, dessen Legitimität nicht in Zweifel gezogen wurde. Folgt man den Periodisierungen von Walt W. Rostow über die Industrialisierung, dann trat der sogenannte „Take-off" in Japan zwar erst zwischen 1878 und 1900 ein. Wichtiger war jedoch die Tatsache, daß – entsprechend den Grundgegebenheiten der japanischen Kultur und Mentalität – diese Entwicklung im Gegensatz zu Europa nicht durch Selbstzweifel und Selbstkritik gleich wieder in Frage gestellt wurde. Die Veränderungen der japanischen Gesellschaft, die auch hier zu einer Kultur des „Modernismus" führten, sollten noch beinahe ein ganzes Jahrhundert auf sich warten lassen.

e) Die Lust am Untergang

Während die USA und Japan somit am Beginn des 20. Jahrhunderts durchaus erwartungsfroh in die Zukunft blickten, war die Stimmung in Europa von Gedanken an einen möglichen Untergang getrübt. „In ganz Europa gehen die Lichter aus. Zu unseren Lebzeiten werden sie nicht mehr leuchten", erklärte der britische Außenminister Sir Edward Grey Anfang August 1914, nachdem seine Bemühungen, den Kampf zwischen den europäischen Mächten in letzter Minute noch abzuwenden, gescheitert waren und der Erste Weltkrieg begann. Dabei ging es nicht mehr um den Pessimismus in der Philosophie oder um Untergangsvisionen von Künstlern und Intellektuellen, sondern um die Erschöpfung der Politik. Lange hatte der europäische Frieden gehalten. Noch immer befand sich das System des Gleichgewichts von 1815 in Kraft. Doch seine innere Substanz war brüchig geworden. Ein übersteigerter Nationalismus, Militarismus und Wettrüsten, dazu das verbreitete Hegemoniestreben, Imperialismus und ein gefährlicher Bündnisautomatismus schufen bereits Ende des 19. Jahrhunderts eine Situation, in der es nur noch eines Funkens bedurfte, um den Brand zu entfachen. Viele hielten den Krieg lange vor seinem tatsächlichen Ausbruch für unvermeidbar. Als er schließlich begann, begrüßten sie ihn daher mit offen zur Schau gestellter Begeisterung als Befreiung.

Einige warnten auch, wie die österreichische Schriftstellerin Bertha von Suttner, die mit ihrem 1889 erschienenen Roman *Die Waffen nieder!* zu umfassender Abrüstung aufrief, 1891 die Österreichische Gesellschaft der Friedensfreunde gründete, zudem die Vizepräsidentschaft des internationalen Friedensbüros in Bern übernahm und für ihre Bemühungen, den lange befürchteten Krieg abzuwenden, 1905 den Friedensnobelpreis erhielt. Doch solche Stimmen, zu denen auch diejenige von Leo Tolstoi gehörte, der 1891 in einem Brief an Bertha von Suttner die „Abschaffung des Krieges" forderte, blieben die Ausnahme. Immerhin kam es zu einer Friedensdiskussion, in deren Verlauf der polnische Bankier und Eisenbahnmagnat Jan Bloch 1898 mit seinem Buch *Der Krieg der Zukunft* die Abhaltung einer internationalen Friedenskonferenz anregte, die vom Oberprokurator des Heiligen Synods, Konstantin Petrowitsch Pobedonoszew, aufgegriffen wurde, der zugleich politischer Lehrer und einflußreicher Ratgeber Zar Nikolaus' II. war. In einer Note vom 24. August 1898 an alle in St. Petersburg vertretenen Mächte schlug Nikolaus II. schließlich die Einberufung einer solchen Konferenz vor, die ohnehin gut in den Rahmen der russischen Politik paßte, da Rußlands finanzielle Nöte und seine militärische Rückständigkeit, vor allem in der Artillerie, gegenüber Deutschland und Österreich-Ungarn hinreichend Anlaß boten, nach Entlastung zu suchen, die eine Politik der Rüstungskontrolle und Entspannung versprach. Die Konferenz, die 1899 im niederländischen Den Haag stattfand, wurde von Kaiser Wilhelm II. rundweg als „Komödie" bezeichnet, bei dem man „gewissermaßen den Degen zum Walzer an der Seite" habe. Der französische Diplomat Maurice Paléologue hatte nach einem Gespräch mit Außenminister Théophile Delcassé schon am 29. August 1898 in sein Tagebuch notiert, es sei am besten, man „nehme dem russischen Vorhaben jede politische Bedeutung dadurch, daß man es auf akademische Erörterungen ableitet, auf reine Rechtsfragen und juristische Hypothesen".

Genau dies geschah, nicht nur 1899, sondern auch auf einer weiteren Konferenz 1907. Zwar wurde 1899 die „Haager Landkriegsordnung" verabschiedet, 1907 die Gründung eines Schiedsgerichtshofes zur Beilegung internationaler Streitigkeiten beschlossen. Doch die eigentliche Politik der Mächte wurde davon kaum berührt, und auch die Sonderstellung des Militärs in den meisten Staaten Europas blieb erhalten. Sie zeigte sich im Straßenbild, wo Uniformen ein bestimmendes Element darstellten, in der Errichtung immer neuer Kriegerdenkmale, auf zahllosen Veteranentreffen und bei der Gründung von Kriegervereinen, vor allem jedoch in der zunehmenden Einflußnahme des Militärs auf politische Entscheidungen, beim Ausbau des Rüstungssektors in der Industrie, in der militärisch-ideologischen Durchdringung der politischen und historischen Bildung sowie nicht zuletzt in der Verselbständigung des Militärs als Kaste ohne Zwang zur Verantwortlichkeit und Legitimation gegenüber der Gesellschaft, aus der es hervorgegangen war und die es letztlich immer noch trug.

Beispiele für die Sonderrolle des Militärs waren die schon beschriebene Dreyfus-Affäre in Frankreich und der „Fall Zabern" in Deutschland. Doch während der zu Unrecht wegen Spionage verurteilte Hauptmann Alfred Dreyfus, dessen Fall Émile Zola am 13. Januar 1898 mit einem Offenen Brief an den Präsidenten der Dritten Republik, Felix Faure, in der Tageszeitung *L'Aurore* unter der Überschrift „J'accuse...!" ins Rollen brachte, nach jahrelangem Rechtsstreit rehabilitiert wurde, ließ der Ausgang des „Falls Zabern" erkennen, daß die Selbstreinigungskräfte, die in der Gesellschaft und im politischen System der französischen Dritten Republik – wenn auch verspätet – sichtbar geworden waren, wie André Maurois in seiner *Geschichte Frankreichs* resümierte, in Deutschland nicht wirkten oder gar nicht erst vorhanden waren. Das unstrittig rechtswidrige, öffentlich ruchbar gewordene Fehlverhalten eines Leutnants in einer Instruktionsstunde innerhalb der Garnisonsmauern im elsässischen Zabern wurde sogar von Reichskanzler Theobald von Bethmann Hollweg persönlich im Reichstag verteidigt, indem er den Militärbehörden mit der Begründung, der „Rock des Königs" müsse „unter allen Umständen respektiert werden", das Recht und sogar die Pflicht zur Selbstjustiz zubilligte. Zwar nahm der Reichstag nach den Äußerungen Bethmann Hollwegs am 4. Dezember 1913 mit großer Mehrheit einen Mißbilligungsantrag gegen die Regierung an. Dieser wurde jedoch vom Reichskanzler ignoriert. Militär und Regierung setzten sich über die Grundsätze des Rechtsstaates hinweg und zwangen damit das Parlament und die Politik zur Abdankung, noch ehe sie 1914 endgültig kapitulierten.

17. Der Weg in den Krieg

a) Das Ende der Bismarckschen Bündnispolitik

Europas Weg in den großen Krieg von 1914 begann mit einer verhängnisvollen Fehlentscheidung der deutschen Reichsregierung unter Kaiser Willhelm, Reichskanzler Leo Graf von Caprivi und Außenminister Adolf Freiherr Marschall von Bieberstein: der Nichtverlängerung des Rückversicherungsvertrages mit Rußland im Frühjahr 1890. Die Entscheidung löste eine diplomatische Revolution aus, durch die das seit dem Wiener Kongreß bestehende europäische Gleichgewichtssystem durch zwei große Koalitionen ersetzt wurde, die 1914 auf dem Schlachtfeld gegeneinander antraten. Rußland, von Deutschland im Stich gelassen, näherte sich nun Frankreich an, um im Westen einen neuen Verbündeten zu erhalten. Frankreich, bis dahin von Bismarck kunstvoll in einer Position diplomatischer Isolation gehalten, kehrte auf die Bühne europäischer Großmachtpolitik zurück und schloß nicht nur ein Bündnis mit Rußland, sondern auch eine Entente mit Großbritannien. Deutschland war damit in Europa isoliert – unterstützt nur noch von Partnern, deren Stärke und Zuverlässigkeit zumindest zweifelhaft waren.

Die Frage, was die deutsche Regierung zu diesem Schritt bewogen hatte, ist auch nachträglich schwer zu beantworten. Immerhin hatte die enge Verbindung zwischen Deutschland und Rußland mit kurzen Unterbrechungen seit 1813 bestanden. Bismarck hatte daran bis zu seiner Entlassung als Reichskanzler am 20. März 1890 konsequent festgehalten, um Rußland durch Berücksichtigung seiner Interessen von einem Bündnis mit Frankreich fernzuhalten. Mehrfach – zuletzt in der großen europäischen Krise von 1885 bis 1888 – hatte sich diese Politik als ein Segen für den Frieden in Europa erwiesen und war keineswegs nur Deutschland zugute gekommen. Mit dem Rückversicherungsvertrag vom 18. Juni 1887, der auf drei Jahre abgeschlossen war und daher 1890 zur Verlängerung anstand, hatte Bismarck die Bedeutung Rußlands für die Sicherheit Deutschlands noch einmal unterstrichen und seine Überzeugung bekräftigt, daß das Bündnis mit Rußland auch dann aufrechtzuerhalten sei, wenn es zwischen Rußland und Österreich-Ungarn zu Spannungen kommen sollte.

Doch Bismarck war noch keine Woche aus dem Amt, als der Unterstaatssekretär des Auswärtigen Amtes, Maximilian Graf von Berchem, in einer Aufzeichnung unter dem Datum des 25. März 1890 darlegte, warum der Rückversicherungsvertrag *nicht* erneuert werden sollte. Freimütig gestand er das Unvermögen der neuen Regierung, „eine so komplizierte Politik ... weiter zu führen nach dem Ausscheiden eines Staatsmannes, der bei seiner Tätigkeit auf dreißigjährige Erfolge und einen geradezu magnetisierenden Einfluß im Auslande sich stützten konnte“. Hinzu kamen sachliche Bedenken: „Durch den zu erneuernden Vertrag würde jedenfalls *eine* Macht von uns getäuscht, wahrscheinlich aber würden beide in Frage stehenden östlichen Nachbarn (Rußland und Österreich-Ungarn, d. Verf.) dadurch mystifiziert werden.“ Der Vertrag liefere Deutschland „schon in Friedenszeiten in die Hand der Russen“, biete ihnen geradezu einen Freibrief für Aktionen gegen Österreich, Italien, England und das Osmanische Reich, während Deutschland keinerlei Sicherheit gegen einen Angriff Frankreichs erhalte. Alle Vorteile des Vertrages, der ohnehin dem Geiste des Dreibundes widerspreche, lägen somit auf seiten Rußlands. Zumindest werde man keinesfalls „nach russischer Seite aus dem Vertrage so viel gewinnen, als uns aus demselben Nachteile nach anderen Richtungen erwachsen“. Im übrigen sei es unnötig, den Vertrag zu verlängern. Denn, so Graf von Berchem abschließend: „Die Gefahr eines Zusammengehens Frankreichs mit Rußland ist heute geringer als noch vor einigen Jahren.“

Richtig an dieser Lagebeurteilung, die ansonsten in nahezu allen Punkten in die Irre ging, war nur, daß Rußland immer noch eher an einer Fortsetzung des bewährten Bündnisses mit Deutschland als an einer ungewissen Allianz mit Frankreich gelegen war. So bemühte sich der russische Außenminister Nikolaus von Giers bis zuletzt um eine Vertragsverlängerung und war sogar bereit, Abstriche an dem Vertrag hinzunehmen, um Deutschlands Bedenken hinsichtlich Österreich-Ungarn zu zerstreuen. Doch die Position Graf von Berchems wurde in der deutschen Führung längst von anderen geteilt. Reichskanzler Caprivi bemerkte am 22. Mai 1890 in einer Aufzeichnung, eine Annäherung Deutschlands an Rußland „würde unsere Verbündeten nur entfremden, England schädigen und unserer eigenen Bevölkerung, die sich in den Gedanken des Dreibundes immer mehr eingelebt hat, unverständlich und unsympathisch sein“. Ähnlich sah es Friedrich von Holstein, die „Graue Eminenz“ des Auswärtigen Amtes, seit 1876 Vortragender Rat und 1890 am Sturz Bismarcks mittelbar beteiligt. Er vertrat den „Neuen

Kurs“ Kaiser Wilhelms II., zu dem nicht nur die Nichterneuerung des Rückversicherungsvertrages, sondern auch eine Annäherung an England gehörte, die 1890 ihren Höhepunkt erreichte.

So kam die Mitteilung vom 23. Mai 1890, daß der Vertrag mit Rußland nicht erneuert werden könne, kaum noch überraschend. Der junge Kaiser, sein außenpolitisch unerfahrener Reichskanzler Caprivi und der ebenfalls neue Außenminister Marschall von Bieberstein demonstrierten unter dem Einfluß Holsteins ihre Unabhängigkeit von den Ideen Bismarcks, indem sie dessen Bündnissystem preisgaben. Die offensichtliche Unvereinbarkeit der gleichzeitigen Vertragsverpflichtungen gegenüber Österreich-Ungarn und Rußland sowie die Hoffnung auf einen Ausbau der Kooperation mit der antirussisch eingestellten Regierung in London, der nicht durch den ohnehin als problematisch empfundenen Rückversicherungsvertrag mit Rußland gefährdet werden sollte, veranlaßten die deutsche Regierung, die vertraglichen Bindungen mit St. Petersburg aufzulösen, wobei eine generelle bündnispolitische Neuorientierung in Europa für unwahrscheinlich gehalten wurde. Genau dazu aber sollte es binnen weniger Jahre kommen.

b) Die französisch-russische Allianz von 1894

Nachdem es Rußland nicht gelungen war, Deutschland zu einer Änderung seiner Entscheidung in der Frage des Rückversicherungsvertrages zu bewegen, wandte es sich – entgegen den deutschen Erwartungen – ohne Zögern Frankreich zu. Auch die Tatsache, daß der russische Absolutismus und der französische Republikanismus kaum miteinander vereinbar schienen, vermochte daran nichts zu ändern. Bereits im Sommer 1891 tauschten die französische und die russische Regierung Noten aus, in denen sie für den Fall einer Friedensbedrohung gegenseitige Konsultationen vereinbarten. Ein Jahr später, im August 1892, lag auf Betreiben Frankreichs der Entwurf eines russisch-französischen Militärabkommens vor, der durch einen Notenaustausch zwischen dem russischen Außenminister von Giers und dem französischen Botschafter in St. Petersburg, Montebello, im Dezember 1892 und Januar 1893 zu einem rechtskräftigen Vertrag umgestaltet wurde, der nach der Ratifikation in den beiden Ländern am 4. Januar 1894 in Kraft trat. Rußland und Frankreich waren damit auch formell Verbündete.

Das Abkommen sah die gemeinsame Mobilmachung für den Fall vor, daß der Dreibund oder eine der an ihm beteiligten Mächte mobil machen sollten. Falls jedoch Frankreich von Deutschland oder Italien bzw. Rußland von Deutschland oder Österreich angegriffen würden, sollte der jeweilige Partner „alle seine verfügbaren Kräfte für einen Angriff auf Deutschland einsetzen“. Auf französischer Seite sollten dafür 1 300 000 Mann, auf russischer Seite 700 000 bis 800 000 Mann bereitstehen. Die Streitkräfte sollten „mit Nachdruck und aller Schnelligkeit derart vorgehen, daß Deutschland zugleich sowohl nach Osten wie nach Westen hin zu kämpfen hat“. Das Abkommen richtete sich damit allgemein gegen den Dreibund, im engeren Sinne aber gegen Deutschland. Allerdings bedeutete dieser russisch-französische Zusammenschluß nicht sofort und automatisch Krieg. Zwar war Frankreich durch das Abkommen aus seiner Isolation teilweise befreit. Aber da Rußland keinesfalls einen Krieg gegen Österreich-Ungarn oder gar gegen Deutschland plante, einen Konflikt vielmehr strikt zu vermeiden suchte, war Frankreichs Handlungsfreiheit nach wie vor begrenzt. Zunächst deutete sich hier also lediglich die Möglichkeit eines Krieges an, zumal sowohl in Deutschland als auch in Rußland wichtige Gruppen der Überzeugung waren, daß die Verbindung zwischen ihren beiden Ländern wiederhergestellt werden müsse. Noch konnten die Deutschen die Bedrohung also abwenden, wenn auch Bismarcks Doppelstrategie von Dreibund und deutsch-russischer Rückversicherung nicht so leicht wiederherstellbar sein würde. Doch sie mußten sich beeilen, denn die Zeit arbeitete gegen sie.

Frankreich tat unterdessen alles, um den neuen Verbündeten zu pflegen. Bereits beim Besuch einer russischen Flottenabteilung in Toulon vom 17. bis 25. Oktober 1893 wurde den Russen dick geschmeichelt. „Reich beladen mit Geschenken, welche von allen Seiten Frankreichs, selbst von den französischen Kolonien zuströmten“, seien die russischen Schiffe heimgekehrt, hieß es im Bericht des deutschen Botschafters in Paris, Graf Münster, an Reichskanzler Caprivi vom 30. Oktober 1893. Allein die Geschenke für den Admiral würden auf eine halbe Million Franc geschätzt. Er müsse, berichtete Münster, oft an den Ausspruch des ersten Napoleon denken, wenn dieser sagte: „Au siècle prochain l'Europe sera républicaine ou cosaque!“ Die verblendeten Franzosen täten alles dazu, um diesen Ausspruch wahr zu machen. Die Deutschen müßten sich vor allem klar darüber sein, was ihre Feinde wollten. Das „herabgekommene Frankreich“ träume noch von der früheren Machtstellung, die Deutschland zerstört und für sich erkämpft habe. Es glaube, diese nur mit Rußlands Hilfe wiedererlangen zu können. Einen baldigen Krieg wolle Frankreich nicht, wolle ihn aber vorbereiten, Deutschland erst schwächen und den Dreibund nach und nach beseitigen.

Tatsächlich mußte man über die französischen Absichten inzwischen kaum noch spekulieren. So hatte Georges Clemenceau, seit 1876 Abgeordneter der französischen Nationalversammlung und von 1906 bis 1909 sowie von 1917 bis 1920 französischer Ministerpräsident, erst kurz zuvor, im Oktober 1893, in einem Zeitungsartikel mit Blick auf das neue russisch-französische Bündnis wörtlich bemerkt: „Der Friede des status quo, den man uns als die Grundlage des Bündnisses nennt, ist der deutsche Friede. Wir wollen, daß Rußland, nachdem es der Spießgeselle unserer Niederlage war, das Werkzeug unserer vollständigen Wiederaufrichtung, das heißt – um die Dinge bei ihrem Namen zu nennen – unserer Revanche werde. Wenn wir das Gegenteil sagen würden, würde uns niemand glauben. Es ist daher einfacher, es zuzugeben.“ Ein klares Wort, das – aus deutscher Sicht – auf einen Zweifrontenkrieg mit Rußland und Frankreich hinauslief. Alfred Graf von Schlieffen, der 1892 neuer Chef des deutschen Generalstabs wurde, stellte daher die Angriffsordnung in den deutschen Kriegsplänen um. Bisher war man bei den Planungen von der Annahme ausgegangen, daß Deutschland zunächst im Osten angreifen würde. Nun, da Frankreich offenbar derart eng mit Rußland verbunden war, daß jeder Krieg in Osteuropa auch Frankreich einbeziehen mußte, sollte die Vernichtung des Nachbarn im Westen an erster Stelle stehen.

c) Großbritanniens Abkehr von der „splendid isolation"

Einer der Gründe Deutschlands für die Nichterneuerung des Rückversicherungsvertrages war das Bestreben gewesen, die eben erst begonnene Annäherung an Großbritannien nicht zu gefährden. Kaiser Willhelm, immerhin ein Enkel Queen Victorias, dazu wesentliche Teile des Auswärtigen Amtes, unter ihnen Friedrich von Holstein, aber auch große Gruppen der Gesellschaft befürworteten eine englisch-deutsche Entente. In Großbritannien betrachteten vor allem der konservative Premierminister Lord Salisbury und der Hauptvertreter des britischen Imperialismus, Joseph Chamberlain, Deutschland als „natürlichen Verbündeten". Die Annäherung blieb jedoch halbherzig. Zwar schlossen Deutschland und Großbritannien am 14. Juni 1890 einen Vertrag, der Helgoland – diesen „Hosenknopf", wie Spötter meinten – und Südwestafrika zum Deutschen Reich kommen ließ, während England im Austausch das Protektorat über das unabhängige Sansibar und die deutschen Kolonialgebiete in Suaheli-Land und Uganda erhielt. Ein Bündnis zwischen Berlin und London kam jedoch nicht zustande, weil Großbritannien noch nicht bereit war, aus seiner Position der „splendid isolation" herauszutreten, und weil man in Berlin nach der Abkoppelung von Rußland nicht entschlossen genug auf eine Bindung an England hinarbeitete, um innerenglische Widerstände zu überwinden.

Tabelle 7: Der Bau von Linienschiffen 1898–1905

	1898	1898	1899	1900	1901	1902	1903	1904	1905	Summe
England	29	7	2	2	3	2	5	2	–	52
Deutschland	7	2	3	2	2	2	2	2	2	24
Frankreich	14	1	–	–	2	3	–	–	–	20
Rußland (Ostsee)	7	8	–	–	–	–	3	–	–	17

Quelle: Hans Hallmann, Der Weg zum deutschen Schlachtflottenbau, Stuttgart 1933, S. 337.

Ebenso folgenlos blieb die Tatsache, daß die britische Regierung die Verlängerung des Dreibundvertrages am 6. Mai 1891 begrüßte. In Berlin wurde die Geste noch nicht einmal verstanden. Vielmehr ließen die zunehmend aggressiver werdende deutsche Kolonialpolitik in Afrika und im Pazifik, die Unterstützung der Buren nach dem Jameson-Überfall in Südafrika sowie die gleichzeitig verfolgten Pläne zur Errichtung der Bagdad-Bahn, vor allem jedoch die Entscheidung zum Bau einer Kriegsflotte, die zwischen

Helgoland und der englischen Küste kampffähig sein sollte, in Großbritannien die Meinung wachsen, Deutschland wolle sich den britischen Interessen in allen Teilen des Erdballs entgegenstellen. Der deutsche Botschafter in London, Paul Hatzfeldt, versuchte jahrelang vergeblich, das Auswärtige Amt davon zu überzeugen, daß man auf die britischen Interessen und Wünsche ein gewisses Maß an Rücksicht nehmen müsse, wenn man eine Entente zustande bringen wolle. Als Kaiser Wilhelm II. schließlich 1896 in einer Rede vor der Kolonialgesellschaft großspurig verkündete, Deutschlands Zukunft liege auf dem Meer, und Großadmiral Tirpitz vom Ziel einer deutschen „Risikoflotte" sprach, die so groß sein müsse, daß „England sich wohl hüten wird, (sie) als quantité négligeable zu betrachten", war ein Bündnis mit Großbritannien in größere Ferne gerückt als je zuvor.

Tabelle 8: Die Entwicklung der Großkampfschiffe 1905–1913

	1905	1906	1907	1908	1909	1910	1911	1912	1913	Summe
England	4	3	3	2	10	5	5	5	5	42
Deutschland	–	2	3	4	4	4	4	2	3	26
Frankreich	–	6	–	–	–	2	2	3	4	17
Rußland	–	–	–	–	4	–	–	4	–	8

Quelle: Hans Hallmann, Der Weg zum deutschen Schlachtflottenbau, Stuttgart 1933, S. 337.

Neben Tirpitz war es wiederum in erster Linie Friedrich von Holstein, der glaubte, daß Deutschland davon profitieren werde, wenn es Druck auf Großbritannien ausübe. Denn England sei, wie man in der Auseinandersetzung mit den Buren sehen könne, eine „absteigende Macht". Es sei konfrontiert mit einem Krieg gegen Rußland und brauche deshalb dringend einen starken Bündnispartner. London werde daher jeden Preis für ein Abkommen bezahlen. Tatsächlich gab es zwischen 1899 und 1902 zahlreiche britische Versuche, mit Berlin ins Gespräch zu kommen – wie am 18. Januar 1901, als der deutsche Botschafter aus London meldete, der britische Kolonialminister Joseph Chamberlain habe geäußert, er und seine Freunde im Kabinett seien sich jetzt darüber im klaren, daß England seine Politik der „splendid isolation" nicht länger fortsetzen könne und sich für die Zukunft nach Bundesgenossen umsehen müsse. Dabei bestehe die „Wahl" zwischen Rußland, Frankreich und dem Dreibund – mit Priorität für Deutschland. Wörtlich berichtete der Botschafter dann weiter: „Solange er, Chamberlain, die Überzeugung habe, daß ein dauerndes Zusammengehen mit Deutschland möglich sei, werde er sich jeder Idee eines Ausgleichs mit Rußland auf das entschiedenste widersetzen. Sollte es sich jedoch herausstellen, daß ein permanenter Anschluß an Deutschland nicht durchführbar sei, so werde auch er ein Zusammengehen mit Rußland trotz des voraussichtlich von

England zu zahlenden abnormen Preises (eventuell inklusive China und des Persischen Golfs) befürworten."

Im Auswärtigen Amt nahm man die versteckte Drohung jedoch nicht ernst, sondern wich den britischen Angeboten weiter aus. Holstein erklärte gar, er sei „gegen den jetzigen Freundschaftssturm von Chamberlain und Genossen deshalb besonders mißtrauisch, weil die angedrohte Verständigung mit Rußland und Frankreich so vollständiger Schwindel ist". Deutschland habe es nicht eilig: „Wir können warten, die Zeit läuft für uns." Ein „vernünftiges Abkommen" lasse sich erst dann erreichen, „wenn das Gefühl der Zwangslage in England allgemeiner als heute geworden ist". Tatsächlich war Holsteins Skepsis nicht ganz unberechtigt, weil die Meinungen über ein Bündnis mit Deutschland in Großbritannien auseinandergingen. Das Interesse des britischen Kolonialministers an einer solchen Allianz war, wie er selbst gegenüber dem deutschen Botschafter zugab, weder von der öffentlichen Meinung seines Landes getragen, noch wurde es von allen führenden britischen Politikern geteilt. Außenminister Henry Marquis of Lansdowne war in dieser Hinsicht ebenso gleichgültig wie der Führer der Konservativen, Arthur Balfour. Premierminister Salisbury lehnte zumindest ein formelles Bündnis mit Deutschland ab.

Andererseits war Holsteins Auffassung, die Zeit arbeite für die Deutschen, abwegig. Die Briten waren über die politische Entwicklung in den vorangegangenen Jahren besorgt und zeigten eine zunehmende Bereitschaft, ihre bisherige Isolation aufzugeben. Dabei besaßen sie tatsächlich eine weit größere Auswahl an Bündnispartnern, als man in Berlin vermutete. Vor allem Frankreich kam dafür in Frage, nachdem die Faschoda-Krise beigelegt war und praktisch nirgendwo mehr ein unüberwindlicher Interessenkonflikt zwischen Paris und London bestand. Beide verband zudem die gemeinsame Sorge über die Politik Rußlands im Fernen Osten, wo russische Übergriffe in China befürchtet wurden. Ein englisch-russischer Krieg, in den auch Frankreich verwickelt werden könnte, erschien nicht ausgeschlossen, zumal Großbritannien 1902 mit Japan ein Bündnis schloß, das Garantien gegen einen russischen Angriff enthielt. Der französische Außenminister Delcassé, der sein Amt 1898 übernommen hatte, nutzte die Situation zu Gesprächen mit London, nachdem er 1898 bereits ein Handelsabkommen mit Italien zustande gebracht hatte, um den 1887 begonnenen Zollkrieg zu beenden, und als Gegenleistung die ausdrückliche Anerkennung des Vorrangs französischen Einflusses in Marokko und einige Zusicherungen im Hinblick auf die Mitgliedschaft Italiens im Dreibund erhalten hatte. Die Regierung in Rom hatte dabei sogar erklärt, Italien werde neutral bleiben, falls Frankreich „das Ziel einer direkten oder indirekten Aggression" werde oder selbst „sich infolge einer direkten Provokation gezwungen sehen sollte, in Verteidigung seiner Ehre und Sicherheit die Initiative zu einer Kriegserklärung zu ergreifen". Frankreich brauchte danach im Falle eines Krieges mit Deutschland an der italienischen Flanke keinen Angriff mehr zu befürchten.

Auch in London stieß Delcassé mit seinen Bemühungen bei der Regierung und bei Hofe nun auf viel Wohlwollen. Gegenseitige Staatsbesuche des neuen Königs Edward VII. und des Präsidenten der Republik förderten die positive Grundstimmung zwischen den beiden Ländern. Zwischen Juli 1903 und April 1904 erarbeiteten die Diplomaten des Foreign Office und des Quai d'Orsay die Grundlagen einer umfassenden Regelung der Differenzen im Rahmen einer „Entente cordiale". Das Abkommen, das am 8. April 1904 unterzeichnet wurde, beendete die Streitigkeiten zwischen Großbritannien und Frankreich in Siam und Neufundland und sah Grenzkorrekturen in Westafrika vor. Frankreich akzeptierte das britische Protektorat über Kairo und versicherte, die Briten in Ägypten nicht zu behindern. Großbritannien erkannte Marokko als französische Einflußsphäre an. Die britisch-französische Zusammenarbeit hatte begonnen.

d) Erste Marokko-Krise und Gründung der Triple-Entente

Die Deutschen ließen beinahe ein ganzes Jahr verstreichen, ehe sie reagierten. Sie schienen wie gelähmt. Erst im Frühjahr 1905 protestierten sie gegen die Ausweitung der französischen Macht in Marokko, die in der Entente cordiale vereinbart worden war. Nachdem Großbritannien seine Interessen in Nordwestafrika zugunsten Frankreichs aufgegeben hatte, bestand Deutschland darauf, von Marokko ebenfalls entsprechende Handelsvorteile zu erhalten. An Bord einer deutschen Yacht, die am 31. März 1905 im Hafen von Tanger anlegte, pries Kaiser Wilhelm II. die Unabhängigkeit der Herrschaft des Sultans. Die französische Regierung erblickte darin eine unerhörte Provokation. Außenminister Delcassé forderte eine angemessene französische Antwort. Die erste Marokko-Krise nahm ihren Lauf.

In Berlin riet Generalstabschef Graf Schlieffen, die Krise zu einem Krieg gegen Frankreich zu nutzen, da sich Deutschlands militärische Position gegenüber den anderen Mächten in der Zukunft eher verschlechtern als verbessern werde. Das Jahr 1905 sei dagegen für einen Präventivkrieg geradezu ideal: Die Revision seines großen Kriegsplanes, mit dem er das Deutsche Reich zu einem erneuten Sieg gegen Frankreich führen wolle, sei abgeschlossen; Rußland, erschöpft durch seine Niederlage im Krieg gegen Japan 1904/05, scheine nicht in der Lage, seinem französischen Verbündeten zu Hilfe zu kommen. Daher solle man die günstige Situation zu einem Präventivkrieg nutzen. Im Auswärtigen Amt teilte Holstein diese Einschätzung und riet ebenfalls, Frankreich unter demütigenden Bedingungen in Marokko zum Einlenken zu zwingen oder zu einem Krieg zu reizen, in dem es dann – entsprechend den Plänen Schlieffens – vernichtend geschlagen würde. Reichskanzler Bernhard von Bülow hingegen war ebensowenig wie der Kaiser gewillt, wegen Marokko einen Krieg zu riskieren, und hielt an seiner ursprünglichen Forderung fest, die Marokko-Frage zum Gegenstand einer internationalen Konferenz zu machen, um gemeinsam mit den anderen Mächten eine Lösung zu finden.

In Frankreich mußte auch Delcassé bald einsehen, daß es für einen Waffengang gegen Deutschland noch zu früh war. Denn wie der deutsche Kaiser war auch die britische Regierung in der Marokko-Frage nicht zu einem Krieg bereit. Delcassé, der dennoch an seinem harten Kurs festhielt, trat deswegen im Juni 1905 von seinem Außenministeramt zurück, so daß die Deutschen sich bereits als Sieger wähnten. Als sich bei Unterhauswahlen in Großbritannien im Herbst 1905 überraschend die Liberalen durchsetzten und Sir Edward Grey das Foreign Office übernahm, schlug das Pendel jedoch um. In der Überzeugung, daß die Deutschen die Hegemonie über Europa anstrebten, stimmte Grey zwar einer internationalen Konferenz über Marokko zu, die schließlich im Januar 1906 im südspanischen Algeciras stattfand. Dort machte er sich aber die französische Position zu eigen und verhinderte die von der deutschen Regierung geforderte Aufhebung des Marokko-Abkommens. Da die Deutschen sich in ihrer Verhandlungsführung überdies durch ein hohes Maß an Arroganz und Ungeschick auszeichneten, konzedierte Grey ihnen noch nicht einmal kosmetische Änderungen. Frankreichs Position in Nordafrika wurde bestätigt, deutsche Interessen wurden nicht berücksichtigt. Der anfängliche Erfolg wandelte sich für die Deutschen zur diplomatischen Peinlichkeit. Bülows Strategie war gescheitert, Deutschland weiter isoliert. Sowohl Schlieffen als auch Holstein traten daraufhin noch zu Beginn des Jahres 1906 von ihren Ämtern zurück.

Dazu paßte es, daß die Entente cordiale bald durch ein Abkommen zwischen Großbritannien und Rußland zur „Triple-Entente" erweitert wurde. Den Hintergrund dafür bildete die Niederlage Rußlands im Russisch-Japanischen Krieg 1904/05. Im Bemühen, soviel wie möglich von ihrer Position im Fernen Osten zu retten, wandte sich die Regierung in St. Petersburg an Großbritannien, um ein Gegengewicht gegen Japan zu bilden. Ein britisch-russisches Bündnis schien aus russischer Sicht auch deshalb sinnvoll, damit man bei einem erneuten Vorstoß auf dem Balkan, den Außenminister Alexander Iswolski bereits plante, um die öffentliche Meinung in Rußland von inneren Mißständen abzulenken, nicht auf ähnlichen Widerstand traf wie beim letzten Versuch 1887. In Großbritannien wurden die russischen Bündnisbemühungen positiv aufgenommen, weil man hoffte, davon nicht nur wirtschaftlich, sondern auch politisch zu profitieren. Im Mittelpunkt stand dabei das britische Interesse, den russischen Einfluß in Persien und Afghanistan zurückzudrängen, der als eine Bedrohung der britischen Position in Indien angesehen wurde. Die britische Regierung entsandte deshalb 1906 einen ihrer erfahrensten Diplomaten, Sir Arthur Nicolson, nach St. Petersburg, um die Eckpunkte eines Vertrages mit Rußland zu besprechen. Auf russischer Seite verhandelte Außenminister Iswolski persönlich. Das Ergebnis war ein Vertrag, der im August 1907 ratifiziert wurde und mit Vereinbarungen über Tibet, Afghanistan und Persien die drei wichtigsten Spannungsherde zwischen Rußland und Großbritannien durch eine Neuverteilung der Macht in diesem Raum entschärfte. Deutschland tauchte in dem Abkommen indirekt ebenfalls auf: Es sollte künftig von ganz Persien ferngehalten werden. Iswolski hoffte zudem, daß Großbritannien die russischen Interessen auf dem Balkan unterstützen oder zumindest tolerieren werde – vor allem den russischen Wunsch nach einer Kontrolle Konstantinopels.

Der britisch-russische Vertrag war weder in England noch in Rußland besonders beliebt und beendete auch keineswegs die gegenseitige Abneigung, die zwischen den Regierungen in London und St. Petersburg bestand. Aber er brachte beiden Seiten erhebliche Vorteile: Großbritannien konnte künftig auf die russische Kooperation bei der Behinderung der deutschen Pläne für den Bau der Bagdad-Bahn zählen. Rußland erhielt die gewünschten Kredite für den Wiederaufbau, wobei nicht nur die Banken in London, sondern auch diejenigen in Paris mitspielten, und konnte überdies in einem Geheimabkommen mit Japan neue Einflußmöglichkeiten in der Mandschurei für sich verbuchen. Darüber hinaus schuf der Vertrag die Grundlage für eine enge diplomatische Zusammenarbeit zwischen Großbritannien, Frankreich und Rußland, die bald als „Triple-Entente" bekannt wurde. Das Bismarcksche Bündnissystem, das 1890 mit der Nichtverlängerung des Rückversicherungsvertrages erstmals in Frage gestellt worden war, hatte sich dadurch in sein Gegenteil verkehrt: An die Stelle eines Deutschland zugute kommenden Bündnisgeflechts war die Spaltung Europas in zwei Lager getreten, die durch den Gegensatz von Dreibund und Triple-Entente markiert war. Die Fronten des Ersten Weltkrieges zeichneten sich ab.

e) Die bosnische Krise von 1908

Mit der Teilung Europas in zwei Lager war allerdings noch keineswegs eine endgültige Entscheidung zugunsten des großen Krieges gefallen. Vor allem zwischen Zar Nikolaus II. und seinem deutschen Vetter, Kaiser Willhelm, bestanden gute Beziehungen. Auch die verwandtschaftlichen Bindungen zwischen dem deutschen und dem britischen Königshaus wurden weiterhin gepflegt, obwohl der über den Kaiser in Berlin kursierende Witz, Wilhelm fürchte nichts in der Welt als Gott und seine englische Großmutter, das deutsch-britische Verhältnis durchaus treffend umschrieb. Im übrigen wirkten sich die monarchischen Beziehungen immer weniger auf die Bündnispolitik in Europa aus, die zunehmend von der Logik der Großmachtinteressen und Militärallianzen diktiert wurde.

Für Deutschland waren die Perspektiven, die sich daraus ergaben, nicht gerade vielversprechend. Nach der Nichtverlängerung des Rückversicherungsvertrages mit Rußland, der Annäherung Rußlands an Frankreich, dem Bündnis zwischen Frankreich und Großbritannien und der Einigung Rußlands mit Großbritannien stand auch die nominelle Mitgliedschaft Italiens im Dreibund bald nur noch auf dem Papier. Die Forderungen der italienischen Nationalisten waren mit den Interessen Österreich-Ungarns unvereinbar, so daß der italienische „Irredentismus" – das Bemühen um Annexion angrenzender Territorien mit überwiegend italienischer Bevölkerung – zwangsläufig zum Sprengsatz des Dreibundes werden mußte, weil die von Italien hauptsächlich beanspruchten Gebiete in Südtirol und Triest zum Habsburgerreich gehörten. Nachdem es zwischen Italien und Frankreich zu einem Ausgleich gekommen war, als Frankreich 1911/12 die italienische Eroberung Libyens toleriert und Italien im Gegensatz den Status Marokkos als französisches Protektorat anerkannt hatte, sah sich Deutschland endgültig mit der Aussicht konfrontiert, nur noch auf Österreich-Ungarn als Verbündeten zählen zu können. Wenn jedoch, was keineswegs auszuschließen war, auch das Habsburgerreich unter dem Druck seiner nationalen Bewegungen zerbrach, würde das Deutsche Reich am Ende ganz allein dastehen – umzingelt von einer „Welt von Feinden", wie Wilhelm II. pathetisch erklärte. Es galt daher, zumindest die österreich-ungarische Politik – wie immer man diese im einzelnen beurteilen mochte – bedingungslos zu unterstützen. Eine andere Wahl gab es nicht.

In dieser Situation entwickelte sich der Balkan-Raum, der schon seit langem ein ständiger Unruheherd gewesen war, zur zentralen Drehscheibe der europäischen Politik, wo über Krieg und Frieden entschieden wurde. Die Regierungen in St. Petersburg und Wien hatten 1897 zwar vereinbart, den Status quo in dieser Region zu respektieren. Doch der wachsende kulturelle und politische Nationalismus der Südslawen in Österreich-Ungarn, Serbien und im Osmanischen Reich ließen das politische Karussell hier zunehmend außer Kontrolle geraten. Nachdem die bereits an anderer Stelle beschriebene blutige Revolution in Serbien 1903 zur Ermordung der serbischen Königsfamilie geführt hatte, sah Rußland seine Chance gekommen, durch Förderung des Panslawismus die weitere Annäherung Serbiens an Rußland zu betreiben. Tatsächlich betonte das neue serbische Parlament seine uneingeschränkte Unterstützung für die russischen Bestrebungen in Ostasien, darunter den Krieg gegen Japan, und stellte in einer Resolution apodiktisch fest: „Natürlich betrachtet das slawische Serbien jeden russischen Erfolg als eine Stärkung der slawischen Sache." Umgekehrt forderten die Serben im Bewußtsein russischer Hilfsversprechen eine Union mit der serbischen Minderheit in Mazedonien, das hauptsächlich von Griechen und Bulgaren bewohnt war, und scheuten sich auch nicht, entsprechende Wünsche in bezug auf das Osmanische Reich anzumelden. Es war eine Politik, die nicht nur die fragile Balance der ethnischen Minderheiten im Habsburgerreich in Frage stellte und damit zu wachsenden Spannungen zwischen Serbien und Österreich-Ungarn führte, sondern vor dem Hintergrund des russisch-serbischen Panslawismus auch die Beziehungen zwischen Österreich-Ungarn und Rußland vergiftete.

Als Serbien 1906 seine wirtschaftliche Abhängigkeit von Österreich-Ungarn zu vermindern trachtete, indem es einen Handelsvertrag mit Bulgarien schloß, antwortete Wien mit einem Einfuhrverbot für serbisches Vieh. Ein „Schweinekrieg" begann, der Serbien um so härter traf, als die Schweinezucht die Basis der serbischen Wirtschaft darstellte. Doch die Sanktionen erreichten ihr Ziel nicht, da Serbien mit russischer Hilfe erfolgreich neue Märkte für seine Schweineproduktion erschloß. So schleppte sich der Konflikt dahin, während gleichzeitig im benachbarten Osmanischen Reich türkische Nationalisten – die sogenannten Jungtürken – unter dem Einfluß westlicher Ideen mit dem Slogan „Einheit und Fortschritt" an Boden gewannen und allmählich die Bürokratie und das Militär durchsetzten. Im Juli 1908 hatten sie genügend Unterstützung mobilisiert, um einen Aufstand gegen

Sultan Abdul Hamid II. wagen zu können, der zunächst zur Wiederherstellung der Verfassung von 1876 und dann – nach einem mißlungenen Gegenputsch 1909 – zum Sturz des Sultans führte. Das Osmanische Reich versank im Chaos.

Vor diesem Hintergrund erkannten die Regierungen in Wien und St. Petersburg – wenn auch aus entgegengesetzten Motiven – ihre Chance, einen Neuanlauf zur Durchsetzung ihrer Interessen auf dem Balkan zu unternehmen. Im September 1908 trafen sich der österreichische Außenminister Graf Aehrenthal und sein russischer Amtskollege Iswolski auf einem Landgut bei Buchlau in der Steiermark, um eine gemeinsame Strategie zu entwickeln. Aehrenthal wünschte die Annexion der seit dem Berliner Kongreß 1878 von Österreich verwalteten türkischen Provinzen Bosnien und Herzegowina, die er als ersten Schritt zur Einkreisung und Vernichtung Serbiens betrachtete. Iswolski, der kurz zuvor das Abkommen mit Großbritannien geschlossen hatte, strebte insbesondere die Öffnung der Meerengen des Bosporus und der Dardanellen für russische Kriegsschiffe an, um der Schwarzmeerflotte die ungehinderte Durchfahrt zum Mittelmeer zu ermöglichen. Die politischen Veränderungen in Konstantinopel nach dem Jungtürken-Aufstand schienen für die Erreichung beider Ziele eine gute Grundlage zu bilden. Aehrenthal und Iswolski waren daher rasch einig, jeweils die Pläne des anderen zu unterstützen.

Als die Regierung in Wien daraufhin Anfang Oktober 1908 die Annexion Bosnien-Herzegowinas verkündete, wollte Iswolski von dieser Komplizenschaft jedoch plötzlich nichts mehr wissen. In Paris und London, wohin er von Buchlau aus gefahren war, mußte er erkennen, daß weder Frankreich noch Großbritannien bereit waren, die Veränderungen auf dem Balkan und an den Meerengen einfach hinzunehmen. Auch in Rußland und Serbien stieß das Vorgehen Österreich-Ungarns gegenüber Bosnien-Herzegowina auf empörte Ablehnung. Iswolski, der seine Amtskollegen in Paris und London über seine Gespräche mit Aehrenthal in Buchlau bis zu diesem Zeitpunkt noch nicht näher unterrichtet hatte, leugnete daher, der Annexion zugestimmt zu haben, und bezeichnete das Verhalten der Regierung in Wien als flagrante Verletzung bestehender Vereinbarungen, die auf einer internationalen Konferenz geahndet werden müsse. Serbien, durch die panslawistische Agitation in Rußland und die Äußerungen Iswolskis in der Erwartung russischer Rückendeckung bestärkt, traf daraufhin Vorbereitungen zur „Befreiung" der von Österreich-Ungarn annektierten Gebiete in Bosnien und der Herzegowina. Österreich-Ungarn entsandte Truppen an die serbische Grenze, Großbritannien stützte Iswolski, um die Moral der Triple-Entente nicht zu gefährden, und Deutschland stellte sich hinter Österreich-Ungarn, obwohl die Regierung in Berlin über Aehrenthal, der die Deutschen nicht konsultiert hatte und durch die Annexion Bosniens die mit Deutschland freundschaftlich verbundenen Türken vor den Kopf gestoßen hatte, ebensowenig begeistert war wie die Briten über Iswolski. Reichskanzler von Bülow begründete die Haltung seiner Regierung indessen mit Worten, die bewiesen, wie sehr inzwischen die Bündnistreue bereits die Oberhand über die Vernunft gewonnen hatte: „Bei der Bedeutung, die die leitenden österreichisch-ungarischen Kreise ihrem Schritt beilegen, würde unser Bündnis mit dem Nachbarstaat zweifellos erschüttert werden und einen unheilbaren Riß erhalten, wenn wir in dieser Frage uns als unzuverlässige Freunde erwiesen und uns nicht loyal an die Seite von Österreich-Ungarn stellen."

Die bosnische Krise wurde zwar im März 1909 beigelegt, als Bülow die Position Österreich-Ungarns machtvoll unterstützte und Iswolski indirekt sogar mit Krieg drohte, so daß Rußland, das zu einem Waffengang noch nicht in der Lage war und dafür auch keine Unterstützung aus Frankreich oder Großbritannien erhalten hätte, keine andere Wahl blieb, als nachzugeben. Doch mit ihrer Machtdemonstration hatte sich die deutsche Regierung keinen Gefallen getan. In einer Angelegenheit, die sie selbst gar nicht unmittelbar betraf, hatte sie den Argwohn ganz Europas geweckt. Außerdem geriet Rußland dadurch noch stärker als bisher in die Abhängigkeit der Triple-Entente. Und auf dem Balkan sann man auf Rache gegenüber Österreich-Ungarn. Entscheidend beteiligt daran war wiederum der russische Außenminister Iswolski, der die Serben in ihrer Auffassung bestärkte, den Verlust Bosniens lediglich als einen zeitweiligen Rückschlag zu betrachten. Die serbische Regierung lancierte daraufhin – mit maßgeblicher russischer Hilfe – nicht nur eine großserbische Propagandakampagne, sondern finanzierte auch nationalistische serbische Bewegungen, wie die „Schwarze Hand", die unter anderem mit Terroranschlägen ihre Ziele zu erreichen suchten. Iswolski schloß zudem im Oktober 1909 in Racconigi ein Geheimabkommen mit Italien, das Konsultationen über den Balkan und eine russische Unterstützung der italienischen Libyen-Politik vorsah. Sein bekannter Ausruf aus dem Jahre 1914: „Dies ist mein Krieg, mein Krieg!" war daher nicht ganz unberechtigt.

Neben den Konflikten, die jetzt auf dem Balkan immer schwerer zu kontrollieren waren, kam es 1911 zu einer zweiten Krise in Marokko, als französische Truppen unter Ausnutzung einer lokalen Rebellion gegen den neuen Sultan und unter Verletzung des Abkommens von Algeciras nach Fes marschierten – angeblich, um französische Siedler zu schützen, in Wirklichkeit aber, um ein französisches Protektorat zu errichten. Kaiser Wilhelm II. entsandte deshalb ein kleines Kanonenboot mit dem Namen „Panther" in den Hafen von Agadir, das dort am 1. Juli 1911 mit der Forderung eintraf, die Regierung in Paris möge als Kompensation für das französische Protektorat in Marokko ihre Besitzungen in Französisch-Kongo deutschem Protektorat unterstellen. Doch Frankreich, wiederum unterstützt von Großbritannien, dachte zunächst nicht daran, den deutschen „Panthersprung" in dieser Weise zu honorieren. Andererseits riet der französische Kriegsminister zur Vorsicht, da seine Armee noch nicht kampfbereit war. Am 4. November 1911 kam es zu einem Kompromiß: Deutschland erkannte Marokko als französisches Protektorat an; Frankreich trat dafür 100 000 Quadratmeilen seines Kongo-Territoriums an Deutschland ab.

Bemerkenswert an diesen Vorgängen während der zweiten Marokko-Krise war vor allem die Tatsache, daß die deutsche Politik nach der „Daily Telegraph"-Affäre im Jahre 1908, die die Position des Kaisers geschwächt hatte, und dem Sturz Reichskanzler von Bülows 1909 noch unberechenbarer geworden war als zuvor. Die undurchdachte Drohgebärde des Panthersprungs nach Agadir weckte nicht nur in Frankreich, sondern vor allem in Großbritannien die Sorge, daß die Krisen, die insbesondere auf dem Balkan immer mehr zunahmen, außer Kontrolle geraten könnten. Bemühungen des britischen Kriegsministers Lord Haldane, der im Februar 1912 nach Berlin reiste, um zu erkunden, ob es Möglichkeiten für eine Einigung mit Deutschland gab, wurden jedoch von Admiral Tirpitz schon im Ansatz zunichte gemacht, der das deutsche Flottenprogramm nicht einem diplomatischen Abkommen opfern wollte und allenfalls zu einem gegenseitigen Neutralitätsversprechen bereit war. Verhandlungen darüber führten allerdings nicht zum gewünschten Ziel, weil der Reichstag in Berlin genau zu diesem Zeitpunkt eine neue, von Tirpitz eingebrachte Flottenvorlage verabschiedete, die die letzte Chance für eine deutsch-britische Verständigung zunichte machte. Der britische Außenminister Lord Grey genehmigte danach im November 1912 nicht nur die Fortsetzung der britisch-französischen Stabsgespräche über eine gemeinsame Kriegsplanung, sondern versicherte zugleich, „falls eine der beiden Regierungen (in Großbritannien und Frankreich, d. Verf.) ernstlich Anlaß haben sollte, einen unprovozierten Angriff durch eine dritte Macht zu befürchten, so sollte sie unverzüglich mit der anderen erörtern, ob beide Regierungen gemeinsam handeln sollten". Niemand konnte darüber im Zweifel sein, was dies im Ernstfall bedeutete.

Deutschland schloß sich daher noch enger mit Österreich-Ungarn zusammen, zumal sich die Lage auf dem Balkan bedrohlich zuspitzte. Nachdem ein im März 1912 zwischen Bulgarien und Serbien geschlossenes Bündnis innerhalb weniger Monate durch Griechenland und Montenegro zum „Balkan-Bund" erweitert worden war, hatten die vier Mächte im Oktober 1912 einen konzertierten Angriff gegen die noch auf europäischem Boden stehenden türkischen Streitkräfte eingeleitet. Um die Jahreswende 1912/13 waren die türkischen Truppen bis zu den Meerengen zurückgedrängt. Der danach im Mai 1913 ausgehandelte Frieden währte jedoch nur einen Monat, weil nun Bulgarien, das mit den Friedensbedingungen nicht einverstanden war und nach einer Vergrößerung seines Territoriums strebte, überraschend einen Angriff auf Serbien startete. In diesem zweiten Balkan-Krieg gelangten Serbien und Griechenland, unterstützt von Rumänien und der Türkei, zu einem schnellen Sieg über den Aggressor, der nun im Frieden von Bukarest seiner eben erst erworbenen Gebiete wieder beraubt wurde, während Serbien aus dem Konflikt mit territorialen Gewinnen und gestiegenem Selbstbewußtsein hervorging. Der südslawische Nationalismus erhielt dadurch neue Nahrung und Anhänger. Der große Krieg rückte näher, und manches sprach dafür, daß er alle Aussichten hatte, auf dem Balkan zu beginnen.

18. Abschied von der Weltmacht

a) Juli-August 1914: Euphorie oder Hysterie?

Vor diesem Hintergrund bedeutete es kaum noch eine Überraschung, als am 28. Juni 1914 die Nachricht um die Welt ging, daß ein junger serbischer Nationalist namens Gavrilo Princip (1895–1918) – ein Mitglied der Untergrundbewegung „Schwarze Hand" – in der bosnischen Stadt Sarajewo den österreichischen Thronfolger Erzherzog Franz Ferdinand und seine Gattin ermordet habe. Bereits 1910 hatte ein von einem serbischen Offizier ausgebildeter Jugendlicher versucht, den österreichischen Gouverneur von Bosnien zu erschießen. Damals war das Attentat noch fehlgeschlagen, der Junge hatte Selbstmord begangen und galt seither in Serbien als Märtyrer und Nationalheld. Doch diesmal war der Anschlag gelungen, und auch Princip hatte nicht allein und nicht auf eigene Faust gehandelt. Nicht nur waren mehrere Mittäter an den Morden beteiligt gewesen. Das Attentat war auch minutiös vorbereitet worden. Im Hintergrund stand, wie sich später herausstellte, Oberst Dragutin Dimitrijević, der im serbischen Generalstab den Nachrichtendienst leitete und zugleich eine führende Rolle in der „Schwarzen Hand" spielte. Princip, der zwei Jahre zuvor wegen Beteiligung an anti-österreichischen Demonstrationen von der Schule verwiesen worden war, und seine Mittäter, die ebenfalls der „Schwarzen Hand" angehörten, waren lediglich die Werkzeuge Dimitrijevićs gewesen, der den Plan entworfen und seine Durchführung angeordnet hatte.

Die Nachricht von der Bluttat traf auf ein Europa, dessen politische und militärische Kreise inzwischen ebenso unfähig wie unwillig waren, die neue Krise zu meistern. Der lange erwartete Krieg schien unvermeidlich. Vor allem die Regierung in Wien war entschlossen, das Attentat zu nutzen, um die aus dem Ruder gelaufenen Serben zu „züchtigen". Die Maßnahmen dazu waren lange geplant. Bisher hatte nur der Anlaß gefehlt, sie in Gang zu setzen. Jetzt war der Anlaß da, und die Maschinerie konnte anlaufen. Am 23. Juli sandte die österreichische Regierung ein Ultimatum an Belgrad, in dem sie die serbische Regierung der Mittäterschaft bei den Morden beschuldigte und eine Reihe von Forderungen aufstellte, die Serbien faktisch seiner Unabhängigkeit beraubt hätten. Der russische Außenminister Sergej Sasonow, der die Serben zur Mäßigung zu bewegen suchte, um die Österreicher von einem Krieg abzuhalten, war bestürzt. Dem österreichischen Botschafter in St. Petersburg gegenüber erklärte er, dies bedeute „einen europäischen Krieg", um vorwurfsvoll hinzuzufügen: „Sie setzen Europa in Flammen!"

Tatsächlich hatten sich nahezu alle europäischen Staaten inzwischen gut auf diesen Krieg vorbereitet und allein im ersten Jahrzehnt nach der Jahrhundertwende ihr Heeresbudget bis um die Hälfte erhöht. Die deutschen Flottenausgaben waren sogar um das Dreifache gestiegen. Noch dramatischer war der Anstieg von 1910 bis 1914, als sich die deutschen und österreich-ungarischen Heeresausgaben noch einmal verdoppelten und alle anderen Länder, die von einem möglichen Krieg betroffen sein konnten, ihren

Personal- und Materialbestand ebenfalls drastisch weiter aufstockten. Heeres- und Marineoffiziere wurden nun immer häufiger von der politischen Führung konsultiert, überall wurde offen über den bevorstehenden Krieg gesprochen. Als Marschall Joseph Joffre, seit 1911 Generalstabschef der französischen Armee, 1912 gefragt wurde, ob er an Krieg denke, antwortete er: „Ja, ich denke ständig daran. Wir werden einen Krieg haben, ich werde ihn führen, und ich werde ihn gewinnen.“ Sein deutscher Gegenspieler Helmuth von Moltke d. J. erklärte im gleichen Jahr bei einer militärischen Zusammenkunft, bei der auch Kaiser Wilhelm II. anwesend war, er wünsche „Krieg – je eher, desto besser“. Nur die russische Regierung, die glaubte, noch Zeit zu benötigen, um ihre Armee auf den Krieg vorzubereiten, zögerte, auch wenn der Zar persönlich sich kriegsbereit gab, wenn es galt, russische Interessen auf dem Balkan zu vertreten.

Bereits im Frühjahr 1914 lag der Krieg damit buchstäblich in der Luft. Die diplomatischen Fronten verhärteten sich, die Zeitungen der jeweiligen Länder rührten die Kriegstrommel, indem sie die nationalen Leidenschaften aufputschten und die Unausweichlichkeit des Krieges betonten. Die deutschen Planungen gingen – nach den Entwürfen von Schlieffen – von einem Zweifrontenkrieg aus, bei dem zunächst Frankreich und danach Rußland niedergeworfen werden sollten. In Frankreich bereitete Joffre einen Angriff auf breiter Front gegen Elsaß-Lothringen vor, von wo aus er direkt nach Berlin marschieren wollte. Selbstbewußt stellte er fest: „Die französische Armee, die sich auf ihre alten Traditionen besinnt, kennt kein anderes Gesetz als die Offensive... Alle Angriffe müssen bis zum äußersten getrieben werden..., um den Feind zu jagen und zu vernichten.“ Die Regierung in London, die sich bei der Verteidigung Großbritanniens ganz auf die Royal Navy verließ, dachte daran, eine Armee auf den Kontinent zu entsenden, die dort an der Seite der französischen Streitkräfte kämpfen sollte.

Alle diese Planungen waren bis 1914 jedoch nicht mehr als Theorie. Aus deutscher Sicht hätten zwar die Marokko-Krisen der Jahre 1905 und 1911 bereits einen geeigneten Anlaß geboten, die Pläne in die Wirklichkeit umzusetzen. Die Militärs hatten sich damals gegenüber der politischen Führung aber noch nicht durchsetzen können. Nach den Balkan-Kriegen 1913 und der Ermordung des österreich-ungarischen Thronfolgers bot sich jetzt, im Juli 1914, eine neue Gelegenheit, die nicht verpaßt werden durfte. Vor allem die Experten der Mittelmächte befürchteten, daß das militärische Pendel angesichts der geplanten russischen und französischen Rüstungsprogramme immer mehr gegen sie ausschlagen werde, wenn man noch weiter abwartete. Der Chef des österreich-ungarischen Generalstabes, Feldmarschall Conrad von Hötzendorf, bemerkte deshalb im Juli 1914 gegenüber dem deutschen Militärattaché, es gebe nur zwei Möglichkeiten: entweder sofort loszuschlagen oder die eigene Rüstung entsprechend zu verstärken. Vom militärischen Standpunkt sei ein sofortiger Angriff bei weitem vorzuziehen. In Berlin beurteilte man die Situation ähnlich: Im Gegensatz zu Reichskanzler Bethmann Hollweg, der angesichts der Nachricht, daß Deutschland bei einem Angriff auf Frankreich nicht mit britischer Neutralität rechnen könne, den schwachen und verspäteten Versuch unternahm, Österreich-Ungarn von einem Krieg gegen Serbien abzuhalten, drängte Generalstabschef von Moltke zur Ablehnung aller Kompromißangebote des britischen Außenministers Grey. In einem Telegramm ermunterte er Conrad von Hötzendorf, Österreich-Ungarn solle ruhig losschlagen, Deutschland gehe „in jedem Falle mit".

Die Härte des österreich-ungarischen Ultimatums an Serbien war deshalb kein Versehen. Es nutzte auch nichts, daß sich die serbische Regierung bereit erklärte, praktisch alle an sie gestellten Forderungen zu erfüllen. In Wien wollte man den Krieg, der am 28. Juli erklärt wurde, unbedingt. Am 31. Juli machte Österreich-Ungarn auch gegen Rußland mobil, während die Deutschen zeitgleich ein Ultimatum an St. Petersburg sandten, in dem sie die russische Regierung aufforderten, alle Kriegsmaßnahmen zu stoppen. Allerdings wurde die russische Antwort gar nicht erst abgewartet, denn auch in Berlin war die Entscheidung zum Krieg längst gefallen: Am 1. August erklärte Deutschland Rußland den Krieg. Da die Starrheit des deutschen Kriegsplanes die schnellstmögliche Einleitung von Feindseligkeiten im Westen verlangte, um sich danach der Ostfront und dem Balkan zuwenden zu können, richtete Moltke ebenfalls ein Ultimatum an Frankreich, forderte in einer Note an das neutrale Belgien freien Durchgang für deutsche Truppen und erklärte nach deren Ablehnung am 3. August auch hier den Krieg. Die Invasion Belgiens begann. Der britische Außenminister Lord Grey hatte danach leichtes Spiel, das Unterhaus von der Notwendigkeit einer Intervention auf dem Kontinent zu überzeugen. Am 4. August befanden sich auch Großbritannien und Deutschland im Krieg.

Man mußte kein militärisches Genie sein, um vorherzusagen zu können, daß ein Zusammenprall so vieler Armeen mit Millionen von Soldaten zu einem bisher ungekannten Ausmaß an Vernichtung und Tod führen würde. Maßgebliche Persönlichkeiten, wie der Militärhistoriker Hans Delbrück und der Arbeiterführer August Bebel, hatten wortgewaltig auf die voraussichtlichen Folgen eines derartigen Krieges hingewiesen, und selbst der alte Helmuth von Moltke hatte 1890 in einer Rede im Reichstag vor der zügellosen Gewalt von „Nationen in Waffen" gewarnt und die Politik ermahnt, nach friedlichen Lösungen zu suchen. 1914 schien sich daran jedoch niemand mehr zu erinnern. Alle sahen dem „großen Krieg" lange vor seinem Beginn bewußt ins Auge – und viele traten mit Begeisterung den Weg zur Front an.

In Berlin und Paris gingen Anfang August Hunderttausende Menschen auf die Straßen, die den Ausbruch des Krieges enthusiastisch begrüßten. Die Stimmung schwankte zwischen Euphorie und Hysterie. Nahezu jeder erwartete einen kurzen Krieg und einen schnellen Sieg. Die Truppen, die in den Kampf zogen, meinten, daß sie bald wieder zu Hause sein würden, spätestens „bevor die Blätter fallen". Aber auch die Erwartung, daß die Entwicklung zur Katastrophe führen könnte, wurde früh geäußert und in hybrider Untergangsstimmung selbst von denjenigen hingenommen, die in der Lage gewesen wären, den Gang der Dinge zu beeinflussen. Wie anders sollte man die

Aussage des deutschen Kriegsministers Erich von Falkenhayn deuten, der nach der Kriegserklärung Großbritanniens am 4. August 1914 gegenüber Reichskanzler Bethmann Hollweg bemerkte: „Wenn wir auch darüber zugrunde gehen, schön war's doch." Wer für den Krieg letztlich die Verantwortung trug, ist in der historischen Diskussion noch immer umstritten. Keine der Mächte war allein schuldig, keine von ihnen war völlig schuldlos. Am Ende stand nach einem Jahrhundert des Fortschritts eine Orgie der Gewalt, die Europas Abschied von der Weltgeltung begründete.

b) Deutscher Vormarsch ohne Sieg

Die Kampfhandlungen begannen am 2. August 1914 mit dem deutschen Einmarsch in Belgien. Der Vorstoß erfolgte gemäß dem Plan, den Graf Alfred von Schlieffen, von 1891 bis 1905 Chef des Großen Generalstabes, vor dem Hintergrund der ersten Marokko-Krise 1905 verfaßt und bis zu seinem Tod im Jahre 1912 in mehreren Denkschriften, die er seinem Nachfolger hinterließ, immer wieder leicht modifiziert hatte. Der Plan ging von der Unvermeidlichkeit eines Zweifrontenkrieges aus, bei dem Frankreich, das aufgrund seiner Kriegserfahrung und besseren Infrastruktur schneller mobilisieren konnte als Rußland, zuerst geschlagen werden sollte. Fast das gesamte deutsche Heer trat deshalb an Deutschlands Westgrenze an, während die Ostgrenze nur von einem Armeekorps gedeckt wurde. Wenn Rußland fertig mobilisiert hätte, sollte Frankreich längst geschlagen sein, so daß das deutsche Heer sich dann mit voller Macht nach Osten wenden konnte.

Neben dieser Grundidee zweier Kriegsphasen enthielt der Schlieffen-Plan die Vorstellung, daß ein direkter Angriff auf Frankreich nicht in Frage komme, da die gegenüber Elsaß-Lothringen auf französischer Seite etablierten Festungsgürtel ein Vordringen deutscher Armeen nur in dem Korridor zwischen Toul und Epinal zuließen, der jedoch viel zu schmal war, um eine Offensive auf breiter Front zu ermöglichen. Schlieffens Doktrin sah deshalb vor, zwei Drittel der Kräfte in einem gewaltigen rechten Angriffsflügel zu konzentrieren, der von Norden her – die Neutralität Belgiens, Hollands und Luxemburgs verletzend – bis zur Höhe der französischen Stadt Amiens marschieren sollte. Durch die strategische Anlehnung an den Ärmelkanal wäre die rechte Flanke theoretisch ungefährdet. Die Landung einer etwaigen britischen Expeditionsarmee wurde nicht ernst genommen. Die in Deutschland verbleibenden Kräfte sollten die südlich von Luxemburg angetretenen französischen Armeen binden, auch wenn sie dafür deutschen Boden preisgeben müßten. Der rechte Angriffsflügel dagegen würde mit seiner Übermacht nach Süden auf Paris vordringen und sich schließlich in einer Bogenbewegung wieder nach Osten wenden, um die französische Hauptmacht einzukesseln und zu erdrücken.

Dieser Plan wäre als Diskussionsgrundlage zur Entwicklung einer militärischen Strategie gegenüber Frankreich durchaus interessant gewesen, wenn man ihn mit anderen Varianten konfrontiert hätte, um seine Stärken und

Schwächen zu evaluieren und insbesondere das Problem der Verletzung der Neutralität dreier Länder, die gegenüber Deutschland keinerlei Kriegsabsichten hegten, zu erörtern. Solche Alternativpläne gab es jedoch nicht. Der Schlieffen-Plan war der einzige Plan, den der vielgerühmte deutsche Generalstab besaß, der damit zumindest in diesem Punkt seine Professionalität vermissen ließ. Hinzu kam, daß der Plan kaum durchdacht war. Allein die Tatsache, daß er mit allen Zusätzen auf nur 25 Schreibmaschinenseiten Platz fand und von verbalen Unsicherheiten strotzte, läßt die Leistung Schlieffens und seines Nachfolgers von Moltke in einem fragwürdigen Licht erscheinen. Moltke modifizierte den Plan seines Vorgängers nur in bezug auf Holland, dessen Neutralität nicht verletzt werden sollte, weil Deutschland, wie Moltke erklärte, das kleine Land im Falle eines längeren Krieges als „Luftröhre" benötige, um Rohstoffe einzuführen. Wie gering Schlieffen und Moltke in diesem Zusammenhang die Integrität von Staaten einschätzten, ist aus den Karten ersichtlich, die den Planungen zugrunde lagen: Die Eisenbahnlinien sind darin dicker eingezeichnet als die Staatsgrenzen. Allerdings wurden die militärischen Planer in dieser Mißachtung des Völkerrechts von der deutschen politischen Führung unterstützt, die spätestens seit der Jahrhundertwende darüber informiert war, daß die Integrität neutraler Staaten bei dem als unausweichlich geltenden Krieg gegen Frankreich verletzt werden sollte.

Der deutsche Vormarsch durch Belgien machte zunächst gute Fortschritte. Die Forts um Liège fielen nach einem massiven Bombardement mit den gewaltigen Granaten der 42 cm Mörser von Krupp und der von Österreich-Ungarn ausgeliehenen 30,5 cm Mörser von Škoda am 16. August. Namur folgte wenig später. Der belgische König zog sich daraufhin mit den Resten seiner Armee in die Festung Antwerpen zurück, während die deutschen Truppen, die von täglich 500 Güterzügen über die Rheinbrücken mit Nachschub versorgt wurden, nach Frankreich vorrückten. Das französische Oberkommando, das sich über den Schwerpunkt des deutschen Angriffs noch immer im unklaren war, stellte den deutschen Armeen viel zu schwache Kräfte entgegen, die unter schweren Verlusten mühelos zurückgetrieben wurden. Hier rächte sich die unter Joffre zum Dogma festgefahrene Ausbildung der französischen Streitkräfte zum blinden Angriff, die Flexibilität und eine gute Verteidigung nicht ersetzen konnte. Lediglich die 1. deutsche Armee General von Klucks, die sich am äußersten rechten Flügel befand, wurde durch die kleine britische Expeditionsstreitmacht, die inzwischen auf dem Festland gelandet war, zeitweilig bei der Stadt Mons aufgehalten.

Doch der deutsche Vormarsch führte nicht zum Sieg. Nachdem Joffre, spät genug, den deutschen Angriffsschwerpunkt erkannt hatte, ließ er aus allen verfügbaren Reserveeinheiten aus dem Raum Verdun eine neue Armee aufstellen und diese in Gewaltmärschen in das Gebiet nördlich von Paris verlegen. An der Marne kam es vom 5. bis 10. September 1914 zu einer ersten großen Schlacht, die zwar unentschieden endete, jedoch dazu führte, daß die deutschen Armeen nicht weiter auf Paris vorrückten, sondern sich auf einer Verteidigungslinie etwa 40 Kilometer weiter zurück festsetzten. Moltke wurde als Generalstabschef abgelöst und durch Kriegsminister Erich von Falkenhayn ersetzt. Auch Falkenhayn, der den Krieg seit langem herbeigesehnt hatte, zeigte sich allerdings bald überfordert. Nachdem Antwerpen belagert und erobert worden war, reichte die Frontlinie vom Ärmelkanal bis zur Schweizer Grenze. Von einer schnellen Entscheidung im Westen war nicht mehr die Rede.

Im Osten wurde ein russischer Vorstoß nach Ostpreußen von der 8. deutschen Armee unter General Paul von Hindenburg und dem energischen ehemaligen Chef der Aufmarschabteilung des deutschen Generalstabs, Erich Ludendorff, in einer einwöchigen Operation bei Tannenberg vom 23. bis 31. August 1914 zurückgeworfen. Der Plan, die 1. russische Armee unter Pavel von Rennenkampf und die 2. russische Armee unter Alexander Samsonow unter Ausnutzung schneller Truppentransporte per Eisenbahn getrennt zu schlagen, stammte allerdings vom stellvertretenden Chef des Stabes, Oberst Max Hoffmann, während der eigens aus dem Ruhestand zurückgeholte 67jährige Hindenburg, der zu dem Plan nicht den geringsten Beitrag geleistet hatte, als „Sieger von Tannenberg" in die Geschichte einging. Auf dem Balkan wurden die österreich-ungarischen Armeen sowohl in Galizien als auch in Serbien geschlagen und fluteten in wildem Durcheinander hinter ihre Grenzen zurück. Der von Conrad von Hötzendorf entworfene Angriffsplan erwies sich als undurchführbar. Das Eisenbahnsystem war überfordert. Die habsburgische Armee bestand aus einem Dutzend Ethnien, deren oft homoethnische Regimenter nur wahlweise eingesetzt werden konnten: Russen und Ruthenen wollten nicht an der russischen Front, Bosnier und Serben nicht an der serbischen Front kämpfen. Die Sprachenvielfalt limitierte viele Regimenter auf 80 Standardbefehle, die kaum für flexible Aktionen geeignet waren. Strategische Fehler taten ihr übriges: Statt das Gebirgsmassiv der Karpaten, die Flüsse San, Weichsel und Djnester sowie die Festungsstädte Przemysl und Lemberg zur natürlichen Verteidigung gegen die russische Armee zu nutzen, war der sofortige Angriff vorgesehen, der prompt scheiterte. In Serbien unterschätzte Conrad nicht nur die extreme Unwegsamkeit des Geländes, sondern auch die Stärke des Gegners, und erlitt hier ebenfalls eine bittere Niederlage.

c) Vom Bewegungskrieg zum Stellungskrieg

Die letzte offene Schlacht an der Westfront fand vom 18. Oktober bis 12. November 1914 bei Ypern in Flandern statt. Auf deutscher Seite nahmen daran auch zwei neu aufgestellte Divisionen teil, in denen eilig ausgebildete Gymnasiasten und Studenten ihren Dienst taten. In der Euphorie des Kriegsbeginns hatten sie die zuständigen Behörden so lange bedrängt, bis sie mit überzähligen Uniformen und alten Gewehren aus den Arsenalen ausgerüstet und als Freiwillige an die Front geschickt worden waren. Beim Angriff auf die kleine Stadt Langemarck stürmten sie enthusiastisch über offenes Gelände in das Maschinengewehrfeuer französischer Veteranenverbände. Danach hörten beide Divisionen auf zu existieren, doch in der Kriegsgeschichtsschreibung des deutschen Generalstabs wurde der „Kindermord“ von Langemarck als heroischer Opfergang verklärt.

Am Ende des Jahres 1914 hatten die deutschen und französischen Streitkräfte insgesamt 300 000 Tote und 600 000 Verwundete zu beklagen. Die britische 7. Division, die im Oktober 1914 mit 400 Offizieren und 12 000 Soldaten in Frankreich gelandet war, bestand nach 18 Tagen Kampf um Ypern nur noch aus 44 Offizieren und 2 236 Soldaten. Von einem britischen Bataillon aus Sportlern, das ursprünglich nur in der Etappe zur Ablenkung und Unterhaltung der Frontsoldaten zum Fußballspielen eingesetzt werden sollte und schließlich selbst an die Front geschickt wurde, überlebten von 200 Mann nur 30. Gewonnen hatte beide Seiten wenig. Die Hoffnungen auf einen raschen Sieg durch großangelegte Offensiven waren zerschlagen. Die Truppen gruben sich ein und lagen sich von nun an in zwei langen dünnen Linien von Schützengräben gegenüber. Aus dem Bewegungskrieg wurde ein Stellungskrieg. Allein in Frankreich betrug die Länge des Grabensystems auf beiden Seiten etwa 9 000 Kilometer. Die Gräben waren zwischen 1,50 und 1,80 Meter tief und zwischen 50 Metern und 1,5 Kilometer voneinander entfernt. Dazwischen befand sich das „Niemandsland“. Versorgungs- und Verbindungsgräben sowie Unterstände und festungsartig ausgebaute Stützpunkte komplettierten das System, das durch Barrieren aus Sandsäcken und Stacheldraht gegen feindliche Angriffe geschützt war. Durchbrüche waren oft nicht in Kilometern, sondern nur in Metern zu messen. Auch der Einsatz von Giftgas, das zum ersten Mal am Abend des 22. April 1915 von den Deutschen unter Herzog Albrecht bei Ypern aus Dutzenden von Kanistern abgeblasen wurde, konnte daran nichts ändern.

Dafür stiegen die Verlustzahlen ins Unermeßliche. Während eines britischen Angriffs bei Neuve Chapelle am 10. März 1915, bei dem ein Geländegewinn von etwa 900 Metern erzielt wurde, verloren 13 000 Soldaten ihr Leben. Bei der französischen Offensive und der deutschen Gegenoffensive in der Champagne im Sommer 1915 starben 75 000 Deutsche und 145 000 Franzosen – doch am Ende befand sich die Front wieder dort, wo sie vor der Schlacht verlaufen war. Nicht anders war es an der Somme 1916, wo beide Seiten trotz hoher Verluste ebenfalls keinen klaren Sieg für sich verbuchen konnten. Selbst der Einsatz einer neuen Geheimwaffe, der „Tanks“, brachte keine Wende. Allein am ersten Tag der Somme-Schlacht verloren die Briten mehr als 60 000 ihrer 110 000 eingesetzten Soldaten durch Tod oder Verwundung. Nach drei Tagen waren dreimal mehr britische Soldaten tot als während der fünfzehn Jahre Krieg gegen Napoleon zu Beginn des 19. Jahrhunderts.

Auf die Spitze getrieben wurde die Idee der „Abnutzungsschlacht“ jedoch bei den Kämpfen um die Festungsanlagen von Verdun, die am 21. Februar 1916 begannen. Der deutsche Oberkommandierende von Falkenhayn hatte sich bei der Planung des deutschen Angriffs keine Illusionen über einen Durchbruch durch die französischen Linien gemacht. Aber er glaubte, daß es möglich sei, die Franzosen, die es sich aufgrund ihrer niedrigeren Geburtenrate nicht leisten könnten, ebensoviele Männer zu verlieren wie die

Deutschen, durch eine massive Offensive zu „zermürben". Falkenhayn ging davon aus, daß auf zwei getötete deutsche Soldaten fünf Franzosen kämen. Damit, so hoffte er, sei das Ziel zu erreichen, Frankreich „weißbluten" zu lassen. Man müsse nur permanente Angriffe auf Verdun richten, um Frankreich so viele Verluste zuzufügen, bis es den Krieg aus Mangel an Männern nicht mehr weiterführen könne. Die Rechnung ging zumindest in einer Hinsicht auf: Die Verluste waren beispiellos. 540 000 Franzosen und 430 000 Deutsche starben oder wurden verwundet. 90 000 verloren allein auf einem einzigen Hügel ihr Leben. Doch der Krieg wurde dadurch ebensowenig entschieden wie durch die zunehmende Verwendung von Giftgas oder durch die Flugzeuge, die ebenfalls bereits seit Oktober 1914 im Einsatz waren. Die Zahl der produzierten Flugzeuge war zwar beträchtlich – 47 000 in Deutschland, 51 000 in Frankreich und 55 000 in Großbritannien –, doch ihre Effektivität ließ noch so sehr zu wünschen übrig, daß ihnen nicht mehr als eine unterstützende Bedeutung zukam.

Im Winter 1916/17 hatte sich der Krieg endgültig festgefahren – an der Westfront ebenso wie im Osten. Operationen der Alliierten auf dem Balkan und an den Meerengen zur Entlastung der Russen scheiterten am Widerstand der Türken. Dafür banden italienische Truppen – Italien war am 25. Mai 1915 auf seiten der Entente in den Krieg eingetreten – am Isonzo starke österreich-ungarische Verbände an der Alpenfront. Conrad von Hötzendorf wurde seines Postens enthoben, ebenso von Falkenhayn. Das deutsche Oberkommando übernahmen nun Hindenburg und Ludendorff, denen man seit der Schlacht von Tannenberg nachsagte, militärische Wunder vollbringen zu können. In Frankreich wurde Marschall Joffre durch Robert Nivelle abgelöst, der seinerseits nach einer fehlgeschlagenen, verlustreichen Offensive und der Meuterei ganzer Divisionen im April 1917 durch Henri Phillipe Pétain ersetzt wurde. Der Krieg aber ging weiter.

d) Kriegseintritt der USA und Revolution in Rußland

Ungeachtet aller Stagnation des Stellungskrieges, der mit kaum verminderter Heftigkeit andauerte, gab es 1917 dennoch zwei Ereignisse, die letztlich die Wende einleiteten: Der Kriegseintritt der USA auf seiten der Entente am 6. April 1917 übte neuen Druck auf die Mittelmächte aus, deren Ressourcen nun immer weniger ausreichten, den Kampf fortzusetzen oder gar siegreich zu beenden, und die Doppelrevolution in Rußland im Februar und Oktober 1917 besiegelte nicht nur das Schicksal des Zarenreiches, sondern führte auch zur Kapitulation der russischen Armee, die damit aus dem Krieg ausschied.

Der amerikanische Präsident Woodrow Wilson hatte seine Wiederwahl im November 1916 mit dem Versprechen erreicht, die USA aus dem europäischen Krieg herauszuhalten. Aber die ungeteilte Sympathie der Amerikaner galt den Alliierten, die nicht nur mit amerikanischen Krediten, sondern auf halblegalem Wege auch mit amerikanischen Waffen versorgt wurden. Als ein deutsches U-Boot am 7. Mai 1915 das britische Passagierschiff *Lusitania*, das auf dem Weg von den USA nach Großbritannien neben Passagieren große Mengen Waffen und Munition mit sich führte, vor der irischen Küste versenkte, wobei auch 128 amerikanische Staatsbürger ihr Leben verloren, drohte schon zu diesem frühen Zeitpunkt ein Kriegseintritt der USA, den die Deutschen nur dadurch vermieden, daß sie ihren unbeschränkten U-Boot-Krieg gegen Großbritannien einstellten. Mit zunehmender Dauer der Kämpfe erschien der deutschen Regierung eine Wiederaufnahme des U-Boot-Krieges jedoch unvermeidlich, um die britische Seeblockade zu durchbrechen und neue Rohstoffe heranzuführen. Die deutschen Überwasserschiffe, die vom 31. Mai bis 1. Juni 1916 vor der Küste von Jütland mit beachtlichem Erfolg, aber letztlich aussichtslos eine Seeschlacht gegen die britische Navy geschlagen hatte, war dazu nicht in der Lage. Am 1. Februar 1917 kündigte die deutsche Regierung daher auf Drängen der Obersten Heeresleitung die Rückkehr zum unbeschränkten U-Boot-Krieg an. Die deutschen U-Boote, deren Zahl inzwischen auf 120 angewachsen war, erhielten Befehl, jedes Schiff in der „Kriegszone“ anzugreifen.

Der Termin hätte unglücklicher nicht gewählt sein können. Denn in den USA war genau zwei Wochen zuvor ein Telegramm des deutschen Außenministers, Arthur Zimmermann, an seinen Botschafter in Mexiko abgefangen und entschlüsselt worden, in dem Mexiko deutsche Unterstützung für die Rückeroberung von Texas, Arizona und New Mexiko zugesichert wurde, falls die Mexikaner sich entschließen sollten, den USA den Krieg zu erklären. Das auf den 16. Januar 1917 datierte Telegramm, das möglicherweise eine Fälschung war und aus amerikanischen oder britischen Regierungskreisen stammte, diente Präsident Wilson gleichwohl dazu, öffentliche Unterstützung für den amerikanischen Kriegseintritt gegen Deutschland zu gewinnen, den er am 6. April 1917 bekanntgab. Innerhalb weniger Monate trafen die ersten amerikanischen Einheiten, unterstützt von einem unaufhörlich fließenden Strom an Ausrüstung, in Europa ein. Im November 1918 umfaßte die amerikanische Armee schließlich vier Millionen Soldaten, von denen sich die Hälfte in Frankreich befand. Sie sollten nicht nur den alliierten Kampf gegen Deutschland unterstützen, sondern auch – wie Präsident Wilson erklärte – dazu dienen, „die Welt sicher zu machen für die Demokratie“.

Währenddessen führte die Februarrevolution in Rußland am 2. März 1917 (nach dem heute geltenden Gregorianischen Kalender war es der 15. März) zum Zusammenbruch der Herrschaft von Zar Nikolaus II. und zur Bildung einer großbürgerlich-liberalen Provisorischen Regierung unter Fürst Georgij E. Lwow, die sogleich von den USA und anderen westlichen Staaten anerkannt wurde. Die USA, ließ Woodrow Wilson die neue russische Regierung noch im März 1917 wissen, würden alles tun, damit Rußland „seine große Rolle im Leben Europas und der modernen Welt“ zurückerhalte. Bereits im Sommer 1917 begannen Gespräche über amerikanische Hilfeleistungen beim Aufbau einer parlamentarischen Demokratie, bei der Alexander Kerenskij, der am 8./21. Juli zum Ministerpräsidenten der Provisorischen Regierung ernannt wurde, nun die Schlüsselrolle spielte. Doch die Bemühungen kamen zu spät. Am 25. Oktober bzw. 7. November 1917 setzte die Oktoberrevolution der Existenz der Provisorischen Regierung ein jähes Ende. Die Herrschaft der kommunistischen Bolschewiki unter Wladimir Iljitsch Uljanow, genannt Lenin, begann.

Für die Westmächte bedeutete die Machtübernahme der Bolschewiki einen Schock. Von der Kerenskij-Regierung hatten sie sich eine loyale militärische Zusammenarbeit im Kampf gegen Deutschland versprochen. Von Lenin, der mit deutscher Hilfe aus seinem Exil in der Schweiz nach Rußland zurückgekehrt war, konnte man diese nicht erwarten. Tatsächlich ersuchten die Bolschewiki unverzüglich um Frieden mit Deutschland – sogar um jeden Preis, wie es schien, da sie für die Sicherung und den Ausbau ihrer Machtstellung in Rußland dringend eine Atempause benötigten. Die Friedensverhandlungen fanden in Brest-Litowsk statt, einem Ort an der Grenze zwischen Polen und Weißrußland, der im Mai 1915 von den Deutschen erobert worden war. Sie zogen sich nach der Vereinbarung eines Waffenstillstandes über den Winter 1917/18 hin und führten erst am 2. März 1918 zum endgültigen Ausscheiden Rußland aus dem Krieg, nachdem die Revolutionsregierung die deutschen Friedensbedingungen zunächst abgelehnt hatte und die deutschen Streitkräfte daraufhin nahezu ohne Gegenwehr bis zum Finnischen Meerbusen, nur 200 Kilometer von Petrograd entfernt, sowie bis zur Krim und in die Ukraine vorgedrungen waren. Der Friedensschluß sah die Unabhängigkeit Finnlands, der Ukraine, Georgiens, Litauens, Lettlands, Estlands und Polens vor, die nun unter deutschen Einfluß gerieten, und sollte nach deutscher Auffassung dazu dienen, eine Pufferzone zwischen dem Deutschen Reich und dem revolutionären Rußland zu bilden.

Auf den Kriegsschauplatz in Westeuropa hatten diese Entwicklungen im Osten erstaunlicherweise nur geringen Einfluß. Zwar starteten die Deutschen im Frühjahr 1918 ihre erste große Offensive seit 1914. Doch in der österreichisch-ungarischen Armee zeigten sich deutliche Auflösungserscheinungen, und das Eintreffen der ersten amerikanischen Truppen, die schon im Frühjahr 1918 in einer Stärke von immerhin 325 000 Mann unter dem Kommando von General John Pershing in den Kampf eingriffen, veränderte die psychologische Lage grundlegend. Ludendorffs massive Offensive, die am 21. März 1918 auf einer Linie von Cambrai über St. Quentin bis La Frère begann und mit einer Streitmacht von 1,6 Millionen Soldaten entlang der Somme vorgetragen wurde, blieb daher erneut vor Paris stecken. Nach einem Geländegewinn von etwa 70 Kilometern kam der Vormarsch bei Compiègne zum Stehen. Die Offensive, die Ludendorff als letzte deutsche Chance begriffen hatte, den Krieg zu gewinnen, war fehlgeschlagen. Allerdings hatten die deutschen Anfangserfolge die Alliierten so sehr alarmiert, daß diese am 26. März 1918 endlich ein gemeinsames Oberkommando für alle alliierten Streitkräfte bildeten. Den Oberfehl übernahm ein französischer Marschall: Ferdinand Foch. Der Gegenangriff der Alliierten war nur eine Frage der Zeit.

e) Der Pyrrhus-Sieg der Entente

Zu Beginn des Jahres 1918 hatte noch wenig darauf hingedeutet, daß die militärischen Fähigkeiten der Deutschen schwanden. Bei mehreren kleineren Offensiven in den Monaten zuvor hatten sie bewiesen, daß ihre Kampfmoral ungebrochen war. Überdies konnten sie nach dem Sieg über Rußland ihre Reserven nach Westen verlegen und mit zusätzlichen Kräften neue Vorstöße planen. Das Scheitern der Frühjahrsoffensive 1918 veränderte die Lage nun von Grund auf. Danach war der Kampfeswille gebrochen. Als die alliierte Gegenoffensive am 8. August begann, gaben sich zahllose deutsche Soldaten ohne Widerstand gefangen. Ludendorff bezeichnete den 8. August daher als den „schwärzesten Tag des deutschen Heeres". Im September wurde mit Hilfe der Amerikaner auch Verdun befreit. Die Soldaten rückten über ein alptraumhaftes Gelände vor, das jegliche Vegetation und einen großen Teil seiner ursprünglichen Landschaftsmerkmale verloren hatte. Die verbissen umkämpfte, westlich von Verdun gelegene Höhe 304 maß nur noch 297 Meter. Die fehlenden sieben Meter waren von dem ständigen Artilleriebeschuß beider Seiten atomisiert worden. Ende September befanden sich die Armeen wieder in den Ausgangspositionen, die sie vor Beginn der deutschen Offensive im März innegehabt hatten. Die Zuversicht der Alliierten, den Krieg gewinnen zu können, wuchs – vielleicht schon 1919, wenn alles gut ging.

Ludendorff, der die Verhältnisse auf der deutschen Seite besser einzuschätzen vermochte als jeder andere, sah dies ähnlich und empfahl daher dem Kaiser, um Waffenstillstand zu bitten, bevor es zu spät war. Dies geschah am 4. Oktober 1918, als der neue Reichskanzler Prinz Max von Baden, ein liberaler Monarchist, eine entsprechende Note an Präsident Woodrow Wilson richtete. Währenddessen brach die italienische Front zusammen. Die Veneto-Offensive ließ die Italiener bis zum Livenza vorrücken, und der österreich-ungarische Kaiser Karl I., der inzwischen anstelle des verstorbenen Franz Joseph auf dem habsburgischen Thron saß, zeigte wenig Neigung, den Krieg fortzusetzen, nachdem seine Armeen sich auf dem Rückzug befanden. Desertionen häuften sich. Bulgarien, am Rande einer totalen Niederlage, schied aus dem Krieg aus, als neu ausgerüstete serbische Verbände mit Hilfe griechischer, britischer und französischer Truppen nach Skopje vorstießen. Österreich-Ungarn folgte dem bulgarischen Beispiel wenig später. Am 3. November 1918 ersuchte Kaiser Karl I. um einen Separatfrieden. In Deutschland trat Ludendorff – offenbar unfähig, die Konsequenzen seines Handelns zu ertragen – bereits am 27. Oktober 1918 als Chef der 3. Obersten Heeresleitung zurück. Am 7. November 1918 ersuchte eine deutsche Waffenstillstandskommission die Alliierten, die Kämpfe einzustellen. Zwei Tage später wurde in Berlin die Republik ausgerufen. Kaiser Wilhelm II. dankte ab und floh über die Grenze nach Holland, nachdem ihm von allen Seiten bedeutet worden war, daß er wegen seines Verhaltens während des Krieges keine Unterstützung mehr erwarten könne. Am 11. November 1918 wurde in einem Eisenbahnwagen im Wald bei Compiègne nördlich von Paris die Waffenstillstandsvereinbarung zwischen den Alliierten und der provisorischen deutschen Regierung unterzeichnet. Der Erste Weltkrieg war beendet.

Die Siegesfeiern in Paris, London, New York und anderen Städten der Alliierten dauerten Tage. Doch zum Jubel bestand wenig Grund. Von den 65 Millionen Soldaten, die auf beiden Seiten mobilisiert worden waren, hatten 37 Millionen vorübergehende oder bleibende Schäden davongetragen. 8,7 Millionen Soldaten waren gefallen, mindestens 22 Millionen verwundet. Weitere 12,6 Millionen Menschen, darunter viele Zivilisten, waren an kriegsbedingten Verletzungen oder Krankheiten gestorben. Am höchsten waren die Ausfälle in der serbischen Armee. Doch auch in der österreichisch-ungarischen Armee betrugen sie nicht weniger als 90 Prozent. Die Russen verloren 76 Prozent, die Franzosen 71 Prozent, die Deutschen 63 Prozent und die Briten immerhin noch 34 Prozent ihrer Truppen. Bei den Amerikanern lag die Ausfallquote aufgrund der kurzen Kriegsteilnahme der USA nur bei acht Prozent. Die materiellen Kosten wurden nach einer Berechnung der amerikanischen Carnegie Endowment for International Peace mit 338 Milliarden US-Dollar veranschlagt.

Nicht zu beziffern waren die politischen und moralischen Kosten des Krieges. Der britische Schriftsteller Philip Larkin meinte, Europa habe in diesem Krieg „seine Unschuld verloren“. Tatsächlich verlor es vor allem seine Weltgeltung, die es jahrhundertelang, besonders im Zeitalter des Imperialismus am Ende des 19. Jahrhunderts, behauptet hatte. Die USA, aber auch die kommunistische Sowjetunion, stiegen zu neuen Weltführungsmächten auf. Zudem bedeutete der militärische Erfolg der Entente nicht mehr als einen Pyrrhus-Sieg: Bereits 1919 wurde der so mühsam und unter großen Opfern errungene Frieden in den Verhandlungen von Versailles wieder verspielt. Die Aufgabe, dem Frieden die Versöhnung folgen zu lassen, blieb ungelöst. Ein zweiter Weltkrieg bahnte sich an, dessen Dimensionen die Ausmaße des ersten noch in den Schatten stellen sollten.

Ausblick

Auf den Pariser Friedenskonferenzen von 1919/20, die am 18. Januar 1919 begannen und mit den sogenannten Vorortverträgen von Versailles, St. Germain, Neuilly, Trianon und Sèvres endeten, waren die Vertreter der beteiligten Regierungen über ein Jahr lang bemüht, die Hypothek des Ersten Weltkrieges abzutragen. Besondere Bedeutung erlangte dabei der Versailler Vertrag vom 28. Juni 1919 zwischen dem Deutschen Reich und den alliierten und assoziierten Mächten, der nicht nur das Schicksal der Weimarer Republik maßgeblich prägen sollte, sondern mit seinen Bestimmungen über einen „gerechten Frieden" auch die Grundlage für die Ordnung der internationalen Beziehungen in den zwanziger und dreißiger Jahren darstellte.

Der amerikanische Präsident Woodrow Wilson hatte dazu bereits am 8. Januar 1918 in einer Ansprache vor dem Kongreß ein Vierzehn-Punkte-Programm vorgelegt, in dem er die Zusammenarbeit aller Staaten auf der Basis von Demokratie und nationaler Selbstbestimmung forderte. Weltweiter Freihandel, freie Schiffahrt auf allen Meeren, allgemeine Rüstungsbeschränkungen und die Verwirklichung einer internationalen Schiedsgerichtsbarkeit sollten die Nachkriegsordnung kennzeichnen. Ein „Völkerbund" (*League of Nations*) – eine gemeinsame Organisation der Gemeinschaft der Nationen – sollte die Unabhängigkeit aller Länder gewährleisten. Die Vorschläge, mit denen der amerikanische Präsident zugleich den Anspruch der USA auf eine Führungsrolle in der internationalen Politik anmeldete, wurden von den Alliierten allerdings mit Zurückhaltung aufgenommen. Vor allem die Forderung eines gerechten und dauerhaften Friedens ohne Rache und Vergeltung gegenüber den besiegten Feindstaaten rief Widerspruch hervor, da sie dem nationalen Egoismus der Siegermächte zuwiderlief. Der britische Premierminister David Lloyd George und besonders der französische Ministerpräsident Georges Clemenceau wünschten im Gegenteil eine Schwächung der politischen, wirtschaftlichen und militärischen Möglichkeiten Deutschlands, um dessen vermeintliches Streben nach Weltherrschaft einzudämmen und die eigene Position zu konsolidieren.

Wilson, der zu diesem Zeitpunkt bereits durch eine schwere Krankheit gezeichnet war, die wenig später zu seinem Tode führen sollte, hatte somit kaum die Chance, seine langfristigen Friedensziele zu verwirklichen. Er konnte sich gegenüber Lloyd George und Clemenceau, die in Versailles zudem von anderen Verhandlungsführern unterstützt wurden, nicht durchsetzen. Resigniert erklärte er am 3. Juni 1919 im Gespräch mit Mitgliedern der amerikanischen Delegation: „Ich glaube, daß es vorteilhaft sein wird, wenn eine Nation (gemeint war die deutsche, d. Verf.) ein- für allemal lernt, was ein ungerechter Krieg bedeutet." Von einem fairen und gerechten Frieden war selbst bei ihm nun nicht mehr die Rede. Grund dafür war allerdings nicht nur das uneinsichtige Verhalten der Verbündeten, sondern auch die Stimmungslage der „öffentlichen Meinung", die in dem vorangegangenen totalen Krieg mobilisiert worden war und in der Stunde des Sieges ihren Tribut forderte. Anders als nach dem Krim-Krieg von 1853 bis 1856 oder auf dem Berliner Kongreß von 1878 bestand für die Diplomaten bei den Pariser Verhandlungen 1919/20 daher wenig Spielraum für eine Politik der Versöhnung. Folgerichtig stellten sie in Artikel 231 des Versailler Vertrages kategorisch fest, daß Deutschland die alleinige Kriegsschuld trage und deshalb auch für die Kosten, die durch die Kriegführung verursacht worden seien, in Form von Reparationen allein aufkommen müsse.

In Deutschland wurde diese einseitige Verurteilung sofort energisch zurückgewiesen. Es entwickelte sich eine erregte Kriegsschulddiskussion, die bald mit einer „Friedensschulddiskussion" (Winfried Baumgarten) einherging. Die Pazifisten und die republikanische Linke, die auf einen „Verständigungsfrieden" gehofft hatten, fühlten sich von Wilson getäuscht und verraten. Die nationale Rechte beschuldigte ihn sogar des Betrugs: Er habe die Deutschen mit seinen Vierzehn Punkten auf eine falsche Fährte gelockt, sie zur Revolution verleitet und damit um einen möglichen „Siegfrieden" gebracht. Tatsächlich hatte Wilson sich mit seinem Angebot eines fairen Friedens und seiner Hoffnung auf eine neu gestaltete liberale Weltordnung in eine politisch ausweglose Situation begeben: Weder auf der Konferenz in Paris noch in den USA selbst konnte er sich mit seinen Auffassungen durchsetzen. Sein Bestreben, Deutschland nach der Abdankung des Kaisers und der Errichtung einer parlamentarischen Demokratie in die neue Ordnung einzubeziehen und deshalb alle ehrenrührigen Vertragsbestimmungen zeitlich zu begrenzen, scheiterten ebenso wie sein Bemühen um ein dauerhaftes amerikanisches Engagement im Rahmen eines neuen Systems kollektiver Sicherheit. Im Ergebnis trat danach das Gegenteil von dem ein, was Wilson sich gewünscht hatte: Während die USA – bei anhaltender wirtschaftlicher Expansion – politisch in die „Festung Amerika" zurückkehrten und, wenn auch nur vorübergehend, wieder ihren Isolationismus pflegten, knüpften die europäischen Mächte an ihre alten Verhaltensmuster aus der Zeit vor 1914 an, die von Konkurrenz oder sogar Feindseligkeit zwischen den Mächten ausging und eine gemeinsame friedenspolitische Perspektive nicht erkennen ließ.

Ein wirklicher europäischer Friedensschluß konnte somit in Paris 1919/20 kaum gelingen. Die europäische Ordnung nach dem Ersten Weltkrieg blieb von Unversöhnlichkeit der Nationen, großen Spannungen und allgemeiner Instabilität geprägt. Der Bolschewismus in der Sowjetunion ebenso wie der Faschismus in Italien und nach Beginn der Weltwirtschaftskrise 1929 auch der Nationalsozialismus in Deutschland hatten dadurch leichtes Spiel.

Auch wenn sich ein direkter kausaler Zusammenhang zwischen dem Pariser Frieden und dem Aufstieg Stalins, Mussolinis oder Hitlers nicht herstellen läßt, war das daraus resultierende allgemeine politische Klima der zwanziger Jahre der Entwicklung liberaler Demokratien alles andere als förderlich. Im Kampf zwischen Demokratie und Diktatur gewannen autoritäre Regime in zahlreichen Ländern wieder die Oberhand. Der seit Mitte des 19. Jahrhunderts vor allem in Westeuropa zu beobachtende Siegeszug liberaler politischer Ordnungen mit Parteien und parlamentarisch kontrollierten Regierungen wurde gebremst und teilweise rückgängig gemacht. Europa ging aus der Katharsis des Ersten Weltkrieges nicht geläutert, sondern gebrochen hervor.

Ausgewählte Literatur

Die nachstehende Literaturauswahl soll die weiterführende Lektüre zur europäischen Geschichte des 19. und frühen 20. Jahrhunderts erleichtern. Sie berücksichtigt nur Titel, die nach 1945 erschienen sind und folgt – nach einer Auflistung der wichtigsten Überblickswerke – der Kapiteleinteilung des Bandes.

I. Überblickswerke

A General History of Europe, 11 Bde., London 1966 ff.
Bowle, John: Geschichte Europas. Von der Vorgeschichte bis ins 20. Jahrhundert, 4. Aufl., München und Zürich 1993.
Craig, Gordon A.: Geschichte Europas im 19. und 20. Jahrhundert. Bd. 1: Vom Wiener Kongreß bis zum Ausbruch des Ersten Weltkrieges 1815–1914, 3., völlig überarb. u. rev. Aufl., München 1989.
Davies, Norman: Europe. A History, New York 1996.
Gall, Lothar: Europa auf dem Weg in die Moderne 1850–1890, 2. Aufl., München 1989.
Halphen, Louis u. Philippe Sagnac (Hrsg.): Peuples et civilisations. Histoire générale, 21 Bde., Paris 1946 ff.
Merriman, John: A History of Modern Europe. From the Renaissance to the Present, New York und London 1996.
Propyläen Geschichte Europas, 8 Bde., Frankfurt am Main u.a. 1992 ff.
Renouvin, Pierre: Histoire des relations internationales, 3 Bde., Paris 1994.
Salewski, Michael: Geschichte Europas. Staaten und Nationen von der Antike bis zur Gegenwart, München 2000.
Schieder, Theodor (Hrsg.): Handbuch der europäischen Geschichte, 7 Bde., Stuttgart 1968 ff.

II. Einzeldarstellungen

1. Europa nach der Revolution

Baumgart, Franzjörg: Die verdrängte Revolution. Darstellung und Bewertung der Revolution von 1848 in der deutschen Geschichte vor dem 1. Weltkrieg, Düsseldorf 1976.
Déak, Istvan: The Lawful Revolution. Louis Kossuth and the Hungarians 1848/49, New York 1979.

Droz, Jacques: L'Europe Centrale. Évolution historique de Mitteleuropa, Paris 1960.
Euler, Heinrich: Napoleon III. – Versuch einer Deutung, München 1972.
Fetjo, François: Le Printemps des Peuples. 1848 dans le monde, 2 Bde., Paris 1948.
Hamerow, Theodore: Restoration, Revolution, and Reaction. Economics and Politics in Germany 1815–1871, Princeton, NJ 1958.
Kuhn, Annette: Die französische Revolution 1848, München 1975.
Mommsen, Wolfgang J.: 1848 – Die ungewollte Revolution. Die revolutionären Bewegungen in Europa 1830–1849, Frankfurt am Main 1998.
Mosse, E. W.: The European Powers and the German Question 1848–1871, Cambridge, MA 1958.
Plessis, Alain: The Rise and Fall of the Second Empire 1852–1871, 1985.
Ponteil, Felix: Les classes bourgeoises et l'avènement de la démocratie 1815–1914, Paris 1968.
Rothfels, Hans: 1848 – Betrachtungen im Abstand von 100 Jahren, Darmstadt 1972.
Salvatorelli, Luigi: La Rivoluzione europea, 1848/49, Mailand 1949.
Sperber, Jonathan: The European Revolutions 1848–1851, Cambridge 1993.
Stadelmann, Rudolf: Soziale und politische Geschichte der Revolution von 1848, 2. Aufl., München 1970.
Wollstein, Günter: Deutsche Geschichte 1848/49. Gescheiterte Revolution in Mitteleuropa, Stuttgart u.a. 1986.

2. Industrielle Expansion und Bürgerkultur

Abel, Wilhelm: Agrarkrisen und Agrarkonjunktur. Eine Geschichte der Land- und Ernährungswirtschaft Mitteleuropas seit dem hohen Mittelalter, 2. Aufl., Hamburg 1966.
Anderson, Robert David: Education in France 1848–1870, London 1975.
Bagwell, Philip S.: The Transport Revolution from 1770, New York 1974.
Berding, Helmut (Hrsg.): Wirtschaftliche und politische Integration in Europa im 19. Jahrhundert, Göttingen 1984.
Blackwell, William L.: The Beginnings of Russian Industrialization 1800–1860, Princeton, NJ 1968.
Briggs, A.: The Age of Improvement 1784–1867, 2. Aufl., London 1960.
Chadwick, Owen: The Secularization of the European Mind in the Nineteenth Century, New York 1976.
Cipolla, Carlo M. und Knut Borchardt (Hrsg.): Europäische Wirtschaftsgeschichte. Bd. 4: Die Entwicklung der industriellen Gesellschaften (= The Fontana Economic History of Europe), Stuttgart und New York 1977.
Fischer, Wolfram (Hrsg.): Handbuch der europäischen Wirtschafts- und Sozialgeschichte. Bd. 5: Europäische Wirtschafts- und Sozialgeschichte von der Mitte des 19. Jahrhunderts bis zum ersten Weltkrieg, Stuttgart 1985.
Fremdling, Rainer: Eisenbahnen und deutsches Wirtschaftswachstum 1840–1879, Dortmund 1973.
Habakkuk, Hrothgar J.: Population Growth and Economic Development since 1750, Leicester 1972.
Henderson, William Otto: The Industrialization of Europe 1780–1914, London 1970 (dt.: Die industrielle Revolution. Europa 1780 bis 1914, Wien 1971).

Henning, Friedrich-Wilhelm: Wirtschafts- und Sozialgeschichte. Bd. 2: Die Industrialisierung in Deutschland 1800 bis 1914, Paderborn 1973.
Hobsbawm, Eric J.: Industrie und Empire, Bd. I: Britische Wirtschaftsgeschichte seit 1750, Frankfurt am Main 1969.
Koning, Niek: The Failure of Agrarian Capitalism. Agrarian Politics in the United Kingdom, Germany, The Netherlands and the USA 1846–1919, London 1994.
Landes, David S.: Der entfesselte Prometheus. Technologischer Wandel und industrielle Entwicklung in Westeuropa von 1750 bis zur Gegenwart, Köln 1973.
Köllmann, Wolfgang u. Peter Marschalck (Hrsg.): Bevölkerungsgeschichte, Köln 1972.
Kroker, Evelyn: Die Weltausstellungen im 19. Jahrhundert, Göttingen 1975.
Luzzatto, Gino: Storia economica dell'età moderna e contemporanea, Pisa 1955.
Markovitch, Tichomir J.: L'industrie française de 1789 à 1964, 2 Bde., Paris 1966.
Matis, Herbert: Österreichs Wirtschaft 1848–1913, Berlin 1972.
North, Michael (Hrsg.): Deutsche Wirtschaftsgeschichte. Ein Jahrtausend im Überblick, München 2000.
Parker, William N. u. Erich L. Jones (Hrsg.): European Peasants and Their Markets. Essays in Agrarian Economic History, Princeton, NJ 1976.
Pollard, Sidney: European Economic Integration 1815–1970, London 1974.
Schivelbusch, Wolfgang: Geschichte der Eisenbahnreise. Zur Industrialisierung von Raum und Zeit im 19. Jahrhundert, Frankfurt am Main 1995.
Trebilcock, Clive: The Industrialization of the Continental Powers 1780–1914, London 1981.
Treue, Wolfgang: Wirtschaftsgeschichte der Neuzeit. Das Zeitalter der industriellen Revolution 1700–1860, 3. Aufl., Stuttgart 1973.
Ders. u. Kurt Manel (Hrsg.): Naturwissenschaft, Technik und Wirtschaft im 19. Jahrhundert, Göttingen 1976.
Tilly, Richard H.: Vom Zollverein zum Industriestaat. Die wirtschaftlich-soziale Entwicklung Deutschlands 1834 bis 1914, München 1990.
Ziegler, Dieter: Eisenbahnen und Staat im Zeitalter der Industrialisierung, Stuttgart 1996.

3. Der Krim-Krieg und das europäische Konzert

Anderson, Matthew Smith: The Eastern Question 1774–1923, London 1966.
Angelow, Jürgen: Von Wien nach Königgrätz. Die Sicherheitspolitik des Deutschen Bundes im europäischen Gleichgewicht (1815–1866), München 1996.
Baumgart, Winfried: Der Friede von Paris 1856. Studien zum Verhältnis von Kriegsführung, Politik und Friedensbewahrung, München 1972.
Ders.: Vom Europäischen Konzert zum Völkerbund. Friedensschlüsse und Friedenssicherung von Wien bis Versailles, Darmstadt 1974.
Bourne, Kenneth: The Foreign Policy of Victorian England 1830–1902, London 1970.
Bridge, Francis u. Roger Bullen: The Great Powers and the European State System 1815–1914, London 1980.
Doering-Manteuffel, Anselm: Vom Wiener Kongreß zur Pariser Konferenz. England, die deutsche Frage und das Mächtesystem 1815–1856, Göttingen und Zürich 1991.

Howard, Christopher: Britain and the Casus Belli 1822–1902. A Study of Britain's International Position from Canning to Salisbury, London 1974.
Mosse, W. E.: The Rise and Fall of the Crimean System 1855–1871, London 1963.
Schroeder, Paul W.: Austria, Great Britain and the Crimean War. The Destruction of the European Concert, Ithaka und London 1972.
Unckel, Bernhard: Österreich und der Krimkrieg. Studien zur Politik der Donaumonarchie in den Jahren 1852–1856, Lübeck und Hamburg 1969.
Werth, German: Der Krimkrieg. Geburtsstunde der Weltmacht Rußland, Erlangen u.a. 1989.

4. Die Einigung Italiens

Beales, Derek: The Risorgimento and the Unification of Italy, New York 1971.
Gooch, John: Army, State and Society in Italy 1870–1914, New York 1989.
Kramer, Hans: Österreich und das Risorgimento, Wien 1963.
Lill, Rudolf: Geschichte Italiens in der Neuzeit, 4. Aufl., Darmstadt 1994.
Mack Smith, Denis: Cavour and Garibaldi 1860. A Study of Political Conflict, Cambridge 1954.
Ders.: Victor Emanuel, Cavour, and the Risorgimento, Oxford 1971.
Maturi, Walter: Interpretazioni del Risorgimento, Turin 1962.
Mesmer, Beatrix (Hrsg.): Napoleon III. und die italienische Einigung, Bern 1969.
Montanari, Mario: Die geistigen Grundlagen des Risorgimento, Köln und Opladen 1963.
Omodeo, Adolfo: Die Erneuerung Italiens und die Geschichte Europas 1700–1920, Zürich 1951.
Romeo, Rosario: Cavour e il suo tempo 1842–1854, 2 Bde., Rom 1977.
Schumann, Reinhold: Geschichte Italiens, Stuttgart u.a. 1983.
Thersen, Émile: Giuseppe Garibaldi, 2. Aufl., Berlin 1969.
Valsecchi, Franco: L'Europa e il Risorgimento. L'alleanza di crimea (= Collana storica, Bd. 81), Florenz 1968.

5. Die deutsche Reichsgründung

Brandt, Harm-Hinrich: Deutsche Geschichte 1850–1870. Entscheidung über die Nation, Stuttgart u.a. 1999.
Dietrich, Richard (Hrsg.): Europa und der Norddeutsche Bund, Berlin 1968.
Diwald, Helmut (Hrsg.): Von der Revolution zum Norddeutschen Bund. Politik und Ideengut der preußischen Konservativen 1848–1866, 2 Bde., Göttingen 1970.
Gruner, Wolf D.: Die deutsche Frage. Ein Problem der europäischen Geschichte seit 1800, München 1985.
Hofer, Walter (Hrsg.): Europa und die Einheit Deutschlands, Köln 1970.
Howard, Michael: The Franco-Prussian War. The German Invasion of France 1870–71, London 1981.
Katzenstein, Peter J.: Disjoined Partners. Austria and Germany since 1815, Berkeley, CA 1976.
Lutz, Heinrich: Zwischen Habsburg und Preußen. Deutschland 1815–1866, Berlin 1985.
Mosse, W. E.: The European Powers and the German Question 1848–1871, London 1958.

Nipperdey, Thomas: Deutsche Geschichte 1800–1866. Bürgerwelt und starker Staat, München 1983.
Rürup, Reinhard: Deutschland im 19. Jahrhundert 1815–1871, Göttingen 1984.
Stürmer, Michael: Das ruhelose Reich. Deutschland 1866–1918, Berlin 1983.
Zechlin, Egmont: Die deutsche Einheitsbewegung, Frankfurt am Main 1967.

6. Stagnation und Dynamik in Südosteuropa

Bogyay, Thomas von: Grundzüge der Geschichte Ungarns, 2. Aufl., Darmstadt 1973.
Duda, Herbert: Vom Kalifat zur Republik. Die Türkei im 19. und 20. Jahrhundert, Wien 1948.
Hallmann, Hans: Neugriechenlands Geschichte 1820–1948, Bonn 1949.
Hösch, Edgar: Geschichte der Balkanländer. Von der Frühzeit bis zur Gegenwart, München 1999.
Kiszling, Rudolf: Die Kroaten. Der Schicksalsweg eines Südslawenvolkes, Graz und Köln 1956.
Kohn, Hans: Die Slawen und der Westen. Die Geschichte des Panslawismus, Wien 1956.
Matuz, Josef: Das Osmanische Reich. Grundlinien seiner Geschichte, Darmstadt 1985.
Melville, Ralph u. Hans-Jürgen Schröder (Hrsg.): Der Berliner Kongreß von 1878. Die Politik der Großmächte und die Probleme der Modernisierung in Südosteuropa in der 2. Hälfte des 19. Jahrhunderts, Wiesbaden 1982.
Omrcanin, Ivo: Diplomatische und politische Geschichte Kroatiens, Neckargmünd 1968.
Stadtmüller, Georg: Geschichte Südosteuropas, 2. Aufl., München 1976.

7. Westeuropas Weg zur Demokratie

Alter, Peter: Die irische Nationalbewegung zwischen Parlament und Revolution, München 1971.
Anderson, E. N. u. P. R. Anderson: Political Institutions and Social Change in Continental Europe in the 19th Century, Berkeley und Los Angeles 1967.
Beckett, James Camlin: Geschichte Irlands, Stuttgart 1977.
Bennassar, Bartolomé: Histoire des Espagnola, 2 Bde., Paris 1985.
Bernecker, Walther L. u. Horst Pietschmann: Geschichte Spaniens. Von der frühen Neuzeit bis zur Gegenwart, 3., verb. u. akt. Aufl., Stuttgart u.a. 2000.
Bull, Edvard: Sozialgeschichte der norwegischen Demokratie, Stuttgart 1969.
Dürrenmatt, Peter: Schweizer Geschichte, 2 Bde., Zürich 1976.
Elvert, Jürgen: Geschichte Irlands, 3. Aufl., München 1999.
Erbe, Michael: Belgien, Niederlande, Luxemburg. Geschichte des niederländischen Raumes, Stuttgart u.a. 1993.
Findeisen, Jörg-Peter: Schweden. Von den Anfängen bis zur Gegenwart, Regensburg 1997.
Gerhardt, Martin: Norwegische Geschichte, 2. Aufl., Bonn 1963.
Imhof, Arthur Erwin: Grundzüge der nordischen Geschichte, Darmstadt 1970.
Im Hof, Ulrich: Geschichte der Schweiz. Mit einem Nachwort von Kaspar von Greyerz, 7. Aufl., Stuttgart 2001.
Jacob, Ernst G.: Grundzüge der Geschichte Portugals und seiner Überseeprovinzen, Darmstadt 1969.

Jussila, Osmo u. a.: Politische Geschichte Finnlands seit 1809. Vom Großfürstentum zur Europäischen Unnion, Berlin 1999.
Kjersgaard, Erik: Eine Geschichte Dänemarks, Kopenhagen 1974.
Nohlen, Dieter: Spanischer Parlamentarismus im 19. Jahrhundert, Heidelberg 1970.

8. Großbritannien zwischen Empire und inneren Reformen

Beales, Derek: From Castlereagh to Gladstone 1815–1885, London 1969.
Engelhard, Werner Wilhelm: Robert Owen und die sozialen Reformbestrebungen seit Beginn der Industrialisierung, Bonn 1972.
Gash, Norman: Politics in the Age of Peel. A Study in the Technique of Parliamentary Representation 1830–1850, London 1952.
Hutt, Allen u. John Gollan: Die Gewerkschaftsbewegung in Großbritannien, Hamburg und Berlin 1977.
Kitson Clark, G.: The Making of Victorian England, London 1962.
Kluxen, Kurt: Geschichte Englands, 3. Aufl., Stuttgart 1985.
Loewenstein, Karl: Der britische Parlamentarismus. Entstehung und Gestalt, Reinbek 1964.
Ders.: Staatsrecht und Staatspraxis in Großbritannien. Bd. I: Parlament – Regierung – Parteien, Berlin u.a. 1967.
Perkin, Harold: The Origins of Modern English Society 1780–1880, London und Toronto 1969.
Setzer, Hans: Wahlsystem und Parteienentwicklung in England. Wege zur Demokratisierung der Institutionen 1832 bis 1948, Frankfurt am Main 1973.
Tingsten, Herbert: Königin Victoria und ihre Zeit, München 1975.
Wende, Peter: Geschichte Englands, 2., überarb. u. erw. Aufl., Stuttgart u.a. 1995.
Young, G. M.: Portrait of an Age: Victorian England, London 1980.

9. Die Dritte Republik in Frankreich

Baumont, M.: Aux sources de l'affaire. L'affaire Dreyfus d'après les archives diplomatiques, Paris 1959.
Böhner, Bert: Frankreich zwischen Republik und Monarchie in der Bismarckzeit, Kallmünz 1966.
Bloch, Charles: Die Dritte Französische Republik. Entwicklung und Kampf einer parlamentarischen Demokratie 1870–1940, Stuttgart 1972.
Caron, François: Geschichte Frankreichs. Bd. 5: Frankreich im Zeitalter des Imperialismus 1851–1918, Stuttgart 1991.
Elwitt, Sanford: The Making of the Third Republic. Class and Politics in France 1868–1884, Baton Rouge 1975.
Erbe, Michael: Geschichte Frankreichs von der Großen Revolution bis zur 3. Republik 1789–1884, Stuttgart u.a. 1982.
Goguel, François: La politique des partis sous la IIIe république, 3. Aufl., Paris 1958.
Irvine, William: The Boulanger Affair Reconsidered. Royalism, Boulangism, and the Origins of the Radical Right in France, New York u.a. 1989.
Krause, Fritz: Pariser Commune 1871, Frankfurt am Main 1971.
Mayeur, Jean-Marie u. Madeleine Rebérioux: The Third Republic from Its Origins to the Great War 1871–1914, Cambridge 1984.

Pariser Kommune 1871. Berichte und Dokumente von Zeitgenossen, Frankfurt am Main 1970.
Richter, Werner: Frankreich. Von Gambetta zu Clémenceau, Zürich 1946.
Siebert, Ferdinand: Aristide Briand 1862–1932. Ein Staatsmann zwischen Frankreich und Europa, Stuttgart 1973.
Sieburg, Heinz-Otto: Geschichte Frankreichs, 5., erw. Aufl., Stuttgart u.a. 1995.
Swoboda, Helmut (Hrsg.): Die Pariser Commune, München 1971.
Thalheimer, Siegfried: Recht und Gerechtigkeit. Ein Beitrag zur Geschichte des Falles Dreyfus, München 1969.

10. Das Deutsche Reich unter Bismarck und Wilhelm II.

Balfour, Michael: Der Kaiser. Wilhelm II. und seine Zeit. Mit einem einleitenden Essay von Walter Bussmann, Berlin 1996.
Becker, Josef: Liberaler Staat und Kirche in der Ära von Reichsgründung und Kulturkampf, Mainz 1973.
Bußmann, Walther: Die auswärtige Politik des Deutschen Reiches unter Bismarck 1871–1890, Stuttgart 1970.
Craig, Gordon A.: Deutsche Geschichte 1866–1945. Vom Norddeutschen Bund bis zum Ende des Dritten Reiches, 2. Aufl., München 1999.
Eisfeld, Gerhard: Die Entstehung der liberalen Parteien in Deutschland 1858–1870, Bonn 1969.
Freyberg, Jutta von u.a.: Geschichte der deutschen Sozialdemokratie 1863–1975, Köln 1975.
Gall, Lothar: Bismarck. Der weiße Revolutionär, Frankfurt am Main u.a. 1980.
Ders. (Hrsg.): Otto von Bismarck und Wilhelm II. Repräsentanten eines Epochenwechsels?, Paderborn 2000.
Gladen, Albin: Geschichte der Sozialpolitik in Deutschland. Eine Analyse ihrer Bedingungen, Formen, Zielsetzungen und Auswirkungen, Wiesbaden 1974.
Groh, Dieter (Hrsg.): Bürgerstolz und Weltmachtstreben. Deutschland unter Wilhelm II. 1890–1918, Berlin 1995.
Hertz-Eichenode, Dieter: Deutsche Geschichte 1871—1890. Das Kaiserreich in der Ära Bismarck, Stuttgart u.a. 1992.
Ders.: Deutsche Geschichte 1890–1918. Das Kaiserreich in der Wilhelminischen Zeit, Stuttgart u.a. 1996.
Hildebrand, Klaus: Das vergangene Reich. Deutsche Außenpolitik von Bismarck bis Hitler 1871–1945, 2. Aufl., Darmstadt 1996.
Hillgruber, Andreas: Bismarcks Außenpolitik, Freiburg 1972.
Mosse, Ernst u. Arnold Paucker (Hrsg.): Juden im Wilhelminischen Deutschland 1890–1914, Tübingen 1976.
Nipperdey, Thomas: Deutsche Geschichte 1866–1918. Bd. II: Machtstaat vor der Demokratie, 2., durchges. Aufl., München 1993.
Poidevin, Raymond u. Jacques Bariéty: Frankreich und Deutschland. Die Geschichte ihrer Beziehungen 1815–1975, München 1982.
Röhl, John C. G: Wilhelm II. Der Aufbau der Persönlichen Monarchie 1988–1900, München 2001.
Schüssler, Wolfgang: Wilhelm II. Schicksal und Schuld, Göttingen 1970.
Stern, Fritz: Gold und Eisen. Bismarck und sein Bankier Bleichröder, Berlin 1978.
Stürmer, Michael: Das kaiserliche Deutschland. Politik und Gesellschaft 1870–1918, Frankfurt am Main 1976.

Ders.: Regierung und Reichstag im Bismarck-Staat 1871–1890, Düsseldorf 1975.
Ders.: Das ruhelose Reich. Deutschland 1866–1918, Berlin 1983.
Ullrich, Volker: Die nervöse Großmacht 1871—1918. Aufstieg und Untergang des deutschen Kaiserreiches, Frankfurt am Main 1999.
Vondung, Klaus (Hrsg.): Das wilhelminische Bildungsbürgertum. Zur Sozialgeschichte seiner Ideen, Göttingen 1976.
Wehler, Hans-Ulrich: Krisenherde des Kaiserreiches 1871–1918, Göttingen 1970.
Winckler, Martin: Bismarcks Bündnispolitik und das europäische Gleichgewicht, Stuttgart 1964.
Winkler, Heinrich August: Der lange Weg nach Westen. Erster Band: Deutsche Geschichte vom Ende des Alten Reiches bis zum Untergang der Weimarer Republik, München 2000.

11. Rußland zwischen Reaktion und Revolution

Anweiler, Oskar: Die Rätebewegung in Rußland 1905–1914, Leiden 1958.
Beyrau, Dietrich u.a. (Hrsg.): Reformen im Rußland des 19. und 20. Jahrhunderts. Westliche Modelle und russische Erfahrungen?, Frankfurt am Main 1996.
Black, Cyril E. (Hrsg.): The Transformation of Russian Society. Aspects of Social Change since 1861, Cambridge, MA 1960.
Brower, Daniel R.: Training the Nihilists. Education and Radicalism in Tsarist Russia, Ithaca, NY 1975.
Field, Daniel: The End of Serfdom. Gentry and Bureaucracy in Russia 1855–1861, Cambridge 1975.
Fischer, Alexander: Russische Sozialdemokratie und bewaffneter Aufstand im Jahre 1905, Wiesbaden 1967.
Fischer, George: Russian Liberalism. From Gentry to Intelligentsia, Cambridge 1958.
Geyer, Dietrich: Der russische Imperialismus. Studien über den Zusammenhang von innerer und äußerer Politik 1860–1914, Göttingen 1977.
Ders.: Wirtschaft und Gesellschaft im vorrevolutionären Rußland, Köln 1975.
Hösch, Edgar: Geschichte Rußlands. Vom Kiewer Reich bis zum Zerfall des Sowjetimperiums, Stuttgart u.a. 1996.
Mass, Walther: Polen und seine Nachbarn 1815–1966, Braunschweig 1967.
Massi, Robert K.: Nikolaus und Alexander. Die letzten Romanows und das Ende des zaristischen Rußland, Frankfurt am Main 1968.
Menning, Bruce W.: Bayonets before Bullets. The Russian Imperial Army 1861–1914, Bloomington, IN 1992.
Meyer, Enno: Grundzüge der Geschichte Polens, Darmstadt 1969.
Pipes, Richard: Rußland vor der Revolution. Staat und Gesellschaft im Zarenreich, München 1977.
Rauch, Georg von: Rußland im Zeitalter des Nationalismus und Imperialismus 1856–1917, München 1961.
Rhode, Gotthold: Geschichte Polens. Ein Überblick, 3. Aufl., Darmstadt 1980.
Scheck, Werner: Geschichte Rußlands, München 1977.
Scheibert, Peter: Die russische Agrarreform von 1861, Köln 1974.
Stökl, Günther: Russische Geschichte. Von den Anfängen bis zur Gegenwart, 6. Aufl., Stuttgart 1995.

12. Der Vielvölkerstaat Österreich-Ungarn

Andics, Hellmuth: Österreichische Geschichte 1804–1975 von der Gründung des Kaiserreiches bis zur Gegenwart in 4 Bänden, Wien 1976.
Bérenger, Jean: Die Geschichte des Habsburgerreiches 1273–1918, Berlin 1995.
Brauneder, Wilhelm: Deutsch-Österreich 1918, Wien 2000.
Broucek, Peter: Karl I. (IV.). Der politische Weg des letzten Herrschers der Donaumonarchie, Wien 1997.
Erbe, Michael: Die Habsburger (1493–1918). Eine Dynastie im Reich und in Europa, Stuttgart u.a. 2000.
Galántai, József: Der österreichisch-ungarische Dualismus 1867–1918, Budapest 1990.
Hantsch, Hugo: Die Geschichte Österreichs, 2 Bde., Graz 1968 f.
Herre, Franz: Kaiser Franz Joseph von Österreich. Sein Leben, seine Zeit, Köln 1978.
Hoffmann, Alfred (Hrsg.): Österreich-Ungarn als Agrarstaat. Wirtschaftswachstum und Agrarverhältnisse in Österreich im 19. Jahrhundert, München 1977.
Horváth, Zoltan: Die Jahrhundertwende in Ungarn. Geschichte der zweiten Reformgeneration 1896–1914, Neuwied 1966.
Kann, R. A. u. F. E. Prinz (Hrsg.): Deutschland und Österreich. Ein bilaterales Geschichtsbuch, Wien und München 1980.
Lehmann, Helmut u. Silke Lehmann: Das Nationalitätenproblem in Österreich 1848–1918, Göttingen 1974.
Lengauer, Hubert u. Primus-Heinz Kucher (Hrsg.): Bewegung im Reich der Immobilität. Revolutionen in der Habsburgermonarchie, Wien 2001.
Matis, Herbert: Österreichische Wirtschaft 1818–1913, Berlin 1972.
Mommsen, Hans: Die Sozialdemokratie und die Nationalitätenfrage im habsburgischen Vielvölkerstaat 1867–1907, Wien 1963.
Novotny, Alexander: Franz Joseph I. an der Wende vom alten zum neuen Europa, Göttingen 1968.
Sexau, Richard: Kaiser Franz Joseph I. von Österreich. Monarch, Staatsmann, Mensch, Augsburg 1958.
Sotriffer, Kristian (Hrsg.): Das größere Österreich. Geistiges und soziales Leben von 1880 bis zur Gegenwart, Wien 1982.
Tapié, Victor-Lucien: Monarchie et peuples du Danube, Paris 1969 (dt.: Die Völker unter dem Doppeladler, Wien 1975).
Veiter, Theodor: Die Italiener in der österreichisch-ungarischen Monarchie, München 1965.
Walter, Friedrich u. Harold Steinacker: Die Nationalitätenfrage im alten Ungarn und die Südostpolitik Wiens, München 1959.
Wolfram, H. u. W. Pohl (Hrsg.): Probleme der Geschichte Österreichs und ihrer Darstellung, Wien 1991.
Zöllner, Erich: Geschichte Österreichs. Von den Anfängen bis zur Gegenwart, 8. Aufl., München u.a. 1990.

13. Die Dynamik des Kapitalismus nach 1870

Abendroth, Wolfgang: Sozialgeschichte der europäischen Arbeiterbewegung, Frankfurt am Main 1975.
Aldcroft, Derek H.: The Development of British Industry and Foreign Competition 1875–1914, London 1968.

Cipolla, Carlo M.: The Emergence of Industrial Societies, 2 Bde., London 1973.
Crossick, Geoffrey (Hrsg.): The Lower Middle Class in Britain 1870–1914, London 1977.
Deppe, Frank u. Georg Fülberth: Geschichte der deutschen Gewerkschaftsbewegung, Köln 1975.
Dingle, Herbert (Hrsg.): A Century of Science 1851–1951, London und New York 1951.
Grebing, Helga: Geschichte der deutschen Arbeiterbewegung, München 1974.
Hauser, Philip Morris u. Leo F. Schnore (Hrsg.): The Study of Urbanization, 3. Aufl., New York 1967.
Kindleberger, Charles P.: Economic Growth in France and Britain 1851–1950, Cambridge, MA 1964.
Kocka, Jürgen: Unternehmer in der deutschen Industrialisierung, Göttingen 1975.
Marschalck, P.: Deutsche Überseewanderung im 19. Jahrhundert, Stuttgart 1973.
Moch, Leslie: Moving Europeans. Migration in Western Europe since 1650, Bloomington u.a. 1993.
Paschen, Joachim (Hrsg.): Die soziale Bewegung. Aus Leben und Politik der Arbeiter in Deutschland 1830–1917, Frankfurt am Main 1976.
Ritter, Gerhard A.: Arbeiterbewegung, Parteien und Parlamentarismus, Göttingen 1976.
Ders. (Hrsg.): Vom Wohlfahrtsausschuß zum Wohlfahrtsstaat, Köln 1973.
Rostow, Walt W.: Stadien wirtschaftlichen Wachstums, 2. Aufl., Göttingen 1967.
Waller, Philip J.: Town, City, and Nation. England 1859–1914, London 1983.

14. Imperialismus und europäische Expansion

Albertini, Rudolf von: Europäische Kolonialherrschaft 1880–1940, Göttingen 1975.
Baumgart, Winfried: Der Imperialismus. Idee und Wirklichkeit der englischen und französischen Kolonialexpansion 1880–1914, Wiesbaden 1975.
Betts, Raymond: The False Dawn. European Imperialism in the Nineteenth Century, Oxford 1975.
Bleckmann, Albert: Das französische Kolonialreich und die Gründung neuer Staaten, Köln 1969.
Boelcke, Willi A.: So kam das Meer zu uns. Die preußisch-deutsche Kriegsmarine in Übersee 1822 bis 1914, Frankfurt am Main u.a. 1981.
Brown, Roger G.: Fashoda Reconsidered, London 1970.
Carnevin, Robert: Geschichte der deutschen Kolonisation, Goslar 1974.
Eldridge, Colin C.: England's Mission. The Imperial Idea in the Age of Gladstone and Disraeli 1868–1880, London 1973.
Farwell, Byron: The Great Anglo-Boer War, New York 1976.
Fieldhouse, David K.: Die Kolonialreiche seit dem 18. Jahrhundert, 2. Aufl., Frankfurt am Main 1972.
Gifford, Prosser u. William Roger Louis: Britain and Germany in Africa, New Haven und London 1967.
Dies.: France and Britain in Africa, New Haven und London 1971.
Gründer, Horst (Hrsg.): „...da und dort ein junges Deutschland gründen". Rassismus, Kolonien und kolonialer Gedanke vom 16. bis zum 20. Jahrhundert, München 1999.

Hillgruber, Andreas: Deutsche Großmacht- und Weltpolitik im 19. und 20. Jahrhundert, Düsseldorf 1977.
Holl, Karl u. Günther List: Liberalismus und imperialistischer Staat. Der Imperialismus als Problem liberaler Parteien 1890–1914, Göttingen 1975.
Hunczak, T. (Hrsg.): Russian Imperialism from Ivan the Great to the Revolution, New Brunswick, NJ 1974.
Hyam, Ronald: Britain's Imperial Century 1815–1914. A Study in European Expansion, London 1976.
Kröll, Ulrich: Die Internationale Buren-Agitation 1899–1902, Münster 1973.
Langer, William L.: The Diplomacy of Imperialism 1890–1902, 2. Aufl., New York 1960.
Mommsen, Wolfgang J.: Imperialismustheorien. Ein Überblick über die neueren Imperialismus-Interpretationen, 3. Aufl., Göttingen 1987.
Ders.: Das Zeitalter des Imperialismus, Frankfurt am Main 1976.
Neitzel, Sönke: Weltmacht oder Untergang. Die Weltreichslehre im Zeitalter des Imperialismus, Paderborn 2000.
Schöllgen, Gregor: Das Zeitalter des Imperialismus, München 1986.
Smith, Woodruff D.: European Imperialism in the Nineteenth and Twentieth Centuries, Chicago 1982.
Wehler, Hans-Ulrich: Bismack und der Imperialismus, 2. Aufl., Frankfurt am Main 1985.

15. Die überforderte Diplomatie

Aretin, Karl Otmar Freiherr von (Hrsg.): Bismarcks Außenpolitik und der Berliner Kongreß, Wiesbaden 1978.
Bußmann, Walther: Europa und das Bismarckreich, in: Carl Hinrichs und Wilhelm Berges (Hrsg.): Die deutsche Einheit als Problem der europäischen Geschichte, Stuttgart 1960.
Fellner, Fritz: Der Dreibund, München 1960.
Granfelt, Helge: Alliances and Ententes as Political Weapons. From Bismarck's Alliance System to Present Time, Lund 1970.
Ders.: Der Dreibund nach dem Sturz Bismarcks, Lund 1962.
Hallmann, Hans (Hrsg.): Zur Geschichte und Problematik des deutsch-russischen Rückversicherungsvertrages von 1887, Darmstadt 1968.
Langer, William L.: European Alliances and Alignments 1871–1890, 2. Aufl., New York 1966.
Jelavich, B.: Russia's Balkan Entanglements 1800–1914, Cambridge 1991.
Maiwald, Serge: Der Berliner Kongreß 1878 und das Völkerrecht. Die Lösung des Balkan-Problems im 19. Jahrhundert, Stuttgart 1948.
Milza, Pierre: Les relations internationales de 1871 à 1914, Paris 1968.
Mommsen, Wolfgang J. (Hrsg.): Die ungleichen Partner. Deutsch-britische Beziehungen im 19. und 20. Jahrhundert, Stuttgart 1999.
Novotny, Alexander: Quellen und Studien zur Geschichte des Berliner Kongresses 1878, Graz und Köln 1957.
Puntila, Lauri Adolf: Bismarcks Frankreichpolitik, Göttingen 1971.
Winkler, Martin: Bismarcks Bündnispolitik und das europäische Gleichgewicht, Stuttgart 1964.

16. Modernisierungskrise und Fin de Siècle

Aschheim, Steven E.: The Nietzsche Legacy in Germany 1890–1990, Oxford 1992.
Ben-David, J.: The Scientist's Role in Society, Englewood Cliffs, NJ 1971.
Bruun, G.: Nineteenth-Century European Civilization 1815–1914, 7. Aufl., New York 1964.
Carey, John: The Intellectuals and the Masses, London 1992.
Haas, Willy: Die Belle Epoque, 2. Aufl., München 1958.
Jakubowski-Thiessen, Manfred u.a. (Hrsg.): Jahrhundertwenden. Endzeit- und Zukunftsvorstellungen vom 15. bis zum 20. Jahrhundert, Göttingen 1999.
Kramer, Hans: Deutsche Kultur zwischen 1871 und 1918, Frankfurt am Main 1971.
Lepenies, Wolf: Das Ende der Naturgeschichte. Wandel kultureller Selbstverständlichkeiten in den Wissenschaften des 18. und 19. Jahrhunderts, München 1976.
Masur, Gerhard: Propheten von gestern. Zur europäischen Kultur 1890–1914, Frankfurt am Main 1965.
Miller, Michael B.: The Bon Marché. Bourgeois Culture and the Department Store 1869–1920, London 1981.
Mönch, Walter: Frankreichs Kultur. Tradition und Revolte von der Klassik bis zum Surrealismus, Berlin 1972.
Mowat, Robert C.: Decline and Renewal. Europe Ancient and Modern, Oxford 1991.
Nitschke, August u. a. (Hrsg.): Jahrhundertwende. Der Aufbruch in die Moderne 1880—1930, 2 Bde., Reinbek 1990.
Rearick, Charles: Pleasures of the Belle Epoque, New Haven 1985.
Ringer, F. K.: The Decline of the German Mandarins, Cambridge, MA 1969.
Schenda, Rudolf: Volk ohne Buch. Studien zur Sozialgeschichte der populären Lesestoffe 1770–1919, München 1977.
Schoeps, Hans Joachim (Hrsg.): Zeitgeist im Wandel. Bd. 1: Das Wilhelminische Zeitalter, Stuttgart 1967.
Seigel, Jerrold: Bohemian Paris. Culture, Politics, and the Boundaries of Bourgeois Life 1830–1930, New York 1986.
Silverman, Debora L.: Art Nouveau in Fin-de-Siècle France. Politics, Psychology, and Style, Berkeley u.a. 1989.
Stern, Fritz: The Politics of Cultural Despair, Cambridge, MA 1961.
Stern, Joseph P.: A Study of Nietzsche, Cambridge 1979.
Tannenbaum, Edward R.: 1900. Die Generation vor dem Großen Krieg, Frankfurt am Main 1978.
Teich, Mikulás u. Roy Porter (Hrsg.): Fin de Siècle and Its Legacy, Cambridge 1990
West, Edwin G.: Education and Industrial Revolution, New York 1975.
Wittmann, Reinhard: Buchmarkt und Lektüre im 18. und 19. Jahrhundert, Tübingen 1982.

17. Der Weg in den Krieg

Angelow, Jürgen: Kalkül und Prestige. Der Zweibund am Vorabend des Ersten Weltkriegs, Köln u.a. 2000.
Baumont, M. (Hrsg.): L'Europe de 1900 à 1914, Paris 1966.

Berghahn, Volker R.: Der Tirpitz-Plan. Genesis und Verfall einer innenpolitischen Krisenstrategie unter Wilhelm II., Düsseldorf 1971.

Burchardt, Lothar: Friedenswirtschaft und Kriegsvorsorge. Deutschlands wirtschaftliche Rüstungsbestrebungen vor 1914, Boppard a. Rh. 1968.

Deist, Wilhelm: Rüstung im Zeichen der wilhelminischen Weltpolitik. Grundlegende Dokumente 1890–1914, hrsg. vom Militärgeschichtlichen Forschungsamt, Düsseldorf 1988.

Dülffer, Jost: Bereit zum Krieg. Kriegsmentalität im wilhelminischen Deutschland 1890–1914, Göttingen 1986.

Ders.: Vermiedene Kriege: Deeskalation von Konflikten der Großmächte zwischen Krimkrieg und Erstem Weltkrieg 1865–1914, München 1997.

Ders.: Regeln gegen den Krieg? Die Haager Friedenskonferenzen von 1899 und 1907 in der internationalen Politik, Frankfurt am Main 1981.

Epkenhans, Michael: Die wilhelminische Flottenrüstung 1908–1914. Weltmachtstreben, industrieller Fortschritt, soziale Integration, München 1991.

Fellner, Fritz: Europäische Diplomatie vor dem I. Weltkrieg, München 1965.

Fischer, Fritz: Krieg der Illusionen. Die deutsche Politik von 1911 bis 1914, Düsseldorf 1969.

Forsbach, Ralf: Alfred von Kiderlen-Wächter (1852–1912). Ein Diplomatenleben im Kaiserreich, 2 Bde., Göttingen 1997.

Geiss, Immanuel: Der lange Weg in die Katastrophe. Die Vorgeschichte des Ersten Weltkrieges 1815–1914, München und Zürich 1990.

Ders. (Bearb.): Julikrise und Kriegsausbruch 1914. Eine Dokumentensammlung, 2 Bde., Hannover und Bad Godesberg 1964.

Hillgruber, Andreas: Deutschlands Rolle in der Vorgeschichte der beiden Weltkriege, Göttingen 1974.

Hölzle, Erwin: Die Selbstentmachtung Europas, Göttingen und Frankfurt am Main 1975.

Jakobs, Peter: Das Werden des französisch-russischen Zweibundes 1890–1914, Wiesbaden 1968.

Jarausch, Konrad H.: The Enigmatic Chancellor. Bethmann Hollweg and the Hubris of Imperial Germany, New Haven 1972.

Kennan, George F.: The Fateful Alliance. France, Russia, and the Coming of the First War, New York 1992.

Krumeich, Gerd: Aufrüstung und Innenpolitik in Frankreich vor dem Ersten Weltkrieg. Die Einführung der dreijährigen Dienstpflicht 1913–1914, Wiesbaden 1980.

Lee, Dwight E.: Europe's Crucial Years. The Diplomatic Background of World War I, 1902–1914, Hanover, NH 1974.

Meinecke, Friedrich: Geschichte des deutsch-englischen Bündnisproblems 1890–1901, München 1972 (Nachdruck).

Meissner, Heinrich Otto: Der Reichskanzler Caprivi, Darmstadt 1969.

Monger, George: Ursachen und Entstehung der englisch-französisch-russischen Entente 1900–1907, Darmstadt 1972.

Moritz, Albrecht: Das Problem des Präventivkrieges in der deutschen Politik während der ersten Marokkokrise, Bern und Frankfurt am Main 1974.

Otto, Helmut: Schlieffen und der Generalstab. Der preussisch-deutsche Generalstab unter der Leitung des Generals von Schlieffen 1891–1905, Berlin 1966.

Palmer, Alan: Glanz und Niedergang der Diplomatie. Die Geheimpolitik der europäischen Kanzleien vom Wiener Kongreß bis zum Ausbruch des Ersten Weltkriegs, Düsseldorf 1986.
Robbins, Keith: Sir Edward Grey. A Biography of Lord Grey of Fallodon, London 1971.
Rosenberger, Bernhard: Zeitungen als Kriegstreiber? Die Rolle der Presse im Vorfeld des Ersten Weltkrieges, Köln und Weimar 1998.
Schröder, Karsten: Parlamente und Außenpolitik in England 1911–1914. Dargestellt an der englischen Deutschlandpolitik von der Agadirkrise bis 1914, Göttingen 1974.
Schüssler, Wilhelm: Die Daily-Telegraph-Affaire. Fürst von Bülow, Kaiser Wilhelm II. und die Krise des II. Reiches 1908, Göttingen 1952.
Stevenson, David: Armaments and the Coming of War. Europe 1904–1914, Oxford 1996.
Storz, Dieter: Kriegsbild und Rüstung vor 1914. Europäische Landstreitkräfte vor dem Ersten Weltkrieg, Herford 1992.
Turner, L. C. F.: Origins of the First World War, London 1970.
Vietsch, Eberhard von: Bethmann Hollweg. Staatsmann zwischen Macht und Ethos, Boppard a. Rh. 1969.
Vogel, Jakob: Nationen im Gleichschritt. Der Kult der „Nation in Waffen“ in Deutschland und Frankreich 1871–1914, Göttingen 1997.
Williamson, Samuel R.: Austria-Hungary and the Origins of the First World War, New York 1977.
Winzen, Peter: Bülows Weltmachtkonzept. Untersuchungen zur Frühphase seiner Außenpolitik 1897–1901, Boppard a. Rh. 1977.
Zmarzlik, Hans G.: Bethmann Hollweg als Reichskanzler 1909–1914, Düsseldorf 1957.

18. Der Erste Weltkrieg

Bailey, Thomas Andrew u. Paul B. Ryan: The Lusitania Disaster. An Episode in Modern Warfare and Diplomacy, New York 1975.
Bunselmeyer, Robert E.: The Cost of the War, 1914–1919. British Economic War Aims and the Origin of Reparations, Hamden, CN 1975.
Duppler, Jörg u. Gerhard P. Groß (Hrsg.): Kriegsende 1918. Ereignis-Wirkung-Nachwirkung, München 1999.
Ferguson, Nigall: Der falsche Krieg. Der erste Weltkrieg und das 20. Jahrhundert, Stuttgart 1999.
Fischer, Fritz: Griff nach der Weltmacht. Die Kriegszielpolitik des kaiserlichen Deutschland 1914/1918, 4. Aufl., Düsseldorf 1971.
Gregory, Ross: The Origins of American Intervention in the First World War, New York 1971.
Guinn, P.: British Strategy and Politics 1914 to 1918, Oxford 1965.
Hahlweg, Werner: Der Diktatfrieden von Brest-Litowsk 1918 und die bolschewistische Weltrevolution, Münster 1960.
Hardach, Gerd: Der Erste Weltkrieg 1914–1918, München 1973.
Herrmann, David: The Arming of Europe and the Making of the First World War, Princeton, NJ 1996.
Herwig, H.: The First World War. Germany and Austria-Hungary 1914–1918, London 1997.

Kaspi, André: La France et le concours américain, février 1917–novembre 1918, 3 Bde., Lille 1975.
Keegan, John: Der Erste Weltkrieg. Eine europäische Tragödie, Reinbek 2000.
Kielmansegg, Peter Graf: Deutschland und der Erste Weltkrieg, Frankfurt am Main 1968.
Lademacher, Horst: Die belgische Neutralität als Problem der europäischen Politik 1830–1914, Bonn 1971.
Michalka, Wolfgang (Hrsg.): Der Erste Weltkrieg. Wirkung, Wahrnehmung, Analyse, München und Zürich 1994.
Neubauer, Helmut (Hrsg.): Deutschland und die Russische Revolution, Stuttgart 1968.
Ritter, Gerhard: Der Schlieffenplan. Kritik eines Mythos, München 1956.
Rothwell, Victor H.: British War Aims and Peace Diplomacy, 1914–1918, Oxford 1971.
Stegemann, Bernd: Die deutsche Marinepolitik 1916–1918, Berlin 1970.
Wallach, Jehuda L.: Das Dogma der Vernichtungsschlacht. Die Lehren von Clausewitz und Schlieffen und ihre Wirkung in zwei Weltkriegen, München 1970.
Werth, German: 1916 – Verdun. Die Schlacht und der Mythos, Bergisch-Gladbach 1982.
Würthle, Friedrich: Die Spur führt nach Belgrad. Die Hintergründe des Dramas von Sarajevo 1914, München 1975.

Personenregister

F

G

H